LA LONGUE GUERRE DE L'ISLAM ET DE LA CHRÉTIENTÉ

DU MÊME AUTEUR

La Mort chez les peuples altaïques anciens et médiévaux, Adrien-Maisonneuve, 1963.
Islam, Rencontre, Lausanne, 1964.
Faune et flore sacrées dans les sociétés altaïques, Adrien-Maisonneuve, 1966 (thèse pour le doctorat d'État).
Turquie, Éditions du Seuil, Petite Planète, 1968 (7e édition revue et mise à jour, 1979).
Les Traditions des nomades de la Turquie méridionale, Bibliothèque de l'Institut français d'archéologie d'Istanbul, Adrien-Maisonneuve, 1970.
Turquie, Arthaud, 1979 (Prix Dupleix).
La Chaussure, Atelier Hachette-Massin, 1980, 2e éd., Hachette, 1986.
Études d'iconographie islamique, Peeters, Louvain, 1982.
Les Barbares, Bordas, 1982.
Mustafa Kemal et la Turquie nouvelle, Maisonneuve et Larose, 1982 (en collaboration avec Jean-Louis Bacqué-Grammont).
La Religion des Turcs et des Mongols, Payot, 1984 (couronné par l'Académie française).
Histoire des Turcs, Fayard, 1984.
Les Explorateurs au Moyen Âge, Fayard, 1985 (nouvelle édition entièrement refaite).
Babur. Histoire des Grands Monghols, Fayard, 1986.
Le Sang. Mythes, symboles et réalités, Fayard, 1988.
Jésus, Fayard, 1989.
Tamerlan, Fayard, 1991.
Histoire de l'Empire mongol, Fayard, 1993.
Le Roi : mythes et symboles, Fayard, 1995.
L'Asie centrale. Histoire et civilisations, Fayard, 1997.
Montagnes sacrées, montagnes mythiques, Fayard, 1999.
Gengis Khan et l'empire mongol, Gallimard, La Découverte, 2002.
La Femme dans l'histoire et les mythes, Fayard, 2004.
Histoire de l'Iran et des Iraniens. Des origines à nos jours, Fayard, 2006.

* Plusieurs œuvres de J.-P. Roux ont été traduites en allemand, américain, anglais, espagnol, grec, italien, japonais, polonais, portugais, roumain, serbo-croate, turc.

Jean-Paul Roux

Un choc de religions

La longue guerre de l'islam et de la chrétienté

622-2007

Le Grand Livre du Mois

ISBN : 978-2-286-03048-3

Comme tout ce que j'ai fait dans ma vie, en bien, s'il en fut, ou en mal, comme toute mon œuvre, je dédie ce livre à Dieu.

Je vous laisse la paix, je vous donne ma paix.

Jean, XIV, 27

Tous ceux qui se serviront de l'épée périront par l'épée.

Matthieu, XXVI, 52

Partez en guerre et luttez avec vos biens et vos personnes.

Coran, IX, 41

Ceux qui ont été tués dans le sentier d'Allah [...], Il les fera entrer au paradis.

Coran, XLVII, 4-6

Pour être légitime, la défense doit être entreprise de façon à causer le moins de dommage possible et, notamment, à épargner autant que faire se peut la vie de l'adversaire.

Jean-Paul II

AVANT-PROPOS

En cette première décennie du XXIe siècle, il n'est pas de jour sans que l'on parle d'attentats commis par ceux que l'on nomme assez étrangement les « intégristes » ou les « islamistes » et qui sont simplement des musulmans tuant et mourant pour ce qu'ils estiment être leurs droits, leur liberté, leurs traditions, leur foi. En ces premières années 2000, des Européens et des Américains occupent au moins deux pays musulmans, l'Afghanistan et l'Iraq, et ils y combattent. Sous couvert de l'ONU et de l'OTAN ou de leur propre chef, ils ont engagé leurs forces au Liban, au Kosovo, en Tchétchénie et ont installé des bases militaires dans d'autres territoires. Ils menacent l'Iran ou la Syrie et interviennent un peu partout ailleurs. Qu'on le reconnaisse ou non, l'Occident est en état de guerre avec des musulmans, c'est-à-dire avec l'islam. Et pourtant, dans tous les discours officiels, dans les médias, dans l'opinion publique, on ne cesse de proclamer son estime et son amitié pour la religion et le monde islamiques, on s'efforce de les faire connaître, de les faire admirer – je suis bien placé pour le savoir puisque j'ai consacré une partie de ma vie à enseigner leur art et à écrire leur histoire. Dans tous les pays riches, des ressortissants de ce monde arrivent de plus en plus nombreux pour, dit-on, s'y assimiler, et, qu'on le fasse ou non, on prétend les y bien recevoir. Un nombre non négligeable de personnes d'origine chrétienne se convertissent à l'islam. Cette cohabitation, ces relations pacifiques, amicales, dissimulent mal une autre réalité : des gens que l'on n'ose plus appeler chrétiens sont en conflit avec des gens qui se nomment bien encore musulmans.

Je survole l'Histoire. Il y a ces grands noms qui surgissent du passé : bataille de Poitiers, croisades, prise de Constantinople, guerre d'Algérie et tant d'autres épisodes. Je la regarde de plus près. Il y a ce conflit armé qui a commencé en l'année 632 et qui, de décennie en décennie et jusqu'à nos jours, a été marqué par des événements dont la presse mondiale, si elle avait existé, aurait fait pendant des jours sa première page. Je la scrute au microscope : il n'y a pas d'année, pas de mois, pas de semaine peut-être sans que du sang soit versé par des chrétiens ou par des musulmans. Ne vaut-il pas la peine de le rappeler, de montrer à nos contemporains que les événements qui occupent l'actualité, qui les bouleversent – l'intervention soviétique en Afghanistan, la guerre du Golfe, la destruction du World Trade Center, les attentats de Londres ou de Madrid, le renversement du régime de Saddam Hussein et l'occupation de l'Iraq... – s'inscrivent dans une longue série de 1 375 ans d'événements aussi spectaculaires ; que de plus petits faits (mais la mort d'un homme n'équivaut-elle pas à celle de toute la race humaine ?) dont on ne parle guère qu'un jour ou deux – une patrouille attaquée, un kamikaze qui se fait exploser, un soldat tué au Caucase ou à Bassora, un terroriste abattu ou arrêté – ont eu, tous les jours, leurs équivalents pendant 1 375 ans ? (Mais, ceux-là, l'historien ne peut pas les relever.) Déclarée et ouverte, génératrice de grandes batailles, de villes enlevées à l'ennemi, de provinces conquises, de pays occupés, de populations exterminées, ou larvée et sournoise, la guerre entre l'islam et la chrétienté, malgré cette amitié que l'on évoque encore et qui fut souvent réelle, malgré ces relations entre Byzance et le califat de Cordoue ou entre Charlemagne et Harun al-Rachid, malgré ces traités d'alliance comme celui de François Ier et de Soliman le Magnifique, malgré de longues périodes de trêve sur tel ou tel front alors qu'on se battait ailleurs, malgré tout ce que chrétiens et musulmans se sont mutuellement apporté, ont échangé, malgré l'admiration qu'ils ont pu avoir les uns pour les autres, cette guerre est une réalité ; elle n'a jamais vraiment pris fin. « L'islam n'a cessé d'être en guerre contre le monde chrétien (ou considéré comme tel) » (Jean-Pierre Valognes).

On n'a pas combattu toujours et partout à la fois. Il y a eu des offensives et des contre-offensives, des victoires et des défaites ; les adversaires ont alternativement dominé et été dominés, mais le bilan du conflit est lourd pour la chrétienté.

Le monde musulman s'est créé sur des terres qui ont été mazdéennes ou bouddhistes comme l'Iran et l'Inde, mais plus encore sur des terres chrétiennes, l'Asie Mineure, la Syrie et la Palestine, l'Égypte et la Nubie, l'Afrique du Nord, et il les a converties en totalité ou en grande partie. Le monde chrétien, antérieur de six siècles, n'a pas pu naturellement se constituer sur des sols musulmans, et il n'a réussi à rechristianiser que trois des pays que la dernière-née des religions monothéistes lui avait enlevés, la Sicile, l'Espagne et la Crimée.

Nulle part les conquérants musulmans n'ont été conquis par leurs conquêtes, ce qui est rare – sinon sans doute aussi singulier que ne le veut Bernard Lewis, qui l'a tant souligné –, mais ils se sont nourris d'elles, de ce qu'elles avaient de plus riche, prenant tous les aliments qu'elles offraient, de quoi nourrir leur génie et édifier leur grande civilisation, et, pour l'essentiel, restant eux-mêmes. Ils arrivaient ne possédant que leur langue et leur foi – et, pour certains d'entre eux, les Yéménites, ce qu'il restait des traditions de l'Arabie heureuse, de l'antique royaume de Saba, mais que l'on perçoit mal. Ils s'installèrent en maîtres sur les terres les plus riches, sur celles qui, dans les vallées du Nil, du Tigre, de l'Euphrate et de l'Indus, sur les hauts plateaux d'Anatolie et de l'Iran, en Palestine ou en Phénicie, donnaient depuis des siècles à l'humanité sa plus haute culture, sur celles qui avaient vu naître Zarathoustra, Moïse, le Bouddha, Jésus, et aussi Homère, Aristote et Platon, où vivait encore l'art gréco-romain... Ils leur donnèrent ce qu'ils avaient. Ils leur prirent tout ce qu'ils n'avaient pas. Ils digérèrent cet immense apport et le transmirent à notre Moyen Âge, en grande partie par le canal de l'Espagne, comme ils véhiculèrent jusqu'en Occident extrême beaucoup de ce qu'ils avaient découvert en Inde, voire en Chine. Ils furent des transmetteurs, et la chrétienté, qui avait si largement laissé se perdre les acquisitions de l'Antiquité, leur doit beaucoup. Mais ils ne furent pas que cela, comme d'aucuns le disent avec une grande injustice, car ils travaillèrent sur tout ce qu'ils avaient acquis et les fruits de leurs efforts, ils les donnèrent aussi. Plus tard, quand ils s'endormirent, quand ils ne furent plus créateurs, par un juste retour des choses, ils reçurent à leur tour de ceux qu'ils avaient auparavant nourris. La colonisation européenne les réveilla, leur apporta la science et la pensée modernes. De cette invasion, ils eurent sans doute beaucoup à souffrir, mais cette souffrance fut rédemptrice. Toute cohabitation est génératrice d'échanges et il serait aussi insensé de dire que la présence britannique en Inde ou en Égypte, que la présence française au Maghreb n'apportèrent rien aux Indiens, aux Égyptiens, aux Maghrébins, que de dire que celle des Arabes et des Berbères en Espagne ou en Sicile n'apporta rien aux Espagnols et aux Siciliens. La guerre pousse les hommes les uns contre les autres, mais permet, après les larmes et les morts, les rencontres.

Les principaux champs de bataille furent l'Asie Mineure et l'Espagne, dans une moindre mesure la Syrie et la Palestine, plus tard les Balkans et l'Europe centrale, et, bien entendu, la mer Méditerranée où les corsaires ne cessèrent que rarement de se livrer à la course, mais il y en eut d'autres nullement négligeables, la France, l'Italie et surtout la Sicile, l'Afrique du Nord où si souvent, avant d'y réussir pour un temps, les chrétiens essayèrent de se réinstaller, l'Égypte, la Nubie, l'Éthiopie, l'Inde, l'Indonésie, l'Iran, l'Afghanistan et les steppes eurasiatiques, en bref tous les pays où l'islam et la chrétienté se trouvèrent en contact.

Je dis « guerre de l'islam et de la chrétienté ». J'aurais sans doute mieux fait d'écrire « guerre de l'islam avec la chrétienté et la civilisation post-chrétienne », mais cela eût formé un titre un peu long. Je sais fort bien qu'aujourd'hui la chrétienté n'est plus au pouvoir, qu'Américains, Européens, Russes, puis Soviétiques, ne se battent plus au nom de Dieu, ne revendiquent même plus formellement, voire refusent l'héritage chrétien. Qu'importe, en fait ? Ils sont les descendants de ceux qui ont accompli la *Reconquista,* de ceux qui se sont croisés, qui ont défendu Constantinople et Vienne, des colonialistes. On m'objectera que la guerre a toujours existé, que chaque peuple s'est battu contre son voisin, que chaque communauté religieuse a connu des conflits sanglants entre ses membres. Pour ne citer qu'un exemple pris dans un camp et dans l'autre, il y eut dans la chrétienté ceux entre protestants et catholiques, dans l'islam – malgré la formelle recommandation du Coran (X, 9) – ceux entre Ottomans sunnites et Persans chiites : chacune de ces guerres n'a eu qu'un temps et, s'il y en avait eu d'autres aussi longues, aussi constantes, cela n'enlèverait rien à celle que nous voulons évoquer.

On m'objectera sans doute encore que, des deux côtés, même jadis, la foi religieuse ne fut pas l'unique moteur de cette interminable épopée. On aura raison. Mais quand c'était le nationalisme, l'esprit d'aventure, la cupidité qui mettaient en mouvement les hommes, ceux-ci dissimulaient souvent ces motivations sous de pieux prétextes. J'ai toujours pensé que la délivrance du tombeau du Christ n'avait pas été la raison profonde des croisades, mais, à leur époque, on les a présentées comme si elle l'avait été, et la masse a bien cru combattre pour cela. Quoiqu'elle fût aussi autre chose, la guerre dont nous traitons fut bien une guerre de religion.

Les religions portent-elles en elles le germe de la guerre ? Certainement pas puisqu'elles sont tournées vers l'au-delà, et si l'islam le fait, il est l'exception qui confirme la règle. Mais elles peuvent servir de prétexte à la guerre ; elles peuvent la sanctifier ; elles ont parfois été obligées de recourir à elle pour survivre ; elles n'ont pas souvent été capables d'annihiler les instincts belliqueux des hommes. Il n'est pas inutile d'examiner comment elles envisagent la guerre et comment elles envisagent la paix.

On serait en droit d'attendre que les fidèles d'une religion suivent son enseignement et obéissent à ses injonctions. Ils le font en général dans une très large mesure, et les sociétés qu'ils construisent reflètent ses principes fondateurs. Sur certains points cependant, ils s'écartent parfois de ces derniers, soit parce que leurs doctrines charrient avec elles des traditions antérieures (les chrétiens ne pensent-ils jamais au Dieu des armées d'Israël ?), soit parce que telle ou telle raison les a amenés à s'en détourner. Quand on entend étudier tout au long de leur histoire certains de leurs comportements, il faut donc considérer quel fut l'enseignement de ceux qui ont établi ces religions, bien entendu quand elles ont eu un fondateur – ce qui n'est pas toujours le cas, mais l'est pour nombre d'entre elles : le bouddhisme, le taoïsme, le mazdéisme et, pour celles qui nous occupent, le christianisme et l'islam.

Le christianisme et l'islam sont tous les deux des religions à vocation universelle qui entendent attirer à elles la totalité de l'humanité, et elles se sont en effet répandues très largement à travers le monde comme il leur avait été ordonné de le faire. Au moment de quitter ses disciples pour monter au Ciel, Jésus leur dit, selon saint Matthieu (XXVIII, 30) : « Allez donc, enseignez toutes les nations, les baptisant au nom du Père, du Fils et du Saint-Esprit, leur apprenant à garder tout ce que je vous ai commandé », et selon saint Marc (XVI, 15-16) : « Allez par tout le monde et prêchez l'Évangile à toute créature. Celui qui croira et sera baptisé sera sauvé ; celui qui ne croira pas sera condamné. » Les Actes des Apôtres (I, 8) rapportent ces paroles du Christ : « Vous me rendrez témoignage à Jérusalem, dans toute la Judée, dans la Samarie et jusqu'aux extrémités de la terre. » Le Coran affirme plus nettement encore la vocation universelle de l'islam : « C'est Lui [Dieu] qui a envoyé Son messager avec la voie à suivre et la religion de vérité pour la faire triompher de toute religion » (XLVIII, 28) ; « Il [Dieu] a envoyé Son apôtre pour prêcher la religion de la vérité et pour établir son triomphe sur la ruine des autres religions » (IX, 33).

Il y a peu de textes néo-testamentaires qui indiquent par quels moyens cette expansion doit être réalisée. Quand Jésus dépêche en mission ses disciples, il leur dit : « Voici que je vous envoie comme des agneaux au milieu des loups » (Matthieu, X, 16 ; Luc, X, 3), et l'on peut lire dans la IIe Épître de saint Paul à Timothée (II, 29) comment doit agir un « serviteur du Seigneur » : « Il doit savoir instruire et supporter, redressant avec douceur les opposants dans l'espoir que Dieu leur donnera de se convertir. » Mais il ressort de la lecture des Évangiles que Jésus charge ses disciples de gagner les incroyants par la parole, par l'exemple, par les miracles accomplis, par le renoncement. Le Coran, nous le verrons plus loin, affirme que cette expansion doit se faire par la force des armes. Dans la réalité des faits, le christianisme a souvent eu recours à la guerre de religion, à l'intolérance, à la persécution, et l'islam s'est largement répandu par l'apostolat, par l'attraction plus que par la coercition. De toute façon, cette même ambition des deux religions d'attirer à soi tous les hommes portait en elle les germes d'un conflit qui ne pouvait que difficilement demeurer au niveau de la controverse et qui devait déboucher sur des affrontements militaires, d'autant plus que leurs fidèles étaient géographiquement voisins.

Il importe d'aller plus loin, de considérer deux points essentiels. Il nous faut d'abord rappeler ce que furent la vie et la personnalité de Jésus et de Mahomet, et de quelles façons ils étaient perçus, le premier par les musulmans, le second par les chrétiens [1]. Il nous faut ensuite essayer de définir la position de la chrétienté et de l'islam vis-à-vis de la guerre en général et de celle qu'ils se sont livrée en particulier.

Le contraste est total non seulement entre l'image qu'on se fit de Jésus et de Mahomet, d'après ce qu'ils dirent être, mais encore entre le milieu social dans lequel ils vécurent et agirent, entre leurs personnalités et leurs activités. Jésus, vrai homme, est Fils de Dieu, vrai Dieu. Mahomet est homme aussi, bien sûr, mais, quoique exemplaire, seulement homme, choisi par Dieu pour être son Prophète, le dernier de toute une longue chaîne. Jésus est né en Palestine sous la domination romaine, dans la *Pax Romana*. Mahomet est né en Arabie, pays indépendant et sujet à de fréquents conflits entre tribus. Jésus fut charpentier, resta célibataire, ne tira jamais l'épée, prêcha pendant une courte période, évaluée entre un an et trois ans, fut arrêté, condamné à mort et crucifié alors qu'il était âgé d'un peu plus de trente ans. Sa doctrine est connue par quatre petits livres souvent répétitifs, les Évangiles, et par la tradition orale, partiellement transcrite dans les Épîtres et que l'Église affirme conserver. Mahomet fut pâtre, puis caravanier, et enfin exerça les fonctions de chef d'État ; il se maria plusieurs fois, eut des enfants, prêcha pendant quelque vingt et un ans, fit la guerre et mourut de maladie alors qu'il devait avoir environ soixante-deux ans. Ce qu'il enseigna est aussi conservé par la tradition orale (mise par écrit au IXe siècle[2]) et dans un fort volume, le Coran, considéré comme la Parole de Dieu que lui apporta l'ange Gabriel. Ces grandes différences suffiraient à expliquer celles qui existent entre les religions chrétienne et musulmane, qui pourtant sont issues l'une et l'autre du judaïsme et prétendent non pas l'abolir, mais, pour reprendre un terme de l'Évangile, l'« accomplir ».

Nous pouvons connaître par le Coran la représentation que les musulmans se font du Christ et ce qui la sépare de celle des chrétiens. Jésus, dit-il[3], est un grand prophète, proche de Dieu qui l'élèvera à Lui. Il est né d'une vierge, Marie, femme très vénérée. Il a accompli des miracles, mais il n'est ni Dieu ni Fils de Dieu et les dogmes de l'Incarnation divine et de la Trinité sont des monstruosités. Enfermé plus tard dans sa superbe, dans sa conviction de posséder la vérité, l'islam n'a guère cherché à en savoir plus et est demeuré globalement très ignorant de toutes les civilisations étrangères à la sienne, tout en subissant profondément leurs influences et en ne cachant pas son admiration pour ce qu'elles lui apportaient. En général, il se contentait d'avoir le plus parfait mépris pour leurs religions. Parfois il a connu des périodes de haine, surtout dirigée contre les chrétiens. Un grand écrivain comme al-Djahiz (vers 776-868) a cru devoir composer une *Risala* (Épître) pour démontrer qu'on devait exécrer les chrétiens parce que « notre pays n'a pas été persécuté [par qui que ce soit d'autre] autant que par eux ».

Le monde chrétien a accordé à l'islam plus d'intérêt qu'il n'en a reçu de lui et a été partagé entre la peur, la haine et l'admiration qu'il avait pour sa culture et pour ses succès militaires. Convaincu, lui aussi, de posséder la vérité, il hésita à voir en lui une hérésie comme les autres, une grossière invention d'un faux prophète[4], « auteur de fables immorales et insensées », comme le dit Théophane (mort en 817), d'un suppôt de Satan – et Dante place encore Mahomet au plus profond de son enfer (*Enfer*, XXVIII, 35) –, ou encore, quand les connaissances seront moins mauvaises, une doctrine construite sur des données juives et chrétiennes incomplètes et mal comprises, donc truffées d'erreurs. Il faudra attendre Pierre de Cluny pour qu'on traduise le Coran (1141), et Raymond Lulle pour qu'on aborde sérieusement sa réfutation : dans son *Livre des Gentils* (1272-1273), le grand missionnaire récuse la guerre, à laquelle il serait grand temps, pense-t-il, de faire succéder le dialogue. Avouons que si celui-ci a parfois été un figuier portant de beaux fruits, il a bien plus souvent été l'arbre stérile, celui qu'on coupe. Le pape Benoît XVI, en évoquant en septembre 2006 la controverse qui avait opposé en 1391 le *basileus* Manuel II Paléologue à un clerc iranien, a soulevé une immense vague d'indignation dans un monde musulman hypersensible qui a pris son texte comme une déclaration belliqueuse et qui y a répondu par des actes de guerre. Il est facile pour un croyant d'argumenter avec un incroyant, presque impossible de le faire avec un homme ancré sur une autre certitude que la sienne.

Nous ne conservons que peu de paroles de Jésus-Christ, et une seule où apparaît le mot « guerre ». Quand il évoque la paix – « Je vous laisse la paix. Je vous donne ma paix » (Jean,

XIV, 27) –, c'est à une paix de l'âme, non nécessairement du corps, qu'il doit faire allusion, comme c'est à une guerre spirituelle qu'il se réfère sans doute quand il dit dans une déclaration qui semble en opposition avec la précédente : « Je ne suis pas venu apporter la paix, mais la guerre » (Matthieu, X, 34 ; cf. aussi Luc, XII, 51). L'une de ses phrases – « Tous ceux qui se serviront de l'épée périront par l'épée » (Matthieu, XXVI, 52) – peut être considérée comme une interdiction de tuer, mais elle rappelle plutôt que le meurtre attire le meurtre et que nul ne peut verser le sang d'autrui s'il n'est pas prêt à répandre aussi le sien. Mais le refus de la violence, la volonté d'endurer le mal que vous font les autres ne peuvent être mieux mis en lumière que par cet ordre : « Si quelqu'un te donne un soufflet sur la joue droite, tends-lui encore l'autre » (Matthieu, V, 38). La description dans l'Apocalypse (XIX, 11) du Verbe de Dieu comme un guerrier « au vêtement teint de sang », tenant « un glaive affilé dans la bouche », est de toute évidence métaphorique. Mais qui sait si certains ne l'ont pas prise à la lettre ?

Ce qui, dans l'enseignement du Christ, condamne la guerre, c'est à la fois la loi d'amour pour le prochain et l'obligation de pardonner. Peut-on faire la guerre en aimant ? D'aucuns répondront oui, et c'est peut-être vrai dans certains cas, mais c'est surtout paradoxal. Peut-on à la fois pardonner et tuer ? On peut donner la mort en absolvant celui qu'on tue, mais on est en droit de penser qu'on lui aurait mieux pardonné, qu'on l'aurait mieux aimé si on l'avait laissé en vie.

L'amour est au fondement même du christianisme, c'est-à-dire de l'enseignement de Jésus : « Tu aimeras ton prochain comme toi-même » (Marc, XII, 31). C'est déjà beaucoup dire, mais pas assez, car on peut se haïr, et le Christ, pour qu'on ne s'y trompe pas, veut que l'amour humain soit égal à celui de Dieu : « Je vous donne un commandement nouveau, que vous vous aimiez les uns les autres, que, comme je vous ai aimés, vous vous aimiez » (Jean, XIII, 34) ; « Comme le Père m'a aimé, je vous ai aimés. Demeurez donc dans mon amour »

(Jean, XV, 9). Jésus a aimé les hommes sans réserve, au point de s'incarner et de mourir pour eux. L'homme doit, comme lui, s'il le faut, aller jusqu'au sacrifice suprême, car « il n'est pas de plus grand amour que de donner sa vie pour ceux qu'on aime » (Jean, XV, 13). Pourtant, il lui suffit d'aimer. Son amour à lui seul efface ses péchés comme il a effacé ceux de Marie-Madeleine, ainsi que le déclare le Christ : « C'est pourquoi, je te le dis, ses nombreux péchés lui seront pardonnés, car elle a beaucoup aimé » (Luc, VII, 47). Cette grande leçon, les disciples l'ont comprise et saint Jean la reprend à son tour, dans une page superbe : « Bien-aimés, aimons-nous les uns les autres, car l'amour vient de Dieu et quiconque aime est né de Dieu et connaît Dieu. Celui qui n'aime pas n'a pas connu Dieu, car Dieu est amour. [...] Dieu est amour et celui qui demeure dans l'amour demeure en Dieu et Dieu demeure en lui » (Ire Épître, IV, 7-16).

Ce sentiment, peut-être encore ignoré, sur lequel du moins on n'avait jamais autant insisté, implique que l'on souhaite pour le prochain – qui n'est pas forcément le proche, mais l'autre en général – le bien que l'on souhaite pour soi-même, et naturellement qu'on ne lui garde pas rancune. « Tout ce que vous désirez que les autres vous fassent, faites-le vous-même pour eux » (Matthieu, VII, 12). Si l'on veut ne pas être châtié par les hommes des torts qu'on a envers eux, et par Dieu des fautes qu'on a commises, il faut soi-même absoudre autrui. Le « Notre Père », la prière essentielle des chrétiens, est précis quand il dit : « Pardonnez-nous nos offenses comme nous pardonnons à ceux qui nous ont offensés[5] », et le commentaire qui le suit dans l'Évangile ne l'est pas moins : « Si vous pardonnez aux hommes leurs offenses, votre Père céleste vous pardonnera aussi, mais si vous ne pardonnez pas aux hommes, votre Père ne vous pardonnera pas non plus » (Matthieu, VI, 14 ; cf. aussi Marc, XI, 25-26).

Si, en chaque siècle, il y a eu des chrétiens admirables qui ont vécu comme le Christ le demandait, la chrétienté dans son ensemble ne l'a pas fait. En combattant les armes à la main, même quand c'était pour se défendre, même quand c'était une guerre juste – s'il en est –, en réduisant les gens en esclavage, en massacrant souvent avec férocité leurs ennemis, les chrétiens n'ont certainement pas répondu au message d'amour du Christ. Ils ne sont pas restés fidèles à leur religion. Osons dire qu'ils l'ont complètement trahie.

Il serait inexact d'avancer que les notions d'amour et de pardon sont étrangères au Coran, mais elles sont un peu perdues dans la masse des textes, et elles paraissent faibles en face des messages de violence et de vengeance. L'amour, sauf erreur, n'est cité qu'une seule fois : « La religion ne consiste pas [en ceci et en cela...], mais à donner ses biens pour l'amour de Lui [Dieu] » (Coran, XXVI, 90). La loi du talion, celle d'Israël, est conservée : « Le talion vous est prescrit » (II, 178), mais il est préférable de pardonner que de se venger : « Un mal a pour salaire un mal équivalent, mais quiconque pardonne [...] Allah le récompense » (XCII, 40) ; « En vérité, être endurant et pardonner, telle est la grande affaire de la vie » (XLII, 43) ; « Le pardon de votre Seigneur est [...] à ceux qui pardonnent aux autres » (III, 134).

Il ne serait pas plus exact de dire que le musulman n'aspire pas à la paix, mais il est obligé d'y renoncer pour répondre à son devoir de faire la guerre. Sur cette terre, il doit combattre tant qu'il le peut et, s'il dépose les armes, c'est quand il n'a plus espoir de les voir triompher : « Ne faites pas appel à la paix quand vous êtes les plus forts » (Coran, XLVII, 28). Ainsi la paix est-elle avant tout destinée aux prophètes – Mahomet, Abraham, Noé, Jonas, Joseph... – et, quand on prononce leur nom, on ne manque pas de la demander pour eux. Ainsi est-elle plus un bien de l'au-delà que d'ici-bas, une récompense dont les justes jouiront après leur mort. Le paradis est le « séjour de la paix » (X, 25) ; en y arrivant, les gardiens de ses portes disent : « La paix soit sur vous qui avez fait le bien » (XXXIX, 73), et, quand on y est entré, « on n'entend nulle vanité, seulement le mot "paix" » (XIX, 63). C'est la béatification céleste que l'on souhaite à son frère musulman (non à l'infidèle) lorsqu'on le salue par la formule rituelle *as-salam aleikum*, « la paix soit avec vous ». C'est à sa préfiguration terrestre que l'on pense atteindre quand on dit : « La réconciliation est ce qu'il y a de meilleur » (IV, 122), ou : « S'ils [les ennemis] inclinent à la paix, toi aussi incline vers elle » (VIII, 61). Précisons que le premier texte parle de l'harmonie familiale et que le second ne définit ni l'état d'esprit dans lequel doit être l'adversaire ni quelles conditions il doit accepter pour que son « inclination » soit prise en considération.

Le Coran ne compte pas moins de quelque deux cent cinquante versets qui exaltent la guerre sainte, le *djihad*. Même si certains d'entre eux ont été interprétés, en particulier sous l'influence de la mystique, à partir du IXe siècle, comme des incitations à l'effort sur soi-même (ce qu'on dit être le « grand *djihad* »), il est indéniable que, dans l'immense majorité des cas, ils ont pour objet la lutte armée (qui serait le « petit *djihad* »). Il n'y a aucune ambiguïté dans la plupart de ces textes. Ils ne peuvent que se référer à la guerre – guerre contre les idolâtres d'abord, mais aussi contre ceux qui leur sont assimilés, les chrétiens faiseurs d'images et qui ont trois dieux[6], les juifs qui ont trahi leur pacte avec Dieu[7] et quelques autres : « Combattez dans la voie d'Allah ceux qui vous combattent » (Coran, II, 190) ; « Partez en guerre et luttez avec vos biens et vos personnes » (IX, 41) ; « Tuez les faiseurs de dieux où que vous les trouviez. Capturez-les. Saisissez-les. Assiégez-les. Mettez-vous en embuscade pour les prendre » (IX, 5).

Ces appels au combat, au meurtre, à la conversion semblent en contradiction avec un verset qui déclare : « Pas de contrainte en religion » (II, 256). Sa singularité a attiré l'attention sur lui et a provoqué maint commentaire. Il n'est pourtant pas totalement isolé, puisqu'on peut lire par ailleurs : « Que celui qui veut croire croie et que celui qui ne veut pas croire ne croie pas » (XVIII, 28) ; « Si ton Seigneur l'avait voulu, tous ceux qui sont sur terre seraient croyants. Ô toi ! veux-tu forcer les hommes à devenir des croyants ? » (X, 99). Malgré tout, le *djihad* reste la loi et doit être mené jusqu'au bout : « Combattez-les jusqu'à ce que [...] la religion d'Allah soit» (II, 193) ; «Vous les combattrez jusqu'à ce qu'ils deviennent musulmans» (XLVIII, 15). Cela n'a pas empêché l'un des grands penseurs musulmans modernes, Rachid Rida (1865-1935), dans son œuvre apologétique et missionnaire (*La Révélation musulmane*, parue en 1933), de terminer par un appel aux peuples du monde pour leur demander d'embrasser l'islam, religion de l'humanité et de la paix.

Mourir au combat, sacrifier sa vie pour faire triompher l'islam assure le salut éternel, ouvre immédiatement le paradis : «Ne dites pas morts ceux qui sont tombés dans le sentier d'Allah. Au contraire, ils sont vivants» (Coran, II, 154) ; «Ceux qui ont été tués dans le sentier d'Allah [...], Il [Dieu] les fera entrer dans le paradis» (XLVII, 5-7). Sur ce point comme sur les précédents, je pourrais multiplier les citations et je me permets de renvoyer à mon petit livre, *Les Ordres d'Allah*. Notons que renoncer à l'existence terrestre pour obtenir celle de l'au-delà n'est pas une idée étrangère au christianisme, mais dans une acception différente, puisque Jésus dit : «Celui qui voudra sauver sa vie la perdra, et celui qui perdra sa vie à cause de moi la trouvera» (Matthieu, XVI, 25).

La cohabitation des musulmans avec des non-musulmans est possible, mais ces derniers ne sont pas autorisés à approcher de La Mecque (Coran, IX, 28) et ne doivent pas entrer dans les mosquées (IX, 17). La première interdiction est respectée et tous les infidèles ont été chassés d'Arabie par un ordre d'expulsion de 640 et un décret d'application sous le califat d'Abd al-Malik (685-705) ; quant à la seconde, elle l'est ou ne l'est pas suivant les régions et les temps[8]. Cette cohabitation peut avoir lieu sur des sols placés sous domination musulmane ou non musulmane – disons chrétienne, pour nous en tenir à notre sujet –, et, tout au long de l'histoire, les deux cas se sont très souvent produits.

Il est difficile de préciser les vues du Coran sur les relations que les musulmans peuvent entretenir avec les fidèles d'autres religions parce que, dans plusieurs versets, un seul et même mot a le sens de « maître » et celui d'« ami ». Faut-il lire : « Ô croyants, ne prenez pas les juifs et les chrétiens pour maîtres », ou bien : « Ne les prenez pas pour amis » (V, 50) ? Mais d'autres textes ne sont pas ambigus : « Ô vous qui croyez, si vous obéissez à quelques-uns de ceux qui ont reçu le Livre, ils vous rendront incroyants » (III, 100). Et la conclusion est formelle : « N'obéis pas aux incroyants, mais combats-les avec force » (XXV, 52). Il est plus malaisé encore de trouver dans le Nouveau Testament des allusions aux liens que peuvent nouer les chrétiens avec ceux qui ne partagent pas leur foi. Tout au plus saint Paul met-il en garde contre eux : « Ne vous attachez pas à un même joug avec les infidèles [...]. "Sortez du milieu d'eux et séparez-vous", dit le Seigneur » (II Corinthiens, VI, 14-17).

Dans la réalité des faits, ceux que l'islam nomme les gens du Livre (*Ahl al-Kitab*), juifs et chrétiens, une fois soumis à l'autorité musulmane, sont autorisés à conserver leur religion et bénéficient de la *dhimma* (« protection contre rançon »), sont des protégés, des *dhimmis*, qui paient une contribution particulière (*djiziya*, « capitation ») et, comme l'a écrit il y a longtemps Gustave E. von Grunebaum, qui subissent une « inégalité permanente ». Cette inégalité, qui s'accompagne de mesures vexatoires, répond à une volonté coranique précise : « Combattez [...] les gens du Livre [...] jusqu'à ce qu'ils versent la capitation et qu'ils soient humiliés » (Coran, IX, 29). Cela dit, les terres chrétiennes conquises par les Arabes (non par les Turcs) sont devenues musulmanes en un siècle ou deux.

Les musulmans sous autorité chrétienne, avec de remarquables exceptions, n'ont pas bénéficié d'une même indulgence avant l'époque contemporaine. Sans doute instruits par les premiers siècles de l'expansion arabe et par ses résultats (asservissement, conversion, assimilation), les États chrétiens n'ont guère accepté la présence de communautés islamiques en leur sein. L'Espagne, et Byzance quand elle a reconquis la Crète, l'ont bien montré en les expulsant, comme la Russie l'a fait, de façon moins radicale, en les obligeant à se convertir ou en les persécutant. En revanche, la colonisation n'a pas été accompagnée de christianisation.

J'ai dit que les chrétiens, au cours des temps, n'ont pas appliqué la doctrine du Christ. Les musulmans, au contraire, sans toujours respecter ses conseils de modération, ont été fidèles aux enseignements du Coran et aux leçons que la vie de Mahomet a pu leur donner. On peut croire que la défaite du christianisme découle en partie du frein qu'était pour lui la mauvaise conscience née de cette infidélité.

CHAPITRE PREMIER

Avant la guerre

Le christianisme au VII*e siècle*

Quand l'islam naît dans les premières années du VIIe siècle de l'ère chrétienne en Arabie de la prédication de Mahomet, le christianisme est depuis longtemps sorti des catacombes, a triomphé des persécutions, a vu naître et mourir les plus vénérables et peut-être les plus grands de ses apologistes et, avec Justinien, a célébré sa victoire en élevant à Constantinople l'un des plus beaux sanctuaires du monde, dédié à la Sagesse divine (*Haghia Sophia*, Sainte-Sophie) (532-537). Pour effectuer son immense expansion sur la terre, il a certes bénéficié de la grande diffusion du grec et de l'araméen [1], de l'existence de colonies grecques fort anciennes, antérieures à Alexandre le Grand et dont le nombre s'est accru à la période hellénistique, et de colonies juives qui avaient essaimé après la déportation des Hébreux à Babylone (597 et 587), puis à nouveau après la prise de Jérusalem par Titus (70) : les unes et les autres étaient omniprésentes et dans ce qui avait été l'Empire romain, tant à Alexandrie qu'à Rome et dans la plupart des grandes villes, et hors de ses anciennes frontières, notamment en Iran où, selon le témoignage de Maqdisi, elles n'étaient pas affaiblies au temps des Sassanides. Mais le christianisme devait surtout sa propagation au message tout nouveau qu'il transmettait

– message d'amour, de fraternité, message tout spirituel – et à l'action des apôtres et de tous ceux qui les avaient suivis, et qui étaient animés d'une immense foi, d'une intarissable générosité. Jamais, alors, il ne s'était imposé par la guerre, il n'avait conquis une âme par la violence.

En Asie, le christianisme règne en maître quasi absolu en Asie Mineure, dans le Croissant fertile, en Géorgie et en Arménie, dans ce pays qui, le premier, sous l'influence de saint Grégoire l'Illuminateur, en a fait sa religion d'État, en 301, avant que l'édit de Milan (313) ne donnât la liberté au culte chrétien dans l'Empire romain. Il a installé des communautés puissantes en Iran et en Asie centrale, appelées à disparaître au fil des siècles, mais dont la présence est encore bien attestée au XIIIe siècle et, ici et là, même plus tard ; il a pénétré en Inde avec l'apôtre saint Thomas et ses compagnons, si l'on en croit les traditions et les chrétiens de Malabar qui revendiquent encore comme ancêtre l'ancien disciple du Christ. Il a prodigieusement fleuri en Afrique : en Égypte, en Nubie, en Éthiopie, le deuxième royaume à devenir chrétien, dans ce qui deviendra la Tunisie et l'Algérie. Si en Europe ses progrès ont été plus mesurés (les terres slaves, roumaines, germaniques ne sont pas encore atteintes), il a néanmoins gagné à lui les Balkans, l'Italie, la Gaule où il s'est rallié d'abord les populations gallo-romaines, dès le IIIe siècle au moins, puis les Francs, qui l'ont adopté avec Clovis en 498 (probablement), et divers peuples germaniques, dont les Goths, convertis par Ulfila au IVe siècle, et les Burgondes qui le furent cent ans plus tard. Les Wisigoths l'ont imposé en Espagne où, après leur expulsion de la France méridionale (507), ils ont fondé un beau royaume. Il commence, à l'époque qui nous occupe, à s'installer dans les îles Britanniques (595), où il s'imposera totalement en 685.

Le christianisme a ou a eu ses grands foyers culturels, surtout asiatiques et africains, surtout hellénisants malgré les « Pères latins », dont le premier à employer la langue de Virgile fut l'Africain Tertullien, malgré de grandes figures, comme saint Ambroise de Milan (vers 340-397), le Dalmate saint Jérôme (vers 347-420), saint Hilaire de Poitiers (vers 315-367) ou le dernier Père de l'Église d'Occident, Isidore de Séville (vers 560-636). Ce sont ou ce furent, en Asie Mineure, ces villes des conciles, Nicée, Éphèse, Chalcédoine, la Cappadoce, où, pour reprendre le mot de Jacques Lacarrière, fourmillaient ces « hommes ivres de Dieu », où, en 366, on ne comptait pas moins de cinquante évêchés, où brillèrent les Pères cappadociens, un Basile de Césarée (330-379), un Grégoire de Nysse (335-395) et un Grégoire de Nazianze (330-390). Ce sont, en Syrie, Jérusalem bien sûr et saint Cyrille (vers 315-386), mais surtout Antioche, bien que la ville ait subi cinq grands séismes entre 526 et 636, avec la figure rayonnante d'un saint Jean Chrysostome (« Bouche d'or ») (vers 344-407) ; en Afrique, l'incomparable Alexandrie où vécurent un Athanase (vers 295-373), un Clément (vers 150-vers 211/215), un Origène (vers 185-vers 254), un Denys (mort vers 263), mais aussi Carthage et Hippone avec Tertullien (vers 156-222), saint Cyprien (mort en 251), saint Augustin (354-430)... On remarquera, quitte à anticiper fâcheusement peut-être, que ces grands foyers passeront pour la plupart sous domination musulmane.

Les chrétiens iraniens eurent à subir sous Chapur II (310-379), Yazdegirt II (438-457) et Khosrau Ier (531-579) des persécutions dont on ignore l'ampleur et qui, comme en Occident, les stimulèrent sans doute. On verra, par la fidélité de ceux de Hira à la Perse, que celle-ci devait moins les tourmenter que les Byzantins ne persécutaient ceux d'entre eux qu'ils jugeaient hérétiques puisque les Ghassanides monophysites, sujets de ces derniers, n'eurent pas pour eux la même loyauté. Les chrétiens occupèrent en Iran une place non négligeable, ne comptèrent pas moins, croit-on, de quatre-vingts évêchés, envoyèrent leurs représentants aux conciles, furent convoqués, comme tous les autres, à la conférence de 529 qui condamna le mazdakisme[2] ; ils eurent accès à la cour impériale, plusieurs chrétiennes épousèrent des princes et l'une d'elles, Chirin, fut l'héroïne de ce roman d'amour avec Khosrau II qui deviendra célèbre dans la littérature musulmane[3], et, comme le rappelle avec raison Arnold Toynbee, il y eut des nestoriens byzantins qui trouvèrent refuge en Iran au IVe siècle. Toutefois, l'insertion des chrétiens dans le monde iranien les avait obligés à constituer une Église nationale soumise à un catholicos installé à Séleucie-Ctésiphon ; puis, comme on accusait celui-ci d'être inféodé aux ennemis byzantins des Sassanides, ils avaient rompu toute relation avec les pays étrangers et, en 424, ils n'avaient plus admis aucune autre autorité que la sienne. Contrairement à eux, tous les autres chrétiens admettaient au moins en principe l'autorité politique de l'empereur de Byzance et, pour beaucoup, l'autorité spirituelle de l'évêque de Rome, le pape.

Le christianisme n'était malheureusement pas resté unifié. Fondée sur la tradition orale et un corpus de très courts textes, souvent répétitifs – les Évangiles, les Épîtres, les Actes des Apôtres, l'Apocalypse –, la doctrine chrétienne ne s'était pas établie sans difficultés ni points difficiles ; en particulier, ceux qui concernaient le mystère de l'Incarnation divine et la personnalité du Messie avaient donné naissance à des prises de position bien différentes, à ce qu'on a appelé les grandes hérésies. Les disciples du Christ qui avaient tellement prêché l'unité fraternelle se trouvaient divisés en communautés séparées, la plupart du temps hostiles, et elles étaient encore vivantes et actives au VIIe siècle – elles ne sont d'ailleurs pas toutes mortes en notre début du IIIe millénaire. L'orthodoxie, le catholicisme, affirme que Jésus-Christ est « Fils unique de Dieu, né du Père avant tous les siècles [...] engendré, non pas créé, de même nature que le Père par qui tout a été fait [...] qui est descendu du Ciel pour nous les hommes et pour notre salut, qui a pris chair par l'opération du Saint-Esprit dans le sein de la Vierge Marie et s'est fait homme ».

Pour en arriver à cette profession de foi, il fallut de longues discussions et beaucoup la récusèrent. Très tôt les hommes cultivés qui, en se convertissant, avaient déjà leurs idées sur le monde, sur ses origines, sur la vie humaine, sur la divinité, sur le bien et le mal, trouvèrent à la fois trop simples et trop compliquées les données chrétiennes et jugèrent qu'il était nécessaire de les expliquer, voire de les enrichir par la science, disons plutôt par la philosophie. Ce fut la gnose (grec *gnosos*, « connaissance »), le gnosticisme, qui fut particulièrement actif aux IIe et IIIe siècles et donna naissance à d'innombrables écoles. Elles se dissoudront peu à peu, sans que s'éteigne complètement l'esprit qui les avait fait naître.

Les grandes hérésies furent moins fluctuantes, plus ancrées sur un point précis. La première – si on laisse de côté le marcionisme[4] du IIe siècle, qui est une gnose – est l'arianisme, qui doit son nom à son inventeur Arius (vers 256-336), prêtre d'Alexandrie et aristotélicien. Celui-ci pensait que le Verbe (Jésus-Christ), auteur du monde, avait été créé par Dieu et n'était donc pas identique à Lui, d'une même essence que Lui. La doctrine fut condamnée en 325 au concile de Nicée, qui établit le Credo (symbole de Nicée), ce qui n'empêcha pas son immense succès en Orient et en Occident, où les Germains l'adoptèrent. Chez ces derniers, la conversion au catholicisme des Francs avec Clovis et celle des Wisigoths, qui en avaient été les ardents champions, avec Reccared en 589 lui portèrent le coup de grâce.

La deuxième grande hérésie, le nestorianisme, fut prêchée par Nestorius (vers 380-après 481), patriarche de Constantinople. Elle affirmait qu'il y avait dans le Christ non seulement deux natures, l'humaine et la divine, mais deux personnes distinctes. La Sainte Vierge avait engendré la personne humaine, mais non la personne divine, et n'était donc pas « Mère de Dieu ». En 431, le concile d'Éphèse proclama qu'il y a bien en Jésus-Christ deux natures, mais une seule et même personne, et en conséquence affirma la maternité divine de Marie. Persécuté dans l'Empire byzantin, le nestorianisme fleurit là où il ne pouvait pas être atteint par lui, en Iran et en Asie centrale. Nous avons vu comment il se sépara de la communauté chrétienne en 424. À cette rupture, qui était politique, s'ajouta, après les prédications enflammées de Narsaï (mort vers 507), une rupture idéologique. Sous la domination musulmane, le nestorianisme exercera une influence culturelle considérable, notamment dans le domaine médical avec l'école de Djundichapur, mais pas seulement avec elle, car ses savants furent d'inlassables traducteurs en arabe de textes de l'Antiquité classique. Il sera assez proche du califat abbasside pour qu'à l'avènement de celui-ci, en 750, le catholicos quittât son siège et allât s'installer dans la capitale de la nouvelle dynastie, Bagdad.

Une troisième hérésie, le monophysisme, qui ne peut pas revendiquer un unique fondateur, mais qui doit beaucoup à la pensée d'Eutychès (vers 378-vers 454), est en quelque sorte une réaction contre le nestorianisme. Oui, Jésus-Christ n'est qu'une seule personne, mais il n'a qu'une seule nature, la divine, l'humaine étant entièrement fondue, dissoute en elle. Le succès du monophysisme fut tout aussi prodigieux et les persécutions n'en vinrent pas à bout. C'était la doctrine dominante au VIIe siècle en Égypte, en Syrie, en Palestine, en Arménie, en Éthiopie. C'est encore celle des coptes égyptiens, des Éthiopiens et de l'Église orthodoxe syrienne, dite souvent jacobite. Le concile de Chalcédoine le condamna en 451.

L'Empire byzantin et l'Empire perse sassanide

À sa mort, en 565, Justinien a reconstitué autour de la Méditerranée l'unité presque totale de l'Empire romain qui vivait replié sur sa fraction orientale. Il couvre l'Asie Mineure jusqu'au cours supérieur de l'Euphrate et dispute aux Iraniens les régions situées à l'est du fleuve ; il possède la Syrie, la Palestine, les Balkans au sud du Danube, l'Italie et les îles méditerranéennes – Baléares, Corse, Sardaigne, Sicile, Crète, Rhodes, Chypre –, l'Égypte et toute la vallée du Nil jusqu'à Philae, l'actuelle Tunisie à peu près dans son intégralité, les côtes de Libye, de l'Algérie et même le sud de l'Espagne.

Cette restauration, cependant, est incomplète puisqu'elle exclut la Mauritanie, la plus grande partie de l'Espagne, la Gaule ; trop récente, elle est fragile.

Quand Héraclius Ier accède au trône en 610 en renversant l'usurpateur Phocas, la situation de l'Empire est mauvaise. Les finances sont à plat, l'économie moribonde, l'armée désorganisée ; les Avars se préparent à attaquer Constantinople (qu'ils assiégeront en 619), et les Lombards l'Italie. C'est alors que reprend la guerre pluriséculaire avec l'Iran [5]. Le Sassanide Khosrau II (590-628) obtient d'abord des résultats tels que l'Iran n'en connaissait plus : on peut croire qu'il est un nouveau Darius. Il occupe la Cappadoce, prend Antioche (611), Damas (613), Jérusalem (614), l'Égypte et remonte la vallée du Nil jusqu'en Éthiopie (618). Mais, pris du vertige de la conquête, il a négligé de laisser des troupes pour défendre le sol national, qu'il n'imagine pas pouvoir être menacé, et Héraclius en profite. Il dégage Constantinople, repousse les Sassanides jusqu'à l'Euphrate (623), entre en Arménie (624-625) et à Gandzak (Tabriz), puis, après une pause, due notamment au besoin de parer aux attaques des Avars, il repart en campagne, enlève en décembre 627 la résidence impériale de Dastagert, marche sur la capitale de l'Iran, Ctésiphon, s'en approche à la toucher et renonce à s'en emparer, on ne sait pourquoi – peut-être parce qu'il sent ses arrières menacés, peut-être, comme le pense Charles Diehl, parce qu'il « est aussi prompt au découragement qu'à l'enthousiasme » –, et il bat en retraite. Il est déjà fort avancé sur la route du retour quand il apprend la mort de Khosrau, assassiné par le fils qu'il avait eu d'une princesse chrétienne, Maria (628). On pourrait dire avec Corneille que « le combat cessa faute de combattants ». Le nouveau roi d'Iran s'empresse de demander la paix.

Les deux empires qui se partagent le monde à l'ouest de l'Inde et de la Chine se sont épuisés mutuellement et se trouvent dans une situation de faiblesse qu'ils n'ont encore jamais connue. Byzance, en principe vainqueur, a payé trop cher sa victoire et se révèle à peu près aussi exsangue que son adversaire. Pourtant elle ne sera que très gravement mutilée dans un proche avenir, et survivra, alors que l'Iran trouvera la mort. Et encore, si elle n'avait qu'à souffrir de sa faiblesse ! Mais elle n'a pas su tirer les leçons de tous les revers qu'elle a subis. Au lieu de chercher à se concilier les populations qui lui étaient soumises, elle les dresse contre elle. Comme la guerre l'a ruinée, elle les accable d'impôts. Comme les juifs s'étaient ralliés aux Perses, elle les punit de leur trahison. Comme il lui paraît utile de réaliser l'unité de son empire en lui donnant une seule et même foi, elle persécute les monophysites de Syrie et d'Égypte pour les ramener à l'orthodoxie. Ce n'est pas le meilleur moyen de se faire aimer des uns et des autres, de les rendre fidèles. Byzance ne réussit qu'à se faire haïr un peu plus, qu'à stimuler l'infidélité. Quand les Arabes musulmans arriveront, ils seront reçus comme des libérateurs. Ils le seront d'autant plus qu'ils chercheront à se rallier les indigènes, subiront leur influence culturelle au point que l'art musulman naissant sera un art syro-byzantin à peine influencé par les impératifs religieux de l'islam (suppression des figures dans les mosaïques des édifices cultuels, changement d'axe du plan basilical des mosquées)[6], au point qu'ils leur confieront l'administration de l'État naissant, leur emprunteront leur organisation politique, sociale et militaire, garantiront leur liberté religieuse à la seule condition qu'ils se reconnaissent vassaux, qu'ils paient un impôt, au reste à peu près équivalant à celui qu'ils versaient à Byzance. La loi musulmane, la *chariat*, prévoyait que les gens du Livre (*Ahl al-Kitab*), c'est-à-dire les juifs et les chrétiens et, par extension opportuniste, les mazdéens, étaient des « protégés », *dhimmis*, non certes des égaux, mais des inférieurs privilégiés et dont les droits (à commencer par celui de vivre), les croyances et les mœurs devaient être respectés.

Les Arabes

Immense péninsule dont la superficie égale près de cinq fois celle de la France, l'Arabie est baignée à l'ouest par la mer Rouge, au sud par la mer d'Oman et l'océan Indien, à l'est par le golfe Persique, et n'est séparée de l'Asie et de l'Afrique, auxquelles elle se rattache au nord, que par des détroits, celui de Bab al-Mandeb, large d'environ 25 kilomètres, entre elle et la Somalie, et celui d'Ormuz, de quelque 60 kilomètres, qui la sépare de l'Iran. Ses habitants, dont le nombre n'a jamais été élevé, les Arabes, relèvent de la famille sémitique, et se divisent en deux branches principales. L'une, celle du Sud-Ouest (descendant d'Adnan, les Kalbites), habite les régions arrosées et fertiles qui constituent le Yémen et le Hadramaout, le pays que l'on nommait dans l'Antiquité *Arabia Felix*, l'« Arabie heureuse ». L'autre, celle dite du Nord (les enfants de Qahtan, les Qahtanides), vit dans tout le reste de la péninsule, dans des steppes arides ou des déserts parmi les plus déshérités du monde, où les cours d'eau, les oueds, sont maigres et rares, où quelques oasis paraissent, avec leurs palmiers-dattiers, des sortes de jardins qui, pour les nomades, les bédouins, évoquent le paradis[7].

Les premiers sont des citadins et des paysans cultivant non seulement les plaines, mais aussi les montagnes où ils construisent des digues et aménagent les pentes en terrasses. Ils ignorent le nomadisme et leur organisation sociale et politique repose sur des unités territoriales, le plus souvent regroupées en petits États dirigés par des prêtres héréditaires ou par des rois, plus rarement sous l'autorité de puissantes monarchies. Sur des sols riches, bien arrosés, encore mieux irrigués par des barrages – le plus important, celui de Marib, fut sans doute construit au VIIIe siècle av. J.-C. – qui vaudront à l'Arabie heureuse son nom arabe, *Khadra*, « la Verte », ils cultivent tout ce qui est nécessaire à leur vie quotidienne et, en outre, les aromates, l'encens, la myrrhe, qui donnent au pays son troisième surnom, *Arabia Odorifera*, l'« Arabie parfumée », et que le monde entier achète à n'importe quel prix (encens et myrrhe ne sont-ils pas mis sur le même pied que l'or par les Rois Mages qui apportent leurs présents au berceau du Christ ?). Non contents de produire, ils importent de l'Afrique voisine et même de l'Inde lointaine ivoires et épices, esclaves noirs – déjà ! –, parce qu'ils sont marins, et les seuls avec les Omanais parmi tous les Arabes à l'être, et parce qu'ils disposent de deux ou trois bons ports qui sont cruellement absents ailleurs, dont celui qui verra plus tard s'édifier Aden. Ils vendent leurs productions et leurs importations dans le Croissant fertile et au-delà par l'intermédiaire de caravanes chamelières recrutées parmi les nomades du désert. Ceux-ci, pour satisfaire aux nécessités de ce commerce lucratif et qui soulage leur misère, établissent des voies qui empruntent autant que possible les cours des oueds ou qui passent par les oasis, cessant alors d'être des jardins pour devenir de grands caravansérails, des entrepôts, de vraies villes d'affaires. La route principale part de Nadjran, dans le nord du Yémen, et passe par Taïf, Yathrib, Khaibar, Tayma, Tabuk et quelques autres cités, dont La Mecque, la plus importante de toutes.

Dans la nuit des temps, peut-être dès le XIe siècle, le Yémen a atteint un haut niveau culturel avec le royaume de Saba, des Sabéens, dont la renommée fut immense puisque la Bible (II Chroniques, IX) fait venir à Jérusalem l'une de ses reines pour rendre visite à Salomon (vers 970-930) et dont l'influence ne le fut pas moins puisqu'il « semble avoir fondé le royaume d'Abyssinie » (Bernard Lewis). Celui-ci, en tout cas, revendiquera une ascendance salomonienne et sabéenne. Après une longue histoire, Saba est annexé vers 118-115 par ses voisins les Himyarites, dont la classe dirigeante au moins adoptera le judaïsme – que le roi Dhu Numas voudra imposer à tous ses sujets. C'est alors que les chrétiens de Nadjran refuseront d'abjurer, seront persécutés, et que les Éthiopiens interviendront pour les protéger. Ils occuperont l'Arabie heureuse de 521 à 575, non sans la ravager. Ils pourraient être les responsables de la destruction finale du barrage de Marib et de l'exode qui s'ensuivit. Ils le sont en tout cas de l'arrivée des Perses, appelés par les Yéménites. Ceux-ci débarqueront à Aden en 575, chasseront les Africains, fonderont une satrapie et tenteront d'imposer le mazdéisme – sans y parvenir, car leur présence ne durera guère.

Pendant que l'Arabie méridionale vit ces grandes heures, les Arabes du désert, ceux que l'on dit du Nord, continuent à mener une existence obscure, ne créent à peu près rien si ce n'est une poésie assez remarquable. Organisés en tribus et en clans fondés sur le lien du sang, sous la direction d'un ancien, le *chaïkh*[8], qu'assiste un conseil de chefs de famille, ils vivent sur un sol ingrat, avec leurs troupeaux de chameaux (chameaux à une bosse ou dromadaires), errent à la recherche des pâturages, sont soumis aux rigueurs climatiques, dorment sous la tente, se nourrissent de lait de chamelle et de dattes. Seules les grandes caravanes avec lesquelles ils acheminent vers la Syrie et l'Iraq les produits du Yémen leur apportent l'aisance et parfois la richesse. Souvent cependant, quand ils sont démunis de tout, ils sont contraints pour survivre de se livrer à des razzias contre les habitants des oasis, contre des caravanes de villes rivales, contre leurs voisins sédentaires. Se développant à partir du IIe siècle, l'élevage du cheval – qu'ils montent avec une maestria hors de pair – change leurs conditions de vie à tel point que le chameau n'est plus le roi du cheptel, que les razzias deviennent de plus en plus nombreuses et efficaces, que les tribus entrent plus souvent en lutte les unes contre les autres. Elles s'accrochent à tout bout de champ, non sans éviter de verser le sang pour ne pas avoir à subir la loi du talion, et non sans remords car tous ont le sentiment de leur fraternité de race, ont le même amour de leur langue commune – nulle part plus que chez eux on n'est sensible à la magie du verbe – et le sens de leurs affinités religieuses. Si chaque tribu a ses pierres dressées, les bétyles, et ses dieux particuliers, toutes ont à peu près la même foi, les mêmes pratiques, et acceptent les divinités des autres. La Mecque est pour toutes la ville du sanctuaire national, la

Ka'aba, que l'on dit ou dira fondée par le premier homme, Adam, reconstruite par Abraham et dans un mur de laquelle est insérée la pierre noire venue du ciel. Elle abrite les effigies de tous les dieux tribaux, quelque trois cent soixante idoles, et parmi elles des icônes de la Vierge Marie. Sans l'existence de ce temple fédérateur, il n'y aurait peut-être jamais eu l'islamisme [9].

La naissance de l'islamisme

C'est à La Mecque, alors dirigée par la tribu des Quraïchites, que Mahomet naît vers 570 dans une famille puissante, celle du chef des Hachémites, mais d'un homme peu fortuné qui meurt avant sa naissance. À l'âge de six ans, il perd sa mère, est recueilli par son grand-père qui trépasse peu après. Il est alors élevé par son oncle paternel, Abu Talib, bon et brave commerçant chargé d'une nombreuse famille et sans grands moyens d'existence, et il l'accompagne souvent dans ses voyages. Vers 595, il entre au service d'une riche veuve, Khadidja, qui s'occupe d'import-export, va pour son compte en Syrie et sans doute ailleurs, et la prend pour femme. Tant qu'elle vivra, jusqu'en 619, il n'en aura pas d'autre qu'elle et il semble être resté fidèle à son souvenir quand, en grande partie pour des raisons politiques, il se constituera un harem d'une dizaine d'épouses. Ni elle ni les autres ne lui donneront un fils qui vivra, seulement des filles, ce qui est une honte pour un Arabe. Il adoptera son jeune cousin Ali, le futur époux de sa fille tant aimée, Fatimah, le futur guide *(imam* [10]) des chiites, et un certain Zayd, un esclave originaire de la tribu de Kalb christianisée. Habitué à se retirer, solitaire, dans une grotte de la colline de Hira, située à quelques kilomètres au nord-est de La Mecque, il y reçoit, une nuit de 611, sa première révélation. L'ange Gabriel lui apparaît pour lui dire : « Tu es l'Envoyé de Dieu, le Prophète d'Allah. » Terrifié, bouleversé jusqu'au fond de l'âme, cet homme qui a maintenant quelque quarante ans finit par accepter la mission dont l'archange le charge et commence à prêcher le retour au pur monothéisme d'Abraham, dans la lignée duquel il s'inscrit, et la soumission au Créateur, à l'Unique – en arabe, l'*islam*. Au fur et à mesure que lui sont faites les révélations, qui se multiplient et ne cesseront pas jusqu'à sa mort, il récite à qui veut les entendre, à sa femme, à ses enfants, à ses parents, et sans doute à qui ne le veut pas, les textes que le messager de Dieu – d'Allah – lui ordonne de divulguer.

Tous ces textes, longs ou extrêmement courts, sont aussitôt mémorisés par le nouveau Prophète et par ceux qui l'écoutent, et notés au fur et à mesure. Ils seront mis bout à bout dans le plus grand désordre par le calife (« successeur ») Othman (644-656) peu après la mort de Mahomet et la fin de la révélation divine – la dernière dans l'Histoire, disent les musulmans – pour former un gros ouvrage de cent quatorze chapitres (sourates), composés d'un nombre inégal de versets (*ayat*), le Coran. Ce livre, parce qu'il est Parole éternelle et incréée de Dieu, descendue du Ciel, est intouchable. Il faut l'accepter tel qu'il est. Ce qu'il déclare, ce qu'il ordonne de faire en ce début du VIIe siècle est encore valable aujourd'hui et le demeurera jusqu'à la fin des temps. Il est à la base de la loi musulmane, la *chariat*. Traitant de tout, touchant à tout, il ne dit évidemment pas tout et les musulmans ne trouvent pas en lui toutes les réponses aux questions qui se posent à eux, qu'on leur pose. Pour y répondre, ils se tournent vers les dits et les actes du Prophète, modèle parfait dont les mots et les agissements sont impeccables, les *hadith* (traditions), dont ils conservent pieusement la mémoire. Ceux-ci prennent force de loi, à peu près au même titre que le Coran lui-même, constituent la deuxième source de la *chariat*, et leur ensemble forme la *Sunna* (la Tradition), ce que nous nommons le sunnisme. Toutefois, comme ces récits de la vie du Prophète ont été transmis de bouche à oreille par une chaîne de personnages depuis le temps de Mahomet jusqu'au IXe siècle, époque où ils furent consignés par écrit, ils ne présentent pas les mêmes garanties que le Coran, et peuvent éventuellement être récusés malgré la critique qui a précédé leur adoption et la vérification qui a été faite de l'honorabilité des transmetteurs [11].

Mahomet convertit assez vite quelques personnes de ses proches et quelques Mecquois importants, dont Omar, mais il soulève l'indignation, éveille la haine de la plupart de ses concitoyens, notamment parce que ceux-ci vivent beaucoup des pèlerinages païens à la Ka'aba et qu'il menace leur existence en s'en prenant au polythéisme et à l'idolâtrie, en réclamant la destruction des idoles. On le raille. On le traite de poète, de devin, de sorcier. On l'insulte. On le menace de mort. Sa position devient tellement intenable qu'il est obligé de quitter sa patrie et de se réfugier dans la ville voisine de Yathrib, où il a fait quelques prosélytes et qui devient la ville du Prophète, *Medinat al-Nabi*, Médine. Il y arrive le 24 septembre 622. C'est l'émigration, l'Hégire (*Hidjra*). Cette année-là sera choisie pour inaugurer l'ère musulmane, dont le premier jour sera fixé au 16 juillet, qui n'est pas celui du départ de La Mecque, mais le premier de l'année lunaire des Arabes qui en compte 354.

Promu chef de la communauté musulmane, l'*Umma*, Mahomet change alors radicalement de vie et, s'il reste avant tout le Prophète, l'Envoyé (*Rasul*), il devient un responsable politique, un organisateur de la société, un commandant d'armées, bref, un chef d'État. Les révélations divines, qui ne cessent pas, rendent bien compte de cette situation nouvelle. Elles traitent moins que celles qui ont eu lieu à La Mecque des questions spirituelles, beaucoup plus des affaires temporelles ; elles règlent les rapports des hommes les uns avec les autres, dessinent l'idéal, au reste très élevé, de ce que nous appellerions l'honnête homme, un code de politesse, de savoir-vivre (*adab*), dictent la conduite à tenir en toutes circonstances, faisant de l'islam une religion « globale », qui n'accepte pas la séparation des pouvoirs, où toutes les actions humaines, jusqu'aux plus profanes, deviennent religieuses.

Comme les émigrés ont abandonné leurs biens à La Mecque et ne peuvent pas vivre de la seule charité des Médinois, ils sont amenés, dès décembre 623, à renouer avec la tradition bédouine des razzias. Comme les Mecquois et les juifs ne cachent pas leur hostilité – les premiers assiègent Médine en mars 627 –, ils sont obligés de faire la guerre, une guerre qui devient aussitôt sainte, le *djihad*, et elle se révèle heureuse : Mahomet entre en vainqueur dans sa ville natale le 11 janvier 630 et soumet les provinces arabes. Veut-il aller plus loin ? Le 26 mai 632, il confie à l'un de ses officiers le commandement d'un raid à effectuer sur la Transjordanie. Il meurt le 8 juin à Médine sur le sein de sa toute jeune épouse Aïcha en prononçant les mots : « Le compagnon le plus haut... »

Bien que la nouvelle religion, qui se veut un retour aux sources abrahamiques, s'adresse d'abord aux Arabes, le peuple élu de Dieu comme le fut jadis Israël, et bien que la révélation soit faite en arabe, promu langue sacrée, elle entend s'adresser à tous les hommes et devenir universelle. Tous les « païens » doivent être convertis sans exception, bien que les « gens du Livre » (*Ahl al-Kitab*), ceux qui ont reçu une révélation antérieure et qui souhaitent s'y tenir, puissent à la rigueur la conserver, en se soumettant à l'islam. Que Mahomet ait ou non envisagé la conquête du monde, elle aura lieu et les quelques millions d'Arabes du Yémen et du désert deviendront ceux, innombrables, répandus de l'Iran à l'Espagne. C'est avec les seules armes du Coran, des *hadith*, de leur langue, de leur poésie, de leur foi, et, en se plaçant sur un autre plan, avec leur courage et leur cavalerie, que les Arabes réaliseront cette œuvre gigantesque.

Juifs et chrétiens en Arabie

Entourée de grands et puissants empires, de terres de haute civilisation, la péninsule Arabique, à l'exception du Yémen, est une terre peu hospitalière qui n'attire pas beaucoup les visiteurs. Elle n'est cependant pas isolée. Ses habitants entretiennent des relations commerciales actives avec tous leurs voisins, et les étrangers qui y viennent sont plus nombreux qu'on ne pourrait le croire. Sans compter les esclaves, surtout des Noirs, on y rencontre des Égyptiens, des Byzantins, des Iraniens, arrivés lors de tentatives d'invasion, capturés au cours des razzias, réfugiés politiques ou simples aventuriers. Plusieurs sont nommément connus, et l'un d'eux, un Persan, immigré on ne sait trop pour quelle raison, Selman-i Pak, « Selman le Pur », est l'un des proches compagnons de Mahomet, l'un des trois premiers convertis non arabes, et il a joué auprès de lui un rôle suffisamment important pour que les ismaéliens [12] aient pu voir en lui, sous le nom conventionnel de l'ange Gabriel, le véritable transmetteur du Coran.

Il y avait surtout un nombre considérable de juifs, Palestiniens ou indigènes convertis, tous assez profondément arabisés et qui tenaient en main une grande partie de l'économie. À la veille de la fondation de l'islam, ils étaient installés dans toutes les villes de la péninsule, sauf sans doute à La Mecque où leur présence semble avoir été très faible. À Khaïbar, ils étaient de loin plus nombreux que les Arabes et, à Yathrib (Médine), on estime qu'ils constituaient à peu près la moitié de la population. Les premières relations que le Prophète eut avec eux furent certainement bonnes si l'on en juge par le choix qu'il fit de Jérusalem comme *qibla* (la direction dans laquelle on doit se tourner pour effectuer la prière), par le nombre impressionnant de récits, un peu amendés, de l'Histoire sainte que contient le Coran et par les éloges que celui-ci leur adresse. Ne dit-il pas : « Ô fils d'Israël ! Souvenez-vous de mes faveurs. Je vous ai comblés et vous ai préférés aux mondes » (III, 122) ; « Nous les préférâmes à tous les autres peuples » (XLV, 15) ? La cohabitation des tout nouveaux musulmans, émigrés de La Mecque ou convertis de Médine [13], et des juifs amène cependant des frictions entre les uns et les autres. Elles découlent, chez les musulmans, de ce que les israélites n'entendent pas rompre les relations qu'ils entretiennent avec les « païens », bédouins ou citadins des autres villes, de ce qu'ils refusent de se convertir ou tout au moins de reconnaître que Mahomet s'inscrit dans la lignée des prophètes de l'Ancien Testament ; chez les juifs, de l'irritation que fait naître en eux la prétention qu'ont des hommes, pourtant sémites comme eux, monothéistes comme eux, de corriger et d'enrichir par de nouvelles révélations leurs croyances et leurs lois. Dès lors, le Coran accuse les juifs de refuser l'évidence, à savoir que Dieu continue à s'exprimer, mais maintenant par son texte – « Ils ne croyaient pas aux signes d'Allah » (II, 58) –, puis d'avoir falsifié le message qu'ils avaient reçu avec la Bible : « Ils ont corrompu la Parole de Dieu après l'avoir comprise » (II, 78) ; « Malheur à ceux qui ont écrit l'Écriture de leurs mains, puis ont dit : "Cela vient de Dieu" » (II, 70).

La rupture entre les deux religions abrahamiques, la nouvelle et l'ancienne, est consommée neuf mois après l'Hégire quand éclatent les premiers incidents au lendemain de la bataille de Badr, la première que livrent les musulmans (624). Elle est concrétisée par le changement de la *qibla* : on priera désormais en direction de La Mecque, non de Jérusalem[14]. La querelle idéologique se transforme vite en conflit armé. Plusieurs tribus juives sont chassées de Médine ; une autre, accusée de complicité avec les Mecquois et de trahison, celle des Banu Qurazya, est massacrée après la « guerre du fossé », le siège de Médine par les idolâtres en 627 ; la cité de Khaïbar est prise en 629. Le peuple élu devient le peuple exclu, et le jugement du Coran contre les juifs est sans appel : « Nous les avons maudits parce qu'ils ont rompu leur alliance avec Nous » (IV, 151).

Les chrétiens étaient loin d'occuper en Arabie la même place que les juifs, et l'on peut s'en étonner quand on connaît l'ardeur de leur apostolat, quand on constate leur omniprésence ailleurs. L'idée qu'ils auraient pu rencontrer trop de rivaux en ceux dont ils étaient issus et dont ils se disaient les successeurs est en contradiction avec celle généralement admise que la diaspora juive facilita l'expansion du christianisme. Non qu'ils soient rigoureusement absents, mais nulle part, sauf à Nadjran, on ne parle de colonies, de monastères, de communautés. Ce que les premiers musulmans semblent avoir appris d'eux, si l'on en juge par les textes coraniques qui font parfois penser aux Évangiles apocryphes, laisse envisager que la plupart d'entre eux étaient gnostiques ou membres de sectes, ou encore des gens assez simples, mal instruits de leur religion. Ce sont peut-être eux qui fournirent ces vagues monothéistes, les *hanif*, qui étaient « en familiarité avec la conception d'un Être suprême et sa reconnaissance » (William Mongtgomery Watt), bien qu'on ne décèle en eux rien qui rappelle la tradition judéo-chrétienne.

À Nadjran, dans le nord du Yémen, les chrétiens constituaient au contraire une puissante Église monophysite formée par des gens qui avaient fui les persécutions de Justinien. J'ai déjà dit comment ils avaient été victimes du roi juif des Himyarites, puis vengés par les Éthiopiens qui, pendant leur courte présence (521-575), les protégèrent et stimulèrent leur apostolat. Nous les retrouverons dans quelques instants, à l'époque du Prophète où ils seront en pleine vigueur, et ils subsisteront au moins jusqu'au temps du calife Omar (630-644).

Les chrétiens accueillirent mieux ou moins mal que les juifs la révélation mahométane (ils n'en seront guère récompensés puisque les musulmans les feront disparaître de Nadjran). Certains se convertirent à l'islam. C'est du moins ce que laisse entendre le Coran quand il dit : « Tu les entends s'écrier : "Seigneur, nous croyons. Compte-nous parmi les Témoins" » (V, 83). Évidemment, l'islam, qui considère Jésus comme un grand prophète, accomplissant des miracles, ressuscitant les morts (III, 49), qui le nomme Messie sans qu'on sache bien le sens qu'il donne à ce mot, et qui accorde une grande place à la Vierge Marie, sa Mère, se dresse violemment contre les dogmes de la Sainte Trinité et de la divinité du Christ, et condamne ceux qui y adhèrent : « Les chrétiens disent : "Le Messie est le fils de Dieu." [...] Qu'Allah leur fasse la guerre, car ils sont menteurs » (CXII, 1) ; « Ils sont mécréants, ceux qui disent : "En vérité, Dieu est le troisième de trois", car il n'y a pas de Dieu si ce n'est le Dieu unique. S'ils ne renoncent pas à ce qu'ils disent, certainement ils seront mis au nombre des incroyants et il leur sera réservé un châtiment douloureux » (V, 73). Cela n'empêche pas l'islam de les considérer avec plus d'indulgence. Aucun conflit majeur n'oppose chrétiens et musulmans, et en 631 Mahomet conclut un accord avec une délégation venue de Nadjran qui, « renouvelé et modifié par ses successeurs, est le prototype des "capitulations" qui ont assuré pendant treize cents ans la survie, moyennant tribut, des communautés chrétiennes assujetties à l'État musulman » (Louis Massignon). C'est de toute évidence un événement d'une importance capitale.

Les marches arabes du Nord

Rien ne sépare vraiment la péninsule Arabique des terres qui, à son septentrion, forment la basse Mésopotamie, la Palestine et la Syrie, et très tôt, malgré les Assyriens qui avaient tenté en vain de s'opposer à leur installation, les Arabes y avaient pénétré. Ils s'y établissent mieux encore des siècles plus tard en profitant de la faiblesse des Séleucides, héritiers d'Alexandre le Grand, et, quand les Romains arrivent, ils sont les vrais maîtres de la Syrie.

On ne sait pas exactement quand les Nabatéens venus du Hadramaout se rendirent maîtres de l'actuelle Jordanie, peut-être dès le VIIe siècle avant notre ère, peut-être au VIe siècle. Leur présence est incontestable au IVe siècle puisqu'en 312 ils font échouer la désastreuse expédition menée contre eux par les Séleucides, que racontera Diodore de Sicile. Ils commencent alors à édifier dans le site éblouissant et pratiquement imprenable de Pétra cette magnifique architecture qui donnera ses chefs-d'œuvre entre le IIe siècle av. J.-C. et le Ier siècle de notre ère, et que nous admirons encore. Cette puissance créatrice découle certes de leur génie, mais surtout de la richesse que leur procure le commerce des aromates venus du Yémen et dont ils monopolisent presque la distribution dans le Croissant fertile, à Rome, en Iran... De leur premier souverain dûment mentionné en 169 av. J.-C., Aretas Ier (Harithas), nous ne savons pas grand-chose, mais nous voyons ses successeurs en relations cordiales, puis hostiles, avec la dynastie juive des Asmonéens. Leurs entreprises militaires sont alors couronnées de succès. En 93, Obodas Ier (96-84) vainc le célèbre grand prêtre et souverain hébreu Alexandre Jannée (103-76) et, en 84, Aretas III (84-62) est dit « roi de Damas », ville qu'il doit plutôt contrôler que posséder. Mais l'élan des Nabatéens est bientôt brisé. Quand, en 65, ils mettent le siège devant Jérusalem, l'arrivée de Pompée les contraint à se retirer. Rome, à partir de ce jour-là, les domine, les oblige à collaborer, de telle sorte que c'est Pétra qui, en 25-24, sert de base à l'expédition qu'Auguste, fasciné par les richesses du Yémen, y envoie et qui échoue lamentablement. Malgré des signes de décadence sous Obodas II (mort en 8 av. J.-C.), cette sujétion n'empêche pas l'essor cultuel des Nabatéens, qui atteignent à leur apogée au Ier siècle avant notre ère et quand leur roi Aretas IV (9 av. J.-C.-40 ap. J.-C.) domine une vaste région comprenant le Sinaï, Édom, Moab, le Hauran et une partie de la Transjordanie. Leur chute n'en sera que plus brutale. En 106, Trajan annexe leurs territoires, dont il fait la province d'Arabie, et les marins occidentaux, sachant enfin utiliser le régime des moussons, se rendent en Arabie heureuse, en Somalie, en Inde peut-être, pour acheter sur place ce que traditionnellement les Arabes leur apportaient par caravanes.

La décadence de Pétra profite à la grande oasis du désert syrien, Palmyre (Thadmor), point de passage obligatoire des caravanes reliant la Mésopotamie et l'Iran aux pays méditerranéens si elles ne veulent pas faire le long détour qu'exige l'itinéraire qui suit le cours de l'Euphrate. Depuis longtemps, les Arabes fréquentent cette ville ; maints d'entre eux s'y sont installés au fil des temps et y ont acquis une position si favorable qu'une de leurs familles y accède au trône et fonde au IIIe siècle un royaume indépendant. Déchirée entre Rome et l'Iran, subissant l'influence culturelle de l'une et de l'autre et s'alliant tantôt à la première, tantôt au second, Palmyre, qui a eu la bonne fortune d'aider l'empereur Gallien (251-268) contre les Sassanides, voit sa souveraineté reconnue par lui et son prince prend le titre de Roi des rois, ce qui agace les Romains... et ne l'empêche pas de mourir assassiné. Quelques années après ce meurtre, sa veuve, Zénobie, qui rêve de devenir maîtresse absolue en Syrie, s'empare d'Antioche et d'une partie de l'Asie Mineure. Rome, en la personne d'Aurélien, s'inquiète, vainc les Palmyréens, capture leur reine, occupe et ruine leur capitale (272-273).

Nabatéens et Palmyréens sont les deux grands peuples arabes du Croissant fertile avant l'islam, mais il en est deux autres qui sont appelés à jouer un rôle dans l'histoire du Proche-Orient au début de notre ère et lors de l'invasion musulmane, les Lakhmides et les Ghassanides.

Les premiers se sont installés à la fin du IIIe siècle avant notre ère au sud de la Mésopotamie tout au long de la rive méridionale de l'Euphrate, ont établi, peut-être en 110, leur capitale à al-Hira (près de l'actuelle ville de Kufa) et sont entrés sous l'obédience de la Perse. Ils lui demeureront, nous l'avons déjà dit, d'une constante fidélité ; ils la suivront dans ses conflits fréquents avec l'Empire byzantin et les Ghassanides. Ils disparaîtront peu avant la naissance de l'islam, au début du VIIe siècle. Les seconds, issus comme les Nabatéens du Hadramaout, auraient quitté leur pays après la destruction de la digue de Marib, à une date dont on discute, sans doute parce qu'il y a eu une première destruction partielle et une seconde totale vers 570. Ils se sont installés sur les anciennes possessions nabatéennes et dominent un immense territoire en Palmyrène et Palestine ; ils ont fixé leur capitale à Bosra, fait de Sergiopolis (Rusafa) leur centre religieux, et nomadisent entre le Sinaï et l'Euphrate. Inclus dans l'aire byzantine comme les Lakhmides le sont dans l'aire iranienne, ils ont vu leur roi Aretas (529-569) recevoir le titre de patrice en 530, mais ne se montrent pas aussi attachés à Byzance que les

Lakhmides le sont à Séleucie-Ctésiphon. Évangélisés par Jacques Baradée, ils ont adopté le monophysisme (alors que les Lakhmides, eux aussi convertis, ont opté pour le nestorianisme) et sont entraînés dans le grand conflit consécutif à la condamnation des hérésies.

Lakhmides et Ghassanides ont conservé leur langue, mais parlent aussi le grec ou l'araméen. Ils demeurent en relations étroites avec leurs frères de race restés en Arabie. Ils reçoivent leurs caravanes, et Mahomet lui-même, au temps où il est au service de Khadidja, se rend chez eux. Ils subissent leurs razzias, la dernière importante ayant lieu en 610, mais le Prophète, au moment de sa mort, en préparait une autre pour venger l'exécution d'un de ses missionnaires auprès des Ghassanides et la crucifixion par ordre de l'empereur Héraclius du gouverneur de Maan (Amman), seulement coupable de s'être converti à l'islamisme. Leur bilinguisme, ces relations continues feront d'eux de précieux intermédiaires entre occupants et occupés quand se constituera l'Empire arabe.

CHAPITRE II

L'invasion arabe

Mahomet n'avait pas eu le temps de voir partir l'expédition qu'il entendait envoyer en Syrie pour venger l'exécution du gouverneur d'Amman par ordre d'Héraclius, mais son beau-père et successeur à la tête de la communauté islamique, Abu Bakr, n'avait rien eu de plus pressé, malgré la confusion qui régnait alors, de réaliser son ultime volonté guerrière. La petite troupe avait pillé et incendié la région d'Abel et était revenue après soixante-dix jours d'absence. Muhammad Hamidullah dit que ce meurtre et sa vengeance eurent « des conséquences graves », qui se « sont prolongées pendant ces derniers quatorze siècles » ; autrement dit, qu'ils furent la déclaration de la grande guerre de l'islam et de la chrétienté.

L'invasion de la Syrie et de la Palestine

Après le décès de Mahomet, il n'avait pas fallu un an à Abu Bakr (632-634), qui avait été élu calife *(khalifa)*, lieutenant ou successeur du Prophète à la tête de la communauté musulmane (l'*Umma*), pour mater la révolte des bédouins et des citadins qui avaient accepté l'islam sans être vraiment convertis, pour châtier les faux prophètes qui se levaient un peu partout, pour s'assurer des populations du Bahreïn, de l'Oman, de l'Hadramaout, du Yémen, bref, pour réaliser l'unité de l'Arabie. Le pays paraissait donc calme quand commença la ruée conquérante des Arabes qui allait submerger le monde et, en un peu plus d'un siècle, atteindre le cœur de la France, à Autun, à Poitiers, et le cœur de l'Asie centrale, où la Chine, qui était en passe de la dominer, en fut éliminée pour un millénaire par la grande défaite qu'elle subit au Talas en 741.

Tout commença presque par hasard. Une puissante tribu du Bahreïn, celle des Bakr, fragilement islamisée, servit d'allume-feu. Elle voulait se livrer à quelque pillage en territoire persan et demanda au calife de lui envoyer une poignée d'hommes pour y participer. Abu Bakr ne pouvait guère refuser une sollicitation de ses tout nouveaux sujets. Il fit plus qu'accepter, il dépêcha son meilleur général, Khalid ibn al-Walid. Celui-ci et le chef tribal dont le nom, al-Muthanna, mérite de ne pas être oublié, marchèrent sur Hira. La ville était riche. Elle paya très cher pour ne pas être pillée. L'armée perse du gouverneur de la province fut vaincue à Buwaïd. On dit que les Arabes firent un très gros butin. La guerre sainte, le *djihad*, rapportait et c'était un encouragement à la poursuivre.

Pendant que se déroulait cette opération, plusieurs bandes composées au maximum de quelques milliers de bédouins instables, qu'Abu Bakr n'était pas mécontent d'éloigner, partaient vers le nord. Deux entrèrent en Transjordanie, une en Palestine. L'une était commandée par Yazid, un membre de cette famille omeyyade qui aurait l'heureux destin de fonder le califat héréditaire de Damas, une autre par Amru ibn al-As, qui s'illustrerait par la conquête de l'Égypte. On pouvait croire qu'il ne s'agissait que des habituelles razzias. Le patrice Sergius, gouverneur de Césarée, marcha contre elles, se fit vaincre à al-Arabi, près de la mer Morte, puis à Dakhina où il trouva la mort. Les vainqueurs, loin de se replier avec leur butin, se répandirent dans la province. La banale incursion de pillage prenait le caractère d'une guerre, commençait à se transformer en occupation. Byzance leva une armée. Médine, heureusement surprise du succès, envoya des renforts et donna ordre à Khalid ibn al-Walid, qui, comme nous venons de le dire, était engagé en Iraq, de franchir de toute urgence le désert pour rallier l'armée de Palestine (hiver 633-634). Les Arabes rencontrèrent les Byzantins à Adjnadaïn en juillet ou août 634, les écrasèrent et les contraignirent à leur abandonner toute la Palestine. Quelques semaines plus tard, Abu Bakr mourait et Omar (634-644) accédait au califat. Il allait être le vrai artisan de la conquête.

On se battait encore. Quelques Grecs et quelques Syriens tentaient de résister, mais ils étaient d'autant plus impuissants contre les envahisseurs que ceux-ci recevaient sans cesse des renforts. L'empereur byzantin, le *basileus*, Héraclius (612-640), fut obligé de recruter une nouvelle armée. Quand elle se mit en route, les Arabes abandonnèrent les territoires qu'ils pillaient et se regroupèrent, puis ils se replièrent pour l'attendre au sud de la petite rivière du Yarmuk, un affluent du Jourdain. Les forces byzantines, sans être énormes, étaient impressionnantes, de l'ordre de 30 000 hommes, mais c'était un ramassis de toutes sortes de gens que rien n'unissait. Elles attaquèrent le 15 août 636. Les auxiliaires arabes qui servaient dans leurs rangs désertèrent ou passèrent à leurs frères musulmans : on pouvait s'y attendre ! Les Arméniens choisirent le champ de bataille pour se donner un empereur : c'était plus imprévisible et pour le moins inopportun ! Dans de telles conditions, les Grecs ne pouvaient pas espérer l'emporter. Ils ne résistèrent pas aux charges des cavaliers qui les assaillaient. Leur général fut tué. Ils prirent la fuite, furent poursuivis et souvent rattrapés et sabrés. Après la Palestine, Héraclius perdait la Syrie. Malgré une épidémie de peste qui ralentit les opérations, les villes tombèrent les unes après les autres. Damas, qui avait déjà subi un siège de cinq mois et avait été enlevée une première fois (septembre 635), le fut à nouveau. Alep et Antioche capitulèrent en 637, Jérusalem en 638, et Omar y vint aussitôt en pèlerinage : n'était-ce pas, après La Mecque et Médine, la troisième ville sainte de l'islam ? C'est là que fut construit en

691, sur l'esplanade du temple de Salomon, le premier monument « musulman » (en réalité tout byzantin), la Coupole du Rocher (*Qubbat al-Sakhra*), qu'on s'entête à nommer mosquée d'Omar, comme mémorial du sacrifice d'Abraham et du voyage de Mahomet au Ciel (*Miradj*) [1]. Enfin, la dernière ville de Syrie, Césarée, se rendit en 640. Les monts Amanus arrêtèrent la progression vers le nord.

Elle continua plus à l'est. Les troupes arabes de Syrie rejoignaient sur le cours moyen et supérieur de l'Euphrate celles qui opéraient en Mésopotamie (en Iraq) et qui venaient de s'emparer de Mossoul (640). La colonne qui avait assailli les anciennes possessions des Lakhmides de Hira avait elle aussi reçu des renforts et, tandis que se déroulait la lutte contre l'Empire byzantin, les Arabes avaient poursuivi, avec une audace et des succès encore plus grands, celle contre l'empire des Perses sassanides. En 636, ils avaient vaincu celui-ci à Qadisiya et s'étaient ouvert l'Iraq, où ils avaient fondé deux camps à Basra et à Kufa qui demeureront des pôles de leur administration. Ils allaient bientôt le vaincre à nouveau à Nehavend en 642 et achever la conquête de l'Iran (655). Dès 654, ils arriveraient sur l'Indus, en 671 sur l'Oxus (Amu-Darya), au seuil de l'Asie centrale. Mais cette grande aventure, qui allait se révéler si riche de conséquences, ne concerne pas notre sujet.

Réunis sur l'Euphrate, les Arabes attaquèrent l'Arménie, le premier pays au monde à avoir fait du christianisme sa religion officielle (301) et qui, depuis longtemps déchirée entre le monde persan et le monde romain, couvrait alors quelque 300 000 kilomètres carrés étendus entre les chaînes du Pont et du Taurus, de la Cappadoce à la mer Noire. Ils entrèrent dans la capitale de sa province persane (la Persarménie), Dwin, en 642, et atteignirent le royaume caucasien de Géorgie en 646. La frontière entre le vieil Empire byzantin et le tout jeune Empire arabe allait de la Méditerranée à la mer Noire, et les possessions grecques d'Asie Mineure pouvaient être attaquées par l'est et par le sud-est.

Elles pouvaient l'être aussi par le sud et par l'ouest, par la Méditerranée et l'Égée. En fait, Byzance était complètement encerclée. À la demande de Muawiya, gouverneur de la Syrie, le calife avait autorisé la construction d'une flotte. Et certes les Arabes, bien que n'ignorant pas la mer, n'étaient pas marins, mais les Syriens – qui comptaient parmi eux les héritiers de Tyr et de Sidon – et les Égyptiens l'étaient, et ils ne manquaient ni de chantiers navals ni de techniciens heureux de retrouver du travail, de surcroît tout disposés à servir les nouveaux maîtres. En 648, peut-être même un peu plus tôt, les navires musulmans commencèrent à sillonner la mer, à s'y montrer redoutables. En 648-649, ils se portèrent contre Chypre, contre Malte ; en 650, contre Arados dont ils s'emparèrent, contre Rhodes qu'ils occupèrent pour un court temps ; en 654, contre la Crète. En 655, comme ces navires se révélaient efficaces, les Arabes décidèrent de les utiliser dans la grande entreprise qu'ils préparaient contre Constantinople. Ils savaient que, pour la mener à bien, ils devaient avoir la maîtrise des mers. Ils l'acquirent aussitôt. À la « bataille des Mâts » qu'ils livrèrent sur les côtes de Lycie, la flotte musulmane détruisit celle de Byzance (655). Ce fut un désastre. Elle laissa toutefois moins de souvenirs que la bataille du Yarmuk, mais elle ne fut pas moins importante et l'amiral grec fut le premier à le reconnaître.

Cependant, l'armée arabe avançait en Asie Mineure. Elle entrait en Cappadoce, était tout près de Césarée (Kayseri). Byzance ne semblait pas pouvoir l'arrêter. L'assassinat du troisième calife Othman (656) le fit[2]. La crise qui secoua alors le monde musulman était telle que tout le reste s'oublia, que s'oublia le grand dessein de prendre Constantinople, que les Arabes furent contraints de demander la paix et, pour l'obtenir, de s'engager à payer tous les ans un humiliant tribut (659). Le front se trouva stabilisé à l'est sur le haut Euphrate, au sud sur le Taurus.

La scission de la communauté musulmane

L'islam se voulait, se veut encore, une communauté (*Umma*) transcendant les États et les races. Mais les Arabes avaient exporté avec eux leurs conflits intestins, leurs antiques rivalités tribales et surtout celle qui opposait les Qaïsites et les Kalbites. Les premiers étaient les gens du Hedjaz et de l'Arabie centrale, ceux chez qui était né l'islamisme ; les seconds étaient les hommes du Sud, ceux de l'Arabie heureuse, les Yéménites, et la plupart de ceux qui vivaient sur les marches syriennes et qui se prétendaient issus d'eux. La vigoureuse mainmise de la religion, les distractions de la guerre, le butin avaient calmé les tensions, mais elles n'étaient qu'en sommeil, ne demandant qu'à se réveiller. L'assassinat d'Othman, en juin 656, en fournit l'occasion. Le cousin et gendre du Prophète, Ali ibn Abu Talib, avait été élu pour succéder au calife défunt, et d'aucuns le soupçonnaient d'avoir trempé dans le complot qui avait entraîné sa mort. Il avait eu contre lui deux autres candidats qui avaient bénéficié de l'appui de celle qui avait été la toute jeune et bien-aimée femme du Prophète, Aïcha. Elle et eux acceptaient mal leur échec. Ils se rendirent à Kufa, en Iraq, où ils avaient des partisans. Ali les suivit, les attaqua le 9 décembre 656 et les vainquit à ce qu'on nomma la « bataille du Chameau », parce qu'Aïcha y assista installée dans un palanquin porté par un dromadaire – elle fut capturée et renvoyée en Arabie.

On pouvait penser que la crise était réglée aux moindres frais. Il n'en était rien. Le gouverneur de Syrie, Muawiya, qui résidait à Damas, était un parent d'Othman et sans doute l'Arabe alors le plus puissant. Il ne voulut pas reconnaître l'élection d'Ali et se fit proclamer calife par ses troupes. L'épreuve de force entre les deux hommes était inévitable. Elle eut lieu à Siffin au début de l'été 657. On en était venu aux mains et Ali paraissait sur le point de l'emporter quand les soldats syriens brandirent des feuillets de Coran au bout de leurs lances et proclamèrent qu'il fallait s'en remettre à l'arbitrage de Dieu. Le combat cessa. Ali et Muawiya acceptèrent la tenue d'un congrès. Certains le refusèrent et firent sécession. On les nomma les « sortants », kharidjites. Ce furent les premiers protestataires de l'islam. Ils se montrèrent aussitôt si gênants qu'Ali fut obligé de les rappeler à la raison. Il les vainquit à Nahrawan. Les kharidjites, peu après, le 24 janvier 661, vengèrent leur défaite en assassinant leur vainqueur à Kufa. Muawiya demeura seul calife. Ses héritiers formeront la dynastie des Omeyyades ; ils transféreront leur capitale de Médine à Damas et régneront jusqu'en 750, date où ils seront renversés par une autre famille arabe, issue d'un oncle du Prophète, Abbas, et portant son nom, les Abbassides. C'est à Damas que sera élevée la première mosquée, celle dite des Omeyyades, en 705-706 – quatre-vingt-deux ans après l'Hégire, soixante-dix après la prise de la ville ! Remarquons ce délai : il est important pour l'histoire de la civilisation [3].

La crise avait duré quatre ans et demi, mais elle n'était pas finie. Elle se réveilla à la mort de Muawiya en avril 680, quand son fils Yazid (680-683) lui succéda. Les partisans d'Ali, une fois encore stimulés par Aïcha, jugèrent qu'il fallait intervenir. Le fils d'Ali, Husaïn, marcha contre le calife. Il fut vaincu et tué à Kerbela le 10 octobre 680. Le scandale, comme on le pense, fut immense. Il avait de quoi l'être : le successeur de Mahomet, le chef suprême de l'islam, tuait – même si c'était par accident, même s'il ne l'avait pas voulu – le petit-fils du Prophète ! Les descendants des vaincus, des « martyrs », ne l'oublieront jamais. Ils s'en souviennent encore de nos jours. Le monde musulman se trouvait divisé en deux communautés irréconciliables : celle des *Ahl al-Sunna*, les gens de la Tradition, les sunnites, et celle du *Chi'a Ali*, le « parti d'Ali », les chiites [4].

Les attaques contre Constantinople

La paix de 659 ne dura pas longtemps, seulement jusqu'en 663, et l'on vit les raids arabes sur les terres byzantines recommencer presque chaque année, parfois plusieurs fois par an. Ce ne fut pourtant qu'une décennie plus tard, en 673, que Muawiya voulut mener à bien l'expédition contre Constantinople qu'il avait été forcé d'interrompre en 659. Il avait bien préparé son affaire. En 670, il avait pris l'île de Chio ; en 672, Smyrne et la côte de Cilicie. Il avait occupé, ou allait le faire, la presqu'île de Cyzique sur la mer de Marmara qui lui servirait de cantonnement hivernal, si d'aventure il devait passer l'hiver devant la ville. La flotte arabe entra dans l'Hellespont (les Dardanelles) et fit le blocus de la capitale byzantine. Elle attaqua en automne. Elle attaqua au printemps. Pendant cinq ans (673-678), elle renouvela ses assauts. Ce fut en vain. Les magnifiques murailles qui entouraient la capitale étaient infranchissables et il en jaillissait ce qu'on devait plus tard appeler le « feu grégeois », un mélange de salpêtre, de soufre et de chaux vive, très probablement inventé à ce moment-là par un Syrien au service de Byzance, de véritables bombes incendiaires que l'eau n'éteignait pas et qui mettaient le feu aux navires. Les Arabes durent se résigner à lever le siège « avec honte et grande tristesse » (Théophane). Comme un malheur n'arrive jamais seul, quand leur flotte prit le large, elle fut en partie détruite par une tempête, puis, comme elle en sortait à peine, les Byzantins achevèrent de l'envoyer par le fond ; en même temps, leurs forces engagées sur la frontière du sud-est connurent plusieurs revers et, au Liban, les Mardaïtes[5] se firent menaçants. Muawiya fut contraint de signer pour trente ans un traité de paix – on devrait dire un armistice – et de payer un tribut plus lourd que celui auquel il avait déjà été assujetti.

En 689, en dépit des accords conclus, Justinien II entreprend des opérations en Arménie, puis, en 692, il entre imprudemment en lutte ouverte avec les Arabes. Il se fait vaincre à

Sebastopolis, au nord de la Cappadoce, ce qui entraîne une succession de raids arabes sur l'Asie Mineure. La lutte devient alors des plus confuses, avec revers et succès pour un camp, puis pour l'autre. Byzance, en 700, prend Samosate, située sur la route d'Édesse, est victorieuse en Cilicie et reconquiert Chypre. Les musulmans occupent le pays des Lazes (696), soutiennent une révolte de l'Arménie byzantine (702), prennent Tyane (709), s'emparent de la Cilicie (710-711), d'Amasya (712), puis s'avancent en Anatolie, entrent à Antioche de Pisidie (713), ravagent la Cappadoce, enlèvent Pergame, assiègent Amorion (715) et, enfin, préparent une nouvelle offensive contre Constantinople.

Celle-ci a lieu dans les mois qui suivent l'avènement d'un grand prince sur le trône de Byzance, Léon l'Isaurien (25 mars 717). Après avoir franchi l'Hellespont, Maslama, qui commande l'armée musulmane, la fait débarquer le 15 août aux portes de la ville, et l'y installe. Le 1er septembre, il est rejoint par une flotte de 1 800 vaisseaux. Pendant une année complète, jusqu'en août 718, les Arabes attaqueront sans cesse. Finalement, rappelé par son demi-frère le calife Sulayman, Maslama est contraint de se retirer. On dit que ses pertes sont impressionnantes, de l'ordre de 50 000 morts. Ce qui est plus impressionnant encore, c'est la victoire de Byzance. De la même façon que, quinze ans plus tard, à Poitiers, Charles Martel sauvera la chrétienté, l'Isaurien, en 718, la sauve une première fois. Si la capitale avait été prise, qu'est-ce qui eût empêché l'islam de submerger les Balkans et l'Europe centrale, encore païens et en pleine anarchie ?

Il convient de se demander comment les Byzantins, si profondément chrétiens, purent admettre que Dieu tout-puissant – un Dieu de paix – ait permis tant de victoires des infidèles, de ceux qui ne croyaient pas en Lui, et leur propre défaite. Il n'y avait à cela qu'une seule explication possible, celle-là même, ou à peu près, à laquelle recouraient tous les vaincus : ils étaient châtiés. Ils payaient leurs fautes, leurs disputes dogmatiques – et il y avait du vrai dans ce dernier point puisque c'étaient ces querelles, et leur intolérance, qui avaient détaché d'eux les populations vassales. Cela conduisait tout naturellement à l'idée que Dieu, qui punissait par la défaite, récompensait par la victoire, et à une justification de la guerre de religion, idée déjà au moins en germe du temps de Constantin. Toutefois, contrairement aux Germains, si les Byzantins acceptaient de se battre pour leur foi, ils ne sanctifiaient pas la lutte armée et voyaient en elle plus une triste obligation qu'un bien. Au Xe siècle, quand Nicéphore Phocas demandera au patriarche orthodoxe que l'Église considère comme martyrs les soldats tués en combattant l'islam, celui-ci répondra qu'elle ne saurait faire des saints avec des hommes morts les mains pleines du sang d'autres hommes. Saint Louis n'aura pas la même optique si l'on en croit la lettre d'un croisé qui l'accompagnait (cité par Régine Pernoud), puisqu'il aurait déclaré : « Si nous sommes vaincus, nous serons des martyrs. Si nous triomphons, la gloire de Dieu en sera exaltée. » Plus tard, les musulmans rejetteront aussi sur leurs fautes l'installation des Francs en Terre sainte : « Allah nous les a envoyés pour nous mettre à l'épreuve, pour nous rappeler nos péchés et d'abord le pire, nos dissensions », écrira Ousama.

La conquête de l'Égypte

Selon la tradition, le général arabe Amru ibn al-As, qui s'était illustré dans les batailles d'Adjnadaïn et du Yarmuk lors de la conquête de la Palestine et de la Syrie, aurait été mécontent de voir Muawiya accéder au gouvernement de Syrie, qui, selon lui, aurait dû lui revenir. Il aurait alors quitté le gros de l'armée musulmane et, de son propre chef, voire malgré la désapprobation du calife, aurait conduit ses troupes en Égypte. C'était une proie idéale que ce pays encore imprégné de la gloire des anciens pharaons, dont la richesse et le rayonnement culturel demeuraient immenses et qui devait être facile à dévorer. Il est malaisé de croire qu'Omar l'ait ignorée et n'ait pas été tenté par elle. Elle était peu et mal défendue par une armée tout juste bonne à assurer la tranquillité intérieure, non à faire face à une attaque étrangère que l'on jugeait improbable bien que, une décennie auparavant (619-629), les Perses sassanides l'eussent occupée. Sa population – que les Arabes, et nous à leur suite, en déformant le mot grec *Egyptos* (en égyptien *Het-Ka-Ptah*, nom donné au temple de Memphis), nommèrent les coptes [6] –, profondément chrétienne, n'avait pas adopté le Credo de Nicée, souffrait autant des persécutions religieuses que de la lourdeur des impôts et, en accord avec l'importante colonie juive qui vivait auprès d'elle (estimée parfois à un million d'âmes), haïssait les Grecs. Plus encore que la Syrie, elle était prête à recevoir les Arabes en libérateurs. Elle ne leur résista guère.

Amru arriva à la frontière en décembre 639 avec 3 ou 4 000 hommes, s'empara de Pelusium, ville située à l'est de l'actuel canal de Suez, marcha ensuite sur le Fayum où il reçut quelques renforts qui lui permirent de vaincre les Byzantins près d'Héliopolis en juillet 640, puis il assiégea la citadelle de Babylone, voisine de l'endroit où s'édifiera Le Caire. Le patriarche Cyrus, qui gouvernait au nom de Constantinople, crut bon de négocier et partit pour la capitale dans l'intention de faire ratifier par Héraclius le traité qu'il avait préparé. L'empereur, qui était habitué aux revers, et à les surmonter, ne jugeait pas la situation si grave et considéra son visiteur comme un défaitiste, voire comme un traître. Là-dessus, il mourut (11 févier 641) et Cyrus eut les mains libres. Babylone ouvrit ses portes le 9 avril et son conquérant installa un camp militaire permanent tout près d'elle, à Fostat, amorce de la future ville du Caire. La route de la Haute-Égypte était ouverte. On l'emprunta et, ce faisant, on isola presque totalement les chrétientés de Nubie et d'Éthiopie qui, bien que gardant des liens de sujétion avec le patriarcat monophysite d'Égypte, furent condamnées à vivre repliées sur elles-mêmes. Il restait à s'emparer de la grande métropole de l'Orient, la ville fondée par Alexandre le Grand, celle d'Arius, de

Clément, d'Origène, de Denys, et qui avait été la deuxième en importance dans l'Empire romain : Alexandrie. C'était une tout autre affaire. Mais Cyrus, hélas rentré en grâce, la livra au cours de l'été 642 et c'est en vain que les Byzantins cherchèrent à la reprendre par une opération maritime (645-646). La ville fut sans doute pillée et des églises brûlées, mais la destruction de la fameuse bibliothèque par ordre d'Omar relève de la légende, comme l'avait déjà établi Casanova en 1923. La conquête de l'Égypte n'avait pris que trois ans.

Il faut mesurer l'ampleur des succès. Ces barbares sortis de leurs déserts, ces hommes pour la plupart sans grand passé culturel s'étaient emparés en une décennie des plus vieilles terres de civilisation, de la Syrie, de la Mésopotamie, de l'Égypte, et avaient plus qu'entamé la conquête de l'Iran. Cela ne s'était jamais vu.

Les juifs se rallièrent d'emblée. Il est intéressant de constater que, malgré les invectives du Coran contre le judaïsme et les agissements de Mahomet contre les juifs, à Alexandrie ou à Jérusalem, comme plus tard en Espagne et partout, ceux-ci se révélèrent de fidèles collaborateurs des nouveaux maîtres et jouirent de leurs faveurs. Était-ce parce qu'ils étaient également sémites, également ancrés sur un strict monothéisme ? Était-ce parce que maintes de leurs coutumes et maintes de leurs mœurs étaient les mêmes (circoncision, nourriture *kasher*, punition de l'adultère féminin, etc.) ? Était-ce parce que, financiers qui avaient droit de pratiquer le prêt usuraire interdit aux musulmans, ils étaient indispensables à la vie économique de l'État naissant ? Toutes ces raisons ont dû jouer. Le fait est là.

Les coptes furent bien traités, mais soumis à une telle pression culturelle (l'arabe devint langue officielle dès 709 et le copte disparut des documents d'État en 719) qu'ils se révoltèrent à plusieurs reprises après 725. Une répression vigoureuse, mais modérée dans ses moyens, brisa l'âme de la résistance nationaliste et, malgré quelques mesures discriminatoires prises contre les chrétiens en 850, il n'y eut pas de vraie persécution religieuse en Égypte avant le calife al-Hakim au XIe siècle, où quelque 300 000 édifices chrétiens furent pillés – leurs propriétaires furent indemnisés après la mort du souverain en 1017. D'autres soulèvements eurent lieu plus tard encore, en 1321, quand quelques dizaines de lieux de culte furent détruits, mais il semble que l'islamisation et l'arabisation furent plutôt dues à l'attraction qu'à la coercition. Le copte, quoi qu'il en soit, disparut comme langue vernaculaire et ne fut plus conservé que pour la liturgie. Les chrétiens, dit-on (mais je ne le crois pas), ne représentaient plus que 10 % de la population à la fin des croisades.

La conquête de l'Afrique du Nord

Avant même d'obtenir ces succès, les Arabes avaient fait des incursions en Cyrénaïque, d'où le général Bélisaire avait chassé les Vandales en 533-534, et avaient été en contact avec les Berbères, vassaux de Byzance, un vieux peuple occupant l'Afrique du Nord depuis la préhistoire, un peuple toujours divisé quand il n'est pas attaqué, toujours uni face aux menaces de l'étranger et refusant de se soumettre à une autorité centrale, comme on l'avait vu avec le Numide Massinissa (vers 228-148) et avec les Romains, qui n'avaient jamais pu contrôler les montagnes et les zones en bordure du Sahara et de la Mauritanie. Là encore, les Arabes, en parvenant à imposer l'islamisme, sinon partout leur langue, et l'unification du pays, et en laissant vivre jusqu'à nos jours un art indigène original, réussirent ce qu'aucun autre n'avait pu faire.

Dès 643, les Berbères avaient dépêché des ambassadeurs à Amru, qui les avait envoyés au calife. Ils avaient été fort bien reçus et des liens s'étaient sans doute créés entre eux et lui. Nous n'en savons pourtant rien, comme nous ne savons à peu près rien de la conquête de l'Afrique du Nord. Les sources occidentales à son sujet sont muettes et celles des Arabes, tardives, sont farcies de contradictions et de légendes. On est en droit de penser que ce silence des musulmans découle de la disgrâce totale dont souffrit assez mystérieusement celui qui en fut un des principaux artisans, Musa ibn Nusaïr : nul n'aurait osé célébrer ses exploits. Tout ce qui est certain, c'est que, d'une part, ce fut long et difficile de venir à bout de l'affaire ; d'autre part, quand on y fut parvenu, l'arabisation et l'islamisation des indigènes furent rapides et profondes. Si beaucoup de Berbères demeurèrent attachés à leur langue et pour nombre d'entre eux continuent encore à la parler, le Maghreb devint un pays arabe. Si des juifs conservèrent leur religion, les chrétiens l'abandonnèrent et leurs dernières communautés disparurent au XIIe siècle. Il y avait sept cents évêques au Maghreb au VIIIe siècle ; il en restait cinq en 1053, un en 1076. On a suggéré que le régime tribal et le grand nomadisme qui y régnaient au VIIe siècle se prêtaient à une religion créée et pratiquée par des nomades divisés en clans et en tribus, mais cette explication, qui n'est pas entièrement à rejeter, oublie et les grandes civilisations qui s'étaient développées avec Carthage et Rome, et les grands foyers de culture latine et chrétienne auxquels on doit peut-être que le latin soit devenu la langue de l'Église romaine. Ils avaient donné naissance à des personnalités aussi importantes que Tertullien (155-220), saint Cyprien (mort martyr en 258) et saint Augustin (354-380). Après Jérusalem, Bethléem, Nazareth, terres saintes, après Antioche, la Syrie et Alexandrie, les chrétiens perdaient l'un de leurs plus brillants foyers.

Très tôt donc, les Arabes avaient razzié la Cyrénaïque et la Tripolitaine, mais ils n'avaient pas poussé plus loin, Omar ayant interdit que l'on dépassât Tripoli. Ce n'est qu'en 647, quand Othman eut fait sauter ce verrou limitant l'expansion, qu'une puissante armée, appelée, dit-on, par les indigènes pour les délivrer des Byzantins, pénétra en « Afrique », l'Ifriqiya, notre actuelle Tunisie. Elle rencontra celle du patriarche Gregory à Sufetullah (Sbeitla) et la défit. Elle n'alla sans doute pas plus avant et, pendant quelque dix-sept années, il ne se passa pas grand-chose sur le front occidental du monde musulman. On parle cependant de raids plus ou moins importants vers les hautes terres du Sud, d'une grande expédition menée par Abd Allah ibn Nafi qui aurait atteint l'océan et vaincu une flotte byzantine de débarquement.

Tout changea avec l'arrivée d'Uqba ibn Nafi en 662. En 670 – ou, si l'on suit Évariste Lévi-Provençal, dès 662-663 –, celui-ci commença par fonder un camp militaire à Kairouan, amorce de la ville que nous connaissons, sur le modèle de ceux de Basra, de Kufa et de Fostat, puis, en s'appuyant sur lui, il entra en campagne. Ses opérations auréolées de merveilleux furent, je le veux bien, brillantes, mais n'eurent guère de conséquences apparentes. Elles le conduisirent dans le haut Atlas et sur les rives de l'océan Atlantique, lui donnèrent cent petites victoires sur les Berbères, mais se terminèrent par un désastre. Uqba revenait en vainqueur à Kairouan quand il fut surpris par son ennemi Kusayla – un nouveau Jugurtha, eût-on dit, du moins une personnalité que l'on aimerait connaître et qui demeure encore plus secrète que la sienne –, fut vaincu et tué dans le sud-ouest de l'Aurès, près de Biskra, en 682-683. D'un seul coup, la domination musulmane en Afrique du Nord s'effondra. La conquête était à refaire. Mais parce qu'Uqba l'avait menée à bien une première fois, parce qu'il avait effectué beaucoup de conversions, on la refit. Il avait ouvert une porte qui ne se refermerait plus. On l'enterra dans un petit village qui prit son nom, Sidi Uqba, bientôt le principal centre de pèlerinage du Maghreb, et l'on fit de lui un grand saint[7]. « De tous les cimetières du monde, celui-ci est le plus illustre par le nombre et la qualité des martyrs qui s'y trouvent réunis », écrira au XIIIe siècle le grand historien Ibn Khaldun.

En 693-694, Hasan ibn al-Numan partit sur les traces d'Uqba vers l'occident à la tête d'une armée de 40 000 hommes, la plus forte qu'on y eût encore envoyée. Les Grecs étaient revenus en force et les Berbères étaient fanatisés par une femme de l'Aurès que certaines allusions peuvent faire croire juive, la Kahina, la « Devineresse », ainsi nommée parce qu'elle possédait des dons prophétiques. Devant elle, Hasan ne put rien et se replia. L'héroïne le harcelait, dévastait tout sur son passage afin que les Arabes ne soient plus tentés de revenir dans un pays mort ou qu'ils soient dans l'impossibilité d'y subsister. Seule la ville de Kairouan échappa à sa fureur, et on la présente alors comme une nef ballottée sur un océan démonté. Mais la Kahina sous-estimait la volonté des musulmans et, en même temps, s'aliénait maints naturels désolés par les ruines de leur patrie.

Le calife ne renonça pas. Il envoya de nouvelles troupes. Pour la troisième fois, on repartit à l'attaque. On commença par enlever la ville-lumière de Carthage (695), le principal point d'appui des Grecs, puis on fut obligé de l'abandonner à une flotte byzantine qui venait à son secours (697), puis on la reprit encore et définitivement en 698. Après quoi, toutes les autres villes côtières tombèrent. Les Grecs étaient éliminés. Ils ne possédaient plus guère que Septum (Ceuta) et devaient la conserver héroïquement jusqu'en 709. On traqua la Kahina. On parvint à la capturer et, comme elle refusait de se convertir à l'islamisme, on lui trancha la tête (à une date incertaine, voisine de 702). Elle mourut en prédisant la défaite inéluctable de son peuple et le triomphe de l'islam. Y a-t-il rapport de cause à effet ? Son décès entraîna l'effondrement de la résistance berbère. L'Afrique du Nord avait été détachée du gouvernement d'Égypte et était devenue un émirat indépendant. Son nouveau gouverneur général, Musa ibn Nusaïr, en acheva la conquête et la soumission. Il envoya ses deux fils Abd Allah et Marwan contre les rebelles et chacun, dit-on, rapporta quelque 100 000 têtes. Il y avait là de quoi frapper les Berbères de terreur, de quoi les forcer à accepter l'islam. Ce fut plutôt une ardente propagande qui les y amena. Quoi qu'il en soit, en 710, Musa tenait assez bien la situation en main et les Berbères s'étaient engagés en assez grand nombre dans l'armée musulmane pour qu'il pût se lancer avec eux à la conquête de l'Espagne.

La conversion à l'islam n'apporta pas aux Berbères les avantages qu'ils étaient en droit d'en attendre. Dans la péninsule

Ibérique dont ils allaient se rendre maîtres comme en Afrique du Nord, ils demeurèrent par rapport aux Arabes dans une situation subalterne. Ils l'admirent difficilement. Une révolte, partie de Tanger en 740 sous l'impulsion d'un certain Maysara, s'étendit rapidement vers l'ouest et submergea le pays en une décennie. Très habilement, elle adopta ce kharidjisme que nous avons vu naître à Siffin en 657, la doctrine de la première secte dissidente au sein du monde musulman, qui prône notamment l'égalité de tous les musulmans, sans distinction de race et d'origine[8]. Cela n'enleva pas le Maghreb à l'islam ou aux Arabes. Combattue avec vigueur par les gouverneurs de Kairouan, la révolte cessa en 761. Le kharidjisme perdra peu à peu du terrain et, au IXe siècle, ne se maintiendra plus que chez les imams rustemides de Tihert (près de Tiaret, en Algérie). Il en sera chassé au début du Xe siècle par les Fatimides et ne subsiste plus aujourd'hui que dans quelques régions isolées.

La conquête de l'Espagne

Selon une légende, Uqba, arrivé à l'Occident extrême, avait fait entrer son cheval dans l'océan et proclamé : « Si la profondeur de cette mer ne m'arrêtait pas, j'irais jusqu'au bout du monde répandre, ô Dieu, ta sainte religion. » Lui n'alla pas plus loin. Ses successeurs le firent. Musa ibn Nusaïr, gouverneur du Maghreb, avait devant lui un continent à conquérir dont ne le séparait qu'un étroit bras de mer, les antiques Colonnes d'Hercule. Il semblerait qu'il ait hésité à le franchir. Les Wisigoths, qui étaient établis en Espagne depuis le début du Ve siècle, avaient longtemps fait trembler le monde, mais ils n'étaient plus ce qu'ils avaient été. Ces Barbares germaniques s'étaient humanisés en adoptant le christianisme ; ils s'étaient amollis dans la douce civilisation de la péninsule Ibérique ; ils s'étaient affaiblis dans les querelles successorales, dans les intrigues des seigneurs et des évêques ; ils souffraient de criantes inégalités sociales, de l'animosité qu'ils manifestaient envers les juifs, nombreux et riches, qui étaient prêts à tout pour échapper à leurs maîtres et qui seraient en effet de fidèles serviteurs des Arabes. La masse énorme de la classe servile vivait dans la pire misère, alors que les aristocrates laïcs et religieux regorgeaient de richesses : ce seront les églises, les monastères et les palais qui seront la proie favorite des conquérants. En outre, les Wisigoths étaient en crise. Le duc de Bétigues, Roderic (Rodrigue), qui avait accédé au trône en 710, était considéré comme un usurpateur et avait dressé contre lui les enfants de Wittiza son prédécesseur (700-709/710). On prétend que ceux-ci appelèrent les Arabes pour se venger ou dans l'espoir de recouvrer la couronne de leur père. Par ailleurs, le comte Julien, qui gouvernait Ceuta pour Byzance et qui avait livré aux musulmans cette dernière place grecque en Occident, s'était pris de haine pour Roderic soit à la suite d'une sinistre histoire de mœurs, soit pour une autre raison[9], et il aurait encouragé Musa à passer en Espagne en lui faisant voir la facilité de l'opération et le prodigieux butin qu'elle rapporterait. Tout réservé qu'il fût, celui-ci se dit qu'il ne risquait pas grand-chose à vérifier les allégations de Julien. Il embarqua sur quatre navires prêtés par le comte de Ceuta une petite troupe – quelque 500 hommes – peut-être placée sous le commandement d'un certain Tarif Abu Zara. Elle revint avec un bon butin, sans avoir le moins du monde souffert. Cela décida le chef arabe à aller plus loin, à envoyer en Europe un contingent plus fort. Ainsi commença la conquête de l'Espagne. Elle fut extrêmement facile. Oui, les Wisigoths n'étaient plus ce qu'ils avaient été.

Tariq ibn Ziyad, un Berbère, affranchi de Musa – d'autres disent un Persan –, débarque le 28 avril 711 en un lieu que les Arabes nommeront « la presqu'île verte », Al-Djazira al-Khadra, notre Algésiras, puis il s'installe sur le rocher voisin de Calpe, désormais connu sous le nom de Djabal Tariq, la « montagne de Tariq », Gibraltar. Les médiocres forces wisigothiques de couverture sont balayées au moindre prix et, comme des renforts arrivent d'Afrique, les Espagnols font appel à leur roi, alors occupé à lutter contre ses compétiteurs. Selon diverses sources arabes que cite Paquis, Théudémir (Tadmir), son représentant local, lui écrit : « Une nuée d'Africains vient de descendre sur nos côtes. [...] En dépit de tous mes efforts, ils sont maintenant campés sur le sol national. Envoyez sans délai des troupes. Venez vous-même. Le cas est si pressant que votre présence me semble indispensable. » Roderic arrive avec une armée de 90 000 hommes. Tariq marche à sa rencontre, se heurte à lui au nord de Cadix, sur le rio Guadalete ou sur le rio Barbate, et l'attaque au matin du dimanche 19 juillet. La bataille, violente, acharnée, se prolonge une semaine entière, jusqu'au dimanche suivant. Les chrétiens ont la supériorité numérique, et ils l'eussent sans doute emporté – mais il y a des traîtres dans leurs rangs, des régiments qui désertent ou passent à l'ennemi, mais le roi est tué (ou, selon d'autres, s'enfuit), et Tariq remporte une grandiose victoire. D'un seul coup, le royaume wisigothique s'écroule. Il avait duré trois siècles. Il meurt en un jour.

Tariq n'a plus rien devant lui. Il divise ses forces en plusieurs colonnes. Tandis que trois d'entre elles enlèvent Malaga et assiègent Cordoue pendant trois mois, il continue sa marche avec le plus gros de son armée, prend Tolède, Alcala de Hénarès, Guadalajara, et arrive devant Saragosse. Ses succès sont au-delà de ce qu'il pouvait le plus follement attendre. Musa ibn Nusaïr en est jaloux et s'inquiète. Il craint que son obscur lieutenant n'en retire, avec trop de gloire, trop de puissance, que son autorité s'en trouve affaiblie. C'est lui le chef. Il ne veut pas qu'on l'oublie. Déjà il a envoyé ordre à Tariq de stopper son avance, mais il n'a naturellement pas été entendu. Il doit se hâter d'intervenir avant qu'il soit trop tard. Il lui faut être sur place pour que les lauriers couronnent sa tête, non celle de son affranchi. Il débarque à son tour, au début de l'été 712, avec 18 000 hommes et, guidé par les complices de Julien, entreprend de conquérir des régions qui n'ont pas encore vu les Arabes. Il occupe Séville, Carmona,

Hispalis, et marche sans rencontrer d'obstacles jusqu'à Merida où l'antique et glorieuse ville l'arrête. Il met le siège devant elle. Elle résiste près d'un an, et cette ténacité des assiégés fait honte à celles qui se sont rendues sans combattre. On dirait qu'un sentiment national tout doucement s'éveille. Hispalis se révolte. Musa envoie son fils contre elle. Celui-ci la prend et la châtie impitoyablement. Là-dessus, Merida tombe le 10 juin 713. Musa accorde à sa chute une importance exagérée, d'autant plus que Tariq piétine devant Saragosse. Il a prouvé sa puissance, cette efficacité dont il a fait montre au Maghreb. Il se sent assez fort pour régler ses comptes avec Tariq. Il le convoque, lui retire son commandement, le punit, le fait jeter en prison. Cela, à moins que ce ne soit son avidité, il aura sous peu à le payer cher. Tariq est libéré par ordre du calife de Damas, rétabli dans son commandement, et Musa se trouve dans l'obligation de collaborer avec lui. Après quoi, certes, les deux chefs ne sont pas dans les meilleurs termes, mais leur collaboration forcée les rend plus irrésistibles que jamais. Les Wisigoths agonisent. Les cités tombent comme des fruits mûrs, en grande partie parce qu'on les traite bien quand elles ouvrent spontanément leurs portes, et qu'à la moindre résistance on massacre leurs populations sans distinction d'âge ou de sexe. Ainsi capitulent les unes après les autres – on dirait ensemble – Salamanque et Saragosse (712), Soria, Léon, Astorga (714), Tortose, Valence, Huesca, Tarragone, Barcelone, Gérone, Ampurias, et bien d'autres. Toute l'Espagne, désormais dénommée *Balad al-Andalus*, le pays des Vandales, l'Andalousie, toute la péninsule ou peu s'en faut, est aux mains de l'islam. Il n'a pas fallu plus de deux ans pour cela.

Pourtant, la haine des deux généraux vainqueurs ne diminue pas. Ils ont leurs agents en Syrie qui chantent les louanges de celui qu'ils servent, qui dénigrent celui qui n'est pas leur maître. Contre Musa, ils portent de terribles accusations. Le calife, qui craint que cette mésentente ne soit néfaste, rappelle les deux hommes. Tariq part le premier. Est-ce cela qui le sauve ? Il ne semble pas être puni. Quand Musa rentre à son tour après avoir laissé à son fils le gouvernement de l'Espagne et arrive à Damas à la fin de 714, peu avant la mort d'al-Walid, il est arrêté, supplicié, condamné à une amende si lourde qu'il ne pourra jamais s'en acquitter et finira ses jours dans une errante mendicité. C'était peut-être un juste châtiment. C'était sûrement très mal payer les services rendus, les retentissantes victoires, l'un des grands hommes de guerre de l'islam.

Le fils de Musa, Abd al-Aziz, qui a pris pour concubine puis pour épouse la veuve de Roderic, Egilone, essaie de continuer l'œuvre de son père en soumettant les provinces, mais il n'a guère le temps de s'y employer. Il est assassiné en mars 716, comme ses deux frères, et sa veuve, l'ancienne reine des Wisigoths, est envoyée dans un harem de Damas. Il faudra environ un demi-siècle pour réduire les poches de résistance de la péninsule Ibérique. Elles ne le seront jamais toutes et celles qui demeureront libres porteront l'avenir de l'Espagne chrétienne.

Il y a certes des conversions à l'islam, mais pas ce raz de marée auquel on assiste en Afrique. Les habitants, dans leur majorité, juifs ou chrétiens, conservent leur ancienne religion ; ce sont, comme en Orient musulman, des « gens du Livre » protégés (*dhimmis*) et quelque peu humiliés. On les nommera mozarabes et ils contribueront largement à l'épanouissement de la grande civilisation qui ne tardera pas à se développer. En même temps s'accroît la colonisation des Africains[10], due en partie à une immigration, plus encore à la distribution des terres vacantes aux soldats. En 743, on proposera à ceux-ci de s'installer dans le pays conquis et on complétera leurs effectifs par des mercenaires parmi lesquels figureront de nombreux Francs.

Une poignée d'hommes avait abattu l'une des grandes monarchies d'Occident. Elle avait, dans son orgueil, et sans doute désireuse de conquérir les Gaules, négligé les bandes de partisans, les patriotes qui possédaient encore les antiques vertus de la race, et qui s'étaient réfugiés dans les montagnes pyrénéennes et dans la cordillère Cantabrique. Bien qu'elle les harcelât sans cesse, c'est à peine si elle avait lancé contre eux deux expéditions d'importance. Dès 718, un cousin du dernier roi Roderic, Pélage (Pelayo), avait animé la résistance et organisé un État en Asturies. Aussitôt, les musulmans avaient fait marcher contre lui une armée que la légende rend colossale. Pélage, pour lui échapper, était allé se réfugier dans une grotte située dans le mont Auseba et immortalisée sous le nom de Cavadonga. Les Arabes l'y avaient poursuivi et, engagés dans des gorges étroites, dans des forêts denses, ils avaient été massacrés jusqu'au dernier. On parla de 120 000 morts ; on prétendit qu'il n'y eut pas un survivant pour aller raconter le désastre. L'épopée a pu dramatiser l'affaire. Elle demeure possible : souvenons-nous de ce qu'il arrivera bien plus tard aux Anglais assaillis par les montagnards dans les défilés de l'Afghanistan... Une apparition de la Vierge Marie aurait délivré les chrétiens de la peur. On la vénère encore. Quant à Pélage, il devint un héros national, le premier roi d'Espagne, élu par acclamation sur le champ de bataille, dans l'enthousiasme que la victoire suscita. Tant de récits entourent tous ces événements, devenus quasi mythiques, qu'on ne s'accorde même pas sur la date exacte à laquelle ils ont eu lieu ; d'aucuns avancent celle de 718, d'autres les situent entre 721 et 726. Quelques décennies plus tard, une autre campagne menée par l'émir de Cordoue en personne (755) sera facilement repoussée. Ainsi le petit royaume, en définitive méprisé par ceux que l'on commençait à nommer les Sarrasins ou les Maures, parviendra non seulement à subsister, mais encore à s'agrandir. Pélage le transmettra à son fils Favila (737), puis à son gendre, Alonzo, mieux connu sous le nom d'Alphonse Ier le Catholique (739-757), lui aussi un résistant qui a pris le maquis à quelque distance de là. C'est sous ce dernier que commencera timidement la Reconquista.

Les Arabes en Gaule

Tout ce qui relève des campagnes menées en Gaule par les Arabes et les Berbères demeure des plus confus et sujet à discussions entre les historiens, d'abord parce que les chroniques sont imprécises et parfois contradictoires, ensuite et surtout parce que la propagande puis l'épopée s'en sont emparées. L'infiltration des musulmans dans les Pyrénées peut avoir été effectuée un peu plus tôt qu'on ne le croit, dès 712-713, mais elle n'eut guère de conséquences. C'est seulement en 715 qu'une véritable invasion eut lieu et elle fut marquée par la prise presque immédiate de Narbonne, qui deviendra la place forte avancée de l'islam et la base de ses futures actions dans ce qui était encore naguère la Gaule.

Deux questions principales se posent qui sont d'ailleurs liées entre elles : les Arabes avaient-ils l'intention de conquérir la Gaule, la future France, ou n'entendaient-ils que s'y livrer à des razzias ? la victoire de Charles Martel à Poitiers sauva-t-elle l'Occident ou ne fut-elle qu'un épisode, certes remarquable, mais sans portée réelle puisque les envahisseurs se seraient de toute façon repliés ? Pour répondre à la première, on a fait observer que les forêts et le climat de la France se prêtaient mal à un établissement d'hommes habitués à vivre dans les déserts et les steppes, et que l'Empire arabe était déjà bien trop vaste pour qu'on songeât à l'élargir encore. On pourrait admettre ce point de vue si l'on oubliait et que l'islam, religion et civilisation universelles, a toujours entendu dominer le monde entier, et que les musulmans, bien que leur domaine privilégié soit en effet celui des régions arides, se sont adaptés à toutes les conditions géographiques, par exemple à celles des Indes et de l'Indonésie, et qu'ils sont restés partout, s'acclimatant à tout, dès qu'ils avaient le pouvoir de le faire. La preuve décisive que les Arabes voulaient conquérir la Gaule me semble apportée par le fait qu'ils s'y engagèrent à fond alors même qu'ils renonçaient à achever l'occupation de l'Espagne septentrionale. Ajoutons que la seule ville où ils se maintinrent un peu, Narbonne, fut une colonie de peuplement, où l'on édifia des mosquées, comme l'attestent les vestiges de celle retrouvée par Lacan, et que pendant des décennies ils vécurent en Provence comme dans les Alpes. Quant à l'importance de la bataille de Poitiers, que certes l'habile propagande carolingienne a exaltée, elle me semble prouvée non seulement par la gloire et les bénéfices qu'en retira Charles Martel, mais encore par les effectifs considérables des deux forces en présence, celle du Franc renforcée par le ban et l'arrière-ban des Européens. Michelet a dit que « cette rencontre solennelle des hommes du Nord et du Midi a frappé l'imagination des chroniqueurs de l'époque [et] qu'ils ont supposé que ce choc de deux races n'avait pu avoir lieu qu'avec un immense massacre ». Et certes le nombre de 375 000 victimes dans les rangs des Sarrasins donné par Paul le Diacre est exagérément gonflé, ce qui ne veut pas dire qu'il n'a pas été impressionnant. Ce n'est pas un hasard si le lieu où se déroula la rencontre fut nommé par les musulmans le « pays des Martyrs » (*Balad al-Chuda*), bien que, sans doute par confusion, cette appellation et le nombre des victimes aient été aussi attribués à la bataille livrée aux envahisseurs un peu plus tôt par Eudes d'Aquitaine (mort en 735). Si les Arabes avaient vaincu, pourquoi se seraient-ils arrêtés ? Qui y avait-il après les Francs ? Henri Martin, au XIXe siècle, l'a fort bien écrit : « Après les Wisigoths, les Gallo-Wascons, après les Gallo-Wascons, les Franks, après les Franks, plus rien. »

Quand il eut pris Narbonne, le général arabe al-Sahm, notre Soma, lança ses forces contre Toulouse au printemps de 721, se heurta en cours de route à l'armée d'Eudes d'Aquitaine, se fit vaincre et y perdit la vie (11 mai). Cette bataille de Toulouse eût pu acquérir la réputation de celle de Poitiers si cette dernière ne l'avait fait oublier, mais à l'époque elle fit grand bruit. Eudes ne sut pas ou ne put pas exploiter sa victoire et il laissa aux Arabes quatre ans de répit. Comme les Francs et leur chef, le maire du palais des Mérovingiens (« rois fainéants »), Charles, étaient alors sur le Danube et ne pouvaient pas intervenir, cela permit au successeur de Soma, Anbassa, d'occuper la Septimanie avec les villes de Carcassonne et de Nîmes (724-725), de dévaster tout le Sud-Ouest, d'atteindre le Rhône, de remonter son cours, de se répandre en Bourgogne, de détruire Autun le 22 août 725 et de pousser même jusqu'aux Vosges pour piller la grande abbaye de Luxeuil. La Gaule n'avait jamais connu, même avec les invasions barbares, une telle aventure ; jamais la France n'en connaîtra une autre plus désastreuse avant la guerre de 1939, et il est étrange que ce terrible raid soit si méconnu. Quand ils eurent tout pillé, les Sarrasins se replièrent sur la Provence où le duc Mauronte les repoussa, blessa Anbassa à mort (début de 726) et les contraignit à demeurer plusieurs années sur la défensive. Ils s'installèrent fortement dans leurs *ribats* (couvents fortifiés)[11], en particulier à Avignon.

Abd al-Rahman, qui avait été nommé gouverneur (*vali/wali*) d'Espagne en 729, entendait venger les défaites des siens. Il concentra une immense armée dans la vallée de l'Èbre et le Pays basque, passa les Pyrénées en mai ou juin 732, écrasa Eudes d'Aquitaine à quelques kilomètres de Bordeaux, ce qui obligea celui-ci à aller implorer le secours de son ennemi carolingien. Puis il continua sa route, incendia Bordeaux, la cathédrale Saint-Hilaire de Poitiers, lança des escadrons sur la Loire, sur Sens, sur Auxerre, sur le Velay et l'Auvergne. Enfin, pour mener une offensive sur Tours et sa très riche basilique Saint-Martin, « le grand sanctuaire de l'idolâtrie en *Ifrandja* » (Francia), il rappela ses cohortes dispersées et les regroupa sur la Charente. Le danger parut grand, et il l'était. Charles rallia tous ceux qui le servaient, Francs, Saxons, Alamans et autres Bavarois, et marcha à la rencontre de l'ennemi. Ce qui se préparait n'était rien de moins que le choc de l'Europe avec l'Afrique, on pourrait dire de l'Orient et de l'Occident, de l'islam et de la chrétienté, et les contemporains ne s'y trompèrent pas qui, pour la première fois, sous la plume du chroniqueur Isidore de Béja, nommèrent l'armée franque celle des Européens (*Europenses*). L'Europe que nous construisons aujourd'hui est bien née en ce VIIIe siècle de la confrontation avec l'islam.

La rencontre eut lieu à Moussais, sur la route de Poitiers à Tours. Pendant six jours, les deux armées restèrent face à face à se contempler, à s'admirer peut-être, à s'étonner mutuellement en tout cas, tant les types humains, tant les vêtements, les armes, les chevaux, tant les modes de vie et de comportement étaient différents. Le septième jour, le 25 octobre, les Arabes chargèrent au cri d'*Allah Akbar !* (« Dieu est grand ! »), et se brisèrent sur le « mur de glace » des gens du Nord. La tombée de la nuit arrêta la lutte. Le lendemain, à l'aube, les Francs qui s'apprêtaient à la reprendre constatèrent que leurs ennemis s'étaient retirés, peut-être parce que leur général était tombé en combattant. Leur camp était abandonné. Il y régnait, dit-on, la plus grande pagaille. On ne saura sans doute jamais combien ils avaient perdu d'hommes. Les vainqueurs se refusèrent à poursuivre les fugitifs, peut-être pour se repaître de ce qu'ils avaient laissé sur place. Leur chef, Charles, que sa victoire allait faire nommer Martel, fut, sur ces entrefaites, obligé de repartir pour la Germanie.

CHAPITRE III

Dernières offensives arabes et début de la contre-offensive

Les Abbassides

La révolution de 750 qui élimine les Omeyyades de Damas, qui amène au pouvoir une autre famille arabe, celle des Abbassides, et qui fixe la capitale à Bagdad, en Iraq, pays alors de culture iranienne, a profondément changé le visage du monde musulman. Non seulement l'influence syro-byzantine, qui a tant marqué ses débuts, diminue pour être remplacée par celle, sans cesse croissante, de l'Iran, mais encore les Arabes, trop peu nombreux, sont obligés de céder la place à des convertis, et l'unité de l'Empire ne subsiste pas longtemps. Elle commence à se défaire à la fin du VIIIe siècle et le phénomène s'accélère au IXe.

Un membre de la famille omeyyade, ayant échappé au massacre des siens, Abd al-Rahman Ier (mort le 30 septembre 788), va se réfugier en Espagne où il arrive le 14 août 755 et ne tarde pas à se faire reconnaître par les Arabes et les Syriens, particulièrement nombreux dans le pays, puis par les Berbères. Il fonde l'émirat de Cordoue (756), appelé à devenir sous ses successeurs, deux siècles plus tard, le califat omeyyade (929). Les provinces, même quand elles reconnaissent la suprématie du calife abbasside de Bagdad, deviennent autonomes les unes après les autres. Vers 761, les Rustemides hérétiques sont installés en Algérie. Vers 784, la famille des Idrissides détient la réalité du pouvoir au Maroc. En 800, les Aghlabides se font reconnaître à Kairouan, dans l'actuelle Tunisie, où ils règnent jusqu'en 909. En Orient, les principautés se succèdent, celles des Tahirides (820-875), des Saffarides (vers 863-902), des Samanides de Sogdiane (874-999), et l'Égypte elle-même devient quasiment indépendante sous la brève dynastie des Tulunides (868-904), fondée par un mercenaire turc, Ibn Tulun.

Au Xᵉ siècle, le processus de décomposition s'aggrave. Les Bouyides [1], des chiites, établissent leur puissance vers 932 et s'emparent en 945 de la capitale du calife, naturellement sunnite, qu'ils laissent cependant subsister, mais sous leur contrôle. Le seul de tous les États ainsi formés à être purement arabe est celui des Hamdanides de Syrie, fondé à Mossoul en 905 et maître d'Alep en 944, directement en contact avec Byzance. Bientôt, les premiers empires turcs islamisés [2] vont prendre naissance. L'un d'eux, celui des Karakhanides de Kachgar et de Balasaghun, constitué vers 960, s'épanouit en dehors du *Dar al-Islam*, la « terre de l'islam » (par opposition à la terre encore insoumise à l'islam, le *Dar al-Harb*, la « terre de la guerre »). L'autre, celui des Ghaznévides, naît en Afghanistan (962). Et déjà se profile à l'horizon le Seldjoukide, qui sera la figure dominante aux XIᵉ-XIIᵉ siècles. Cependant, un troisième califat, rival des deux premiers, et de surcroît chiite, celui des Fatimides, éclôt en Ifriqiya en 909 et conquiert l'Égypte en 969.

Les armées musulmanes qui affrontent la chrétienté pendant ces siècles ne sont plus arabes. Trop peu nombreux, très vite rassasiés par les richesses acquises, par les postes de commandement occupés sur plus de 10 millions de kilomètres carrés, les Arabes n'ont plus le goût de se battre. Ils sont relayés en partie par les Iraniens de l'Est, en particulier par les Khorassaniens qui ont joué un rôle déterminant dans la chute des Omeyyades, puis, et de plus en plus, par des mercenaires, des Noirs soudanais, des Slaves, et surtout des Turcs, ceux que l'on nommera mamelouks, « esclaves blancs » (en persan *ghulam*). Ces Turcs se sont introduits très tôt sur les terres de l'islam, déjà à l'époque omeyyade où, par exemple, on en compte de 2 à 4 000 selon les sources dans la garde du gouverneur de Bosra, et leurs effectifs ne cessent de croître. Ils deviennent particulièrement nombreux sous le califat d'al-Mansur (754-775), plus encore sous celui d'al-Mu'tasim (833-842), des dizaines de milliers, tant et si bien qu'on a pu penser que leur présence tumultueuse à Bagdad avait irrité les citoyens et que, pour les en éloigner, les califes avaient, à leur intention, fondé une nouvelle et éphémère capitale à Samarra (vers 838-892)[3]. Détenant les armes, les mamelouks voyaient leur puissance croître de jour en jour ; ils gouvernaient des provinces, tel cet Ibn Tulun d'Égypte que nous avons déjà évoqué. Bientôt, ils feront et déferont les califes au gré de leur fantaisie.

L'installation des Abbassides à Bagdad, ville relevant alors de la civilisation iranienne, et l'accroissement du nombre et du rôle des Turcs soustraient le monde musulman à l'influence jusqu'alors prépondérante de l'Antiquité gréco-romaine et paléochrétienne. Désormais ce sont la pensée, la science, la culture de l'Iran et de l'Asie centrale qui achèvent de façonner ce que l'on peut nommer, en reprenant l'expression de Janine et Dominique Sourdel, la « civilisation de l'islam classique ». Certes, ces immenses territoires, qui relèvent presque tous alors par leur ethnie et leur langue du monde iranien, n'ont pas ignoré la Grèce. Il y a eu un art gréco-bactrien antérieur à l'art gréco-bouddhique et les grands philosophes qui y ont vu le jour, un Farabi (870-960), élève d'un nestorien, ou un Ibn Sina (Avicenne, 980-1037), sont aristotéliciens, mais un Ghazali (1058-1111) sera un tel adversaire de la *falsafa*, la philosophie grecque, que celle-ci s'éteindra dans le monde musulman malgré les efforts d'un Averroès de Cordoue pour la sauver. Mais Iran et Asie centrale, en contact avec l'Inde et l'Extrême-Orient et possesseurs d'un antique patrimoine mazdéen, charrient aussi évidemment d'autres messages que celui de la Grèce. Dans les arts plastiques, parce que la Bagdad des *Mille et Une Nuits* a été détruite par Gengis Khan et Tamerlan, c'est à Samarra que l'on peut le mieux mesurer le changement d'esthétique qu'ils apportèrent. Les ruines de ses grands palais, avec leurs peintures si différentes de celles des châteaux omeyyades du désert syrien (que lors de leur invention on a d'abord jugées pré-islamiques), avec leurs sculptures en taille oblique comparables à celles retrouvées dans une petite mosquée de Bactres (Balkh), font éclater l'ampleur de la mutation.

En quoi, s'interrogera-t-on, cela concerne-t-il notre sujet ? La réponse est aisée à donner. L'islam s'éloigne davantage de la chrétienté, lui accorde moins d'intérêt puisqu'il a moins à lui demander. À la mosquée arabe qui était née du plan basilical succède une mosquée à plan centré sous plafonds et sans arcs, issue de l'*apadana*, la salle hypostyle des Achéménides. Ce n'est là qu'un symbole, mais il me semble parlant.

En Occident musulman, où les Turcs n'étaient pas encore présents, les mercenaires étaient aussi utilisés. Les troupes engagées en Espagne comprenaient dès l'origine plus de Berbères que d'Arabes et la proportion des premiers ne cessa de croître. Déjà, sous les premiers souverains, on comptait jusqu'à 40 000 chrétiens dans l'armée des émirs de Cordoue. Au Xe siècle, on verra des soldats recrutés en Languedoc, en Gascogne, au Pays basque. Sous Abd al-Rahman II arriveront les *esclavons*, les Slaves, des Provençaux et des Aquitains qui constitueront la garde royale, quelque 5 000 hommes.

Ce n'était pas un privilège des musulmans que d'enrôler des mercenaires : les armées chrétiennes en comprenaient aussi un grand nombre. Celles de Byzance peuvent être évaluées à quelque 140 000 hommes, dont la moitié était cantonnée en Asie, l'autre en Europe, sans compter les quatre régiments de la capitale (avec chacun 4 000 hommes) qui formaient la garde impériale. Cela faisait beaucoup et, si l'Empire recrutait maints d'entre eux parmi ses sujets, il faisait aussi appel à des étrangers, et comme, sauf lors de rares crises d'antimilitarisme, il les payait bien, comme il avait pour eux les plus grandes attentions, ceux-ci accouraient en masse. Héraclius déjà, pour lutter contre les Sassanides, en 626-627, s'était fait donner 40 000 hommes par les Turcs Khazars[4]. Plus tard, on verra sous les drapeaux des *basileis* des Khazars encore, des Turcs Petchénègues, des Normands, des Russes et autres Slaves, des Arméniens, particulièrement prisés et efficaces, voire des Arabes. À tous indistinctement, des fiefs étaient d'ailleurs distribués en viager, surtout sur les frontières, avec charge de les défendre. Au Xe siècle au moins, ces soldats étaient animés par de hauts sentiments : celui d'être les dignes héritiers des grandes légions romaines du passé ; celui de constituer la milice du Christ, le corps des défenseurs de la foi.

Guerres byzantino-arabes de 718 à 867

Après avoir obligé les Arabes à renoncer à Constantinople, les Byzantins semblent voler d'abord de succès en succès. En 726, ils repoussent une offensive sur l'Anatolie. En 739 ou 740, leur souverain Léon et son fils Constantin remportent à Akroïnon en Phrygie une retentissante victoire sur l'avant-garde, forte de quelque 20 000 hommes, d'une nouvelle force d'invasion. En 751, ils parviennent jusqu'à Mélitène, l'actuelle Malatya, et leur prestige est tel qu'il suffit en 757 que s'annonce l'arrivée prochaine des troupes du *basileus* Constantin V (740-775) pour qu'une grande armée arabe aventurée en Cappadoce batte précipitamment en retraite. Puis le vent tourne alors même que le califat échoit à un grand prince, à un prince du moins dont la renommée est grande, Harun al-Rachid (786-809). Alors même que celui-ci n'est encore qu'héritier présomptif, en 782, il arrive à Chrysopolis, sur la rive asiatique de la Marmara, en face de Constantinople. L'impératrice Irène (780-802), que son successeur Nicéphore jugera une faible femme, et qui est d'ailleurs menacée en Europe par les Bulgares, prend peur. On le comprend. Elle sollicite la paix. Harun l'accorde. On se demande pourquoi.

La guerre continuera, non sans trêves, non sans périodes de paix, mais toujours recommencée. Elle ne cessera pas parce que, dans le camp musulman, on veut maintenir l'ardeur du peuple pour le *djihad*, faire sentir aux infidèles le poids de l'islam, parce qu'on pense continuellement, comme si l'on était obsédé, à la prise de la grande ville. Un *hadith* ne fait-il pas dire au Prophète : « Heureuse l'armée, heureux le chef qui la prendra[5] » ? Cent légendes ne sont-elles pas nées des premières tentatives pour la conquérir ? La plus célèbre, à laquelle les Ottomans donneront une vie nouvelle, est celle d'un compagnon du Prophète, Ayyub (en turc Eyüp), qui, mort sur le chemin de Constantinople, avait demandé à être enterré au plus près de la ville et dont le tombeau serait miraculeusement retrouvé à la pointe de la Corne d'Or peu après l'assaut final de 1453.

La guerre ne cessera pas parce que, dans l'autre camp, celui des chrétiens, Byzance – qui, outre la Syrie et la Palestine, a abandonné ses immenses possessions d'Afrique – ne peut plus reculer sans se perdre, veut sauver l'Asie Mineure, le pays grec et avec lui la foi chrétienne, la terre de saint Paul, né à Tarse, des saints Basile de Césarée, Grégoire de Nysse, Grégoire de Nazianze, celle qui a vu les conciles fondateurs de Nicée (325), d'Éphèse (431), de Chalcédoine (451). Pendant un siècle et demi, entre la levée du siège de 717 et l'avènement de Basile Ier en 871, se succéderont victoires et défaites, invasions et replis, une lutte stérile et souvent dévastatrice. Cette confrontation connaîtra des moments forts, certains spectaculaires, mais sans conséquences durables, et aussi vite oubliés qu'arrivés, et ce sera en particulier la victoire navale byzantine de 747 qui enlèvera pour un temps aux musulmans la suprématie maritime qu'ils exerçaient sur la Méditerranée orientale, ou le débarquement très bref des Grecs à Damiette en 853. D'autres seront d'une portée plus évidente, comme l'occupation de la Crète par les Arabes, réalisée en 825-828 malgré l'envoi par Constantinople de trois expéditions de secours, et destinée à durer jusqu'en 960 ; comme la conquête de Malte en 870, qui restera musulmane jusqu'en 1090. D'autres encore enflammeront les âmes et nourriront pendant longtemps les chants épiques et la mémoire collective. C'est, à l'actif des musulmans, le 2 août 838, la prise de la ville emblématique d'Amorion, en Phrygie, berceau de la dynastie régnant à Constantinople, effectuée après la bataille d'Anzan et le sac d'Ancyre (Ankara), de cet Amorion où tant d'hommes périssent, où tant sont faits prisonniers et exécutés, où les grands chefs sont déportés à Samarra et massacrés après avoir refusé, pendant cinq ans, de renoncer à leur foi pour embrasser l'islam. Ils deviendront les quarante-deux martyrs dont la passion nourrira la foi et la volonté de survie de l'Église grecque. C'est, à l'actif des chrétiens, la victoire remportée en 863 par le général Petronas sur l'émir de Mélitène (Malatya), place forte essentielle, enjeu de bien des combats, où celui-ci trouve la mort et où son armée est presque entièrement capturée – une victoire qui sera considérée comme la plus grande remportée sur l'islam avant les croisades.

Le 24 septembre 867, l'aventurier arménien Basile, ayant tué le *basileus* Michel III, le remplace sur le trône. Avec lui commencent, après tant d'années d'épreuves, deux grands siècles pour Byzance et vraiment le début de la contre-attaque.

Le front d'Asie Mineure de Basile Ier à Constantin VII

Basile Ier avait environ cinquante-cinq ans quand il accéda au pouvoir en 867 et, s'il y parvint par un crime abominable, ses hautes qualités le firent assez vite oublier. Ne disait-il pas qu'une journée où un empereur n'avait pas fait de bien à quelqu'un était pour lui une journée perdue ? Une telle sollicitude pour ses sujets contrastait avec son évidente cruauté. Son avènement survenait à un moment favorable pour Byzance. L'Europe, par extraordinaire, était calme, alors que le monde musulman était troublé par les mouvements indépendantistes des Tahirides, des Saffarides, et par l'émancipation des Tulunides d'Égypte (868). Pendant son règne qui dura jusqu'en 886, il parvint à faire reculer les Arabes partout.

L'œuvre la moins spectaculaire, mais peut-être la plus efficace de Basile consiste, de 871 à 882, à contrôler les passes du Taurus. Il s'en empare, y fait construire des places fortes, y installe des garnisons. Il barre ainsi la route aux invasions arabes venues du sud tout en se donnant les accès autorisant d'éventuelles interventions en Cilicie et en Syrie. Cela lui permet de s'occuper des graves problèmes que pose l'Italie et de lancer une offensive sur l'Anatolie orientale.

En 868, il envoie en Adriatique une flotte de cent vaisseaux qui délivre Raguse assiégée par les Arabes et, avec le concours de Venise devenue indépendante, mais toujours dévouée aux Byzantins, il replace le littoral des Balkans sous sa dépendance et fait promettre aux cités et aux États vassaux de participer à la lutte contre les musulmans. Il s'accorde avec Louis II (855-875) pour agir contre l'émirat de Bari (dont nous parlerons plus loin), que le Carolingien prend en 871 et dont, à sa mort, il redevient le maître (876). Impuissant contre l'invasion des Africains en Sicile, il remporte vers 880 une grande victoire en mer Tyrrhénienne, près des îles Lipari, contre les flottes arabes – ce qui lui permet d'occuper Tarente et, en 885, en s'appuyant sur les ports qu'il a récemment conquis (en particulier Amantea et Tropea), de lancer une campagne en Calabre et de contrôler bientôt toutes les terres autour de Cosenza, de la vallée du Crati, de Tarente, de Brindisi.

Décidé à en finir avec les pauliciens [6], les membres d'une secte dualiste dérivée du manichéisme qui ne cessent de mener des intrigues contre l'Empire et de le menacer, il s'empare de leur capitale Tephrice (Divrik) et de leur chef, incendie celle-là, décapite celui-ci. Cet important obstacle supprimé, il poursuit sa marche en avant et débouche sur le haut Euphrate (873), prend Zapetra, Samosate et, s'il ne parvient pas à conquérir la forte base de Mélitène (Malatya), il l'isole à peu près totalement. En 877, l'occupation de Loulou, qui commande la route de Tarse, lui permet de se rendre maître de la région comprise entre Césarée (Kayseri) et Marach, cité dont il ne peut cependant pas s'emparer, mais il parcourt en vainqueur toute la Cilicie (878), préparant son annexion. En même temps, il consolide ses positions en Cappadoce, province plus proche du cœur de l'Empire, et donc plus importante pour lui.

À ces victoires, auxquelles sa diplomatie n'est pas étrangère, s'en ajoute une autre, qui ne relève que d'elle. Le califat avait cru bon de reconstituer un royaume d'Arménie (885), dont il pensait qu'il serait à sa dévotion, et qui devint « l'allié le plus cher de l'Empire [byzantin] ». Basile s'était empressé de le reconnaître, de donner à son souverain, avec l'investiture, une couronne royale, et il l'avait comblé d'autres attentions.

Le règne de Léon VI (886-912) est militairement moins heureux. L'empereur ne peut pas empêcher les Arabes d'achever la conquête de la Sicile et de débarquer à Reggio de Calabre (901), et c'est en vain qu'il mène campagne contre la Crète de 906 à 911. En revanche, il continue dans la voie ouverte par ses prédécesseurs en consolidant leurs conquêtes par l'envoi de colons, un ardent prosélytisme religieux, et en développant leurs œuvres législatives et administratives.

Conquête de la Sicile

Comme toutes les îles de la Méditerranée, la Sicile fut très tôt attaquée par les Arabes, mais les récits relatifs aux raids maritimes qui furent lancés contre elle relèvent plus de la légende ou de l'apologétique que de l'histoire et ils ont souvent été transformés en épopées. Pour les uns, les marins arabes sont des pillards sans foi ni loi, préoccupés de faire du butin et d'emmener femmes et enfants en esclavage pour les autres, ils sont des héros de la guerre sainte, des martyrs de la foi. Bien que contradictoires, les deux visions ne sont pas pour autant fausses. Il est vrai que les côtes italiennes, comme les autres, furent, pendant des siècles, sujettes aux attaques dévastatrices des corsaires. Il l'est aussi que là où ils s'installèrent durablement, en Sicile, les enfants de ces bandits de grand chemin, de ces héros du *djihad* développèrent une civilisation raffinée et brillante.

La Sicile, où la première incursion doit avoir eu lieu en 652, où d'autres se répétèrent pendant un siècle et demi, en 666, 669, 705, devint sous la domination musulmane l'une des terres les plus glorieuses et les plus prospères de l'ancien monde. Les villes y jouirent d'un vif éclat ; les campagnes, surpeuplées, notamment celle de la Mazara où s'entassèrent en plus grand nombre les Africains, connurent une agriculture révolutionnaire et florissante.

Sa conquête est l'œuvre des Aghlabides[7] de l'Ifriqiya (la Tunisie), dont le pouvoir avait été reconnu par le califat de Bagdad en cette année 800 qui avait vu le couronnement de Charlemagne comme empereur – ce qui était peut-être une coïncidence, mais marquait, en islam comme en chrétienté, une même rupture entre l'Orient et l'Occident. Ils y furent appelés par un marin byzantin à la suite d'une histoire d'amour compliquée dont il avait été victime : il trahit les siens pour se venger de ses humiliations ou de ses chagrins de cœur, et dut fournir bien des efforts pour se faire entendre[8]. Les Africains hésitaient à s'engager dans l'aventure italienne et ils ne l'eussent sans doute pas fait sans l'intervention d'un de leurs savants, septuagénaire, intellectuel respecté qui n'avait guère quitté jusqu'alors sa bibliothèque que pour prêcher ou enseigner, et qui ignorait tout de la guerre : Asad ibn al-Furat. Quand l'affaire fut entendue, notre homme de cabinet prit lui-même le commandement des opérations. Il s'embarqua à Sousse en 827 et débarqua à Mazara. C'eût été folie, car ses effectifs étaient pour le moins réduits, s'il n'avait eu foi en Dieu et en lui, s'il ne s'était révélé un grand capitaine, un prodigieux entraîneur d'hommes, et s'il n'avait pas fait montre d'un étonnant courage physique : il le paya de sa vie sous les murs de Syracuse dès 828, mais il avait donné à son affaire une telle impulsion qu'elle ne pouvait plus avorter. Ses résultats n'avaient pourtant pas été considérables. Il s'était seulement emparé de Mineo, et avait remporté une belle victoire sur les Byzantins à qui l'île appartenait. Son décès eut pour conséquence immédiate la levée du siège de Syracuse. La grande ville ne tomba aux mains de l'islam que cinquante ans plus tard.

Les Aghlabides n'avaient peut-être pas eu tort d'hésiter à entreprendre leur expédition. Elle fut longue et difficile, et le temps qu'il fallut pour la réaliser contraste vivement avec celui dont les Arabes avaient eu besoin pour conquérir l'Égypte et l'Espagne, voire la Syrie et l'Iran. Trois quarts de siècle de combats acharnés leur furent nécessaires pour la mener à son terme. Non seulement le pays ne voulait manifestement pas d'eux et les villes au moins leur offraient une résistance acharnée, mais encore ils ne s'entendaient pas entre eux. Ils avaient emporté dans leurs bagages toutes leurs vieilles dissensions, au point que des conflits éclataient souvent entre factions rivales, voire de vraies guerres intestines comme celle qui mit aux prises Berbères et Arabes depuis l'automne 886 jusqu'au printemps 887, les premiers se jugeant lésés par les seconds qui s'attribuaient et les meilleures terres et les meilleures places. Aussi les conquêtes furent-elles d'abord limitées. Nous l'avons vu, les Arabes échouèrent d'emblée à Syracuse. Ils échouèrent de même lamentablement devant Castrogiovanni (Enna), la principale place forte de Byzance. En quinze ans (827-842), ils ne purent s'emparer que de Palerme, dont ils firent leur capitale, et encore durent-ils en partie cette unique réussite à l'arrivée en renfort d'une flotte de quelque 300 navires espagnols. Si, en 842, ils eurent la satisfaction de s'emparer de Leontini et de Messine, attaquée par terre et par mer, ce n'est qu'en 859 qu'ils purent faire tomber Castrogiovanni, et il leur fallut attendre l'intervention du souverain aghlabide Ibrahim II (875-902), qui dépêcha d'abord son fils en Sicile (889), puis prit en personne la tête des opérations (902), pour achever la conquête de l'île. Grâce à leur énergie, après avoir résisté avec courage à un siège de neuf mois et malgré l'arrivée de deux flottes de secours envoyées par Constantinople, Syracuse fut enfin conquise en 878. La seule ville qui demeurait aux mains des chrétiens, Taormine, tomba en 902 en dépit de la victoire remportée par les Byzantins sur les Arabes à Caltavuturo en 881.

Sept ans après la mort d'Ibrahim, une dynastie chiite qui allait faire la conquête de l'Égypte, celle des Fatimides, remplaçait les Aghlabides en Ifriqiya (909). Le siècle qui commença avec eux fut celui d'une grande prospérité pour la Sicile, et presque entièrement pacifique. Ce fut seulement en 1038 qu'une armée byzantine hétéroclite, où se côtoyaient Grecs, Russes, Bulgares sous les ordres de Georges Maniakos, attaqua Messine, vainquit ses défenseurs et, peu après, les renforts arabes qui étaient débarqués à Renetta. Le retour des Grecs se révélait prometteur. Il n'eut pas de suite. Pendant deux années entières, les Byzantins ne purent élargir leur tête de pont en dépit des incessants combats qu'ils livrèrent. Maniakos avait mis le siège devant Syracuse (1040) et allait peut-être enfin recueillir les fruits de ses efforts quand il fut rappelé à Byzance. Ses troupes démoralisées commencèrent à se replier, et les musulmans rentrèrent dans Messine en 1042. Mais l'époque heureuse touchait à sa fin. L'opération byzantine annonçait en quelque sorte celle des Normands – une conquête, non une reconquête, se plaît-on à faire remarquer, parce que les anciens maîtres des lieux, Italiens et Byzantins, n'y furent pour rien ; une reconquête, dirai-je tout de même, puisque ce fut celle de chrétiens en terre chrétienne qui était devenue musulmane. Dix-huit ans après le départ des marins byzantins, les Normands arrivaient.

Après Poitiers

Après le coup d'arrêt de Charles Martel, les Arabes se cantonnèrent en Aquitaine et en Provence. Ils y rallièrent maints Provençaux, le duc Mauronte qui leur livra Arles et, avec lui, les Nîmois, les Marseillais et d'autres (734-735). La Gaule méridionale, et la Bourgogne, faisaient entendre des voix discordantes. La noblesse préférait les Arabes aux Austrasiens ; le clergé appelait ces derniers au secours contre l'islam. Eudes lui-même alla jusqu'à donner sa fille en mariage au chef berbère commandant dans les Pyrénées orientales, Munuza, au grand scandale des deux partis. On a fait de cette union un mariage d'amour. Voire ! Mais dira-t-on encore que les Arabes ne voulaient pas rester ?

Hildebrand, frère de Charles Martel, obligea les forces arabes d'une Bourgogne pourtant mal disposée envers lui à se retirer. Puis Charles revint. Il devait à sa réputation d'expulser les musulmans. Il se dirigea sur la Durance, arriva devant Avignon où maintes de leurs bandes s'étaient retranchées (737), enleva la ville et, sans se soucier des Sarrasins qui hantaient la Provence, marcha directement sur Narbonne. Il rencontra l'armée musulmane au sud-ouest de la ville à l'étang de Sigean, sur une petite rivière, la Berre (Birra). Cette bataille, héroïque et sanglante, alimentera les chansons de geste ! Charles emporta la victoire, infligea à ses ennemis d'énormes pertes, mais en subit lui-même de si considérables qu'il dut lever le siège de la ville. Il s'en vengea en pillant et détruisant toutes celles qui étaient suspectées d'avoir collaboré avec les occupants, Agde, Béziers, Maguelonne, Nîmes, où les arènes portent encore les traces de l'incendie qu'il y alluma. Puis il repartit pour la Neustrie.

Il revint au printemps de 739, battit les Arabes qui s'étaient fortifiés dans les ruines d'Avignon, prit Arles et Marseille tandis que les Lombards chassaient ceux qui s'étaient aventurés dans le Var et le pays niçois. Rien n'était réglé pour autant et ce fut en vain qu'en 746 le duc Waïfer tenta d'en finir avec les envahisseurs. Pour que le pays soit libéré des Africains, il faudrait attendre la venue de Pépin le Bref, auquel le Goth Ansemond, leur vassal, livra Nîmes, Maguelonne, Agde, Béziers (752), qui s'empara d'Elne, de Collioure, qui mit le siège devant Narbonne. La ville résista sept ans et ne fut reconquise par les chrétiens qu'en 759. Pendant près de deux décennies, les Francs n'auront plus affaire aux Arabes. Ils luttaient contre eux depuis quarante ans, dans la gloire et l'horreur.

La marche d'Espagne

Dans le courant de l'hiver 778, Charlemagne quitte la Meuse pour marcher sur l'Espagne, fait franchir les Pyrénées à ses armées, prend Pampelune et met le siège devant Saragosse. Il espère sans doute un soulèvement des populations chrétiennes et, comme il n'a pas lieu et que les nouvelles d'Allemagne ne sont pas bonnes, il se retire, non sans s'être fait donner une forte rançon et sans emmener des otages ; il rase les fortifications de Pampelune pour que la ville ne puisse pas faire obstacle à un éventuel retour de ses armées et repasse les Pyrénées par le col de Roncevaux. Son arrière-garde y est assaillie par les Basques, soucieux de venger les sévices infligés à leur capitale. De ce petit fait sans grande importance et dont les musulmans ne sont pas responsables va naître, avec la *Chanson de Roland*, une grande épopée nationale qui deviendra l'un des symboles de la lutte de la chrétienté contre l'islam. Elle inspirera encore des poètes comme Victor Hugo et Alfred de Vigny. Écoutons-la : « Pour Charlemagne, Dieu fit un grand miracle, car le soleil s'est arrêté, immobile dans le ciel. Les païens [les musulmans] s'enfuirent, mais les Francs les poursuivirent. [...] Ils les frappèrent. Ils les tuèrent. [...] Le roi descendit [de cheval]. Il se prosterna et il remercia Dieu. Quand il se releva, le soleil était couché. » La petite escarmouche funeste était devenue, on le voit, une grande victoire des Francs et elle le restera. « À l'horizon lointain fuit l'étendard du Maure » (Vigny).

En 791, l'émir de Cordoue Hicham (786-796) repart à l'attaque. En 792, il envahit la Wasconie gauloise (le Pays basque français). En 793, il marche sur Narbonne et Carcassonne, rencontre les forces armées du duc de Toulouse Guillaume, les bouscule à Villedaigues, entre à Narbonne (794), puis se replie aussitôt, épuisé par des victoires qui lui ont coûté trop cher. Une nouvelle campagne des musulmans, la même année, aura encore moins de conséquences.

La mort de Hicham (796) provoque en Espagne une guerre de succession entre ses deux frères et son fils. C'est pour les Francs une heureuse opportunité. Charlemagne en profite. Les troupes franques attaquent aux deux extrémités des Pyrénées, prennent Pampelune, Huesca, Gérone, Lérida, puis, satisfaites, se replient (797). À peine sont-elles parties que les Sarrasins reprennent les villes perdues et lancent même des incursions en Septimanie. Charlemagne se trouve obligé d'intervenir à nouveau. En 798, il franchit encore les monts, mais cette fois il entend rester en Espagne. Rêve-t-il de la reconquérir ? En aurait-il eu les moyens ? L'Italie, les Saxons, l'empire d'Occident qu'il veut reconstruire l'occupent trop. Il progresse lentement, mais sûrement, au prix parfois de mille difficultés – il lui faut attaquer trois fois Tortose avant de la faire capituler en 811. Pourtant, il a des intelligences dans le pays. Les gouverneurs de Saragosse et de Barcelone n'ont-ils pas depuis longtemps pris langue avec lui, sollicité son intervention ? Dès 777 déjà, à Paderborn, n'avait-il pas reçu des ambassadeurs d'Espagne qui n'étaient pas parmi les moins puissants ? Vingt ans plus tard, en 797, n'était-ce pas le *vali* de Barcelone en personne qui lui proposait de lui livrer la grande ville ? Un an avant de se faire couronner empereur, en 799, il s'emparera des îles Baléares et mettra le siège devant la capitale de la Catalogne. Cette position clef ne tombera qu'en 802 et sera confiée à un prince goth. En 806 il entrera à Pampelune, en 809 à Tarragone et, pour finir, comme nous venons de le dire, en 811 à Tortose. Les Arabes sont loin d'être expulsés. Mais du moins toute la région qui s'étend des Pyrénées à l'Èbre est directement ou indirectement sous le contrôle des Francs et constitue la marche d'Espagne.

Vers la Reconquista

Le petit royaume des Asturies ne couvre guère que 10 000 kilomètres carrés, mais c'est de lui que va naître l'Espagne chrétienne, de lui que partira ce qu'on appelle la Reconquista[9]. Il est servi, dans ses débuts, par des circonstances favorables. C'est d'abord la guerre civile qui accompagne l'arrivée d'Abd al-Rahman, l'Omeyyade qui, nous l'avons vu, a échappé au massacre de sa famille en Syrie, est venu se réfugier en Espagne, a fondé l'émirat indépendant de Cordoue (756), mais doit pendant une dizaine d'années s'imposer par la force à une partie des musulmans, ralliés aux Abbassides. C'est ensuite la défection de certains éléments berbères qui évacuent le pays parce qu'ils ne parviennent pas à s'entendre avec les Arabes (749-750) et la grande famine qui frappe la péninsule en 750. C'est enfin et surtout la volonté tenace des Asturies et l'afflux en leur sein de réfugiés venus des autres provinces, ceux qui n'acceptent pas d'être soumis à l'islam. Les Wisigoths sont des Germains. Or les dieux germaniques ne manquent pas de manifester leur puissance dans les combats, et leur culte a forgé des hommes qui croient à la vertu de la lutte armée, avant même d'avoir pu être influencés par l'idée de *djihad* de l'Espagne arabe. N'a-t-on pas vu Clovis s'écrier à Tolbiac en 496 : « Dieu de Clotilde, si tu me donnes la victoire, je me ferai chrétien » ? Gardons-nous cependant de faire porter aux Germains la responsabilité du concept de guerre sainte dans le christianisme, la transformation profonde du message d'amour fraternel entre tous les hommes lancé par Jésus. Saint Augustin, après avoir analysé ce message, conclut d'abord, comme le ferait un bon musulman, que « le but de la guerre est la paix », puis il ajoute : « Les soldats qui tuent l'ennemi [...], je ne crois pas qu'ils pèchent, car ils obéissent à la loi. »

La conquête arabe avait demandé deux ans ; la reconquête demandera huit siècles. Pourquoi ? Ce ne fut pas le manque de cohésion des chrétiens qui en fut la cause. Certes, sauf au tout début, ils n'étaient pas unis. À la fin du IXe siècle, les États chrétiens d'Espagne comprenaient, d'est en ouest, le comté de Barcelone (801, indépendant en 873), le royaume d'Aragon (constitué au début du IXe siècle), le comté de Castille dont la capitale, Burgos, venait d'être fondée (884), le royaume de Léon (les anciennes Asturies), le plus vaste et le plus puissant de tous. Se jalousant, cherchant à s'agrandir aux dépens de leurs voisins, ils s'alliaient parfois aux musulmans contre une puissance chrétienne qui semblait les menacer. Les musulmans, les Maures, n'étaient pourtant pas davantage unis, on pourrait dire bien au contraire. En cette fin du même siècle, ils ne formaient encore qu'un seul État, l'émirat de Cordoue, mais celui-ci était habité par les hommes les plus divers, Arabes, Berbères, Espagnols convertis à l'islam, mozarabes, juifs, pour ne pas parler des immigrants venus des quatre coins du monde, des hommes qui étaient sans doute trop comblés pour ne pas penser qu'à leurs seuls intérêts personnels ou qui, laissés pour compte, en voulaient à ceux qui possédaient tout. Les plus disposés à se plaindre, à s'agiter n'étaient pas les juifs et les chrétiens, et il ne faut pas imaginer qu'ils formaient une sorte de « cinquième colonne ». Dans l'ensemble, ils n'étaient pas trop mécontents de leur sort. Ils vivaient sur des terres riantes, bien mises en valeur et, pour l'époque, surpeuplées (20 ou 25 millions d'habitants sans doute en Andalousie, plus que de nos jours), dans un royaume d'une rare splendeur. Nulle ville au monde, sauf peut-être Bagdad et Constantinople, ne pouvait rivaliser avec Cordoue par la beauté des monuments, la richesse, l'éclat de la cour, comme foyer de la science et de la pensée. On y venait du monde entier, et d'Europe : le célèbre Gerbert d'Aurillac (vers 938-1003), qui exerça une telle influence en France et en Allemagne, et qui devint le pape Sylvestre II (999-1003), n'y étudia-t-il pas ? L'averroïsme du XIIe siècle, qui fut la grande discipline de l'Europe médiévale, n'est pas né de rien. Et pourtant les mécontents ne manquaient pas, les agités étaient foison. Sans doute le gâteau était-il trop beau pour qu'on acceptât de le partager. Les grands voulaient être encore plus grands, les puissants encore plus puissants. Les gouverneurs de province aspiraient souvent à leur autonomie, se soulevaient, appelaient des États chrétiens à leur aide, et les populations faisaient fréquemment de même. Qui, un jour, ne se révolta pas, n'entra pas en dissidence ? On n'en finirait pas de mentionner les insurrections, celle de Mérida en 828, celle de Tolède de 835 à 838 – mais Tolède, qui avait perdu son rang de capitale, n'était-elle pas toujours révoltée ? –, celle, en 918, de la population des faubourgs de Cordoue, des intégristes, dit-on, la plus violente, la plus terrible, qui fut violemment et terriblement châtiée, et dont les rescapés iront fonder Fès... Le plus populaire des insurgés fut Omar ibn Hafsun, qui descendait d'une famille yéménite, une sorte de Robin des Bois qui prétendait être revenu à la foi de ses « ancêtres wisigoths[10] », qui était coupeur de route et meurtrier, mais chevaleresque, défenseur des faibles et des opprimés, et qui, bien que traqué, parfois même sévèrement battu, surmontera pendant quelque quarante ans toutes les épreuves et mourra de maladie en 916.

Alphonse Ier le Catholique (739-757) est le premier artisan du réveil de l'Espagne chrétienne, le vrai point de départ de la Reconquista. Non seulement il repousse en 755, on l'a vu, une grande marée humaine menée par le *vali* de Cordoue, celui-là même qui, quelques mois plus tard, sera renversé par l'Omeyyade, mais il profite de l'avènement de ce dernier et des troubles qui le suivent pour occuper la Galice et le nord de la Castille. Il passe le Mineo, prend Porto, Braga, Salamanque, Zamora, Avila, Ségovie, Astorga, Léon et bien d'autres villes, ne gardant avec prudence que celles qui sont assez proches des monts où il peut trouver un refuge. Entre lui et l'Espagne musulmane se forme dans le bassin du Douro une sorte de glacis abandonné des populations et livré aux seules razzias des chrétiens et des musulmans. Il laisse à ses successeurs, Fruela (Froila), Aurelio, Silo, un véritable État solidement constitué. Ceux-ci le maintiendront à peu près en paix et il n'y aurait guère à dire d'eux si le premier n'avait pas fondé Oviedo (762).

Les choses changent avec l'avènement d'Alphonse II (Alonzo, 791-842). Les Asturiens étaient des résistants qui se battaient pour leur liberté. Ils deviennent des croyants qui luttent pour défendre leur foi catholique, au nom de Dieu. C'est la même révolution des esprits que celle qui a lieu cent ans plus tard à Byzance. On peut croire qu'à cette époque où la langue arabe, les sciences et les mœurs musulmanes commencent à envahir la petite chrétienté espagnole et à marquer pour toujours l'Espagne, la naissance dans le monde chrétien de l'idée de guerre sainte prend ses racines dans l'islam. Quoi qu'il en soit, elle se cristallise autour de saint Jacques le Majeur, fils de Zébédée, l'apôtre du Christ, dont le tombeau a été miraculeusement trouvé à Compostelle, ville qui prend dès lors son nom, Saint-Jacques-de-Compostelle, et qui deviendra l'un des premiers lieux saints de la chrétienté d'Occident. Le culte qui s'y développe sous l'influence de l'imagination populaire née de l'apparition du saint en 844 à la tête de l'armée de Ramire, et de l'éclatante victoire qu'il lui donna, le transforme en un Matamore, « tueur de Maures », en un chef de guerre, monté sur un cheval blanc, portant une couronne blanche, et fait des humbles et pacifiques disciples de Jésus des combattants de la guerre sainte. Nous sommes loin de l'Évangile !

Alphonse II livre pendant deux ans une guerre sans grandes conséquences malgré la victoire qu'il remporte à Lutos et la brillante campagne qui le conduit jusqu'à Lisbonne, qu'il évacuera après une brève occupation (838-840). À la mort d'Alphonse III le Grand (866-910), qui a reconquis les régions septentrionales de la Lusitanie jusqu'à Mondego et le nord de la Vieille-Castille, et qui s'est employé à repeupler les villes (Léon en 866, Coïmbre en 881, Burgos en 884), les Asturies, devenues depuis 909 le royaume de Léon, sont assez fortes pour résister aux vagues qui ne vont pas tarder à déferler sur elles.

On s'est sans doute beaucoup battu entre le début du VIIe et le début du Xe siècle, et l'Histoire abonde de raids chrétiens et musulmans bien plus inspirés par le désir de piller et de faire payer les vaincus que par celui de réaliser des conquêtes durables. Les campagnes succèdent aux campagnes, les razzias aux razzias, certaines effectuées avec une poignée d'hommes, certaines avec d'immenses armées. Faut-il les évoquer ? C'est l'expédition déjà citée du *vali* de Cordoue contre Alphonse le Catholique en 755. C'est, en 791, le sac d'Oviedo, pris à l'improviste par Hicham (788-796), qui se termine mal pour les agresseurs, leur armée se faisant surprendre et massacrer par Alphonse II. Ce sont les deux fortes attaques contre Ramire Ier (842-850). Ce sont les incursions permanentes d'Abd al-Rahman II (822-852) contre Alaya et la Vieille-Castille et son harcèlement continu de la Galice et du comté de Barcelone. Ce sont des dizaines, des centaines d'autres actions. L'une des plus spectaculaires de toutes fut celle menée par Ordono Ier (850-866) peu après une terrifiante descente effectuée par les Normands en 859. Ayant franchi le Douro, le roi prend Coria et Salamanque (861), puis repart chargé de butin.

Tout cela s'accompagne de ruines, de massacres, de déplacements de populations, de trafic d'esclaves. Dans les deux camps – qui, sous ce rapport, n'ont rien à s'envier –, on égorge les hommes, on emmène les femmes et les enfants en servitude. Et il ne manque pas d'idéal de modération, d'appels à la clémence, aux simples sentiments humains, un souci d'appliquer strictement la loi musulmane, un désir d'en revenir au message de paix du Christ, mais les soudards ne les écoutent pas toujours. Au début d'une de ses campagnes, en 963, al-Hakam publia un ordre du jour (cité dans Paquis) pour indiquer à ses soldats la conduite à suivre. On peut y lire entre autres : « Tout bon musulman est obligé de marcher à la guerre contre les infidèles. [...] On doit laisser à ceux-ci le choix de se convertir ou de payer le tribut. [...] On doit, en pays ennemi, épargner les femmes, les enfants, les vieillards débiles ainsi que les moines et les ermites, à moins qu'ils n'aient causé quelque dommage. Celui à qui on a promis sûreté ne doit être lésé ni dans sa vie ni dans sa liberté et aucun pacte, aucune promesse ne doivent être rompus. » Si seulement !...

Bien que les conditions de vie des chrétiens soumis aux musulmans soient acceptables, souvent excellentes, bien qu'il y ait des relations étroites, voire amicales, entre les croyants des deux religions et une véritable symbiose islamo-chrétienne, les chrétiens vassalisés, ceux que l'on nomme les mozarabes, gardent toujours une haute conscience de leur identité, de la supériorité de leur foi, et l'on voit même naître au IXe siècle une véritable épidémie d'auto-immolation qui incite des chrétiens à injurier les musulmans, à tourner en dérision leurs dogmes et leurs pratiques, sachant bien qu'ils courent ce faisant au martyre. La crise est brève, mais violente, et ne se termine qu'avec l'arrestation et l'exécution de saint Eulogio (859), qui en est l'âme. Avec sa mort cessent les provocations, les répressions et les mesures coercitives, celles-ci étant souvent une conséquence de celles-là.

Retour des musulmans en France

Abd al-Rahman II, émir de Cordoue (822-852), n'accepta naturellement pas l'existence des marches franques du nord de l'Espagne et, dès 826-827, il chercha à les recouvrer. Il profita ensuite et de la guerre civile qui depuis 830 déchirait l'empire laissé par Charlemagne et de l'indépendance presque totale qu'avait acquise Bernhardt (Bernard), duc de Septimanie (vers 800-844), maître de Barcelone et, depuis 835, de Toulouse. Ses flottes opérèrent en Méditerranée, ravagèrent les Baléares comme les côtes provençales, où elles pillèrent la région de Marseille (831), et s'aventurèrent même jusqu'en Bretagne (campagne navale de 827). En 838, il lança une grande offensive terrestre sur la Septimanie. La mort de Louis le Pieux en 840, puis les luttes intestines consécutives au traité de Verdun (843) et à l'éclatement de l'Empire franc l'incitèrent à redoubler ses efforts. Ceux-ci ne lui rapportèrent pas ce qu'il en attendait et c'est à peine s'il put profiter du meurtre du duc Bernhardt (844) et de l'alliance que lui proposa son fils Guillaume, animé par un esprit de vengeance contre les assassins de son père (848). Le seul résultat tangible fut la prise d'Arles par l'émir de Saragosse. Le décès d'Abd al-Rahman en 852 ne ruina pas son œuvre, mais ne lui permit pas de se développer. Succès et revers se succédèrent dans les deux camps. Ainsi les Maures prirent-ils et perdirent-ils Barcelone respectivement en 851 et 852, ainsi débarquèrent-ils pour rien en Camargue en 869.

Un nouveau débarquement dans le golfe de Saint-Tropez en 889 allait avoir de plus grands résultats. Aidés par les Sarrasins qui continuaient à hanter la Provence et favorisés par l'abandon du pays, les envahisseurs s'installèrent fortement sur les hauteurs de Cogolin, de Grimaud, de Gassin, de La Garde-Freinet, de Ramatuelle (*Rahmat Ullah*, « Clémence d'Allah » ?), et fondèrent la colonie de Fraxinetum, un repaire de pirates écumant les mers et de bandes armées parcourant les terres. Ces dernières, poussant de plus en plus loin leurs opérations, pénétrèrent dans le Dauphiné (906), passèrent en Italie par le mont Cenis et se répandirent dans toutes les Alpes occidentales (911). En 920, elles attaquèrent à l'ouest Aix et Marseille, à l'est le Piémont. Dans les années 930-940, on les vit en Ligurie, dans le Valais, dans les Grisons, dans la région de Genève et, finalement, elles mirent au pillage Fréjus et Toulon.

Menaces arabes en Italie continentale

Le souverain aghlabide Ibrahim II, après les succès qu'il avait obtenus en Sicile, continuant sur sa lancée, débarqua sur le continent, à Reggio de Calabre, en 901, peut-être avec le projet insensé – et qu'il n'aurait pas été le seul musulman d'Occident à former – de conquérir toute l'Europe occidentale et centrale, puis d'arriver par l'ouest devant l'insaisissable et si prestigieuse Constantinople, et de la prendre. Il n'était que devant Cosenza quand il trépassa (902), et ses troupes ne tardèrent pas à rembarquer. Il y a loin de la coupe aux lèvres, du rêve à la réalité.

Depuis longtemps déjà l'Italie était attaquée, surtout dans ses régions méridionales, mais aussi plus au nord, sur l'Adriatique et le golfe de Gênes. Des musulmans faisaient des raids et repartaient ou intervenaient dans les querelles des États chrétiens, entrant même parfois à leur service. Il y eut pendant des décennies une alliance entre les Sarrasins de Sicile et le duc de Naples contre le prince de Bénévent, à la grande ire du pape (835-895). Dès 832, les Siciliens s'étaient emparés momentanément de Brindisi. En 840, un condottiere avait pris Tarente, d'où il avait lancé des expéditions maritimes jusqu'au delta du Pô, non sans avoir vaincu à deux reprises les flottes vénitiennes. En 846, une bande de pillards musulmans avait attaqué Gaète et poussé une pointe dans la banlieue de Rome, qu'elle avait assez sérieusement ravagée : Saint-Pierre et Saint-Paul-hors-les-Murs avaient été incendiés. Trois ans plus tard, une autre bande plus considérable avait été lancée contre la capitale de la chrétienté occidentale et avait été arrêtée miraculeusement par une tempête au large d'Ostie. En 847, un ancien esclave berbère de Sicile, Khalfun, avait repris l'assaut contre Bari, l'avait réussi, avait occupé les Pouilles et y avait fondé un émirat, celui de Bari, le seul établissement musulman stable dans la péninsule, universellement reconnu, y compris par le califat de Bagdad. Il avait été éphémère puisque, nous l'avons déjà vu, il avait été détruit en 871 par Louis II et les Lombards, mais Tarente était demeurée aux mains des musulmans jusqu'en 880 et l'intervention de Byzance. Cette même année, un autre esclave berbère vivant dans une colonie établie à Agropoli on ne sait trop quand était parvenu, avec l'aide de Gaète, à la transplanter à l'embouchure du

Garigliano, où elle avait prospéré pendant plus de trente ans et d'où elle avait effectué des incursions dans le Latium et en Ombrie. Elle avait suscité un tel effroi que le pape et Byzance, vivant alors la minorité de Constantin Porphyrogénète (912-919), avaient organisé contre elle une coalition réunissant à leurs côtés l'empereur Bérenger, Naples, Salerne, les Lombards et même Gaète. Celle-ci remporta la brillante victoire du Garagliano (915) et débarrassa la Campanie de la présence musulmane.

CHAPITRE IV

Recul des Arabes

Nouvelle grandeur de Byzance

Les grands succès des Byzantins recommencent sous le règne de Romain Lécapède (920-944), qui a le privilège de bénéficier pendant un demi-siècle de la paix dans les Balkans, ce qui lui permet de se consacrer à la lutte contre l'islam. De 922 à 944, sous le commandement de l'Arménien Jean Courcouas (Gurgen), les Byzantins assurent leur totale domination sur leurs terres et font reculer leurs frontières de l'Halys (l'actuel Kizil Irmak) au Tigre. Sur mer, ils obtiennent un important avantage en détruisant en 924 la flotte du renégat Léon de Tripoli. Quatre ans plus tard, en 928, ils enlèvent Théodosiopolis (Erzurum), qu'ils remettent d'ailleurs aux Ibères, des Caucasiens. En 934, ils s'emparent enfin de la ville de Mélitène, qu'ils ont si longuement convoitée, si souvent attaquée. Si, cette année-là et les suivantes, le Hamdanide arabe d'origine bédouine, maître de Mossoul, Saïf al-Daula, leur inflige de nombreux revers sur le front syrien, ils reprennent la situation en main en 941-942, conquièrent Mayyafariqin (Silvan), Nusibe (Nusaybin), à la frontière actuelle de la Syrie et de la Turquie, et avancent jusqu'à Alep.

Constantin VII Porphyrogénète, qui, enfant, avait vu son gouvernement contribuer si largement à chasser les Arabes d'Italie, qui avait été écarté du pouvoir pendant vingt-cinq ans et en avait profité pour lire, écrire et devenir un des esprits les plus cultivés de son temps, se retrouve à trente-neuf ans seul maître de l'Empire (945-959). De 944 à 947, les Arabes, toujours conduits par Saïf al-Daula, remportent encore quelques beaux succès, mais ceux-ci sont sans lendemain et les Byzantins recommencent leurs conquêtes. Ils enlèvent Marach en 949. En 950, Théodosiopolis, un moment perdue, est reprise. En 957, ils entrent dans Amida (Diyarbakir)[1], l'une des plus fortes places de l'Orient, vieille ville pétrie de la civilisation musulmane ; en 958, dans Samosate. En 959, ils franchissent le Tigre. Partout, la frontière byzantine avance vers l'est. Elle touche au lac de Van, aux portes de l'Iran et du Caucase, et la vallée du haut Euphrate devient le point de départ des opérations grecques contre l'islam. Ces résultats remarquables doivent être attribués en grande partie à ce que la lutte menée par les Byzantins prend, peut-être grâce à la ferveur religieuse des Arméniens, un aspect bien plus religieux que nationaliste. On se bat désormais pour le Christ, pour la défense de la foi, et c'est un devoir pour tout chrétien de lutter « contre cette race sarrasine, blasphématoire de notre souverain roi, le Christ », comme l'écrira Nicéphore Phocas. Il devenait possible de songer à la conquête des villes saintes : d'abord celles auxquelles se rattachaient de grands souvenirs chrétiens, comme Tarse et Antioche, ensuite celle du Christ elle-même, Jérusalem.

La grande affaire des quelques années pendant lesquelles Romain II (959-963) siège sur le trône est, comme nous le verrons, la conquête de la Crète, mais les opérations sur le continent n'en sont pas moins brillantes. Une offensive de Saïf al-Daula est repoussée en 960, et en 961 Nicéphore Phocas, le futur successeur de Romain, entre en Cilicie. En 962, les Byzantins s'enfoncent en Syrie jusqu'à Alep, qu'ils occupent même momentanément.

Le règne de Nicéphore II (963-969), presque aussi bref que celui de son prédécesseur qu'il a si bien servi, commence par deux offensives contre la Cilicie. La première, en 964, est marquée par la prise d'Adana ; la seconde, en 965, par celle de Tarse, la cité natale de l'apôtre saint Paul, et par l'occupation de toute sa province. La mort de Saïf al-Daula en 967 permet au *basileus* de lancer une vigoureuse campagne en Syrie. Laodicée, l'antique ville sainte syrienne de Hiérapolis, Émèse (Homs) tombent, et le siège est mis devant Antioche. Antioche est menacée. Antioche est assiégée. Antioche capitule après une longue résistance (969). C'est une grande affaire, un événement capable d'émouvoir toute la chrétienté et tout l'islam. Certes, la ville n'est plus la métropole rayonnante de l'Antiquité ; elle ne s'est jamais vraiment relevée des séismes de 526, 528, 557, 588, dont le premier, le plus terrible, aurait fait 250 000 victimes, mais elle vit encore sur le souvenir de sa grandeur d'antan, demeure une place stratégique importante et la chrétienté n'a pas oublié que c'était dans ses murs que pour la première fois les disciples de Jésus avaient été appelés chrétiens (Actes des Apôtres, XI et XV). On verra mieux encore ce qu'elle représente quand, après être restée byzantine pendant un siècle, elle retombera aux mains de l'islam. Sa chute sera alors considérée comme un désastre à Byzance, ainsi qu'à Paris et à Rome.

Jean Tzimiscès (969-976), qui avait eu le temps d'acquérir sur les champs de bataille les galons de meilleur général de son temps, est obligé de consacrer les premières années de son règne aux questions européennes, plus que préoccupantes, et il ne peut pas déployer ses talents contre l'islam autant qu'il le voudrait. Ce n'est qu'en 974 qu'il entre à nouveau en guerre déclarée avec les musulmans en occupant Édesse (Urfa) et Nisibe. En 975, il effectue l'une des plus brillantes campagnes qu'ait jamais menées Byzance. Il envahit la Syrie, enlève Homs, Baalbek, Damas, Béryte (Beyrouth). Dans la lettre qu'il adresse au roi d'Arménie pour lui faire part de ses triomphes et où il se vante quelque peu, où il ne fait du moins pas montre de modestie, il déclare qu'il est arrivé en vue de Jérusalem. « De toutes parts, on lui apporte des cadeaux et on lui demande merci [...] et l'épée des chrétiens fauche comme la faucille », dit un chroniqueur contemporain, Georges le Moine. Mais il meurt subitement sur la route du retour, à cinquante et un ans.

C'est avec Basile II (976-1025) que l'Empire byzantin atteint sa plus grande extension depuis l'apparition de l'islam et recouvre au moins une partie de sa puissance d'antan. Comme tous les *basileis* ses prédécesseurs, Basile doit commencer son règne en affrontant les problèmes européens, en l'occurrence ceux que posent, à côté des vieux ennemis bulgares, de nouveaux venus, les Russes. Et, avec eux, il réussit un coup de maître aux conséquences incalculables. Il marie sa sœur Anne à leur souverain Vladimir (989) encore païen, en échange, si l'on ose dire, d'une promesse de conversion au christianisme. Vladimir se fait baptiser avec tout son peuple[2]. Qui aurait pu penser qu'un demi-millénaire plus tard, quand l'Empire byzantin disparaîtrait, ce seraient les Russes qui, en Orient, se révéleraient les champions de la chrétienté contre l'islam ?

La guerre que Basile livre aux Arabes est foudroyante. En 995, pendant les froids hivernaux, il traverse l'Anatolie en seize jours et surprend l'armée des Fatimides d'Égypte, alors maîtres de la Syrie. Il occupe sans coup férir Alep, Homs, Chayzar, au nord-ouest de Hama, et repart. La sévère défaite du duc d'Antioche près d'Apamée l'oblige à revenir en 999. Il triomphe encore et fait progresser ses armées jusqu'à Tripoli. Cette ultime offensive se termine en 1001 par une paix conclue avec le calife al-Hakim[3] (996-1021), qui ne sera pas rompue jusqu'à sa mort en 1025, mais qui, on s'en étonne, « ne semble avoir rien fait pour protéger les chrétiens de Palestine » (Georges Marçais), et d'ailleurs d'autres lieux, vassaux du souverain du Caire qui n'est pas tendre pour eux. À la disparition de Basile, l'Empire byzantin a retrouvé une puissance et une prospérité qu'il ne connaissait plus depuis des siècles et il paraît capable de résister à tout envahisseur. Hélas ! ses successeurs le laisseront tomber dans la décrépitude et, dès le milieu du XIe siècle, les Seldjoukides feront leur apparition sur ses frontières.

La longue lutte pour la Crète

La Crète, que les Arabes avaient occupée en 826, était devenue l'une des bases principales de la piraterie et assurait aux musulmans la suprématie en Méditerranée. Les îles du Levant étaient toutes plus ou moins abandonnées par leurs habitants et les populations du continent fuyaient le littoral pour se réfugier dans les montagnes. Tous les efforts de Basile Ier, à la fin du IXe siècle, pour constituer une flotte capable de tenir tête à celle de l'islam s'étaient révélés vains. En juillet 904, l'un des corsaires les plus fameux, un renégat d'origine grecque, Léon de Tripoli, avait voulu lancer une expédition contre Constantinople. Il était entré dans l'Hellespont, mais, au dernier moment, avait reculé devant la tâche, certes très difficile, de forcer les murailles de la capitale byzantine, et il s'était résigné à ne piller que Thessalonique, la seconde ville en importance de l'Empire. Il l'avait surprise et capturée en quelques heures, il avait massacré une partie de sa population et emmené en esclavage 22 000 jeunes gens et jeunes filles qui avaient été vendus sur les marchés de Chandax et de Tripoli. Les Byzantins n'avaient rien pu faire pour empêcher ou pour venger cette catastrophe. Il leur fallut deux ans pour armer une grande flotte, mais, en 924, celle-ci leur permit de remporter cette belle victoire maritime que nous avons déjà évoquée, et d'enlever aux pirates leur suprématie. Redevenus présents sur les mers en 906, ils décidèrent alors de faire la reconquête de la Crète. Ils la préparèrent pendant quatre ans, puis, en 910, ils firent cingler vers l'île près de 200 navires montés par 34 000 marins et quelques milliers de cavaliers, qui furent à peu près anéantis en octobre 911 dans les eaux de Samos.

On abandonna le projet. On le reprit en 949, sans obtenir plus de succès. En 960, on fit un nouvel effort. On plaça sous les ordres de Nicéphore Phocas une armada de plus de 3 000 vaisseaux, dont 1 300 transporteurs de troupes, et cette fois on parvint sans encombre devant la capitale de la Crète, Chandax. L'hiver arrivait. L'émir crétois, affolé, lança un appel au secours à tout le monde musulman, mais il ne fut guère entendu que par des marins de Tarse et de l'Ifriqiya. La ville résista bien, mais elle finit par tomber le 7 mars 961. Toute l'île fut ensuite occupée sans coup férir. On expulsa des musulmans et on fit venir pour les remplacer des colons arméniens et grecs ; des missionnaires entreprirent de convertir les indigènes qui restaient sur place. Le fait était d'importance. La domination incontestée des Arabes sur la Méditerranée orientale, qui durait depuis près de cent cinquante ans, passa d'un coup aux Byzantins. « À moi seul, déclara un peu plus tard Nicéphore Phocas devenu empereur, appartient la puissance navale » (cité par Charles Diehl et Georges Marçais). En un temps où Byzance remportait victoire sur victoire, celle-ci n'était pas des moindres.

Le califat de Cordoue

Le Xe siècle voit le califat de Cordoue atteindre son zénith sous les règnes de deux grands princes, Abd al-Rahman III (912-961) et al-Hakam II (961-976). C'est l'époque où sa capitale abrite plusieurs centaines de milliers d'âmes, possède 700 mosquées et 400 bains publics ; où l'on agrandit la Grande Mosquée, qui finira par mesurer 157 mètres sur 274 et comptera 1 293 colonnes ; où l'on érige à quelques kilomètres d'elle une cité palatiale, Medinet al-Zahra, la ville de Zahra, Zahra étant la favorite d'Abd al-Rahman ; où les ambassadeurs de Constantinople, reçus avec un faste inouï, amènent avec eux des mosaïstes et offrent en cadeau le texte grec de Dioscoride à un souverain que l'on sait passionné de culture et collectionneur de manuscrits – n'en fait-il pas rechercher jusqu'au Caire et à Bagdad si inlassablement que sa bibliothèque, la plus vaste qui soit au monde, en compte plus de 400 000 ? La plupart seront d'ailleurs détruits par une réaction de fanatiques. Les mosaïstes travailleront dans la niche du *mihrab*, à la splendeur de laquelle ils contribueront. Dioscoride sera traduit en arabe, ce qui donnera essor, sinon naissance, à cette grande école de traducteurs qui fertilisera l'Espagne musulmane, puis, après de nouvelles traductions en latin, l'Espagne chrétienne à partir du XIIe siècle.

Le Xe siècle est aussi celui d'expéditions répétées, toujours dévastatrices et parfois victorieuses, des musulmans sur les terres chrétiennes comme des chrétiens sur les terres musulmanes, celui des grands revers de l'islam dans ses premières décennies, de ses grandes réussites dans sa seconde moitié. Au début de son règne, Abd al-Rahman vit des heures difficiles, dues à l'anarchie, mais il remet vite de l'ordre dans ses États. Toutefois, Ordono II de Galice (910) et de Léon (914-924) profite de la situation pour se livrer à des déprédations, puis à une série d'offensives. En 916, il s'empare de Salamanque, pousse au sud jusqu'au Tage, enlève Talavera (Elvora) et ruine ses remparts. Le calife marche contre lui et engage le 4 septembre 917 une bataille très meurtrière à San Esteban de Gormaz qui laisse les deux armées si épuisées qu'elles peuvent toutes les deux se proclamer victorieuses. Ordono entre une seconde fois à Talavera (918), mais, deux ans après, le 26 juillet 920, les Maures remportent une indiscutable et importante victoire à Valde Junquera sur les forces unies de Navarre, des Asturies et de Léon. Plus tard encore, au cours d'une nouvelle campagne victorieuse dans la vallée de l'Ireti, ils entrent à Pampelune le 27 avril 924.

En 925, les forces chrétiennes effectuent un long raid qui les conduit jusque dans la province de Magrit (Madrid), qu'elles pillent et rançonnent avant de se replier. En 933, la victoire de Ramire II (931-951) à Burgo de Osma inaugure la campagne que les Arabes ont nommée l'« Omnipotente », nom qui lui est resté, et marquée par une succession d'autres victoires. La plus glorieuse et la plus importante de toutes est celle que

Ramire gagne, conjointement avec ses alliés de Castille et de Navarre et non sans l'aide de rebelles sarrasins, à Simancas en août 939, sur les 100 ou 150 000 hommes du calife. Une autre, à Alhandaga, complétera heureusement ce succès.

La mort de Ramire, qui s'était octroyé les titres d'*imperator et rex magnus*, suivie de celle d'Ordono III (951-956), à qui l'on doit un dernier exploit militaire – une campagne qui le conduit jusqu'au Tage et lui donne l'occasion de piller Lisbonne (955) –, permet aux musulmans de renouer avec le succès. Passant partout à l'offensive, ils obligent en quelques années la plupart des princes chrétiens, Sanche de Léon en 958, Ordono IV en 962, Sanche de Navarre en 973 et maints autres de moindre importance, à se reconnaître vassaux, et Barcelone elle-même passe en leurs mains, il est vrai pour peu de temps (960). Les États chrétiens d'Espagne semblent à terme condamnés.

La faiblesse des successeurs d'al-Hakam libère les royaumes chrétiens d'une trop étroite sujétion et, à Cordoue, projette au premier plan les chambellans (*hadjib*), devenus les vrais chefs du gouvernement, depuis le début du siècle, depuis que les califes se drapent dans une majesté quasi sacrée qui les rend inaccessibles. Il se trouve que l'un d'entre eux se révèle un grand homme. Nommé à ce haut poste en 978, à l'âge de quarante ans – s'il est bien né en 938 –, Ibn Abi Amir, le personnage que l'Histoire connaîtra comme al-Mansur, le Victorieux, nom déformé par les chrétiens en Almanzor, maintient sur son trône le calife Hicham II (976-1009), mais en fait un fantoche, et exerce pendant vingt ans une véritable dictature. Sa carrière militaire a sans doute été ouverte par la victoire qu'al-Hakam a remportée en 973 à Gormaz contre les forces coalisées de Léon, de Castille, de Navarre et de Barcelone, et qui ne lui doit à peu près rien. Qu'importe ! Elle est prodigieuse. Il mène cinquante-sept campagnes tant en Afrique qu'en Espagne. Chaque année ou presque est marquée par un succès. Ne citons, bien sûr, que ceux obtenus en Europe. En 981, al-Mansur s'empare de Zamora et de Simancas ; en 982, il met Coïmbre à sac ; en 985, il occupe et incendie Barcelone ; en 986, il enlève Léon ; en 988, Burgo de Osma et l'Alcaba de la Torre ; en 994, il reconquiert San Esteban de Gormaz, Clunia et Avila ; en 996, il attaque le roi de Léon et livre au pillage sa nouvelle capitale, Astorga. En 997, après avoir planté toutes ces banderilles, il pense porter un grand coup, donner l'estocade au moral des chrétiens en prenant et en dévastant leur ville sainte, le plus haut lieu de la chrétienté après Rome, Saint-Jacques-de-Compostelle. Il ne réussit qu'à les galvaniser, à soulever l'indignation et la haine dans toute l'Europe, à semer la graine qui ne va pas tarder à germer et qui deviendra la grande plante de la croisade. En cette fin de siècle, elle est encore enfouie dans le sol, invisible, cette semence, et le défi lancé à ses ennemis est si peu relevé qu'Almanzor peut continuer à glaner les succès. Le 30 juillet 1001, à la bataille de Penacevera, il vainc probablement le comte de Castille Sancho Garcia et ses alliés asturiens et navarrais. Probablement ? Oui, puisque, malgré certains documents qui donnent la victoire aux coalisés chrétiens, il ne cesse pas de mener campagne en Castille.

Le temps d'al-Mansur nous apparaît donc comme celui d'une lutte continuelle, puisqu'il n'y a pas d'années sans faits d'armes. Mais tournons nos regards vers l'époque qui l'a précédé. En un peu plus de quarante ans, de 917 à 960, nous avons relevé onze dates importantes de batailles ou de prises de villes.

Quand al-Mansur meurt en 1002, il peut laisser à ses fils la tâche de poursuivre ses victoires. On sent pourtant l'essoufflement, tandis que le califat de Cordoue s'effondre. L'émir des Croyants n'a pas accepté le rôle de figurant qu'on lui a fait jouer pendant un demi-siècle. Le peuple n'a plus de considération pour lui. Les grands ont perdu l'habitude de lui obéir et ont mal supporté le pouvoir absolu des *hadjib*. Dès 1013, le califat est de fait éliminé. Il sera officiellement aboli en 1031 et sur ses ruines s'érigera une pléiade de quelque vingt-six principautés, les Reyes de Taïfas, en arabe *Muluk al-Tawaïf*, les « royaumes de la division », souvent ou parfois, et plus ou moins vassales des quatre plus importantes d'entre elles, celles de Malaga, de Séville, de Tolède et de Valence-Murcie. Toutes sont bien plus soucieuses de leur propre intérêt que de celui de l'islam et de la communauté musulmane espagnole. Ce morcellement, cette anarchie vont faciliter considérablement la Reconquista.

À nouveau la France

Pendant que les Arabes de Fraxinetum opèrent en France, les musulmans d'Espagne, qui semblaient avoir eu jusque-là une admiration assez respectueuse pour la force franque, peut-être encouragés par les opérations de leurs coreligionnaires au nord des Pyrénées, franchissent à nouveau les montagnes et s'avancent jusqu'à Toulouse (940). C'en est trop. La menace qu'ils font peser sur le sud et l'est de la Gaule paraît telle que Hugues, comte de Provence et roi de Lombardie, fait appel aux Byzantins. Ceux-ci envoient leur flotte, qui détruit celles des musulmans en divers points de la côte française, à Sainte-Maxime, à Cavalaire, et ils signent une paix de compromis en 942. Les Arabes ne tardent pas à perdre les positions que le traité leur a reconnues. La bataille qu'ils livrent aux hordes hongroises à Orbe (952), trois ans avant que celles-ci ne soient anéanties à Lechfeld[4], les laisse exsangues, bien qu'ils en sortent victorieux. Dès lors ils ne cessent plus de se replier, abandonnant en 965 le Dauphiné et en 970 la Savoie. La défaite que les Provençaux leur infligent à Tourtour en 973 signe leur condamnation. Ils sont expulsés de Provence et leur base de Fraxinetum est détruite (975). Leur présence a duré moins d'un siècle, mais quatre-vingt-cinq ans sont longs à qui les vit. De ce jour, malgré des raids sur Antibes (1013) et sur les îles de Lérins (1019), la France n'aura plus jamais à craindre une invasion militaire de l'islam. Cependant, les villages proches de ses rivages méridionaux continueront à s'ériger sur des hauteurs pour être à même de surveiller l'arrivée inopinée des corsaires musulmans ou, plutôt, pour se mettre à l'abri de leurs innombrables coups de main.

Opérations en Italie continentale

Entre 918 et 935, la nouvelle puissance des Fatimides[5] tenta plusieurs actions en Italie. En 918, elle s'empara de Reggio ; en 925, elle parcourut la Calabre et parvint à Oria, qui fut prise d'assaut. En 935, sa flotte se présenta devant Gênes, débarqua ses hommes, qui entrèrent dans le grand port et le mirent à sac. L'effondrement des Maures de France, ceux de Fraxinetum et surtout ceux des Alpes qui servaient d'appui aux invasions de l'Italie du Sud et prenaient à revers ses défenseurs, semble avoir découragé les musulmans et les avoir détournés des expéditions italiennes. Cependant, quelques années plus tard, les Siciliens tentèrent de nouvelles opérations en Calabre. En 982 ou 983, ils infligèrent une sévère défaite à l'empereur Othon II à Capo Colonne (Stilo), ce qui eut pour conséquence inattendue de renforcer la présence byzantine en Italie menacée par l'empereur germanique – mais il est vrai que nous sommes alors sous le règne du grand Basile II.

En 1002, les Arabes mettent Pise à sac ; en 1004-1005, ils attaquent à la fois Pise et Bari, mais leur flotte est détruite en Adriatique par celle de Venise. Pendant tout le siècle, les assauts auront surtout pour cible la Sardaigne, parfois aussi la Corse, depuis longtemps convoitées, et échoueront lamentablement. Toutefois, en 1010, un aventurier andalou, Mudjahid, que les Européens nommèrent Mugatta, lança une expédition d'envergure contre la première de ces îles qui faillit réussir. Il parvint en peu de temps à se rendre maître de sa majeure partie (1015), mais la réaction chrétienne ne se fit pas attendre et, en moins d'un an, il en fut expulsé par les Génois et les Pisans (1016). Ce fut le chant du cygne. Après cette date, l'Italie ne verra plus guère les Arabes, sauf à l'occasion d'actions mineures et sans portée ou parce que, au temps des Hohenstaufen, sera créée avec des déportés la colonie de Lucera qui, étrangement, jouira de la protection et des faveurs impériales. Elle n'aura à nouveau affaire aux musulmans qu'à l'époque ottomane, la première fois en 1472 (Udine), puis une dizaine de fois jusqu'en 1537.

L'intervention des musulmans dans la péninsule italique a laissé des traces. L'art nous les montre, que ce soit en architecture dans le cloître du Paradis d'Amalfi (XIIIe siècle) ou dans les objets manufacturés, en particulier les ivoires comme cet olifant du musée Crozatier du Puy connu sous le nom de « Huchet de Saint-Hubert » (XIe-XIIIe siècle).

CHAPITRE V

Espagnols et Normands

À la fin du Xᵉ siècle, il est clair que les Arabes ont perdu partout l'initiative des opérations et ne sont plus à même non seulement d'accroître les dimensions de leur empire, mais encore d'en assurer les frontières. Depuis longtemps, certes, ce n'étaient plus guère eux qui combattaient, mais des étrangers, musulmans ou non, entrés à leur service, les Berbères en Occident, les Iraniens du Khorassan et les mercenaires turcs en Orient ; toutefois, leur présence était encore sensible et l'on pouvait avoir l'illusion d'avoir affaire à eux. Au XIᵉ siècle, la première place est désormais tenue par les Turcs, non plus serviteurs de maîtres arabes, mais agissant pour leur propre compte, et, dans une moindre mesure, par les Berbères qui lancent deux grandes offensives désespérées en Espagne pour arrêter la reconquête. Dans le camp chrétien, au contraire, on assiste d'une part à un réveil évident de la combativité des Espagnols et de ces Européens qu'on nomme indistinctement Francs, d'autre part à l'intervention des Normands.

Les débuts de la Reconquista

Au moment où l'Espagne musulmane se divise en une multitude de petits États indépendants et rivaux, l'Espagne chrétienne fait un grand pas sur la voie de l'unité avec Sanche le Grand, roi de Navarre et comte de Castille (1000-1035), qui se fait nommer *rex Iberorum* et unit pour la première fois, à l'exception du comté de Barcelone, toutes les terres chrétiennes du sud des Pyrénées. Sa mort, qui amène le partage de ses États entre ses quatre fils, et les discordes qui éclatent entre eux empêchent les chrétiens de tirer tout le profit qu'ils sont en droit d'attendre de la situation nouvelle dans laquelle se trouve la péninsule ; mais, s'ils ne peuvent alors achever la reconquête qui semblait envisageable, ils élargissent leurs domaines et fortifient leurs positions. Qui eût cru cela possible quelques années après les victoires d'Almanzor, qui avait été sur le point de les condamner à une totale destruction et avait laissé leurs territoires exsangues ?

La France participe dans une assez large mesure aux opérations menées par les Espagnols pour reconquérir leur pays, et son intervention donna une dimension nouvelle à la guerre de libération : celle-ci s'internationalise, devient peu à peu une guerre sainte. On ne parle pas encore de la « croisade » à Rome ou à Clermont quand, dans la seconde moitié du XIe siècle, elle s'y engage, soit à l'appel de princes, soit par élan spontané d'aventuriers et de chevaliers, et peut-être lui ouvre-t-elle la voie.

Des princes et des princesses ? C'est Guillaume VIII d'Aquitaine (1058-1086) qui appelle tous les chevaliers de ses États et des États voisins à courir sus aux musulmans « pour l'amour de Dieu », qui est largement entendu, qui passe les Pyrénées pour attaquer Saragosse, prend Barbastro en 1064 avec l'aide de la Navarre, mais est obligé de se replier, ayant perdu la moitié de ses hommes. C'est le comte de Barcelone, Raimond Bérenger Ier (1035-1076), qui entraîne ses sujets du Languedoc dans un combat opiniâtre contre les musulmans, auxquels il parvient à enlever la rive droite du rio Llobragei, et qui ouvre son pays aux influences françaises et à tous ceux, de plus en plus nombreux, qui désirent y venir combattre pour la défense de la foi. C'est Constance de Bourgogne, fille du

Capétien Robert Ier, qui épouse en 1078 Alphonse VI et qui introduit les us et coutumes de sa province natale, notamment clunisiennes, et nombre de chevaliers, dont deux épouseront ses filles : l'un, Henri de Bourgogne (1097-1114), sera comte de Porto, et le Portugal en naîtra.

Des chevaliers et des aventuriers ? Ce sont par exemple tous ceux qui rallient Sanche Ramire d'Aragon (1063-1094), qui reçoivent du pape Alexandre II une indulgence plénière lors de la campagne de 1063-1064, qui permettent au souverain catholique de mener la guerre sans discontinuer pendant un quart de siècle dans la vallée de l'Èbre et d'enlever Monzon (1089). Tué en assiégeant Huesca, Sanche sera vengé par son fils don Pedro (Pierre Ier d'Aragon, 1094-1104), qui vaincra les musulmans à Alcoraza et prendra enfin la ville si longtemps convoitée devant laquelle son père périt, le verrou de Saragosse (1096).

Ainsi, comme au temps de Charlemagne, plus qu'en son temps, l'Europe occidentale s'engage à fond dans la lutte contre l'islam, et la guerre n'est plus que celle d'une confession contre une autre.

La reconquête, quel que soit le rôle qu'aient pu jouer ces princes et d'autres, est avant tout l'affaire de Ferdinand Ier, roi de Castille et de Léon, dit le Grand (1035-1065), et de son fils Alphonse VI, d'abord roi de Léon (1065-1103), puis aussi de Léon et de Castille (1072-1103). Allié à Garcias de Navarre, Ferdinand vainc son beau-frère Bermude III de Léon (1028-1037) à la bataille de Tamaron en 1037, annexe son royaume, puis, entre 1034 et 1064, la Navarre, mais il n'attend pas cela pour commencer la lutte contre les musulmans et il la poursuivra presque sans interruption jusqu'à sa mort. En 1038, il s'empare de Lamego et de Viseu, qu'il réduit en cendres et où, semble-t-il, il se livre à de cruels massacres. De 1038 à 1046, il mène campagne dans l'ouest de la péninsule ; de 1046 à 1050, dans les provinces de Saragosse et de Tolède ; de 1059 à 1063, contre Séville, qu'il oblige à payer tribut (1063) ; puis il guerroie entre Duero et Tage, assiège

Coïmbre pendant six mois, force la ville à capituler (1064), contraint Badajoz à se reconnaître vassale. Dès 1062, il commence à lancer des attaques contre ce qui paraît alors la principale place de l'islam dans la péninsule, Tolède, et juste avant de mourir, en 1065, il met en route une campagne contre Valence. Son fils continuera son œuvre.

Ce fils, Alphonse VI, a des débuts difficiles. Il doit disputer le pouvoir à ses deux frères. L'aîné, Sanche II, roi de Castille, conquiert le royaume de Léon, arrête Alphonse, l'exile chez l'émir de Tolède (1072), mais décède quelques mois après, ce qui permet à son cadet de remonter sur son trône, d'hériter de la Castille et de s'emparer de la Galice. Enfin seul maître, il se fait proclamer en 1077 « empereur des deux religions » (*emperador de los dos religiones*), montrant par là sa volonté d'unir l'Espagne en dépit de ses divisions confessionnelles, et pratiquant en définitive une politique qui avait été celle des califes de Cordoue.

Alphonse continue la lutte sur tous les fronts, enlève Coria en 1077 et reprend peu après (1080) les assauts contre Tolède. Il lance, avec une rare brutalité, une série de raids dans toute la province de l'antique capitale des Wisigoths, décroche une première fois devant l'armée de secours qu'envoie Badajoz pour sauver la cité (1082), puis, à la veille de l'assaut final (1085), en repousse une autre au cours d'une série de petites rencontres. Il a encore moins de peine à contenir les actions désespérées que tente Saragosse, peu libre de ses mouvements, en butte qu'elle est aux pressions tenaces de Barcelone et de l'Aragon. Finalement, après avoir en vain assiégé six fois Tolède, il l'oblige à capituler et il y entre le 25 mai 1085. L'émoi est tel dans tout le monde musulman espagnol que celui-ci multiplie les gestes d'hommage et que maintes cités offrent spontanément de se reconnaître vassales. Serein, Alphonse investit alors Saragosse. Rien ne semble pouvoir l'arrêter.

Ses victoires répétées, l'enthousiasme qu'elles éveillent dans l'Occident chrétien, le découragement des émirs annoncent l'inéluctable reconquête de toute l'Espagne musulmane. Celle-ci est certes incapable de s'y opposer. Elle est condamnée sans appel si nul ne vient à son secours. Elle regarde alors vers le Maghreb. Là se trouve depuis peu une puissance qui peut intervenir. Elle l'appelle à son secours. Pour la seconde fois, l'Afrique envahit l'Europe. Les succès qu'elle va y connaître ne seront en rien comparables à ceux d'un Tariq et d'un Musa au VIIIe siècle parce qu'elle rencontrera devant elle non un Rodrigue, mais de grands princes, non un peuple las, mais au contraire un peuple galvanisé. Les Africains ne feront que repousser de quelques siècles l'échéance fatale.

Les Almoravides

Les Almoravides, dont le nom est une déformation du mot arabe *al-murabitun*, les marabouts, c'est-à-dire les gens des *ribat*, les couvents fortifiés, dominent alors le Maroc et l'Algérie occidentale. Ce sont des Berbères sahariens qui viennent tout juste de sortir de leurs solitudes désertiques et ne forment un État que depuis l'avènement en 1061 de Yusuf ibn Tachfin (Ibn Tachufin). Très peu cultivés – illettrés, disait-on –, de mœurs austères, voire grossières, guerriers efficaces, organisés, irrésistibles, ils ont embrassé, sous la direction spirituelle d'un *chaïkh* du nom d'Abd Allah ibn Yasin, un islamisme sévère, attaché à la lettre des textes sacrés et prétendant revenir au temps du Prophète. Tout, sauf la foi, les sépare donc des Espagnols, dont la civilisation est l'une des plus raffinées du temps : les coutumes, le genre de vie, les goûts, la conception même de leur religion et jusqu'à leur tenue vestimentaire, leur visage, comme celui des Touaregs contemporains, étant recouvert d'un tissu – raison pour laquelle on les nomma longtemps les « voilés », *multimin*. Comme les Turcs des steppes doivent le faire en Orient musulman, il leur faut se fondre dans une civilisation où tout les heurte, où ils heurtent tout, et les Africains n'y réussissent pas aussi bien que les Asiatiques. Leur installation en Espagne ne se fera pas sans mal, sans soulever de problèmes, sans créer souvent des drames, les indigènes refusant la barbarie des nouveaux venus, ces derniers n'acceptant pas les mœurs déliquescentes des premiers. Cela explique maintes crises, maintes trahisons, maints retournements d'alliance et finalement l'échec, tout au moins relatif, de leur entreprise. Ils se dissoudront, finiront par perdre toutes leurs vertus.

La civilisation espagnole ne souffrira pas de ces temps difficiles, plus difficiles encore sous les Almohades qui ne vont pas tarder à surgir, et, loin de s'altérer, elle connaîtra alors quelques-uns de ses plus grands moments ou les préparera. C'est alors que vivent Averroès (né à Cordoue en 1126, mort à Marrakech en 1198), l'élève passionné d'Aristote, qui exercera très longtemps son influence sur la chrétienté occidentale, ou encore Maïmonide (1138-1204) qui, juif, sera d'ailleurs contraint de quitter Cordoue, sa ville natale, pour échapper aux persécutions des Almohades, et de moins célèbres qu'eux, mais qui ont joué un rôle dans la culture universelle : Ibn Tufayl (Abubacer), médecin et philosophe de Cadix (mort en 1185), al-Bitrugi (Alpetragius), philosophe et astronome du XIIe siècle, Ibn Badjdja (Avempace) de Saragosse, médecin et philosophe (mort en 1138 à Fès), al-Zarqali (Azarquiel), astronome de Tolède (XIe siècle), pour ne citer que ceux qui furent célèbres en Europe et qui, de ce fait, eurent un nom latinisé (que je donne entre parenthèses). Ce sont ces hommes d'Espagne et les traductions d'œuvres antiques réalisées en Espagne, plus que les Orientaux et les traductions effectuées en Orient, qui toucheront l'intelligentsia occidentale. Et ce sont aussi les contacts quotidiens avec les Maures, plus encore que ceux qui eurent lieu en Terre sainte, qui influeront sur la vie quotidienne et la culture des élites, certes, mais aussi des masses (par exemple l'emprunt du luth, *al-ud*). Allons plus loin ! Il est difficile de penser que des maîtres d'œuvre musulmans ne vinrent pas travailler en France et que c'est seulement aux pèlerinages des Français à Saint-Jacques-de-Compostelle que nous devons les arcs trilobés, les claveaux noirs et blancs, les médaillons à copeaux de la cathédrale du Puy-en-Velay ou, pour donner un second exemple (mais on pourrait les multiplier), les claveaux de couleurs alternées de la nef de Vézelay. Refuser, dans nos églises romanes, l'influence musulmane serait ridicule. Et comment oserait-on le faire quand il est si bien établi que les effigies du Christ en majesté qui décorent leurs tympans copient celles du Roi des rois de l'Iran sassanide, qui ont franchi des siècles et des milliers de kilomètres (celui de Moissac semble reproduire servilement l'effigie de Khosroes trônant de la célèbre « Tasse de Salomon ») ? Le grand orientaliste italien Francesco Gabrieli a eu raison de dire : « De tous les échanges et affrontements entre l'islam et l'Europe, les plus durables et les plus féconds eurent pour centre la péninsule Ibérique. »

Les Berbères du Maghreb étaient le seul espoir qui restait aux musulmans espagnols au moment même où ils voyaient bien qu'ils s'effondraient. Les émirs de Séville, de Cordoue, de Badajoz, de Grenade leur envoyèrent une ambassade en promettant d'unir toutes leurs forces pour combattre à leurs côtés. Yusuf ibn Tachfin accueillit favorablement les envoyés, répondit qu'il viendrait en ami, en sauveur, non en conquérant ou en maître. On ne pouvait rêver mieux. Il embarqua à Ceuta et débarqua à Algésiras en août 1086.

Alphonse, qui assiégeait alors Saragosse, leva aussitôt le siège de la ville, battit le rappel de toute l'Espagne chrétienne, s'allia avec Sanche Ramire d'Aragon et avec Raimond de Barcelone (1076-1096), et marcha à la rencontre de Yusuf, accompagné de nombreux Français répondant à l'appel de la guerre sainte. On parla bien entendu, de part et d'autre, de troupes énormes. La rencontre se produisit sur les rives de la Guadiana, en un lieu proche de Badajoz nommé Zalaca ou Sagrajas, le 23 octobre 1086, et se termina par la déconfiture totale de l'armée chrétienne. Les musulmans se vantèrent des 180 000 hommes qu'ils tuèrent ou capturèrent ce jour-là. Exagérèrent-ils ? Sans doute ! Mais peu importe le nombre des victimes. Ce qui compte vraiment, c'est le retentissement qu'eut l'affaire. Elle donna un coup d'arrêt à la Reconquista : celle-ci n'aurait pas lieu. L'Espagne musulmane était sauvée.

Bien que profitant de la victoire pour enlever quelques places, Yusuf ne l'exploita pas vraiment. Rappelé au Maroc par la mort de son fils qu'il avait nommé gouverneur, il se retira presque immédiatement, et Alphonse, stimulé par la venue de Français et de Normands, ne se découragea pas. Appuyé sur la place forte quasi imprenable d'Aledo, il reconstitua une armée et repartit aussitôt à l'attaque, lançant des raids en direction de Séville et de Murcie (1087). Les Andalous rappelèrent les Almoravides. Ceux-ci revinrent en juin 1088, cette fois non plus pour aider leurs coreligionnaires, mais en conquérants, bien décidés à s'assurer le contrôle du pays. Ils commencèrent par établir leur domination sur les Reyes de Taïfas. Ils occupèrent Grenade en 1090, puis Séville, Almeria, Murcie, où ils furent rejoints par les forces armées de Malaga, Grenade, Jaen, Lorca, et ils assiégèrent en vain la place forte d'Aledo, pourtant défendue par une assez faible garnison. Comme Alphonse marchait vers Murcie pour secourir la place investie, Yusuf battit rapidement en retraite vers Almeria, puis repassa en Afrique. Son départ défit la coalition des Reyes de Taïfas et encouragea à traiter avec Alphonse plusieurs d'entre eux qui étaient hostiles aux Almoravides et qui, tant qu'à faire, leur préféraient encore les infidèles. Yusuf, bon gré mal gré, fut contraint de revenir, mais, avant de songer à faire la guerre aux chrétiens, il s'efforça de rétablir sa domination. Certaines villes capitulèrent assez vite, d'autres lui résistèrent, s'allièrent à ses ennemis, telle Séville qui se jeta dans les bras d'Alphonse, ou plutôt qui y mit sa fille, allant jusqu'à accepter, chose inconcevable pour la pensée musulmane, qu'elle se convertisse : elle sera désormais connue sous les noms de Maria ou d'Élisabeth. Cependant, la prise de Calatrava ouvrit enfin la route de Castille aux Almoravides. Alphonse voulut la refermer et se fit battre (1090). Abandonnée à son sort, Séville tomba en septembre 1091 aux mains des Africains. Les Almoravides étaient maîtres d'Almeria, de Jaen, de Grenade, de Cordoue, de Valence (1092), ville que le Cid leur reprendra pour un temps en 1094.

Le successeur de Yusuf, Ali ibn Yusuf ibn Tachfin (1106-1143), après plusieurs années qui ne voient aucun événement vraiment important, se décide à porter un grand coup aux chrétiens espagnols. Il entre en Castille et marche jusqu'à Uclès, qu'il assiège. Alphonse, alors âgé de soixante-huit ans, se sent incapable de prendre la tête de ses armées : il mourra un an plus tard, sans doute parce qu'il était malade, et parce que le désastre que subissent sa famille et sa patrie aggravera son mal. Il confie le commandement de ses forces au comte Garcias, le gouverneur de Sanche, l'infant alors âgé seulement de onze ans, et lui ordonne d'emmener avec lui le jeune prince, non sans lui recommander de veiller sur lui, mais convaincu que sa présence servira d'étendard de la foi, galvanisera l'armée. Et les Africains ont peur. Ils songent à décrocher devant ces forces considérables qui marchent vers eux, puis décident finalement de se battre. Ils font porter tous leurs efforts contre l'héritier du trône, le garçonnet. En vain le comte Garcias cherche-t-il à s'interposer entre lui et ses assaillants. Il meurt, et sa mort entraîne celle de l'infant. Alphonse avait raison de croire que la présence de son fils donnerait la victoire, puisque son décès amène la défaite. Quand retentit le cri « Sanche est mort ! », tous ses guerriers s'enfuient dans une épouvantable terreur. C'est le 20 mai 1108 et le point culminant de la puissance almoravide. De ce jour, celle-ci ne cessera de décliner ; bientôt, elle s'effondrera. La victoire cependant a coûté cher, et il est impossible aux vainqueurs de l'exploiter. Tout au plus s'emparent-ils de quelques villes situées entre Consuegra et Cuenca. La Reconquista pourra reprendre.

Ce XIe siècle, avec les grandes personnalités de Ferdinand, d'Alphonse, de Yusuf, avec cet élan de foi qui anime les deux parties, a bien vécu une épopée, dont le héros n'était pas un souverain ou un prince, mais un seigneur de haut rang qui incarnait cet idéal nouveau de la chevalerie. La légende, très vite, l'a transfiguré, a fait de lui une figure emblématique de la lutte de la chrétienté contre l'islam, alors que c'était un personnage certes valeureux, mais quelque peu retors, capable d'ingratitude, de compromissions, d'alliances opportunes avec les pires ennemis de sa foi, peut-être plus occupé de sa gloire et de ses profits que désintéressé et noble de cœur. Ne passa-t-il pas à la postérité sous le nom de Cid, déformation légère du titre arabe *sayyid* (« maître », « seigneur ») que les Maures lui donnèrent ?

Don Rodrigo Diaz de Vivar (Bivar), Rodrigue, était né en 1043, avait passé sa jeunesse auprès du roi de Castille Sanche II, puis, à sa mort, s'était rallié à Alphonse VI (1042), avait épousé doña Jimena (« Chimène »), cousine du roi, ce qui ne l'avait pas empêché de tomber en disgrâce. Il avait alors offert ses services au prince maure de Saragosse (1081) pour l'aider dans sa lutte contre son homologue de Valence et avait conversé plus ou moins avec tous les musulmans hostiles aux Almoravides. Il était devenu l'un de leurs nobles, un grand, le *sayyid*. Cela lui avait permis, en 1094 ou 1095, de vaincre les Berbères à la bataille de Cuarte (1094), d'enlever Valence et, au nom de la Castille, de dominer directement ou indirectement toute la province, voire assez loin au-delà. C'était un preux. Tant qu'il vécut, les Almoravides ne purent rien contre lui. Quand il mourut en 1099, ils ne tardèrent pas à reprendre la ville (1102).

Il devient l'un des plus grands personnages de l'Espagne médiévale. Le méritait-il ? Dès 1140, la littérature s'empare de lui et elle ne cesse plus guère de le chanter. Il passe en France (1636) quand Corneille lit et adapte pour le théâtre le grand poème de Guilhem de Castro (1618) et, pour reprendre le vers célèbre de Boileau, « tout Paris pour Rodrigue a les yeux de Chimène ». Où ne le retrouvera-t-on pas ensuite ? L'épopée – Hugo, Heredia – ne pourra plus se passer de lui. A-t-on oublié qu'il exaltait la guerre sainte de la chrétienté contre l'islam ?

Malgré la venue des Almoravides, qui ont sans doute retardé la Reconquista d'un ou deux siècles, les chrétiens sont parvenus, au cours du XIe siècle, à repousser partout leur frontière vers le sud, d'une vingtaine de kilomètres là où ils ont obtenu les plus maigres succès, de plus de 150 là où ils ont obtenu les meilleurs.

Les Normands en Sicile

Les Normands, lointains descendants de ceux qui avaient hanté la Méditerranée au IXe siècle[1], y revinrent au XIe, appelés par le souverain de Naples, Serge IV. Un de leurs chefs, Guillaume Bras de Fer, reçut en remerciement de l'aide qu'il lui apporta le comté d'Apulie, un autre celui d'Aversa (vers 1030), puis Gaète (1040). Profitant avec habileté des rivalités entre Byzantins et Lombards, de la rupture entre Rome et Constantinople réalisée en 1054, un demi-frère de Guillaume, Robert Guiscard (vers 1015-1085), fut reconnu officiellement en 1059 par le pape Nicolas II comme duc d'Apulie et de Calabre. Ainsi installé et officialisé, Guiscard put affermir la puissance des Normands dans toute l'Italie méridionale, d'où il chassa les Grecs qui en étaient souverains et les petites colonies musulmanes. En 1071, il occupa Tarente et Otrante, et, après un siège de plusieurs années, enleva Bari aux Byzantins.

De l'autre côté du détroit de Messine, la Sicile arabe était en crise : les garnisons des *ribat* qui gardaient les frontières n'étaient plus, au dire d'al-Hawqal, que « des coupe-jarret [...] toujours prêts à faire un mauvais coup [...] des gens sans aveu [...] sans foi ni loi, parfaitement vils, véritables canailles ». Le pouvoir central n'existait plus et plusieurs petites principautés se disputaient la suprématie. C'est le chef de l'une d'entre elles, Ibn al-Thumma, qui fit appel au frère de Robert Guiscard, le comte Roger Ier de Hauteville (1062-1101), établi à Reggio. Les deux hommes tentèrent un débarquement à Messine en 1060, le manquèrent, le tentèrent à nouveau à la fin de février 1061 et le réussirent. Ils emmenaient avec eux, dit-on, un demi-millier d'hommes. C'était bien peu pour conquérir une terre qui ignorait tout d'eux, qui devait les considérer comme des gens plus lointains que ne pouvaient l'être les Italiens, les Byzantins, les Arabes, comme de purs étrangers et de surcroît comme relevant de ces farouches pillards qui avaient tant terrorisé l'Europe par leurs raids maritimes. Il est vrai qu'ils reçurent vite des renforts : des Francs, des Allemands, des Italiens surtout. Néanmoins, les indigènes ne voyaient pas les envahisseurs d'un bon œil, les Byzantins les jugeaient même parfois plus dangereux que les musulmans et il leur arrivait de s'allier avec ces derniers pour les combattre. Les Normands n'auraient certainement pas connu le succès qui allait être le leur s'ils n'avaient pas mené une politique des plus tolérantes, si les Siciliens ne les avaient pas considérés comme des mercenaires au service d'un des leurs, en l'occurrence de celui qui les avait appelés, Ibn al-Thumma, et s'ils avaient cessé leurs luttes intestines – luttes au cours desquelles le principal prétendant au pouvoir, Ibn Hawas, fut éliminé (1064). Les Normands triomphèrent malgré les secours des Zirides, la nouvelle dynastie berbère de l'Ifriqiya (fondée en 972), mais si leur conquête de l'île prit moins de temps que jadis celle des Arabes, elle demanda néanmoins plus de trois décennies.

Sans doute les succès des Normands à Val Demone et la victoire qu'ils remportèrent à Castrogiovanni au lendemain de leur débarquement furent-ils indiscutables, mais les chroniqueurs leur donnèrent une importance qu'ils n'avaient certes pas puisque, pendant sept ans, ils piétinèrent sur place et coururent même parfois de grands périls – ainsi quand, en 1062, le comte Roger fut assiégé des mois durant par les forces conjuguées des Byzantins et des Arabes. Ce ne fut qu'en 1068 qu'ils remportèrent une bataille décisive, à Misilmeri, à l'issue de laquelle les musulmans commencèrent leur repli. En 1071, Roger entrait à Catane ; en 1072, à Mazara et à Palerme, ville qu'il conservera comme capitale ; en 1077, à Trapani ; en 1078, à Taormine. C'est alors qu'une sorte de condottiere connu par le surnom de Benavert (Ibn Addad) rassembla ses coreligionnaires dans la région de Syracuse, réussit à reprendre Catane (1081), ne put s'y maintenir, lança une expédition de razzia en Calabre, perdit sa flotte, détruite par celle des Normands dans le port même de Syracuse, et se noya en voulant quitter son navire qui coulait (1086). Malgré ce naufrage qui permit aux Normands de prendre Syracuse après un siège de cinq mois et, en 1087, Castrogiovanni, Grigenti et Butera, il fallut cinq ans encore pour achever la conquête de l'île. Le dernier bastion musulman, Nota, ouvrit ses portes en 1091.

Sous la domination des Normands, la Sicile resta longtemps musulmane, de culture plus peut-être que de religion, et bénéficia d'une grande période de paix, troublée seulement par l'insurrection des Maures de Pantelica en 1093 et par une autre sous le règne de Tancrède (1190-1194). Les populations se rallièrent au nouveau pouvoir, se montrèrent fidèles, le servirent sans réserve, au point qu'on a pu avancer (en exagérant ?) que 20 000 Arabes s'enrôlèrent dans les armées de Roger II, comte (1101-1127), puis roi (1130-1154) de Sicile. Palerme continua à être une grande métropole que l'on n'hésitait pas à comparer à Cordoue, peuplée de quelque 300 ou 400 000 âmes, hérissée d'innombrables mosquées et d'églises qui faisaient l'admiration de l'islam : le grand voyageur Ibn Djubaïr, de passage dans la ville en 1185, jugeait la Martorana comme le « plus beau monument du monde ». À la cour de Roger, on parlait l'arabe, le grec, le français et le dialecte sicilien, mais les femmes aimaient à se voiler et l'on s'habillait volontiers à l'orientale. Nous conservons, au musée de Vienne, le manteau du souverain, décoré de textes coufiques et de figures relevant du répertoire musulman, et c'est sous son règne qu'al-Idrisi écrivit son monumental ouvrage géographique, le *Kitab Roger* (*Livre de Roger*). De la domination des Arabes et des Normands, qui s'orientalisèrent de plus en plus, subsistent de petits palais comme la Ziza et la Cuba, des églises comme celle de Monreale et l'admirable décor peint de la chapelle palatine de Palerme (érigée en 1132-1140), reflet si inattendu de la grande école de Samarra en Iraq qu'Ugo Monneret de Villard soutint que des artistes mésopotamiens y avaient certainement travaillé.

La position des musulmans alla pourtant en se dégradant peu à peu, mais irrésistiblement, à la fin du XIIe siècle, à peu près au moment où Henri VI Hohenstaufen était élu roi de Sicile à Rome sous le nom de Henri Ier (25 décembre 1194). Et si un prince comme Frédéric II (1197-1250) put apparaître comme profondément islamisé, cela n'empêcha pas la naissance de tensions et l'éclosion d'insurrections. Au cours de la principale d'entre elles, vers 1220, s'illustra une héroïne demeurée anonyme qui, encerclée à Entella, réduite à la dernière extrémité, finit en se donnant la mort pour ne pas tomber aux mains de ses ennemis. Nombre d'Arabes et de Berbères furent déportés à Lucera dans les Pouilles (1239) où, coupés du monde, vivant en vase clos, ils furent d'ailleurs comblés d'attentions par le pouvoir et où ils se révélèrent parmi les plus fidèles serviteurs de la maison de Souabe. Cette colonie florissante devait disparaître au cours de la « croisade » de 1300 animée par Charles II d'Anjou[2].

Attaques sur l'Afrique du Nord

Depuis longtemps, tout en menant une politique intérieure pro-islamique, les Normands exploitaient sans vergogne les sentiments antimusulmans et antibyzantins qui animaient alors la catholicité, et c'est à ce titre qu'ils participèrent à la croisade avec Tancrède de Hauteville et Bohémond de Sicile.

C'est à ce titre aussi qu'en 1091 Roger Ier alla conquérir Malte, que les Arabes avaient attaquée déjà en 648-649 et qui était en leurs mains depuis 870, et qu'un peu plus tard Roger II – reconnu roi de Sicile par l'antipape Anaclet (1130), puis par le pape Innocent II qu'un jour il avait fait prisonnier (1139) – se lança à la conquête de l'Afrique du Nord. Il commença par s'emparer de Djerba (1135), puis se rendit maître de toute la côte entre Tunis et Tripoli, dans un pays mal remis des dévastations causées par les bédouins Banu Hilal que les Fatimides avaient lancés contre les Zirides (1146-1149). Tout semblait possible : le Maghreb allait redevenir chrétien. Certes, il n'y restait pas beaucoup de fidèles du Christ, mais il en était encore quelques-uns et d'autres reviendraient, et ceux qui avaient apostasié retrouveraient la vraie foi. Tout échoua. Victimes de vigoureuses contre-attaques dès 1156, les Normands étaient entièrement expulsés en 1160. Leur réussite et leur échec ne furent pas sans conséquences. Le rêve d'une reconquête revivra. Il motiva peut-être, dans une certaine mesure, l'expédition que Saint Louis allait lancer un siècle plus tard contre Tunis. Elle annonce celles, postérieures, des Espagnols et des Portugais.

CHAPITRE VI

Arrivée des Turcs

Byzance ne profita pas de la longue période de paix avec les musulmans qui suivit l'offensive de Basile II en Syrie. Si Constantin IX Monomaque (1042-1055) put encore améliorer sa situation en Asie en annexant le royaume arménien des Bagratides qui avait établi sa capitale à Ani, les divers monarques qui se succédèrent sur le trône dans la première moitié du XIe siècle eurent à faire face à de nombreux problèmes. Il y avait, en Europe, les attaques des Turcs Petchenègues, encore païens, qui, depuis le IXe siècle, dominaient toute la plaine qui borde la mer Noire, depuis le Don inférieur jusqu'à la Moldavie – attaques inlassablement renouvelées, en 1026, 1049, 1051, 1061, 1064, et qui, plus tard, deviendront annuelles de 1087 à 1090. Il y avait la crise antimilitaire en partie suscitée par celle de l'économie, les agitations de la noblesse féodale et les insurrections de nombre de grands, comme celles de Georges Maniakes en 1043, de Léon Tornikios en 1047. Il y avait encore la rupture définitive avec la papauté, survenue en 1054, quand Keroularios excommunia le pape Léon IX après avoir été excommunié par lui. L'Empire était malade, luttait contre la maladie et la surmontait, mais rien ne prouvait qu'il lui résisterait indéfiniment, qu'il serait à même de faire face à de nouveaux drames. C'est alors qu'il en advint un particulièrement terrible ; c'est alors que surgirent les hordes turques seldjoukides. Ce que n'avaient pas pu faire en quatre cents ans les Arabes, la conquête du plateau anatolien, les Seldjoukides le réussirent en un demi-siècle.

Les Seldjoukides

Les Turcs n'étaient ni de nouveaux venus ni des inconnus pour Constantinople. Sortis des forêts sibériennes dans les derniers siècles avant notre ère, ils n'avaient pas tardé à s'imposer dans les steppes asiatiques, d'où ils avaient gagné les plaines de l'Europe orientale. Les Huns, s'ils ne relevaient pas d'eux (ce dont on discute), comptaient maints d'entre eux dans leurs rangs, et après la mort d'Attila (453), quand son empire s'était effondré, deux peuples turcophones s'en étaient détachés, les Bulgares et les Khazars, les premiers appelés, pour leur rameau occidental, à se slaviser et à se christianiser, les seconds à disparaître au XIe siècle sous les coups des Petchenègues que nous venons de rencontrer et qui prirent leur place. Tous deux, dont la présence est attestée en Europe orientale et dans les Balkans au VIIe siècle, entretenaient des relations constantes avec l'Empire byzantin, le combattant ou s'alliant à lui, lui donnant ses filles en mariage (telle Théodora, l'épouse de Justinien II, 685-695 et 706-711) ou, comme nous l'avons vu avec Héraclius, lui fournissant des troupes. Le premier grand empire turc des steppes, celui que nous nommons, en usant de la transcription chinoise de son nom, T'ou-kiue, avait au moins exercé son protectorat sur le sud de l'Ukraine, l'avait peut-être occupé, avait noué des relations diplomatiques avec Constantinople (ambassades de Maniach et de Zémarque en 567, de Valentin plus tard). Dans une autre aire géographique, les Turcs avaient occupé la Sérinde (Xinjiang) à partir de 840, où ils avaient élaboré une riche civilisation ; ils avaient commencé à s'infiltrer en Sogdiane et en Afghanistan quelques décennies avant que les Arabes ne s'en emparent. L'arrivée des musulmans les avait arrêtés dans leur expansion et, depuis lors, ils piétinaient devant les frontières du *Dar al-Islam* où l'Empire abbasside d'abord, ses successeurs ensuite avaient bien monté leur « garde au Rhin ». Ils n'avaient pu y pénétrer qu'à titre d'esclaves, de gens achetés sur les marchés ou capturés lors de razzias, en principe dépourvus des droits de l'homme libre et accablés de tous les devoirs du serviteur. En réalité, ces mamelouks ou ces *ghulam*, dont nous avons vu l'apparition et la montée en puissance, avaient fini par acquérir une autorité quasi illimitée. Mercenaires, ils détenaient la force du glaive et accédaient aux plus hauts postes. Maints d'entre eux commandaient les armées, comme ce Rachid al-Turki qui conduisit une opération en Haute-Égypte (880), comme cet Afchin qui réprima la révolte de l'hérétique persan Babak (918-937). Maints autres régissaient des provinces, comme cet Ithak tour à tour gouverneur du Yémen et du Khorassan (925-941), ou comme Ibn Tulun qui devint souverain pratiquement indépendant d'Égypte (858-884). À la cour de Bagdad ou de l'éphémère capitale de Samarra, ils étaient chambellans, renversaient ou intronisaient les califes à leur guise. On aurait pu se demander comment ces hommes, animés par un profond attachement à leur race, à leur langue, à leur origine, ainsi que le remarqua fort bien l'historien arabe al-Djahiz, pouvaient empêcher leurs frères de violer les frontières contre lesquelles ils étaient massés. Ils le firent néanmoins longtemps, puis cessèrent de le faire. La formation de deux États turcs musulmans, indépendants et puissants – l'un, celui des Karakhanides, dans le *Dar al-Harb*, le « pays de la guerre » (seconde moitié du Xe siècle), l'autre, celui des Ghaznévides (969), au sein du *Dar al-Islam* – changea les rapports de force et prépara l'irruption de leurs frères nomades vivant dans les steppes. Le lexicographe médiéval Mahmud al-Kachgari (XIe siècle) pouvait déjà écrire en parlant d'eux : « Dieu leur confia la royauté et en fit les souverains des temps. [...] Il les mit au-dessus des hommes. »

Au début du XIe siècle, l'une des vingt-deux ou vingt-quatre tribus des Oghuz, les Turcs occidentaux, celle des Kinik, bientôt connue sous le nom de Seldjoukide, qui campait sur la rive droite du Syr-Darya près de Djend (Petrowsk), intervint dans les querelles mettant aux prises Karakhanides, Ghaznévides, Samanides de Sogdiane et chah du Khwarezm, en voie de turquisation dans le delta de l'Oxus. Elle s'était d'abord timidement insérée dans le monde iranien, puis était parvenue en 1028-1029 à se rendre maîtresse des deux centres de Merv et de Nichapur quand elle remporta sur les Ghaznévides, en 1040, une victoire décisive à Dandanaqan. Elle se répandit aussitôt sur tout le plateau d'Iran.

Bien que les fils et les petits-fils du fondateur éponyme de cette tribu, Seldjük ou Saldjuk (« Petit Torrent » ou « Petit Radeau »), aient porté, à côté de noms « totémiques » (*Arslan* : « Lion », *Tughrul* : « Faucon »), des noms bibliques (Moïse, Israël, Michel) qui peuvent laisser penser qu'ils étaient au moins superficiellement en contact avec le judaïsme et, plus vraisemblablement, avec le christianisme, les Seldjoukides conservaient pour l'essentiel leur antique religion des steppes, un monothéisme à dieux multiples, une sorte d'animisme et les pratiques magico-religieuses du chamanisme [1]. Les Turcs, versatiles en matière religieuse, avaient, ici et là, embrassé le judaïsme avec les Khazars de la Caspienne ou au moins avec leur classe dirigeante (VIIIe-Xe siècle) [2], le manichéisme (en 762) avec l'Empire ouïghour des steppes, le bouddhisme et le nestorianisme au Kan-Sou (Gansu) et au Sing-kiang (Xinjiang), où l'on a retrouvé notamment un *Éloge de la Sainte Trinité.* Rien n'empêchait que les Seldjoukides, puis les tribus qui les suivaient et tous les Turcs qui seront leurs descendants se convertissent à l'islam, d'autant plus que maints de ceux de leur sang (les Bulgares pré-slaves de la Volga [3], les Karakhanides et les Ghaznévides déjà nommés, d'autres encore) l'avaient déjà fait. Ils le firent non par conviction profonde, mais par opportunisme, quand ils virent que le monde musulman s'ouvrait à eux et qu'ils y seraient mieux reçus s'ils adoptaient sa foi. Avec une étrange clairvoyance, ils comprirent en même temps qu'à leur époque où le chiisme semblait en passe de l'emporter (avec les Fatimides en Égypte et en Syrie, avec les Bouyides en Mésopotamie et à Bagdad), les populations dans leur immense majorité demeuraient attachées au sunnisme, et ils optèrent pour celui-ci. Ce faisant, ils ne perdirent pas leurs traditions, ils ne perdirent peut-être pas leur foi intime, et, des unes comme de l'autre, ils donneront des preuves pendant des siècles – ils en donnent peut-être encore aujourd'hui [4]. Ils ne s'arabisèrent pas, continuèrent à parler le turc, même si leur langue de culture devint le persan. Ils ajoutèrent à la tolérance que l'islam avait pour les *dhimmis*, quand ceux-ci acceptaient leur sujétion, leur propre tolérance, bien plus générale, découlant de leur cohabitation millénaire avec les tenants de religions et de mœurs les plus variées et de leur conviction que tout prêtre entretenait des relations privilégiées avec Dieu.

La guerre qu'ils menèrent en Asie Mineure fut d'abord le moyen d'assouvir leur ardeur guerrière, leur vocation de cavaliers, chasseurs de gibier et d'ennemis, leur désir de domination et de puissance ; ce fut le moyen de s'enrichir en faisant du butin et, pour le sultan, de payer la solde de ses soldats ; ce fut aussi pour ce dernier l'occasion, en les envoyant ailleurs, de débarrasser les terres musulmanes des tribus turques qui y déferlaient de plus en plus nombreuses depuis que le verrou qui fermait la porte de l'Asie centrale avait sauté. La guerre sainte ne fut évoquée qu'afin de prouver que, nouveaux convertis, ils l'étaient bien puisqu'ils obéissaient à l'une des importantes prescriptions de l'islam, qu'ils étaient soucieux de propager leur foi, de lutter contre les infidèles, bref de se montrer ce qu'ils auraient dû être et n'étaient pas : de bons musulmans. Peu à peu, d'aucuns se prirent au jeu, devinrent de vrais *muhadjidin* : l'habit fait le moine ! L'une des grandes épopées turques, le *Kitab-i Dede Korkut* (*Livre de Dede Korkut*), dont la rédaction que nous possédons doit avoir été faite au XVe siècle, mais sur des récits oraux du XIVe, voire du XIIIe siècle, est truffée de cris de guerre, de scènes de bataille contre les chrétiens, en l'occurrence souvent ceux de Trébizonde (« Il bondit, il prit à la gorge l'infidèle » ; « Il a sorti son épée. Il a assommé les infidèles » ; « Ils brisèrent les portes, ils tuèrent les mécréants qui étaient là », etc.), mais le texte est par ailleurs peu musulman d'inspiration et fourmille de réminiscences païennes [5].

Installation des Turcs en Asie Mineure

L'expansion turque se produisit avec une rapidité déconcertante sur les terres de l'Orient musulman. En 1040-1044, les Seldjoukides étaient à Rey (banlieue de l'actuel Téhéran) et à Hamadan, l'antique Ecbatane, qui commandait la route vers la Mésopotamie. En 1048, leur souverain, Tughrul Beg, le « Prince Faucon » (1035-1063), envoyait son cousin maternel Ibrahim ibn Inal effectuer les premières incursions exploratoires en Anatolie, où il enlevait Erzurum. En 1051, Kars était prise. C'est alors que le calife abbasside, voyant en eux l'outil dont il pouvait se servir pour se libérer de la dictature bouyide, les appela à Bagdad et leur donna, avec le titre de sultan [6], celui de « roi d'Orient et d'Occident » (1055). En 1059, la ville iranienne qui avait le plus longtemps résisté et dont ils feraient leur capitale, Ispahan, se rendait.

Bien que le chiisme demeurât leur principale cible et qu'ils entendissent mener la guerre contre les Fatimides, qui en relevaient, comme contre la secte des ismaéliens (les « Assassins [7] ») installés dans des nids d'aigle inaccessibles comme Alamut, dont ils ne purent d'ailleurs jamais venir à bout, les Seldjoukides et plus encore des tribus ou de simples bandes de Türkmènes, de Turcs nomades, multiplièrent leurs incursions en Asie Mineure. En 1057, ils opérèrent dans la région de Mélitène, qu'il faudrait dès lors nommer Malatya ; en 1059-1060, dans celle de Sivas ; en 1062, à nouveau à Malatya et dans le Diyarkabir ; en 1064, ils prirent la capitale de l'Arménie bagratide, Ani, ce qui entraîna, sous la direction de Rouben, un exode massif de ses populations vers la Cilicie où un royaume de Petite Arménie fut constitué en 1080. Le vieux royaume chrétien, si souvent défait et rebâti, allait-il à jamais disparaître ? Les Turcs lui en voulaient-ils déjà particulièrement ? Faisons deux remarques. La première, c'est que ce fut sur les murailles d'Ani qu'apparut pour la première fois le croissant, un symbole tribal parmi d'autres, qui deviendra celui de tout l'islam. La seconde, c'est qu'on attribue, parfois par ignorance, à la conquête seldjoukide la destruction d'Ani où, dans un site splendide, il ne demeure plus que des pans de murs et des ruines d'églises, alors qu'elle fut quelque peu due aux invasions successives des Mongols et des Timourides, et surtout au tremblement de terre qui secoua la ville en 1319.

Prendre Ani, une capitale, une grande cité chrétienne, était un exploit. Les Seldjoukides en reçurent un élan nouveau. Ils effectuèrent en 1065 des raids entre Antioche et Édesse (Urfa) ; en 1067, ils furent en Cappadoce, à Césarée (Kayseri) ; en 1069, à Iconium (Konya) ; en 1070, à Chanas. En même temps, ils pénétraient en Syrie, enlevaient Alep en 1060, Damas en 1071. Pour Byzance, la coupe débordait. Le *basileus* allait-il continuer à regarder, impassible, les dévastations de l'Anatolie ? Il avait pris langue avec le sultan, qui n'avait nulle intention d'entrer en guerre avec la Grèce, qui, redisons-le, ne voulait que détruire le chiisme, qui usa de toute sa diplomatie pour apaiser l'empereur byzantin, allant jusqu'à promettre qu'il empêcherait les incursions des irréguliers türkmènes sur ses terres. Rien n'y fit. Romain IV Diogène (1068-1071) ne crut pas ou ne voulut pas croire son interlocuteur, à moins qu'il n'eût trop avancé ses préparatifs militaires pour les annuler. Il partit donc vers l'est avec une armée de quelque 200 000 hommes, où se côtoyaient toutes sortes de gens dont des Turcs Petchenègues et Oghuz. Il traversa en pleine chaleur un pays désolé, d'où les populations fuyaient, et il atteignit le nord du lac de Van avec des troupes épuisées, démoralisées et, pour certaines, infidèles.

La bataille entre Romain Diogène et l'armée bien inférieure en nombre d'Alp Arslan, le « Lion-Héros » (1063-1073), le successeur de Tughrul Beg, se déroula le 19 août 1071 à Mentzi Kert (Malazgirt). Les Turcs au service des Byzantins passèrent à l'ennemi ou désertèrent. Les Grecs ne manifestèrent aucune combativité. Ils furent anéantis et leur empereur tomba aux mains des musulmans. Jamais encore depuis l'époque des Sassanides un *basileus* n'avait été capturé ; jamais émir ou calife n'en avait pris un. Les Seldjoukides en tirèrent grande fierté. Ils se montrèrent d'ailleurs magnanimes, peut-être pour prouver encore qu'ils n'étaient pas ennemis des Grecs, et ils libérèrent leur captif. Ses compatriotes furent plus sévères : Michel VII (1071-1078) le renversa et le fit aveugler. Quant à Alp Arslan, il mourut moins de deux ans plus tard sous le couteau d'un prisonnier au cours d'une campagne qu'il menait en Asie centrale et fut remplacé par Malik Chah (1073-1092), le premier prince turc à prendre pour nom deux titres musulmans.

Si les Seldjoukides d'Iran, ceux que l'on appelle les Grands Seldjoukides, ne purent pas mener à bien leur campagne contre les Fatimides d'Égypte, ils obtinrent contre eux de brillants succès en Syrie, avec un chef de bande nommé Atsiz, puis avec le frère de Malik Chah, Tutuch, en enlevant Ramla et Jérusalem une première fois en 1071, une seconde en 1077, Damas en 1075, Alep en 1079, enfin Antioche qu'ils reprirent à leurs cousins de Konya en 1086.

Quant à l'Asie Mineure, elle se trouva livrée aux envahisseurs qui y fondèrent sous la direction de Sulayman ibn Kutulmuch (1077-1086), petit cousin du Grand Seldjoukide Alp Arslan, le royaume indépendant des Seldjoukides d'Anatolie, dit de Rum (le pays romain) ou encore de Konya, du nom de sa future capitale (l'Iconium de l'Antiquité). Il sera véritablement organisé par Kilidj Arslan, le « Lion-Sabre » (1092-1107). Touchant à la mer de Marmara, aux rives du Bosphore, maître pendant quelques années de Nicée (Iznik) dont il fait provisoirement sa capitale (il sera forcé de la céder aux croisés en 1097), le royaume, malgré quelques conflits inévitables, entretient de bonnes relations avec Byzance qui voit en lui un protecteur de ses frontières. Il s'allie à elle contre des ennemis communs, noue même avec ses souverains des rapports matrimoniaux. Les Turcs y sont peu nombreux – l'historien Claude Cahen ne les estime qu'à 200 ou 300 000, ce qui me paraît faible –, mais surtout ils sont nomades, bien qu'attirés par les villes dans lesquelles certains s'établissent. Ils sont étroitement mêlés à des populations grecques ou arméniennes, massivement majoritaires malgré l'exode du temps des invasions – exode réel, mais dont il ne faut pas exagérer l'importance, et qui a été suivi par le retour des émigrés –, et ils sont avec elles dans les meilleurs termes. Une preuve parmi d'autres ? Quand mourra à Konya, en 1273, le grand poète et mystique Djelal al-Din Rumi, le fondateur de l'ordre des Derviches tourneurs (Mevlevi), toute la population de la ville, sans distinction, l'accompagnera à sa tombe.

Limités dans leur désir d'extension, à l'ouest par Constantinople qu'ils n'envisagent même pas de prendre, à l'est par leurs parents d'Iraq et d'Iran, les Grands Seldjoukides, au sud par les principautés également seldjoukides de la Syrie, où ils s'empareront cependant d'Antioche en 1085, provoquant dans le monde chrétien une immense émotion, ils se soucièrent surtout d'établir fortement leur domination sur le haut plateau anatolien et finiront par faire de l'Asie Mineure la Turquie.

J'ai dit que les Seldjoukides dans leur ensemble ne se révélèrent pas de très bons musulmans. Cela est d'autant plus vrai pour ceux qui s'installèrent en Anatolie, dans un pays qui n'était pas encore islamisé, mais peuplé de chrétiens, où la civilisation musulmane avait tout à faire. Ce n'est pas un hasard, mais un signe probant de leur faible intérêt pour la religion qu'ils avaient adoptée, si, contrairement à ce qui est partout et toujours le cas en terre d'islam, ils ne firent pas de la mosquée le principal monument de leur architecture, s'ils en construisirent peu, sans grandes recherches architecturales, se contentant de monuments sévères qui obéissent à un plan traditionnel, alors qu'ils firent montre de tant de verve, de tant de génie créateur, de tant d'indépendance d'esprit dans leurs autres œuvres. Ce n'est pas un hasard s'ils restèrent longtemps sans en édifier, les premières, semble-t-il, n'étant pas antérieures à 1150 au plus tôt : la Grande Mosquée de Sivas date des alentours de 1192 ; celle de la capitale, Konya, des années 1219-1221 ; celle de Nigde, l'une des plus remarquables, de 1223 ; celle de Divrik, jumelée d'ailleurs avec un hôpital qui l'éclipse, de 1228... Les monuments qui manifestent leur foi, leur souci de l'au-delà, furent les petits mausolées érigés tant en ville que dans les campagnes, dont nous possédons de multiples et beaux témoignages. Ceux qui répondent à leurs préoccupations éducatives et scientifiques, les *madrasa* (en turc *medrese*), sortes d'universités ou de collèges et, par abus de langage, hôpitaux, voire observatoires, souvent imposants, toujours travaillés avec soin, se rencontrent dans toutes leurs villes. Enfin, leur intérêt primordial pour le commerce s'exprime dans un ensemble de caravansérails (*han*) ponctuant les principales voies de communication. On a conservé les vestiges d'une centaine d'entre eux et ceux que nous pouvons encore admirer sont des bâtiments magnifiques, en belles pierres bien appareillées et aux porches monumentaux magistralement sculptés (les deux Sultan Han, le Karatay Han, Alara Han, Alay Han, etc.).

Dire qu'après la bataille de Mentzi Kert tout était irrémédiablement perdu pour Byzance serait excessif. L'Empire pouvait encore lutter. Il conservait ses ports, ses côtes d'où il pouvait frapper n'importe où, sa capitale, bien sûr, et encore quelques ressources en Europe. Il sombra dans l'anarchie. Au sommet de l'État, les empereurs en donnèrent l'exemple. En 1078, Nicéphore III Botanéiatès se souleva contre Michel VII avec l'appui des Seldjoukides. En 1081, il fut à son tour renversé par Alexis Comnène... Désespérant de son salut, Byzance ne vit d'autre issue que de lancer un appel désespéré à l'Occident. Le pape Grégoire VII (1073-1085) fut très tôt (1076) d'avis d'y répondre[8]. Non qu'il voulût la sauver, mais il constatait avec angoisse cette avancée de l'islam en Orient au moment même où il commençait sérieusement à reculer en

Occident ; mais il savait quel verrou était Constantinople ; mais il avait conscience que la chrétienté était fortement menacée par ces formidables victoires des Turcs en Asie Mineure et en Syrie. Byzance aurait pu reprendre la lutte, mais aurait-elle été capable de résister ? C'est alors que les croisés arrivèrent et changèrent entièrement les données du jeu.

Préparation et départ de la croisade

La dernière des grandes invasions du XIe siècle présente cette singularité d'être, avant les Temps modernes, la seule migration effectuée de l'ouest vers l'est, alors que depuis toujours c'étaient des Orientaux qui avaient déferlé sur l'Occident. Tous les peuples européens y participèrent, mais les Français en furent l'âme et peut-être les plus nombreux, de telle sorte que les musulmans nommèrent Francs tous les croisés et que l'on put parler légitimement de la *Gesta Dei per Francos*, l'« épopée de Dieu par les Français [9] ». Ce fut de toute évidence une réponse passionnée aux cris de terreur et de détresse que poussèrent les Grecs et qui retentirent dans toute l'Europe, une contre-attaque contre la poussée de l'islam en direction de la chrétienté. On pourra juger que la réaction fut tardive. La défaite des Byzantins avait eu lieu en 1071, Jérusalem avait été prise par les Seldjoukides la même année, Nicée en 1081, Antioche était tombée en 1085. Il fallait du temps pour que les nouvelles parvinssent ! Il en fallait plus encore pour remuer l'opinion, susciter cet immense élan à peu près sans égal. Si les politiques voyaient bien qu'on devait défendre la chrétienté contre cette brusque et nouvelle poussée de l'islam, ce n'était pas ce qui pouvait émouvoir les masses, et puis il y avait les problèmes intérieurs, les crises intestines de l'Europe qu'il était nécessaire de régler, notamment en Germanie la « querelle des investitures » qui retenait le pape, qui l'obligeait à différer une entreprise qu'il avait pourtant décidée dès 1076, comme il le dit dans une lettre à l'empereur Henri IV où il exprime son vœu de conduire en personne une grande armée de pèlerins au secours des chrétiens d'Orient. Ce délai, évidemment fâcheux, permit d'agir sur l'opinion publique que laissaient indifférente les considérations de haute politique, de présenter la future croisade comme répondant à la nécessité de libérer Jérusalem, la terre de Jésus, de la domination des infidèles, d'exploiter sans vergogne les problèmes que rencontraient les pèlerins qui, de plus en plus nombreux, se rendaient en Terre sainte, souvent au péril de leur vie. Les difficultés que ceux-ci avaient à affronter, les risques qu'ils couraient n'étaient pas imaginaires. En 1065, 12 000 Allemands conduits par l'archevêque de Bamberg avaient été encore assaillis par les bédouins arabes et les rescapés n'avaient dû la vie qu'à l'intervention du souverain fatimide d'Égypte. Quoi qu'il en soit, on s'apercevait bien tard que le Saint-Sépulcre n'appartenait plus aux chrétiens depuis des siècles, qu'il avait été détruit par ordre du calife du Caire al-Hakim en 1009, et d'ailleurs reconstruit depuis par les Byzantins (1048), et, pour faire oublier la chose, on inscrivit au compte des Turcs les difficultés nouvelles. S'ils y étaient pour quelque chose, c'était seulement parce que leur invasion n'avait pas contribué à pacifier le pays.

Le grand prédicateur de la croisade fut Pierre l'Ermite, un homme qui n'avait guère d'allure, mais qui brûlait d'un feu intérieur et qui était doué d'une fantastique force de persuasion. Revenu de Terre sainte, il commença par se rendre à Rome auprès du pape Urbain II en 1094, puis il se mit à prêcher en Italie d'abord, en France ensuite et surtout. Il souleva la foule. On accourait de partout pour l'entendre. Le pape ne tarda pas à le rejoindre. Il convoqua un concile à Clermont, en Auvergne, le 18 novembre 1095. Il y vint prélats, grands de la terre et petites gens qui campèrent tout autour de la ville. Il fit de beaux discours et, si j'ose dire, inventa dans la chrétienté l'idée de la guerre sainte dans une perspective qui n'était pas très éloignée de celle des musulmans : « Ne vous laissez arrêter par aucun souci de vos biens et de vos affaires. [...]

Arrachez le pays d'Israël des mains de ces peuples abominables. [...] Tous ceux qui mourront en ce pèlerinage avec un vrai repentir de leurs fautes obtiendront l'indulgence du Seigneur et gagneront la récompense éternelle. » Quand il eut terminé, la foule cria : « Dieu le veut ! Dieu le veut ! » Puis on se dispersa, mais avant de partir chacun fixa sur son épaule et sur sa capuche une croix d'étoffe rouge.

Plus de 300 000 hommes, dit-on, avaient déjà pris la croix avant le printemps de 1096. Le nombre semble énorme. On le verra doubler quelques mois plus tard. Tous ceux que l'on avancera à chaque occasion de dénombrement le seront, ou bien on les réduira dans des proportions qui parfois frôlent l'absurde. Sont-ils faux pour autant ? Les chroniqueurs rendent bien compte de l'enthousiasme général. C'était un siècle de foi. C'était un siècle où l'on aimait voir, toucher, constater par soi-même. C'était un siècle où l'on aimait l'aventure, et le « voyage d'outre-mer » proposait les deux.

Il fallait réunir et équiper l'armée. Les chevaliers devaient prévoir les problèmes qui se poseraient pendant leur absence et régler leurs affaires. Il leur fallait du temps. Les petites gens avaient moins de précautions à prendre, d'autant plus que, si nécessaire, ils emmenaient avec eux femme et enfants. Ils furent prêts les premiers. On a dit que, primitivement, l'idée de croisade fut liée à l'idée de pauvreté. Les plus impécunieux en donnent la preuve. Une première colonne franco-lorraine partit le 8 mars 1096 sous la conduite d'un certain Gautier, si impécunieux qu'on l'appela Gautier Sans Avoir. Elle traversa l'Allemagne, la Hongrie, la Bulgarie et vint camper dans les environs de Constantinople. Le passage en Europe catholique et surtout orthodoxe de ces va-nu-pieds ne se fit pas sans susciter querelles, bagarres, conflits avec les populations locales. Pierre l'Ermite suivit de près avec 40 000 hommes, atteignit Constantinople (1er août 1096) où l'empereur, à la fois gêné par la présence de cette foule et quelque peu inquiet, s'empressa de les faire passer en Asie (5 août). Il les y installa dans la forteresse de Civitot, sur le golfe de Nicomédie (Izmit) :

une prison ou un refuge ? On avait recommandé à ces pauvres bougres le calme, la patience et surtout de ne pas provoquer les musulmans avant l'arrivée des chevaliers, mais ils étaient si près des terres que les Turcs avaient conquises qu'ils ne purent se résoudre à ne pas se livrer à quelques déprédations. En septembre, un groupe d'Allemands enleva un château à quatre jours de marche de Nicée et, tout fier, eut l'imprudence d'y demeurer. Le sultan seldjoukide, Kilidj Arslan (1092-1107), arriva sans tarder, investit la place et, comme les assiégés mouraient de soif, les obligea à capituler. Il en fit un effroyable massacre. C'était le premier désastre. Un second survint bientôt. Pendant que Pierre l'Ermite était en voyage à Constantinople (pour demander des vivres ou des secours ?), les hommes qui étaient cantonnés à Civitot quittèrent la place, s'engagèrent à l'étourdie dans une petite vallée, tombèrent dans une embuscade tendue par les Turcs et se firent exterminer (21 octobre). Après quoi les Seldjoukides n'eurent aucun mal à prendre Civitot. Il y eut peu de rescapés, quelque 3 000 hommes peut-être, qui allèrent se réfugier dans une vieille forteresse abandonnée. Gautier Sans Avoir ne fut pas des leurs : il avait été tué.

L'armée des chevaliers partit en trois corps : l'un était essentiellement constitué de Lorrains et de Français du Nord sous la direction de Godefroi de Bouillon et de son frère, Baudouin de Boulogne ; un deuxième, de Français d'entre Seine et Loire et d'Italiens septentrionaux sous le commandement d'Hugues de Vermandois, frère du roi Philippe Ier ; le troisième, des Français méridionaux du comte de Toulouse, Raymond de Saint-Gilles. Une quatrième armée fut formée un peu plus tard par les Normands de Sicile de Bohémond et de son neveu, Tancrède de Hauteville. Ils se mirent en route les uns après les autres, les premiers le 15 août, les derniers à la fin d'octobre 1096. Certains passèrent par l'Allemagne et l'Europe centrale, d'autres par les Alpes, l'Italie et l'Europe méridionale, et leurs rangs s'étoffèrent de nouveaux venus, de gens qui, sur leur route, se joignaient à eux. Une multitude de clercs, de femmes, d'enfants, de serfs les accompagnaient. Godefroi de Bouillon arriva le premier en terre byzantine, où il attendit les suivants, non sans entrer en conflit avec les Grecs. En mars 1097, averti de l'approche des retardataires, il franchit le Bosphore et s'installa sur la bande de terres asiatiques qui appartenait encore à Byzance. Tout le monde ne tarda pas à se trouver rassemblé et l'immense armée de quelque 700 000 hommes (?) quitta Chalcédoine pour commencer vraiment la guerre. Il fallait faire vite, car les problèmes de ravitaillement étaient aigus. On fut d'emblée arrêté par Nicée. On en entama le siège le 15 mai 1097. Il dura six semaines. C'était long. La ville tomba pourtant et on la remit aux Grecs, puis on reprit la route le 29 juin. Trois jours après, Tancrède et Bohémond furent assaillis à Dorylée par les 150 000 cavaliers[10] du sultan seldjoukide qui voulait prendre sa revanche. Les Normands étaient sur le point d'être vaincus quand un corps de 40 000 Francs vint leur porter secours. Tout bascula. Les infidèles prirent la fuite et les soldats du Christ remportèrent une totale victoire. Kilidj Arslan n'insista plus. Il se replia. Il ne livrera plus combat.

Prise de Jérusalem

Les croisés avancèrent en Anatolie sans rencontrer de résistance, passèrent par Konya et la Cilicie. Baudouin de Boulogne enleva Édesse, où il s'installa, fonda un comté et s'employa à agrandir son domaine. Il sera d'ailleurs capturé en 1100 et devra payer une énorme rançon pour sa libération. Les autres continuèrent jusqu'à Antioche, où ils arrivèrent le 20 octobre, et pendant plus de sept mois furent arrêtés devant la ville. Les chevaux crevaient. Les hommes se démoralisaient. Auraient-ils toujours à souffrir ce qu'ils souffraient ? Parviendraient-ils jamais à Jérusalem ? Cela faisait près de deux ans qu'ils étaient partis. Une complicité nouée par Bohémond avec un dignitaire de la ville assiégée la lui livra enfin le 3 juin

1098 : en récompense, il en recevra la possession, deviendra prince d'Antioche. Mais il fallut subir de violentes contre-attaques d'une armée estimée à quelque 200 000 hommes. Les croisés sortirent de la ville, livrèrent bataille, l'emportèrent. Ils pouvaient enfin se reposer. Hélas ! une épidémie les décima : on parla de 50 000 victimes ! Ils étaient si épuisés qu'ils ne purent pas repartir avant la fin de l'automne. Qu'était devenue la marée humaine ? Combien en restait-il, de ces gens qui avaient quitté les rives de la Loire, de l'Escaut ou du Rhin ? 60 000 ? 40 000 ? On ne sait. Beaucoup étaient morts. Beaucoup, lassés, malades, exténués, étaient repartis. Plusieurs encore s'étaient arrêtés en route, Bohémond à Antioche, Baudouin à Édesse, d'autres ailleurs, éparpillés. Les rescapés traversèrent une Syrie « prise de surprise » (Emmanuel Sivan), dont les habitants étaient plongés dans la torpeur et l'insouciance, dira Saladin, et incapable de leur résister. Ils furent en vue de Jérusalem le 7 juin 1099. La ville que les Seldjoukides avaient naguère conquise était retombée aux mains des Fatimides et ceux-ci entendaient la défendre. Ils le firent durant trente-sept jours. Les croisés y entrèrent le 15 juillet 1099 et l'on vit alors ce que pouvait être l'homme. Ils étaient venus par amour de Dieu, par piété (du moins le disaient-ils, et pour beaucoup c'était vrai), et ils se livrèrent d'ailleurs à tous les exercices que la piété exige, mais ils se montrèrent d'abord des bêtes féroces. « Dans la mosquée d'al-Aqsa, les Francs massacrèrent plus de 70 000 personnes parmi lesquelles un grand nombre d'imams et de docteurs musulmans, de dévots et d'ascètes », écrit Ibn al-Athir. Récit outrancier d'un musulman ? Mais qu'on écoute plutôt Guillaume de Tyr (vers 1150-1185), bien placé pour savoir ce qu'il se passa : « On dit qu'il périt dans l'enceinte même du temple environ 10 000 ennemis, sans compter tous ceux qui avaient été tués de tous côtés, dont les cadavres jonchaient les rues et les places publiques. Tous ceux des croisés qui n'étaient pas dans le temple parcouraient la ville, cherchant [...] les malheureux qui se cachaient pour échapper à la mort [...] et ils les immolaient avec furie, les perçant de leur glaive ou les précipitant de quelque hauteur pour qu'ils tombent sur terre où ils se brisaient en mille morceaux. » *Ad majorem Dei gloriam !* Étonnons-nous, si nous sommes chrétiens, que Dieu n'ait pas béni la croisade !

Le royaume de Jérusalem était établi. Par humilité, Godefroi de Bouillon, qu'on avait choisi pour le diriger, ne voulut pas être roi là où le Christ avait été couronné d'épines. Il prit simplement le titre d'avoué du Saint-Sépulcre (22 juillet 1099). Ses successeurs n'auraient pas les mêmes scrupules. Une belle victoire vint baptiser le nouveau royaume. Les Fatimides lancèrent leur flotte et leur armée pour reprendre Jérusalem et furent vaincus à Ascalon (12 août 1099).

Il avait été long, il avait été dur de délivrer le tombeau du Christ. Le plus difficile restait à faire : le conserver. Cela devait occuper l'Europe pendant deux siècles.

Pause

Nous devons faire une pause.

Nous devons regarder en arrière avant de continuer notre route.

Les Turcs arrivent. Ils vont, avec l'aide des Iraniens orientaux, conquérir les Indes. Ils vont conquérir l'Asie Mineure, Constantinople, les Balkans, et attaquer en Europe centrale. Une nouvelle page s'ouvre.

Les Arabes sont à bout de souffle. Ils reculent en Espagne. Ils ont perdu la Sicile. Ils ont échoué en France et en Italie continentale. Soit ! Mais quelle œuvre !

Avec une poignée d'hommes, ils ont fondé un empire immense, certes sans durée, comme il en est de tout empire, mais ils ont islamisé et arabisé des peuples sans nombre et de hautes cultures. Ils ont écrasé les chrétiens. Ils ont fait atteindre à leur civilisation son sommet.

Comment une telle chose a-t-elle été possible ? Elle ne s'explique pas. Elle se constate.

Elle mérite bien qu'on s'arrête pour y songer.

CHAPITRE VII

La Reconquista

La prédication de la croisade à la fin du XIe siècle et la prise de Jérusalem par les croisés (1099) provoquent dans l'Occident latin un profond bouleversement des esprits. On prend conscience du fantastique recul qu'a subi la chrétienté pendant près de cinq siècles sans pratiquement réagir. Elle a perdu toutes les terres où elle était née et avait connu son premier essor, maintes de celles spirituellement les plus fertiles. On se dit qu'il est plus que temps qu'elle sorte de son engourdissement. Un immense élan religieux, une foi intense enflamment les âmes. On doit souffrir et mourir pour son Dieu. N'est-ce pas ce que proclame l'islam depuis toujours ? On doit maintenant penser comme lui. On doit l'abattre et on ne doute pas qu'on a les moyens de le faire.

Les débuts de la Reconquête

Tandis que Français, Allemands, Anglais, Flamands, Normands et autres se ruent vers la Terre sainte, les chrétiens de la péninsule Ibérique, à qui il est interdit de partir pour l'Orient, mais qui sont mus par les mêmes sentiments, et pour qui le pape Pascal II (1099-1118) prêche la croisade d'Espagne, prennent en masse la croix pour défendre leur propre pays contre les musulmans, contre ceux qu'on a pris l'habitude de nommer les Maures ou les Sarrasins. Tous les esprits semblent tendus vers le même objectif. Et pourtant ! Pourtant, les grands conservent leurs ambitions locales, songent à leurs petits intérêts immédiats, souvent bien plus qu'à l'intérêt général. Maints princes, maints rois ont accumulé trop de jalousie contre leurs voisins, trop de haine, pour devenir sans réserve alliés, amis, frères ; ils ont pris depuis trop longtemps l'habitude de se faire la guerre pour y renoncer. Soyons justes ! Les mêmes haines, les mêmes rivalités, et souvent pis, existent chez les musulmans. Aux conflits entre Aragonais et Castillans répondent ceux entre Almoravides et Almohades, entre Africains et Andalous. Le pillage d'églises et de monastères de Castille organisé par Alphonse Ier le Batailleur à la suite de la bataille de Sépulvada (octobre 1110) pour punir prêtres et moines de leur trahison trouve sa réplique dans le massacre des musulmans de Tlemcen par leurs frères en 1145. Et ce n'est là qu'un exemple. Ces déchirements internes expliquent largement que tant d'actions d'éclat qui auraient pu être décisives tournent court. Pendant quelque deux siècles, on se battit à peu près constamment dans la péninsule, musulmans contre chrétiens d'abord, mais aussi chrétiens contre chrétiens et musulmans contre musulmans. Les forteresses et les villes résistaient souvent, mais on les contournait. Les coups de main étaient quasi quotidiens. On lançait presque tous les ans des raids qui pénétraient en profondeur dans les terres ennemies, les dévastaient, détruisaient les récoltes, enlevaient les troupeaux, asséchaient les puits et les canaux d'irrigation en vue de ruiner et d'affamer les unes et les autres. Il y eut bien des conquêtes provisoires ou définitives, et capitales, mais plus encore une mise à sac de l'Espagne. Il en résultait de terribles famines (1117). Pourtant, le sens de la collectivité religieuse finit par l'emporter sur tous les égoïsmes, et les lignes de force de ce tableau des XIIe et XIIIe siècles sont bien celles de la guerre de l'islam et de la chrétienté. Les ordres religieux militaires créés pour pallier les manquements des princes y seront pour beaucoup : celui des Templiers d'abord (dès 1143), qui avait fait ses preuves en Terre sainte, puis ceux des chevaliers d'Avis, d'Alcantara (qui ne prendront ce nom qu'en 1217) et de Calatrava (1161), de Saint-Jacques (1164). Ils avaient fait le vœu de se battre pour Dieu. Ils l'accomplirent.

Pendant quelques années encore après leur victoire à Uclès, les Almoravides donnent l'illusion de leur puissance : ils s'imposent à des princes musulmans qui ne reconnaissaient pas jusque-là leur autorité, ainsi en contrôlant Saragosse ou en s'emparant des îles Baléares, disputées au comté de Barcelone et aux Pisans ; ils lancent des assauts répétés en Catalogne, où ils assiègent même Barcelone pendant vingt jours (1111), en Aragon, au Portugal (prise de Badajoz, Santarem, Lisbonne, siège et échec devant Coïmbre en 1117, puis mise à sac de la ville en 1121), contre Tolède, dans la province de laquelle ils prennent, puis évacuent, Madrid, Guadalajara, Talavera de la Reina (1121). Mais ils n'obtiennent pas de grands succès et les chrétiens ripostent à toutes leurs attaques, en lançant des contre-offensives tout aussi redoutables que celles-ci, en leur reprenant le butin qu'ils ont fait. Les villes changent de mains : Tudela reconquise en 1110 est reperdue, puis reprise (1114) ; Coria est musulmane en 1113 et chrétienne en 1142. Et finalement ce sont Castillans, Aragonais, Portugais, Catalans qui marquent partout des points.

L'avènement d'Alphonse Ier le Batailleur, roi d'Aragon (1104-1134), et les liens étroits qu'il entretient avec les seigneurs du sud de la France, qui ne manquent pas de lui dépêcher maints des leurs et vont lui donner des moyens supplémentaires, sont à l'origine de la campagne engagée par lui contre l'orgueilleuse cité de Saragosse qui, par sa situation très septentrionale, est un véritable défi pour la chrétienté. Après avoir pris Tudela, le souverain devra lancer trois campagnes successives avant d'y entrer finalement le 18 décembre 1118, non sans avoir vaincu les Almoravides qui tentaient de la secourir (1117). En 1119 et 1120, il poursuit activement ses opérations, fait tomber Tarragone, vainc à nouveau les Almoravides à Cutanda (1120) et entre à Calatayud. Peu après, il essaie de s'emparer du cours inférieur de l'Èbre et de Tortose en vue de fortifier ses positions sur la Méditerranée. Il enlève Mequinenza et Lérida, mais échoue devant Fraga où il se fait tailler en pièces (juillet 1134). On ne sait trop s'il meurt sur le champ de bataille ou quelques jours plus tard de ses blessures ou de son désespoir : il n'avait jamais encore été vaincu ! Ce seront en définitive les Barcelonais, appuyés par les Pisans et par les Génois, qui mèneront la campagne à son terme. De juillet à décembre 1148, ils attaqueront sans relâche Tortose, l'assiégeront, y entreront, ce qui permettra à Raimond IV, gouverneur de Provence, d'enlever Lérida et les places fortes de la vallée de l'Èbre que les musulmans possédaient encore (1149). Il lui faudra cinq années pour débarrasser les chaînes de montagnes catalanes des derniers îlots d'infidèles.

Au moment où les chrétiens remportaient cette belle victoire dans le nord, ils en gagnaient une autre à l'extrême sud de l'Espagne. À l'instigation des Génois, une coalition, regroupant autour d'Alphonse VII de Castille (1126-1157) leurs propres flottes et celles des Pisans, Raimond Bérenger IV de Barcelone (1131-1162) et Guillaume de Montpellier, se concentre à Calatrava en août 1147, dans l'intention de détruire la plus puissante base de corsaires musulmans, Almeria, dont les vaisseaux infectent tous les rivages de la Méditerranée occidentale. L'affaire est faite en octobre. Trop enclavée au sein des terres musulmanes, Almeria ne restera pas chrétienne et on la retrouvera dans le royaume des Nasrides de Grenade, mais sa flotte n'aura plus jamais son efficacité d'antan.

Si l'expédition sur Almeria a des allures d'épopée, que devrait-on dire de la fabuleuse équipée du roi d'Aragon, Alphonse Ier le Batailleur, commencée en juillet 1125 pour répondre à l'appel des populations chrétiennes méridionales, vassales de l'islam, les mozarabes, et qui le mène jusqu'au sud de la péninsule où, décontracté, il canote dans une baie située entre Almeria et Malaga ? Certes, le roi n'a livré aucune grande bataille, il n'a pris aucune ville, mais il a défié partout les ennemis, il a résisté au harcèlement de leur cavalerie, il a franchi toutes les passes, il a supporté toutes les fatigues, toutes les intempéries, et il a ramené avec lui des chrétiens andalous qui repeupleront la vallée de l'Èbre abandonnée par ses habitants musulmans après la conquête chrétienne. L'audace paie, on le sait, mais on en reste pantois. L'effet psychologique de l'affaire fut immense, et il fut prouvé que les musulmans espagnols étaient incapables de barrer la route à une armée chrétienne déterminée. Si Plutarque a eu raison de dire que la retraite des Dix Mille à travers la Perse aux temps anciens des Achéménides démontra la faiblesse des Grands Rois, la campagne d'Alphonse eut, n'en doutons pas, le même effet. Matériellement, elle ne servit à rien, sinon à miner le moral des uns, à stimuler celui des autres. Elle aurait pu beaucoup servir. Si Castillans et Léonais avaient aidé le roi d'Aragon, l'islam eût sans doute été éliminé d'Espagne deux cents ans plus tôt.

Le raid en Andalousie, la prise de Saragosse et la campagne de l'Èbre prouvent la haute valeur d'Alphonse le Batailleur, et d'autant mieux qu'il accomplit tous ces exploits alors même que, pendant toute une partie de son règne, il fut en guerre civile contre son épouse Urraque (Urrica), reine de Castille et de Léon de 1109 à 1122, une femme ambitieuse, intrigante, qui voulait le pouvoir pour elle, qui renonça à ses devoirs conjugaux et, vers la fin de sa vie, à ce qui aurait dû être son amour maternel puisqu'elle continua la lutte contre son fils Alphonse VII. Son mari l'avait fait mettre en prison ; elle s'en était échappée ; elle avait soulevé le peuple dont elle se croyait légitime héritière par la mort de son père ; elle avait affronté son ex-époux en bataille rangée, mis l'Espagne à feu et à sang pendant près de deux décennies, en fait jusqu'à son décès, heureusement survenu en 1126.

Le règne d'Alphonse VII, roi de Castille (1126-1157) et de Léon (en 1135), le fils d'Urraque, qui se proclamera empereur, s'alliera par mariage au roi de France Louis VII et le recevra somptueusement dans sa capitale, est une lutte ininterrompue contre les musulmans, mais à travers une succession de revers et de succès, ni les uns ni les autres déterminants. Dans les années 1130, les Almoravides multiplient leurs raids en Castille. Il en est un en 1131, mené, disent les historiens musulmans, avec un demi-million d'hommes. Il en est en 1132, 1133, 1139. Les Castillans en lancent d'aussi nombreux, en représailles. Ainsi, en 1131, ils se répandent dans la vallée du Guadalquivir qu'ils transforment en désert. Finalement, Alphonse VII mourra le 21 août 1157 dans le défilé de Muradal, en revenant d'une longue campagne en Andalousie arrêtée par les Almohades.

Les Almohades

Les Almohades sont de nouveaux venus qui tentent de recommencer l'aventure des Almoravides, comptent réussir mieux qu'eux et le font – du moins en Afrique du Nord, dont ils s'emparent intégralement jusqu'à l'Ifriqiya (Tunisie) (1158-1160). Prônant un islam plus que jamais axé sur un strict monothéisme [1] puisqu'ils se font appeler unitariens (*al-Muwahhidun*), ennemis farouches de leurs devanciers qu'ils accusent de laxisme, de dégénérescence, ennemis farouches peut-être aussi des musulmans espagnols trop épris des plaisirs de la vie, des juifs et des chrétiens, ils ont pris leur doctrine chez Abu Abd Allah ibn Tumart et ont été organisés par Muhammad ibn Tumart, qui prendra le titre de *mahdi*, le guide de la Communauté à la fin des temps [2]. Son successeur, le calife Abd al-Mumin (vers 1128-1163), sera l'un des grands princes de l'islam, et ceux qui viendront après lui, Abu Yaqub Yusuf (1163-1187) comme son fils Abu Yusuf Yaqub al-Mansur (1187-1199), ne déchoiront pas.

Les Almohades se soulèvent dès le début du XIIe siècle, remportent une victoire décisive contre les Almoravides à Tlemcen en 1145 et débarquent en Espagne. Ils y viennent certes pour combattre les chrétiens, mais il leur faut d'abord assurer leur autorité sur leurs devanciers africains et sur les émirs andalous. Cela n'ira pas sans mal. (Cordoue changera ainsi huit fois de mains et verra même des mercenaires catholiques célébrer la messe dans la Grande Mosquée.) Ils y arriveront pourtant, y compris dans les Baléares aux mains des Banu Ghaniya que leur piraterie rendra célèbres.

Pendant quelque temps, la lutte contre les chrétiens est difficile. Les Portugais paraissent alors les plus dangereux, les plus efficaces. Depuis que, l'année même de la prise d'Almeria, ils ont, après plusieurs vaines attaques – et avec l'aide de vaisseaux anglais, allemands et flamands sous les ordres d'Arnolf Arschot en route pour la Terre sainte –, assiégé et repris Lisbonne (juin-octobre 1147), ils ne cessent de pousser vers le sud de la péninsule. Alphonse Ier Henriques, un Bourguignon, le fils de Henri de Bourgogne, comte de Lusitanie (1112), puis proclamé par l'enthousiasme populaire roi de Portugal (1139-1185) le jour où il remporte contre les Maures la bataille d'Ourique, progresse lentement, mais avec opiniâtreté. Il enlève le château d'Alcacer dans les Algraves en 1160, où il passe tous les habitants au fil de l'épée, et Evora six ans plus tard (1166), puis il repousse les Almohades qui bloquent Santarem en 1171, mais est obligé de leur abandonner la ville le 28 juillet 1184, ce qui ne fait que stimuler l'ardeur au combat de ses troupes. Sanche Ier (1189-1211) persuade un groupe de croisés en route vers la Palestine de faire campagne avec lui en Algarve et l'entraîne dans une grande mêlée pour la possession de Silves, à l'extrême sud du Portugal, que l'on prend en 1189, puis reperd en 1191, ce qui contraint les Portugais à signer une trêve de quatre ans.

Fortement établis en Afrique, les Almohades font, à la fin du règne du calife Abd al-Mumin, de grands préparatifs pour ruiner une fois pour toutes la puissance des chrétiens en Espagne, mais la mort du calife à Rabat (1163) les interrompt. Une nouvelle expédition, qui doit être de plus grande ampleur encore que celle prévue initialement – peut-être un million d'hommes ? –, est alors préparée par Abu Yusuf Yaqub al-Mansur. Elle débarque en Andalousie et se dirige vers le nord. Le roi de Castille, Alphonse VIII le Noble ou le Magnanime (1158-1214), marche seul contre l'envahisseur et le rencontre à proximité de ses frontières, à Alarcos, le 19 juillet 1195 : ce jour-là périt la fine fleur de la chevalerie espagnole. Les Almohades arrivent en vue de Tolède, renoncent à l'attaquer, la contournent par le nord et prennent Salamanque (1196). Leur mauvaise intendance et la disette les contraignent au repli. Les Arabes publieront plus tard que cette bataille fut plus glorieuse encore que celle de Zalaca. Voire ! Elle mit du moins la chrétienté dans un réel danger, un danger accru par la rancune, l'envie, la haine des autres princes chrétiens pour qui la Castille était trop puissante, trop orgueilleuse, et méritait sa punition. Ils profitèrent de sa défaite pour l'attaquer. On dit que la mort inattendue du calife la sauva. Elle le fut peut-être aussi par les révoltes qui éclatèrent chez les musulmans, par l'attaque des Banu Ghaniya des Baléares qui débarquèrent à deux reprises sur les côtes africaines. Quoi qu'il en soit, c'était pour les Almohades le chant du cygne. Les ravages qu'ils causèrent dans leur retraite furent les derniers qu'ils exercèrent en Espagne. Quinze ans plus tard, les chrétiens allaient prendre une revanche éclatante, remporter leur plus grande victoire.

Las Navas de Tolosa

Il ne fut pas facile d'établir la concorde entre les divers États catholiques d'Espagne, mais on y arriva, en partie grâce aux interventions du pape. Quand les rivalités furent étouffées, Alphonse VIII le Noble, roi de Castille, dénonça le traité qu'il avait signé avec les musulmans – et qui avait permis une période de paix exceptionnellement longue – et recommença les incursions en Andalousie (1209-1211). Le nouveau calife almohade, Muhammad al-Nasir (1199-1214), lança un appel au *djihad*. Des centaines de milliers d'hommes y répondirent – un demi-million, dit-on – qui débarquèrent en Espagne, où le calife ne tarda pas à les rejoindre en personne (début mai 1211). Par une aberration que rien n'explique, il perdit un temps précieux, parce qu'il s'entêta à faire tomber avant toute chose la forteresse de Salvatierra qui, par bonheur, résista héroïquement pendant huit mois. Cela donna à ses adversaires le loisir de se préparer. Alphonse de Castille envoya des ambassades au pape Innocent III et en divers évêchés de France pour appeler les chrétiens à la guerre sainte. L'appel fut entendu. Il arriva des volontaires de toute l'Europe et surtout des masses de Français, aussi bien de Bretagne que du Limousin, de Provence que de Bourgogne. Au début de juin 1212, quelque 10 000 cavaliers et 100 000 fantassins ultramontains se trouvaient réunis dans la province de Tolède. Les rois d'Espagne étaient tous là ou sur le point d'arriver : Alphonse VIII de Castille, Pierre II d'Aragon, Sanche VII le Fort de Navarre, le fils d'Alphonse II le Gros de Portugal, Sanche Fernandez, infant de Léon. À Rome, le pape ordonnait trois jours de jeûne et d'abstinence. Partout étaient organisées des processions et des prières publiques. On aurait dit que toute la chrétienté sentait qu'une partie décisive allait se jouer.

Le 20 juin 1212, l'armée chrétienne se mit en marche pour livrer ce qui allait être, avec celle d'Ankara en 1402, l'une des plus grandes, l'une des plus belles batailles de l'Histoire. Le 24 juin, elle enleva d'assaut le château de Magalon et tua sa garnison. Puis elle passa la Guadiana pour prendre Calatrava. On donna la ville à un ordre de chevaliers qui désormais porterait son nom – l'ordre de Calatrava. Espagnols et ultramontains en profitèrent pour se brouiller, parce que les uns accusaient les autres d'avoir été trop cléments avec la population et parce que l'énorme butin que l'on avait fait serait plus tombé dans l'escarcelle des uns que dans celle des autres. Maints hommes du Nord refusèrent de continuer à participer à la campagne et repartirent chez eux, tête basse et non sans craintes, car dans les pays qu'ils traversaient ils étaient considérés comme des traîtres ou des lâches. L'arrivée des troupes de Navarre remonta le moral des catholiques. Il avait bien besoin de l'être. Le 12 juillet, on s'engagea dans la Sierra Morena, mais il paraissait impossible de forcer la sortie des montagnes, qui était bien défendue. On prétend qu'un berger guida l'armée par des chemins détournés. Le 16 juillet, les adversaires s'affrontèrent à Las Navas de Tolosa, au nord d'Ubeda (ce qui fait parfois donner le nom de cette ville à la rencontre). Le sort des armes fut longuement incertain, puis tout culbuta. Le dieu de la guerre sourit aux chrétiens – on dit le Christ et on chanta des *Te Deum*. Les Maures s'enfuirent, furent poursuivis et taillés en pièces. Plus de gens moururent sans doute dans cette poursuite que dans le combat lui-même. Combien ? On ne le saura jamais, tant les évaluations diffèrent. On parle de 50 000 musulmans tués, de 100 000, de 500 000. L'infante d'Espagne écrivit à sa sœur la reine de France, Blanche de Castille, qu'après la rencontre on mit à mort 85 000 prisonniers, dont 15 000 femmes. Il y eut incontestablement des pertes humaines énormes, car les vainqueurs se montrèrent sans pitié. Ne dit-on pas que les blessés soignés dans les grands hôpitaux de Baeza furent égorgés ? qu'Ubeda, qui s'était rendue sous condition d'être épargnée, vit sa population immolée ou déportée, ses murailles et ses maisons rasées ? Quand l'armée se replia sur Calatrava pour se reposer, elle y rencontra le duc Léopold d'Autriche qui venait avec ses troupes allemandes prêter main-forte aux Espagnols. Il arrivait trop tard, mais on le remercia.

Le triomphe de la Reconquista

L'année 1212 est une des grandes dates de l'Histoire. Elle sonna le glas de la domination arabe en Espagne. Les musulmans sombrèrent dans l'anarchie et, ce qui est peut-être pis encore, dans les règlements de compte, les Almohades accusant les Andalous de la défaite et *vice versa*. Tout alla assez vite. Malgré les dissensions intestines des souverains espagnols qui recommencèrent – ou plutôt qui n'avaient pas cessé –, la conscience religieuse, l'intérêt commun l'emportèrent souvent, dans le petit peuple d'abord, chez les grands ensuite. Et puis les ordres militaires, les autorités ecclésiastiques, notamment l'archevêque de Tolède, étaient là pour brandir les lances et les épées. Ils harcelèrent les places fortes et les châteaux des frontières. Des villes résistèrent : Caceres, Baeza, Séville, qui subit un assaut sérieux. D'autres tombèrent : Alcaraz, en 1212, aux mains d'Alphonse VII de Castille ; Alcantara, en 1214, dans celles d'Alphonse IX de Léon (1188-1230). En 1213, les Portugais, assistés par des croisés d'Allemagne et de Flandre, prirent Alcazar del Sol.

Cependant, sur les ruines des Almohades et contribuant à parachever leur débâcle, des Andalous musulmans se regroupèrent autour de la famille des Beni Hud (Hudides). Celle-ci domina quelques années Murcie, Jaen, Merida, Badajoz et la majeure partie de l'Andalousie, y compris Cordoue et Grenade. Elle entendait se défendre, tenta même des offensives contre Alphonse IX de Léon, prit Merida, ce qui lui valut une défaite et la perte de Badajoz (1220). Elle ne tint pas longtemps.

Les avènements d'Alphonse II le Gros de Portugal (1211-1223), de Jacques Ier le Conquérant, roi d'Aragon (1213-1276), enfin de Ferdinand III le Saint (roi de Castille en 1217, de Castille et de Léon en 1230 et jusqu'en 1252) font succéder aux combats incessants, mais désordonnés et anarchiques, un plan de reconquête mûri et structuré, et permettent aux chrétiens de passer à une véritable offensive.

Alphonse le Gros s'installe jusqu'au sud de l'Algarve, à Fato, Albufeira, Loulé, Porches, laissant à l'un de ses successeurs, Alphonse III (1248-1273), le soin d'en achever la conquête et la soumission. En 1228, une expédition est décidée contre les îles Baléares. Jacques Ier d'Aragon, appuyé par les Génois et les Provençaux, débarque à Majorque en 1229 avec une flotte de cent cinquante vaisseaux, mais il se heurte à une résistance inattendue. Il lui faudra revenir deux fois dans les îles, en 1232 et en 1233, pour en venir à bout. En même temps, avec l'aide de volontaires français et anglais, il mène une opération de plus grande ampleur contre Valence. Encouragée par le pape Grégoire IX qui prêche aux peuples latins la croisade contre le grand port, commencée assez tôt, elle ne produit tous ses fruits que lorsque la conquête des Baléares est achevée. En 1214, Jacques Ier enlève l'importante ville côtière de Peniscola, en 1233 la place forte de Burriana, et parvient à faire tomber Valence en 1238. Il lui reste alors à conquérir sa province tout entière. Il franchit la rivière Jucar, met le siège devant Jativa, le lève, le remet, et s'empare de la cité après quatre années d'efforts (1244), puis il prend Denia (1248). La prise de ces deux villes mécontente au plus haut point Ferdinand III qui les convoitait et, pour ne pas se brouiller avec la Castille, le roi d'Aragon se voit contraint de renoncer à attaquer Carthagène et Grenade comme Coca, qu'il a d'ailleurs vainement assiégée (1243).

Pendant que se déroulent ces opérations, les Castillans poussent activement la guerre en Andalousie, y sèment la terreur en massacrant, dit-on, vieillards, femmes, enfants. Se sentant perdus, les musulmans lancent un ultime appel à la guerre sainte. De nombreux volontaires y accourent... et se font écraser – par un vrai miracle, dirent les chrétiens – près de Jerez sur les rives du Guadalète (1233). Dès l'année suivante, les membres des grands ordres militaires castillans entrent en Andalousie où ils enlèvent maintes villes, telles Trujillo et Medellin. Ils sont alors rejoints par le roi, qui occupe Ubeda le 29 septembre 1234.

Cordoue n'est pas loin. Cordoue, dit-on, est mal défendue. Cordoue est tentante. N'est-ce pas l'occasion de s'en emparer ? Un petit parti de Castillans arrive dans ses faubourgs le 8 janvier 1236 et voit d'emblée qu'il ne faut pas se fier aux rumeurs et qu'il ne prendra pas la ville à lui seul. Il appelle le général Alvara Perez de Castro, qui commande sur les frontières, et Ferdinand III lui-même. Cordoue mérite bien que le prince se dérange. On attaque. Les habitants offrent une résistance désespérée. Il faut conquérir place par place, pâté de maisons après pâté de maisons, rue après rue. Mais quand elle comprend que nul ne lui portera secours, la population baisse les bras. Le 29 juin 1236, jour de la fête des saints Pierre et Paul, Cordoue, après cinq cent vingt-trois ans de domination musulmane, de grandeur et de gloire presque inégalées et qu'elle ne reverra jamais, redevient chrétienne. Les musulmans, pour le plus grand nombre, choisissent l'émigration. On les laisse partir. Plusieurs villes de la province ouvrent leurs portes : Baeza, Ecija, d'autres encore.

Les Nasrides

En 1237, Ibn Nasr, un pur Arabe descendant d'un compagnon du Prophète, fut appelé à Grenade où il fonda la dynastie des Nasrides, destinée à jeter pendant deux cent cinquante ans un dernier éclat en Andalousie. Les Nasrides, auxquels maintes cités se rallièrent, avaient leurs partisans dans la province de Murcie, dont ils voulaient s'emparer, mais ils y avaient aussi beaucoup d'ennemis. Ceux-ci préférèrent se soumettre aux chrétiens qu'aux musulmans, en partie parce qu'ils ne croyaient plus à la réussite de ces derniers et craignaient, s'ils ralliaient leur camp, de se trouver engagés dans une guerre défensive sans fin. Ils traitèrent avec la Castille. Le *wali* de Murcie et les émirs de nombreuses villes, Alicante, Elche, Oriola, Alid, Acoca, s'engagèrent à prêter serment de fidélité à Ferdinand III et acceptèrent, par le traité d'Alcaraz, de recevoir des garnisons chrétiennes. L'infant, le futur Alphonse X le Sage, le futur empereur germanique (1257), entra à Murcie en 1243. Il en profita pour essayer de s'emparer d'autres cités, prit Mula, mais échoua devant Lorca et Carthagène, et il s'en vengea en ravageant leurs provinces (1244). Ferdinand, de son côté, tenta en vain de se saisir de Grenade. Un nouveau traité fut signé aux termes duquel il fut entendu que les Nasrides garderaient leur indépendance, mais seraient vassaux et tributaires de la Castille – en théorie. Jaen fut donnée à cette dernière en garantie de cet accord (avril 1246).

Comme Jacques Ier avait mis fin à son offensive en Andalousie pour ne pas se heurter à Ferdinand III, dans le même souci d'éviter un conflit avec l'Aragon, le roi de Castille renonça à conquérir entièrement la province de Murcie et il se dirigea tout naturellement sur ce qui était alors la plus belle ville musulmane d'Espagne, Séville. Huit mois après avoir pris possession de Jaen, il se mit en marche contre elle, non sans avoir demandé à son vassal le roi de Grenade de lui fournir un corps auxiliaire. Les conquérants prirent d'abord Alcala de Guadaira, tandis que les chevaliers des ordres militaires de Saint-Jacques et de Calatrava assiégeaient Jerez et Carmona. Ces places et d'autres, qui auraient pu se défendre, ne le firent pas longtemps. La route de Séville était ouverte. Pour empêcher la grande ville d'avoir accès à la mer, une flotte entra au printemps de 1247 dans le Guadalquivir et, en août, celle-ci était entièrement investie. Au printemps de 1248 arrivèrent des renforts aragonais, portugais, catalans. Les épreuves d'un siège qui n'en finissait pas – quinze mois ! – avaient épuisé les Sévillans. Il leur fallait négocier. C'était le seul espoir de survie. On négocia. Le 23 novembre 1248, la capitulation fut acceptée. Quelque 300 000 Maures partirent et furent remplacés par des chrétiens. De nombreuses cités, Jerez de la Frontera, Arcos, Medina Sidonia, Cadix, Alcala de Gazules, se rendirent peu après (1250). Grenade étant vassalisée, il ne restait plus grand-chose à conquérir. Le siècle se termina en 1292 par la prise de Tarifa.

Il était cependant nécessaire, pour que l'ordre régnât, que les musulmans nouvellement soumis se résignassent à leur vassalité. À voir l'épanouissement de l'art mudéjar, un art musulman au service du christianisme et des chrétiens, qui fleurit partout dans les villes au fur et à mesure de leur reconquête et dont Tolède présente tant de témoignages (le pont d'Alcantara, l'église Santa Maria la Blanca, la synagogue El

Transito, la Puerta del Sol) qu'on a pu dire qu'elle se situait « au point de rencontre de l'Orient et de l'Occident » (Prosper Ricard), à voir cet épanouissement, on pourrait penser que ses créateurs faisaient plus que de « se résigner », mais collaboraient avec enthousiasme. On se tromperait. Alors même que certains d'entre eux déjà travaillaient au chantier de l'Alcazar de Séville (XIIe-XIVe siècle), d'autres résistaient, se soulevaient, et il s'avérera en définitive que si juifs et chrétiens avaient accepté ou supporté la domination de l'islam, les musulmans n'acceptaient pas, ne supportaient pas, la domination chrétienne. Dès 1261, une grande révolte bien coordonnée éclata simultanément à Murcie, à Jerez, à Lorca, à Lérida, à laquelle les *wali* de Tarifa et d'Algésiraz portèrent secours, et qui interdit à Grenade de rester impassible : elle la soutint en envoyant une armée, qui fut écrasée en 1262 près d'Alcala-Real. Après quoi la rébellion fut vite étouffée, mais, nous le verrons, il y en eut d'autres par la suite, jusqu'au jour où l'islam fut totalement éliminé d'Espagne.

Quant aux Marocains, ils tentèrent bien d'intervenir. En 1264, puis à nouveau en 1274, les Marinides, qui étaient entrés en lutte contre les Almohades et qui avaient finalement pris leur succession au Maroc, essayèrent à deux reprises de renouveler les exploits des Almoravides et des Almohades. Les deux fois, ils obtinrent quelques succès provisoires (prise de Jerez, d'Utria, victoire d'Ecija), mais le temps où l'Afrique pouvait opérer efficacement en Espagne était passé.

CHAPITRE VIII

La croisade

L'installation en Terre sainte

Après la prise de Jérusalem et la victoire d'Ascalon (1099), remportée sur les Égyptiens et qui semblait écarter tout danger, les croisés, dans leur immense majorité, du moins ceux qui n'avaient pas péri, retournèrent en Europe et il ne resta que quelques milliers d'entre eux pour organiser et défendre les terres qu'ils avaient conquises et pour affermir leur puissance dans un pays qui, malgré un fort peuplement chrétien, était encore largement aux mains des musulmans. Les possessions latines en Orient ne formaient d'ailleurs pas un seul et unique État centralisé, mais au contraire quatre entités territoriales, elles-mêmes divisées en fiefs et en baronnies. Au nord, c'était le comté d'Édesse (l'actuelle Urfa), encore habité en grande partie par des jacobites, qui couvrait d'assez vastes territoires s'étendant jusqu'à Malatya (Mélitène) et Marach, et qui avoisinait le royaume de Petite Arménie de Cilicie sur les côtes de l'actuelle Turquie, de Tarse à Séleucos (Silifke) et Alanya. Plus bas, c'était la principauté d'Antioche, maîtresse de Laodicée, d'Apamée, et jouxtant le territoire d'Alep, un permanent front de guerre. Puis venait le comté de Tripoli, péniblement constitué, qui reliait les trois États chrétiens septentrionaux au royaume de Jérusalem. Installé au sud, celui-ci commençait à peu près à Beyrouth et finissait vers Gaza, à la frontière égyptienne, et il s'étendrait au temps de sa plus grande puissance, pendant quelques décennies, au-delà du Jourdain jusqu'au golfe d'Aqaba.

Il était clair, même aux yeux des moins perspicaces, que sans renforts les Latins ne pourraient pas résister à une éventuelle offensive des musulmans. Certes, les pèlerins ne cessaient d'arriver par petits groupes et on les enrôlait souvent, de gré ou de force, dans l'armée quand leur secours paraissait indispensable. Certes, on s'appuyait sur les chrétientés indigènes, particulièrement nombreuses en Jordanie et au Liban – « des gens courageux, vaillants à la guerre et très utiles aux nôtres dans les graves affaires que ceux-ci avaient bien souvent avec les ennemis », dira des maronites[1] Guillaume de Tyr (vers 1150-1185) –, et dont la présence explique au moins en partie la facilité avec laquelle s'effectua la pénétration des Francs, et l'on ne tarderait pas à recruter parmi elles, comme parmi les musulmans, des mercenaires, les Turcpoles ou Turcopoles, dont le rôle militaire serait un jour loin d'être négligeable. Mais leur franche et entière collaboration ne résista pas à l'épreuve du temps, ou plutôt aux atteintes que les Francs portaient aux rites non latins, et elle fit place à leur indifférence, voire à une certaine hostilité. Enfin, on bénéficiait souvent de l'aide des flottes italiennes, dont les commanditaires étaient au plus haut point intéressés par les perspectives commerciales qui s'ouvraient au Proche-Orient. L'arrivée de nouvelles forces européennes n'en était pas moins indispensable.

Dès 1100, le concile de Saint-Hilaire de Poitiers recommence à prêcher la croisade, à exhorter les fidèles à partir pour Jérusalem, et il est entendu. En 1101, Guillaume IX d'Aquitaine prend la tête d'une nouvelle expédition française, allemande et italienne : 50 000 Lombards partent d'abord, puis quelques milliers de Français, puis une immense armée de 150 000 Aquitains, Bourguignons, Bavarois, Souabes. Ayant choisi la route de Dalmatie, de Constantinople et de l'Asie

Mineure, les croisés se font anéantir près d'Héraclès, sur le Halys (Kizil Irmak), par Kilidj Arslan Ier (1097-1107). Seule une poignée d'entre eux arrive en Terre sainte. Trois ans plus tard, Bohémond d'Antioche, après être tombé captif aux mains des Turcs et avoir été libéré contre rançon, remet son pouvoir à son neveu Tancrède, quitte ses États (1104) et vient en France où il harangue dans les châteaux et dans les bourgs. Il repart en 1106, entraînant avec lui nombre de gens de toutes conditions.

Avant même l'arrivée des premiers renforts, les terres que l'on nomme franques bien plus que latines s'étendent davantage. En 1101, les Francs prennent Césarée ; en 1102, Tortose ; en 1104, Giblet, Byblos et Acre, avec l'aide de la marine génoise, puis le château de Djaabar, près de Raqqa, qui domine l'Euphrate ; en 1106, la grande ville antique d'Apamée, déjà fort déchue ; en 1109, après dix ans de durs combats, Tripoli et ce petit fortin qui commandait un lieu stratégique important, la trouée de Homs, où sera construit plus tard l'un des chefs-d'œuvre de l'art militaire, le Crac des Chevaliers ; en 1110, ils occupent Beyrouth et Sidon. Quand enfin Tyr tombera, en 1124, toute la côte syrienne sera aux mains des croisés. Pendant ces mêmes années, le royaume de Jérusalem a pris le contrôle de tout le bassin de la mer Morte et, au-delà du Jourdain, de ce qu'on appellera l'« outre-Jourdain » – déjà la Transjordanie ! Il s'emploie dès lors à fortifier ses conquêtes en construisant dès 1115, avant Kérak, le château de Montréal (Chaubak) et à s'assurer la maîtrise des deux grandes routes commerciales et stratégiques qui relient Amman à la mer Rouge, celle dite du désert et celle dite des Rois, qui constituent les principales voies d'accès à l'Égypte, à la mer Rouge, à l'Arabie et donc aux villes saintes de l'islam où se rendent les pèlerins asiatiques – il coupe ainsi l'islam africain de l'islam proche-oriental. En 1116, il prend pied sur le golfe d'Aqaba en occupant Ayla.

La conquête s'organise

Deux grands ordres religieux militaires, qui en annoncent d'autres, sont alors constitués : celui des Hospitaliers, les hommes de cet hôpital que des chrétiens avaient ouvert à Jérusalem bien avant la croisade pour accueillir les pèlerins malades, et celui des Templiers, qui doit son nom au premier couvent fondé en 1119 par les Français près du temple de Salomon, pour surveiller les routes. L'un et l'autre, le second surtout, verront accourir à eux des moines-soldats de toute origine, seront de tous les combats, acquerront, avec une richesse immense, car ils font fonction de banquiers, la puissance et la gloire. Partout où ils sont installés, les croisés cherchent à fortifier leurs positions en commençant à ériger ce fantastique ensemble de murailles et de châteaux forts, parachevé de façon si remarquable au XIIIe siècle. Peu après Montréal, ils mettent en chantier la forteresse de l'île de Grayé, au large d'Ayla, Marqab (vers 1117), à la jonction du comté de Tripoli et de la principauté d'Antioche, que les Hospitaliers occuperont en 1186 et où ils construiront le château que l'on y voit encore, sans doute aussi celui dit de Saladin et peut-être le Castel Blanc sur le sommet de Sofita, à 42 kilomètres de Tortose, confié aux Templiers en 1180 et dont la date est incertaine.

L'année même (1124) où ils prennent Tyr, les croisés attaquent la grande métropole qu'est alors Alep, ne parviennent pas à s'en emparer, mais l'obligent à payer tribut. Ce qui peut paraître comme un réel succès se révèle en fait maléfique. Les musulmans syriens, chez qui l'idée de *djihad* est émoussée depuis longtemps et qui, depuis un quart de siècle, semblent se résigner à la présence des forces chrétiennes et se tiennent sur la défensive, reprennent peu à peu conscience de leur devoir de combattre pour l'islam, se décident à réagir, et le font avec efficacité. Le précepteur (*atabeg*, « seigneur père ») du prince de Mossoul, Zengi (1128-1144), qui, comme tous ses confrères alors, exerce le pouvoir sous le couvert de celui qu'il a éduqué, et qui a acquis par son énergie, par sa valeur, disons si l'on veut par son génie, une immense réputation, est appelé au secours par les Alépins en 1128. Il y vole, les libère d'un joug à vrai dire léger, puis il part à l'assaut des terres franques. Il se rend d'abord maître de toutes les possessions des croisés au-delà du Jourdain (1135) ; il commence ensuite la reconquête du comté d'Édesse (1140-1142), que son fils et successeur Nur al-Din, que nous nommons Noradin (1147-1174), achève de 1146 à 1150. Ses succès, fortement ressentis en Occident, provoquent la deuxième croisade[2]. On est en droit de penser que ce sont aussi eux qui stimulent l'activité architecturale des Latins puisque c'est alors, en 1142-1144, que sont construits le Crac des Chevaliers et le château de Kérak.

Dès que la nouvelle de la chute d'Édesse parvient en Europe, le grand souverain des Hohenstaufen, Conrad III (1093-1152), et le roi de France, Louis VII le Jeune (1137-1180), prennent la croix (1142). Ils hâtent leurs préparatifs, et ils partent en 1147 avec deux grandes armées que l'on dit fortes chacune de plus de 100 000 combattants. Celle des Français se rassemble à Metz et franchit le Rhin à Worms, où elle décide d'attendre l'arrivée des contingents normands et anglais. Celle des Allemands se met donc la première en route, passe au plus court, par la voie des Balkans, Constantinople et l'Anatolie centrale. Trompée par les Grecs ou victime d'illusions, elle ne quitte la capitale byzantine que munie des provisions nécessaires à huit jours de marche alors qu'il lui en aurait fallu au moins le double pour atteindre Iconium (Konya), la capitale des Seldjoukides de Rum, auxquels la première croisade a bien enlevé les côtes égéennes, mais qui tiennent toujours le haut plateau. Elle souffre vite non seulement de la fatigue, mais aussi de la faim. Elle est épuisée quand, le 26 octobre 1147, elle est assaillie par les Turcs, bousculée, entraînée dans une épouvantable déroute. Ce n'est qu'avec les maigres débris de son armée que Conrad rejoint le roi de France. Fort heureusement arrivent en même temps à

Constantinople les croisés slaves de Ladislas, duc de Bohême, et de Boleslas IV, duc de Pologne (1125-1173).

Instruit par la mésaventure de Conrad, Louis VII renonce à traverser l'Anatolie centrale, suit la côte jusqu'à Éphèse, puis marche sur Antalya, alors vénitienne. Cela ne l'empêche pas d'être accroché une première fois par les Turcs sur le Ménandre, où il remporte une facile victoire, une seconde fois dans des gorges de Phrygie, où il éprouve des pertes considérables. Il décide alors de continuer le voyage en bateau. Avec cette rapacité qui les caractérise toujours tout au long des croisades et qui contraste avec la générosité des nobles et de la plèbe, les armateurs se font payer le prix fort, si cher que, faute de moyens, toute l'armée ne peut pas embarquer. Le roi de France confie à quelques seigneurs et aux Byzantins tous ceux qui sont condamnés à continuer à pied leur marche sur Jérusalem. Les Grecs les exploiteront honteusement, les abandonneront à leur sort, les réduiront à une telle misère qu'il faudra que ce soient les Turcs qui les prennent en pitié. On ne le pardonnera pas à Byzance, envers laquelle on accumulait déjà les griefs, et on le lui fera lourdement payer plus tard.

Le 19 mars 1148, Louis VII débarque à Séleucie, à quelques lieues d'Antioche, d'où il se rend à Jérusalem et à Saint-Jean-d'Acre. Là, une sorte de concile est tenu par Louis, Conrad et Baudouin, roi de Jérusalem, au cours duquel on décide étrangement d'attaquer Damas. On se rend vite compte que c'est une folie. Par la chaleur estivale, le siège d'une ville fortement défendue est insoutenable et on le lève (1148). Nur al-Din en profite pour écraser le roi de Jérusalem, et pour enlever à la principauté d'Antioche ses possessions au-delà de l'Oronte. Il réalisera quelques années plus tard l'unité de la Syrie en annexant Damas. L'échec qu'ils ont subi a découragé les croisés. Conrad et la plupart des chevaliers rembarquent au cours de l'hiver 1148-1149, et si Louis VII, bien que Suger le réclame, refuse de se retirer en même temps, il finira par le faire quelques mois plus tard, en juillet 1149.

L'arrivée quasi permanente de pèlerins, la haute valeur des Templiers et des chevaliers de Saint-Jean-de-l'Hôpital ne suffisent pas à pallier la mollesse et la corruption des princes apanagés, et seul Baudouin III (1143-1163) illustre son règne par un réel succès, en enlevant Ascalon aux Égyptiens (19 août 1153), préparant ainsi, sans le savoir, la future première campagne d'Égypte. Dans cette grisaille où baigne la croisade, les beaux faits d'armes n'en sont que plus remarquables. Comment ne pas citer celui de La Boquée (1163) où la garnison dérisoire du Crac des Chevaliers sort de ses murailles, en plein midi, en pleine chaleur, pour tomber sur les assiégeants, dévaste leur camp, les met en fuite et les poursuit jusque dans la banlieue de Homs ?

Fin de l'Égypte fatimide

En entrant dans le monde musulman, les Turcs s'étaient déclarés protecteurs du califat abbasside, avaient adopté une politique résolument sunnite et avaient inscrit dans leur programme, comme un point essentiel, la destruction du chiisme. Ils y avaient activement travaillé, mais n'avaient pas pu abattre l'Égypte fatimide. Celle-ci demeurait la cible privilégiée des potentats syriens et ne voyait pas sans inquiétude leur puissance croissante. Affaiblie comme elle l'était par le luxe, les plaisirs, la corruption, les conspirations des grands, elle ne trouvait pas d'autre issue devant les dangers qui la menaçaient que de solliciter l'aide des chrétiens. Si elle devait perdre tout ou partie de sa souveraineté, elle préférait l'abandonner aux Francs qu'aux Turcs. Cela peut paraître surprenant, mais cela est. On déteste plus facilement son frère qu'un étranger.

En 1153, l'Égypte se trouva obligée de se décider. L'un des grands officiers du palais avait chassé le vizir alors en poste, Chahwar. Celui-ci avait aussitôt appelé à son secours le Syrien Nur al-Din. Lequel lui avait répondu en dépêchant son adjoint Chirkuh, qui n'avait pas eu de peine à remettre en selle le ministre, mais qui s'était considéré au Caire comme en pays conquis. Acculés, les Fatimides se tournèrent vers le roi de Jérusalem, Amaury (1162-1174). C'était pour celui-ci une occasion rêvée. Il ne tarda pas à la saisir. Il le fit deux fois : la première en 1164, où son offensive dans la vallée du Nil obligea les forces syriennes à se replier ; la seconde trois ans plus tard, en 1167, où, conjointement à l'armée égyptienne, il entra dans Alexandrie alors défendue par un jeune garçon appelé à une haute destinée, le neveu de Chirkuh, le Kurde Salah al-Din Yusuf, le futur Saladin. Les Francs devinrent les arbitres de la situation en Égypte ; ils exercèrent sur elle un véritable protectorat, et se firent verser un énorme tribut annuel. C'était trop beau pour durer. Dès janvier 1169, Saladin faisait disparaître Chahwar et prenait sa place au Caire. En 1171, il renversait le dernier calife fatimide, ramenant l'Égypte dans le sunnisme et faisant l'unité du monde arabe proche-oriental. La mort de Nur al-Din en 1174 l'en laissa bientôt seul maître.

Victoire des Seldjoukides de Rum

À la même époque, les Seldjoukides de Rum, du pays romain (l'Anatolie) ou de Konya remportaient dans le défilé de Myrioképhalon (1176) une victoire décisive sur les Byzantins, ce qui démontrait à qui aurait pu encore en douter, un siècle après Mentzi Kert, que la présence turque n'était pas accidentelle, provisoire, mais solide, définitive, que l'Asie Mineure était devenue la Turquie. L'échec des Seldjoukides de Rum contre les croisés ne les incita pas à continuer leur poussée vers l'ouest. Il leur paraissait plus facile et plus profitable de se fortifier en Anatolie[3]. Pour y parvenir en toute quiétude, ils n'hésitèrent pas non seulement à s'entendre avec les Byzantins, mais, sous Kilidj Arslan II (1155-1192), à se reconnaître leurs vassaux (1162). Cela leur permit d'enlever à des émirs turcs locaux Elbistan, Karaman, Kayseri, Tchankiri, Ankara, Marach et Sivas. Au milieu de la seconde moitié du XIIe siècle, il ne restait guère en Anatolie, à côté de leur royaume, que l'émirat, jadis puissant, des Danichmendides et les côtes italiennes, grecques ou arméniennes. Ce ne sera qu'au XIIIe siècle que les Seldjoukides se donneront accès à la mer en enlevant Antalya aux Vénitiens (1207), Sinope aux Grecs (1214), le « Beau Rocher », Kalanoros, qui deviendra Alanya, aux Arméniens (1220). Les Danichmendides, se sentant condamnés, avaient fait appel à Byzance, elle-même inquiète de la progression constante de ses prétendus vassaux. Le *basileus* était intervenu, et ç'avait été Myrioképhalon.

Saladin

Pendant quelques années, Saladin fut surtout occupé à bien prendre en main l'Empire dont il était à la fois héritier et créateur, et ses luttes contre les croisés ne furent pas heureuses. Qui eût pu imaginer que ce guerrier paré de prestige, que le maître du Caire, de Damas, d'Alep puisse être vaincu par un tout jeune homme – il avait dix-sept ans lors de sa grande victoire –, par un malade – il était lépreux –, par le roi de Jérusalem Baudouin IV (1174-1185) ? La réalité, on le sait, dépasse la fiction. Le 25 novembre 1177, à Montgisard, au cours de l'un des plus brillants faits d'armes des croisades, l'enfant vainquit l'homme mûr, le malade le bien-portant, le faible – Baudouin avait cinq cents chevaliers – le fort – Saladin avait des milliers d'hommes.

Un des héros de la journée avait été Renaud de Châtillon, un aventurier audacieux, mais un personnage sans foi ni loi qui adorait le pillage, qui ne respectait pas les trêves, mais dont l'épopée chantera la mémoire. Le Tasse, dans sa *Jérusalem délivrée*, parlera de lui comme d'« un guerrier qui toujours se signale par de nouveaux exploits » et que sa simple rencontre éblouit. Ce fut lui, n'en doutons pas, qui tant par sa hardiesse que par ses violences entraîna le déclin des établissements francs au Levant. Par sa hardiesse ? Il imagina, un jour de l'hiver 1182-1183, de construire une flotte en Jordanie, de la transporter en pièces détachées, à dos de chameaux, jusqu'au golfe d'Aqaba, de la mettre à l'eau, de piller la mer Rouge, de débarquer en Arabie, au Hedjaz, avec le désir avoué de conquérir les villes saintes de l'islam. Il faillit réussir et ne fut arrêté qu'à une ou deux journées de marche de Médine. Les musulmans ne lui pardonnèrent pas cette tentative profanatrice, « un projet tel qu'à l'entendre l'oreille se clôt d'horreur et d'exécration » (Ibn Djubaïr), et ils jurèrent de se venger. Par ses violences ? Il attaqua en 1180, en pleine trêve, une caravane se rendant à La Mecque, ce qui fit repartir les hostilités, engagea les croisés dans une série de rencontres dont ils se tirèrent non sans mal et seulement grâce à l'énergie de Baudouin. Renaud récidiva nonobstant, pilla une autre caravane dans laquelle voyageait la propre sœur de Saladin (1184) : le « paladin » kurde, celui que Boccace appellera le « valeureux seigneur » et qui deviendra en Europe une figure de légende, jura alors de tuer le bandit de ses propres mains. Il tiendra sa parole.

Saladin s'est décidé à prendre l'offensive en mars 1187, à un moment où les croisés – le successeur du Lépreux, Gui de Lusignan, et le comte de Tripoli – se battent entre eux. C'est si soudain, si inattendu que les deux ennemis ont à peine le temps de se réconcilier, et Gui celui d'appeler à la mobilisation générale. Ayant tant bien que mal rassemblé ses forces, ce dernier les fait marcher en direction de Tibériade, où Saladin vient tout juste de s'installer, et, le 4 juillet 1187, il se fait encercler sur les hauteurs de Hattin, sans eau, par une chaleur torride qu'accroît encore l'incendie allumé par ses adversaires. Épuisé, brisé, il en est condamné à capituler sans conditions. Il tombe prisonnier aux mains du vainqueur en même temps que la plupart des grands seigneurs, le prince d'Antioche, le comte d'Édesse, le prince de Tyr, et il doit abandonner aux infidèles la croix du Christ qu'il avait emmenée comme drapeau sacré. Quand il apprendra le désastre, le pape Urbain III mourra de désespoir. On le comprend, car jamais encore pareille défaite n'était survenue, car il ne restait aucune force pour défendre la Terre sainte. On ne tarda pas à le constater. Saladin entra dans Acre dès le 9 juillet, dans Jaffa et dans Beyrouth le 6 août, dans Ascalon le 5 septembre, partout, et finalement à Jérusalem le 2 octobre. Comme il savait que l'Europe enverrait des renforts, il ne ralentit pas ses efforts. Il enleva en 1188 les ports de Tarse, de Giblet, de Lattaquié et les châteaux réputés imprenables de Saône, de Kawkah ; en 1189, celui de Chaubak. Quant à celui de Kérak, qu'il avait jadis assiégé en vain, il lui fut livré par la veuve de Châtillon.

Que reste-t-il alors des possessions latines en Orient ? Bien peu de chose : dans la principauté d'Antioche, rien que la ville elle-même et le château de Margat ; dans le comté de Tripoli, que Tripoli, Tortose et le Crac des Chevaliers ; dans ce qui avait été le royaume de Jérusalem, seulement Tyr. Les troubadours pleurèrent. Il vaut la peine de lire leurs chants : « Seigneurs chevaliers, écrit Jaufré Rudel, par nos péchés, la puissance des Sarrasins s'est accrue : Salahadin a pris Jérusalem ! [...] Laissons là nos héritages ! Allons contre ces chiens de mécréants ! »

« Allons ! » Oui, mais tout ou presque est à recommencer. On recommencera. Sur-le-champ se prépare une nouvelle croisade, la troisième, mais les querelles des princes occidentaux, en particulier celles de Richard Cœur de Lion (1189-1199) et de Philippe Auguste (1137-1180), la retardent. Frédéric Barberousse (1155-1190) part le premier avec 150 000 combattants, arrive sans encombre en Anatolie, bouscule les Seldjoukides à Konya, mais va se noyer accidentellement en se baignant dans une petite rivière du sud de l'Anatolie, le Selef (Gök Su). Le Français et l'Anglais le suivent un an après (fin 1190). Richard arrive à Chypre et l'enlève aux Byzantins : ce n'est guère élégant, mais c'est efficace. La grande île constituera une base solide pour les futures campagnes en Terre sainte. Cela fait, Richard rejoint Philippe Auguste qui a débarqué le 13 avril 1191 près d'Acre, devant laquelle le plus vaillant des Francs qui demeurent encore en Orient, Conrad de Montferrat, a mis le siège depuis août 1189. C'est une immense armée qui se presse sous les murs de la ville – un historien musulman l'estimera forte de 600 000 hommes, dont la moitié à peu près mourra – et, après un siège qu'Henri Martin considérera comme « le plus brillant épisode des temps chevaleresques », elle capitule le 12 juillet. Richard s'y livre à un massacre (20 août) qui scandalise aussi bien vainqueurs que vaincus. Philippe Auguste l'eût peut-être empêché, mais il n'était plus là. Se jugeant malade, étant plus encore en conflit avec le roi d'Angleterre, il était reparti le 31 juillet. Les Anglais demeureront encore quatorze mois en Terre sainte en y faisant un bon travail. Ils vaincront Saladin à la bataille d'Arsouf (Arzuf), ce qui leur permettra de reprendre le contrôle des rives de la Méditerranée, puis ils signeront avec lui une trêve de trois ans et trois mois (été 1192) aux termes de laquelle on reconnaîtra aux croisés la possession de la côte entre Tyr et Jaffa et on les autorisera à faire librement le pèlerinage à Jérusalem. Un projet de mariage entre la sœur de Richard et le frère de Saladin y sera même envisagé : il échouera par le refus de la jeune femme d'épouser un musulman.

La vie en Terre sainte

La trêve de 1192 ouvre une nouvelle période dans la croisade. Malgré les cris de douleur et de haine d'un Rudel et d'autres, les adversaires ne sont plus animés par la même animosité que cent ans auparavant. Ils ont appris à se connaître, à s'estimer, à s'admirer. Foucher de Chartres écrit déjà au début du XIIe siècle : « Occidentaux, nous nous transformons en habitants de l'Orient. » Les chrétiens découvrent un univers qui les éblouit. Non qu'ils ne l'aient pas déjà soupçonné ! Ils en avaient eu quelque connaissance par l'Espagne, par les pèlerinages en Terre sainte, par le commerce qui leur apportait des objets manufacturés au Levant, par les cadeaux que les plus grands de leurs souverains recevaient des princes musulmans. On gardera un tel souvenir de ces cadeaux qu'on imaginera que des pièces rares ou précieuses entrées dans nos collections en furent, et on leur donnera parfois les noms de ceux qui les auraient offerts et reçus. Un bassin en cuivre du XIVe siècle est dit « baptistère de Saint Louis », une pièce d'échiquier indienne en ivoire non datée est considérée comme un don de Harun al-Rachid à Charlemagne. Mais c'est une chose de soupçonner la richesse, la somptuosité, la déliquescence, de les voir dans un horizon lointain, une autre de s'y trouver inséré. L'univers dans lequel les chrétiens s'installent est riche, somptueux, déliquescent. N'imaginons surtout pas une société syrienne confite en dévotion, austère, attachée à la lettre de la loi. Le luxe et les plaisirs, bien que condamnés par la *chariat*, sont souvent effrénés dans les cours souveraines comme chez les riches qui les imitent. Les textes (les *Mille et Une Nuits*) et les œuvres d'art en apportent d'innombrables témoignages. On aime le jeu, la musique, la danse, les mets raffinés (avec ces légumes et ces fruits que l'on ne connaissait pas, ces épices que l'on acquérait à prix d'or), les boissons enivrantes – et, malgré le Coran, la coupe de vin tenue en main est devenue un symbole de félicité et de puissance. Nos Latins se mettent à jouer au polo, aux échecs, à rechercher les beaux tissus, les ivoires sculptés, les verres émaillés que l'Égypte et la Syrie viennent de découvrir au XIIe siècle. Ils les acquièrent en masse pour leur usage personnel, bien plus encore pour envelopper ou enfermer les reliques qu'ils rapportent. Le nombre de pièces qui sont conservées dans les églises suffirait à le prouver (à Saint-Josse, dans le Pas-de-Calais, le célèbre « suaire » de ce nom ; à Milhauguet, en Haute-Vienne, un verre égyptien du XIIe siècle ; à Saint-Sernin de Toulouse, la « chape du roi Robert » ; à Orvieto, le gobelet aux cavaliers...). Pour satisfaire à une demande croissante, des ateliers d'art musulman s'ouvrent en Occident. Les tissus de Lucques et de Gênes sont justement célèbres dès le XIIIe siècle, tandis que les verreries de Murano prennent leur essor. On n'a certainement pas encore mesuré l'importance des échanges qui eurent lieu en Terre sainte au temps des croisades et il est souvent difficile de le faire, mais ce ne peut pas être par hasard que l'héraldique se développe simultanément en Occident et en Orient.

On a appris à converser. Joinville raconte la très étrange histoire de « cet homme d'une grande vieillesse » qui surgit devant lui au milieu de jeunes Sarrasins l'épée nue et qui lui demande « s'il est vrai que nous croyions à un Dieu mort pour nous », et qui, sur la réponse affirmative des chrétiens, conclut : « Vous n'êtes pas encore mort pour Lui comme Il est mort pour vous et, s'Il a le pouvoir de ressusciter, soyez certain qu'Il vous délivrera quand Il lui plaira. »

Musulmans et chrétiens ont appris à s'allier s'il le faut. La Syrie, divisée depuis longtemps en multiples principautés, est habituée aux petites guerres intestines et, une fois passé le choc de la première croisade, elle considère volontiers les Francs comme de nouveaux pions sur son échiquier politique. Elle s'en sert au besoin. Que de fois on verra des croisés et des musulmans unis contre d'autres croisés et d'autres musulmans – ainsi, en 1107, Ridwan d'Alep et Tancrède d'Antioche sont coalisés contre Mossoul et Édesse, alors en possession de Baudouin ; et Ousama, prince de Chayzar sur l'Oronte, ne demande-t-il pas pardon à Dieu d'avoir été obligé, « pour défendre Chayzar contre nos propres frères en la foi, de trouver appui dans le camp d'en face [celui des chrétiens] » ? Chrétiens et musulmans sont souvent entrés en étroites relations. Pour citer encore Ousama, n'écrit-il pas : « Dans les années 535-538 [donc en 1140-1143 A.D.], je pus nouer avec les Templiers et la chevalerie franque des relations confiantes et parfois même d'amitié. » Ils n'ont certes pas renoncé à leurs actes de barbarie – ils ne s'en privent pas au sein de chaque camp –, mais ils multiplient les gestes de courtoisie et de pitié. On dirait qu'ils rivalisent d'esprit chevaleresque. Ce n'est pas un hasard si Saladin devient très vite et reste, en Occident comme en Orient, une des grandes figures de la croisade. On se bat encore, mais moins. Les trêves succèdent aux trêves.

Jean Richard a calculé que, pendant un siècle, de 1192 à 1291, la Syrie connut quatre-vingts ans de paix et vingt ans de combats. Cela exclut certes les coups de main, les rapines, les opérations contre les Mongols, la quatrième croisade détournée de ses objectifs par la conquête de Constantinople et, bien sûr, les longues campagnes d'Égypte, celle de Saint Louis en Tunisie, et les années de préparation, de mobilisation, et toutes celles pendant lesquelles on dut panser les plaies. Le XIIIe siècle ne fut pas celui d'un vrai ralentissement des hostilités entre l'islam et la chrétienté, mais celui d'une lutte plus calculée, moins étourdie. Et n'oublions pas qu'en même temps on se bat en Espagne.

Je viens d'évoquer les coups de main. Pour que l'on puisse bien se rendre compte de quoi il s'agit, il vaut la peine d'en citer un antérieur à la période où nous en sommes arrivés puisque datant d'août 1119, que raconte dans ses Mémoires (*Itibar*, « L'expérience ») cet « homme exceptionnel et méconnu » (André Miquel), Ousama ibn Munqidh, déjà cité deux fois : « J'avais vingt-quatre ans. [...] Je reçus l'ordre d'aller ravager les récoltes autour d'Apamée, où se trouvaient les Francs [...]. Drôle de troupe que la mienne : une vingtaine de cavaliers pour encadrer un ramassis de pillards et de nomades [...]. Nous commencions à saccager et à piller les champs, lorsque parurent vingt Francs, moitié à cheval et moitié à pied. Nous pliâmes sous le choc... » Il faut lire toute la suite de l'histoire.

Détournement sur Byzance

Quand Saladin mourut en 1193, tout fut pour un temps de nouveau à la guerre. Les croisés rompirent la trêve, firent tant et si bien qu'ils perdirent Jaffa et plusieurs autres places, et ne durent leur reconquête, en 1195-1197, qu'à l'intervention de trois armées allemandes. Cependant, Innocent III (1198-1216) prêchait la croisade, la quatrième, et, une fois encore, les peuples d'Occident, les Français surtout, répondaient à l'appel. Le corps expéditionnaire s'embarqua à Venise le 8 octobre 1202. Que n'était-il pas capable de faire ? On en attendait beaucoup. Il ne fit pas ce à quoi il était destiné. L'habile et fourbe politique des Vénitiens, encouragée par le souci de ramener l'Église orthodoxe dans le giron de Rome, par les rancunes accumulées contre les Grecs, par l'idée que l'union des chrétiens d'Orient et d'Occident faciliterait le succès contre les musulmans, l'amena à conquérir Constantinople et à fonder l'Empire latin d'Orient (1204) – un empire qui ne restera même pas latin puisque les Byzantins le recouvreront, affreusement diminué, en 1261. Mais que d'efforts accomplis, que de sang répandu, que de mois perdus qui auraient pu être utilisés contre les Sarrasins ! Et la croisade ne sortit pas grandie de cet exploit.

L'éblouissement des croisés qui ne l'avaient jamais vue quand ils arrivèrent près de la ville explique en partie les illusions de ceux qui la connaissaient. Que n'accompliraient-ils pas après s'être rendus maîtres d'une telle cité ? « Ils ne pouvaient penser, écrit Villehardouin, que si riche ville pût être dans tout le monde quand ils virent ses hauts murs et ses riches tours dont elle était alors tout entourée à la ronde, et ses riches palais et ses églises dont il y avait tant [...] et la longueur et la largeur de la ville [...]. Et sachez qu'il n'y eut un si hardi dont la chair ne frémit. » La Terre sainte n'en reçut évidemment aucune aide immédiate.

Cinquième et sixième croisades

Il fallait cependant la secourir, et l'on prêcha une nouvelle expédition. La ferveur n'avait pas diminué. Elle touchait au contraire à la frénésie. La navrante « croisade des enfants » le prouve – quelque 50 000 petits Français et Allemands en plein délire mystique qui se firent exterminer dans les ports méditerranéens d'embarquement ou vendre comme esclaves en Égypte (1212). La cinquième croisade, partie en 1217 sous le commandement d'André II de Hongrie (1205-1235) et du cardinal Pélage, responsable de son échec, était animée par une idée toute nouvelle et qui restera celle de tout le siècle : il n'était possible d'assurer la survie du royaume latin de Jérusalem que si l'on contrôlait l'Égypte. Ce n'était pas une vision folle. Amaury n'avait-il pas prouvé qu'on pouvait se l'assujettir sans trop de peine ? Mais il y entrait des considérations économiques, une sorte de romantisme culturel né du prestige qu'avait la fabuleuse vallée du Nil, et sans doute aussi le souvenir des exploits d'Amaury en 1167.

Jean de Brienne, qui n'était pas encore empereur latin d'Orient, mais roi de Jérusalem (1210-1235), prit officiellement la tête de l'expédition, bien qu'elle fût dirigée en fait par Pélage, et marcha sur Damiette [4]. La ville était magnifiquement protégée par une multitude de tours, une double enceinte, des bras du fleuve, et il fallut des mois pour s'en emparer, d'août 1218 à novembre 1219. L'opération avait été longue, avait coûté cher sous tous les rapports, mais elle était payante.

Le sultan du Caire, effrayé par la chute d'une place jugée imprenable, offrit de l'échanger contre la Palestine. C'était une affaire en or pour les croisés. Beaucoup y étaient favorables. Pélage s'y opposait. C'est lui qui l'emporta et il ne fit plus rien que de laisser l'armée sur place, inactive, pendant plus d'un an. Les Égyptiens eurent tout le temps de se ressaisir, de persécuter les chrétiens qui vivaient sous leur domination, de se préparer à de futurs combats. Quand les croisés se décidèrent enfin à marcher sur Le Caire, il était trop tard ; ils furent encerclés et capturés (1221). On fut trop heureux d'obtenir leur libération en échange du grand port. Les rescapés, les libérés étaient furieux, s'accusaient les uns les autres du désastre. On se querella. On en vint aux mains, Francs contre Italiens, Hospitaliers contre Templiers. De ce tableau sinistre une seule image émerge, lumineuse, celle de saint François d'Assise traversant les lignes au plus fort du combat pour venir avec un seul compagnon prêcher la foi au sultan [5] : « Celui-ci écouta ses prédications pendant quelques jours, puis [...]

il le fit reconduire avec beaucoup d'égards et en toute sécurité au camp des nôtres, lui disant à la fin : "Priez pour moi afin que Dieu daigne me révéler la foi et la loi qui Lui plaisent le plus" » (Jacques de Vitry).

Frédéric II de Hohenstaufen (1216-1250) s'était croisé en 1224, mais avait reculé son départ jusqu'en juin 1228 (sixième croisade). C'est un autre tableau étonnant que celui de cet empereur incroyant, excommunié, qui va obtenir par la négociation (traité de Jaffa, 1229) ce qu'on n'obtenait pas par la force des armes : la reddition de Sidon et de quelques autres places, et surtout celle des villes saintes chrétiennes, Jérusalem, Nazareth, Bethléem, à la seule condition que les musulmans puissent faire leurs dévotions sur l'esplanade du Temple, à la Coupole du Rocher et à la mosquée d'al-Aqsa. Et c'en est un autre encore que celui de ce prince que nul ne peut couronner et qui se couronne lui-même roi de Jérusalem le 18 mai 1229.

Satisfait à juste titre de ces résultats, Frédéric signa une trêve de dix ans avec les musulmans et repartit pour l'Europe. Les chrétiens ne la respectèrent pas. Dès 1235, ils n'eurent plus à nouveau à la bouche que le mot de « croisade » et, très vite, de petits groupes repartirent pour l'Orient. Ce furent, en juillet 1237, Thibaud de Champagne, Hugues IV de Bourgogne, dix autres grands seigneurs encore dont Pierre Mauclerc, qui abandonna son titre de duc de Bretagne (1213-1237), fit un heureux coup de main le 13 novembre 1239 aux portes de Gaza, mais se fit vaincre par le souverain de Damas (1240) et n'insista pas. Ce fut, en 1240, Richard de Cornouailles (1227-1272), frère du roi d'Angleterre, qui négocia avec l'Égypte un accord confirmant la possession par les Francs d'Ascalon et de la Galilée, et qui procéda à un échange de prisonniers. L'horizon semblait s'éclaircir. C'est alors que des Turcs du Khwarezm, chassés par les hordes de Gengis Khan et de ses successeurs, furent appelés en Égypte. Ils fondirent sur la Judée, la ravagèrent, vainquirent les Francs à Gaza, prirent Jérusalem (1244), puis Ascalon, Tibériade, le mont Thabor. L'horizon redevenait plus que sombre.

Saint Louis

La chute de Jérusalem décide Louis IX à prendre la croix (septième croisade) et il prépare de façon lente, mais minutieuse, admirable, son expédition : il aménage un port à Aigues-Mortes, concentre ses forces, arme une flotte. Elle part le 28 août 1248 et est lamentablement menée. Tout va mal. Louis IX arrive à Chypre le 17 septembre. Il y a donné rendez-vous à ses barons et aux autres membres de la croisade, et attend leur arrivée : elle tarde tant qu'il ne peut repartir que le 13 mai 1249 et que ses hommes sont déjà fortement éprouvés. Puis c'est une tempête d'une rare violence qui disperse ses navires – 120 gros bateaux et 1 500 à 1 600 embarcations –, qui en pousse certains sur les côtes syriennes, qui en ramène d'autres à Chypre et qui l'empêche d'être en vue de Damiette avant le 3 juin au soir, c'est-à-dire à une époque où la saison n'est déjà plus propice à des opérations militaires. Il enlève la ville sans qu'elle résiste, ce qui plonge dans la stupeur tous ceux qui se souviennent des difficultés qu'avait connues naguère Jean de Brienne pour s'en emparer. Va-t-il en profiter ? Non. Il attend des renforts. Il craint la crue du Nil. La prudence l'emporte sur l'audace. Il reste cinq mois à Damiette, en butte à un harcèlement permanent des ennemis. Il part enfin le 20 novembre, marche sur Mansourah, met un mois pour l'atteindre, alors qu'elle n'est qu'à 50 kilomètres à vol d'oiseau, parce qu'il s'embourbe dans les canaux, dans les marais, et s'épuise à des travaux de terrassement, de détournement des eaux. Quand, le 19 décembre, il arrive à la forteresse de Mansourah, il rencontre l'armée égyptienne installée sur l'autre rive du Bahr al-Saghir. Son avant-garde franchit le bras d'eau à un gué avec ordre formel de ne pas s'éloigner, mais elle met en fuite les quelque 300 cavaliers qui sont là, et Robert d'Artois qui la commande ne peut pas résister au désir de les poursuivre, faisant honte aux templiers « peureux » qui veulent seulement obéir à ce qu'on leur a ordonné. On galope. On va loin. On tombe sur le camp musulman, on le surprend, on le pille, on continue à avancer. On traverse Mansourah. On pille encore. On se disperse. Et naturellement le gros de l'armée égyptienne surgit, force l'avant-garde à battre en retraite, ce qu'elle ne peut pas faire, Mansourah s'étant hérissée de barricades. Il ne reste qu'à mourir ou à se rendre. L'imprudent Robert périt et maints autres avec lui, le sire de Coucy, le comte de Salisbury, des centaines de templiers. Quand Saint Louis à son tour franchit le gué, tout est joué. Son arrivée, pourtant, paraît sauver la situation. « On peut dire que nous étions tous perdus si le roi n'avait pas payé de sa personne. [...] Jamais je ne vis aussi beau chevalier », dit Joinville. Ce n'est toutefois qu'un sursis. On se bat bien, le 8, puis le 11 février 1250. On ne peut rien. On se terre, puis on essaie de regagner Damiette dans la nuit du 5 au 6 avril. C'est la fin. Le roi est fait prisonnier avec la plupart des chevaliers. Il faudra payer très cher les rançons, et naturellement se rembarquer.

Louis IX refusa de retourner en France. Il se rendit à Acre, passa quatre ans en Terre sainte à fortifier les places fortes, à remettre de l'ordre dans un royaume qui en avait bien besoin, non sans guerroyer parfois. L'armée égyptienne attaqua deux fois Gaza, en octobre 1250 et en février 1251, et finit par s'en emparer ; elle ravagea la banlieue d'Acre et celle de Sidon (mai 1253) ; le roi de France tenta un coup de main sur Baniyas, aux sources du Jourdain, qui échoua. Finalement, il reprit la mer le 25 avril 1254.

Les Mongols

Pendant que Saint Louis était en Égypte et en Syrie, se déroulait « l'aventure la plus prodigieuse que le monde ait connue », comme l'a dit celui qui fut l'un des plus grands savants français, Paul Pelliot : l'aventure de l'invasion mongole. Nul n'y échappait, des forêts sibériennes à la Corée, à la Chine, à l'Asie du Sud-Est, aux steppes eurasiatiques, au

Proche-Orient, à l'Europe orientale. Depuis le jour de 1206 où un obscur chef de tribu appelé Témüdjin avait été nommé souverain universel – Gengis Khan –, les hommes qui l'avaient rallié et ceux qui servaient ses successeurs avaient entrepris la conquête de la terre. Vers l'ouest, dès 1220, ils avaient attaqué l'Iran, et ils l'avaient subjugué en 1242. Ils avaient détruit les Russes en 1237-1240. Ils avaient, en 1241-1242, envahi l'Europe jusqu'à la Pologne, la Hongrie, les provinces que baigne l'Adriatique et, s'ils s'étaient retirés de ces dernières, c'était avec la promesse de revenir. Ils venaient, en 1248, de vassaliser les Seldjoukides d'Asie Mineure. Ils s'apprêtaient à prendre Bagdad, à renverser le califat abbasside, ce qu'ils feraient en 1258 [6], et à occuper la Syrie, dans laquelle ils entreraient en 1260.

Si l'Europe avait été gravement menacée, le monde islamique semblait perdu. Il ne disposait plus que d'une seule puissance susceptible de continuer la lutte contre ceux que l'on nommait les Tartares : celle des Mamelouks d'Égypte, les mercenaires turcs qui avaient pris le pouvoir en effectuant un coup d'État le 2 mai 1250 contre les Ayyubides, les descendants de Saladin – et nul n'aurait sans doute parié sur elle. Au sein de l'Empire mongol, essentiellement tolérant, les musulmans n'étaient pas opprimés en tant que tels, mais ils n'occupaient pas la place de choix qui revenait en grande partie aux chrétiens, alliés de Gengis Khan dès ses débuts, et relativement nombreux parmi les Mongols eux-mêmes. Les chrétiens du Proche-Orient, notamment les Alains du Caucase [7], les Géorgiens, les Arméniens, mais aussi les iranophones et les arabophones, avaient eu parfaitement conscience de la chance que leur apportaient les terribles conquérants et ils s'étaient ralliés à eux d'enthousiasme. Les Arméniens surtout furent efficaces [8]. Tout ennemis qu'ils fussent des musulmans, peut-être l'étaient-ils plus encore des Byzantins, et les Mongols leur apparaissaient comme l'unique porte de salut. « Qui pourrait retracer les malheurs de la nation arménienne, ses douleurs, ses larmes, tout ce qu'elle a eu à souffrir des Grecs ? » demande le chroniqueur arménien Matthieu d'Édesse.

Malgré ce qu'allaient faire les gens d'Acre, chrétiens et Mongols seront aux yeux de l'opinion musulmane considérés comme complices et voués finalement à la même exécration. Cette complicité n'existait pas avec les Européens, qui étaient plus hésitants. Certains croyaient à l'existence d'un potentat oriental, souvent nommé le Prêtre Jean, qui prenait l'islam à revers, qui allait se convertir à leur religion, qui y était déjà converti, et ils correspondaient avec ceux en qui ils voyaient ses représentants, recevaient leurs ambassadeurs et leur en envoyaient. D'autres, au contraire, se souvenaient du raid destructeur sur l'Europe orientale, avaient peur, considéraient les Mongols comme vomis par l'enfer, le « Tartare », « non comme des hommes, mais comme des bêtes terribles à regarder », écrira Ricold de Monte Croce, et ils leur préféraient encore les musulmans qui étaient hautement civilisés et qu'ils connaissaient. De ces derniers relevaient les croisés du royaume de Jérusalem, ou de ce qu'il en restait, essentiellement d'Acre.

Or, en 1260, les Mongols n'étaient plus ce qu'ils avaient été quelques décennies plus tôt. Leur immense empire venait de se diviser en quatre grands États, en principe unis, mais qui seront souvent en conflit ouvert les uns avec les autres (dès 1262) ; ayant fixé leur capitale à Pékin, ils s'intéressaient moins à l'Occident ; ils devaient combattre sur tous les fronts, contre des masses énormes alors qu'ils n'étaient pas très nombreux. Ils étaient arrivés en bout de course.

Quand ils avaient conquis la Syrie, ils s'étaient contentés d'y laisser de faibles forces d'occupation pour aller se refaire sur le haut plateau iranien, dans un climat qui convenait mieux et à leurs montures et à eux-mêmes que celui, brûlant, du désert. Ils sentaient qu'ils auraient du mal à conquérir l'Afrique, comme ils en avaient et en auraient à conquérir les Indes (1241-1273), l'Indochine (1257-1288), la Birmanie (1271-1297), le Japon (1274). Ils voyaient qu'ils devaient se faire bédouins, comme en Chine ils se faisaient Chinois, ce qui était une grande mutation ; ils se rendaient compte que des alliances leur seraient utiles. Ils désiraient sincèrement celle des Francs. Alors qu'une étroite collaboration entre l'Europe chrétienne et les Mongols eût, selon toute vraisemblance, à jamais détruit l'islam, les Francs ne voulurent pas ou ne surent pas la réaliser. Ils firent pis, et c'est alors que l'Histoire bascula. Les Mamelouks, se sentant protégés par les déserts qui séparaient la vallée du Nil de l'Asie antérieure, souhaitaient reconquérir la Syrie et ils décidèrent de profiter du petit nombre de ses occupants pour le faire. Non seulement Acre les laissa passer, mais elle les aida en les ravitaillant. Le 3 septembre 1260, surpris par les Égyptiens qu'ils n'attendaient pas, se battant à un contre dix, les Mongols se firent vaincre à Aïn Djalut si radicalement qu'ils perdirent la Syrie en un jour. C'était leur première vraie défaite. C'était leur premier recul territorial. Les Mamelouks en acquirent une gloire immense[9]. Quant aux Mongols, ils essayèrent en vain de revenir en Syrie ; ils continuèrent à solliciter, avec de moins en moins d'illusions, l'alliance des Francs. L'heure était passée, l'occasion était manquée. Immergés dans le monde musulman, ceux d'entre eux qui vivaient en Russie, dans les steppes occidentales, en Iran, finiraient par se convertir à l'islam et l'islam emporterait la partie après avoir été bien près de la perdre. « Quelle chose terrible si les Mongols embrassaient la loi des Sarrasins ou des juifs ! » s'était écrié Raymond Lulle dans le *Livre des Tartars et des chrétiens*. Ce fut un grand malheur, mais non celui qu'il avait envisagé. Les chrétiens orientaux qui avaient rallié les Mongols paieront cher et le triomphalisme dont ils avaient fait montre et ce que les musulmans considérèrent comme une trahison. Ils auront d'autant plus à payer que la croisade alors sera finie, qu'on voudra en tirer vengeance, que trop de chrétiens auront collaboré avec les Francs.

La fin de la croisade

La Terre sainte traversa une étonnante période de tranquillité entre le départ de Saint Louis et 1263, date où le grand souverain mamelouk Bay Bars, l'« Once fortunée » (1260-1277)[10], commença son offensive. Comme nous venons de le voir, les Mamelouks, après leur coup d'État, avaient presque aussitôt attaqué les Mongols, les avaient vaincus à Aïn Djalut, s'étaient rendus maîtres de la Syrie comme ils l'étaient de l'Égypte. La Terre sainte se trouvait à nouveau encerclée. Dès 1263, Bay Bars installait son armée en Galilée, détruisait Nazareth et l'église de la Nativité. En 1264, il proclamait le *djihad* contre le royaume arménien de Cilicie, « séduit par les Tartares et qui les a suivis aveuglément » : en 1266, il enlevait sa capitale et, plus tard, en 1275, il mettrait à feu et à sang ses principales villes. En 1265, entre le 5 mars et le 29 avril, malgré l'arrivée de quelques chevaliers dont Eudes, fils du duc de Bourgogne (1265), il prit Césarée, Haïfa, Châtel-Pèlerin, Arsouf (Arzuf) ; en 1266, Safet et les forts environnants ; en 1267, il attaqua en vain Acre ; en 1268, il s'empara de Jaffa et de Beaufort dans l'arrière-pays de Sidon, d'Antioche, emportée au quatrième assaut ; en 1271, du Castel Blanc et du Crac des Chevaliers. Seul Édouard d'Angleterre, fils d'Henri III, qui avait accompagné Saint Louis en Tunisie, vint au secours des croisés au printemps de 1271, mais ses forces, trop faibles, ne lui permirent que de tenir le sultan en respect et de renouveler avec lui une trêve pour sauver le peu qui demeurait des possessions franques.

Il paraît étonnant que, au spectacle de tels désastres survenus en Terre sainte, Saint Louis ait conduit en Tunisie la huitième et dernière croisade. Comme le dit Jean Richard, cette décision du roi de France « n'a pas cessé d'exciter la perspicacité des historiens ». Maints motifs ont été invoqués. Le premier, le principal sans doute, était l'espérance que le prince de Tunis allait se convertir au christianisme, espérance dont on nourrissait Louis IX et qui n'était pas sans fondement.

André de Longjumeau, l'un des agents les plus actifs du roi (qui l'avait envoyé en mission près des Mongols), y croyait après avoir séjourné à Tunis et conversé avec l'émir, et y croyait aussi saint Raymond de Penafort (vers 1175-1275), qui y avait baptisé de ses mains quelque 2 000 Sarrasins en 1256. Et puis il y avait le désir du frère du roi de renforcer l'influence qu'il exerçait de Sicile sur l'Afrique du Nord ; les victoires portugaises et espagnoles en Espagne, qui marquaient un si net recul de l'islam en Occident ; le souvenir de saint Augustin, dix autres choses encore... Mais, quoi qu'il en soit, Tunis n'était pour le roi qu'une étape sur la route de Jérusalem où il comptait bien se rendre, qu'il n'avait pas renoncé à reprendre.

Comme c'était souvent le cas, mais plus encore cette fois, les préparatifs furent longs : ils ne prirent pas moins de cinq ans (1265-1270). Quand l'armée arriva à Aigues-Mortes, elle dut attendre la flotte qui devait la transporter et qui était en retard, puis elle se rendit en Sardaigne où elle séjourna quelque peu, remit à la voile le 15 juillet 1270 et, portée par des vents favorables, se trouva en face des côtes de l'Ifriqiya le 17. Elle débarqua sans combattre. Le 21, elle enleva le fort de la Goulette et s'installa dans la plaine de Carthage. Une épidémie s'y déclara, typhus ou dysenterie, et les Sarrasins ne cessaient de harceler le camp. Bien des gens moururent. Moins de quinze jours après son arrivée, le roi tomba malade et dut s'aliter. Il trépassa le 25 août. Il fut vénéré par les Sarrasins qui imaginèrent sa conversion à l'islam, et c'est autour de la tombe de « leur » saint qu'ils auraient édifié le ravissant village de Sidi Bou Saïd. Les plus optimistes ou les plus fous, qui espéraient encore prendre Tunis, durent y renoncer. On négocia. Le 30 octobre, un accord fut conclu. Il coûtait cher aux Tunisiens, mais l'armée des croisés repartit. Seul Édouard d'Angleterre poursuivit l'exécution du plan de Louis IX et se rendit en Terre sainte. Nous avons déjà dit comment il put signer une trêve qui laissa quelques années de survie aux Latins en Orient.

Quand le Mamelouk Qalawun (1279-1290) reprit la guerre, tout alla vite. En 1285, il enleva le château de Markab ; le 26 avril 1289, Tripoli, qui avait été l'une des plus belles villes du royaume latin : « La plupart des hommes y furent tués, les femmes et les enfants réduits en esclavage. [...] La ville fut rasée jusqu'au sol », dit Abu'l Feda. En 1290, les Francs, presque tous des Italiens, s'en vengèrent en se livrant à une grande tuerie dans le marché d'Acre qui entraîna la perte de la ville. Elle cessa toute résistance le 28 mai 1291. Tout le Proche-Orient musulman hurla sa joie, célébra la victoire : « Ô vous chrétiens, la vengeance d'Allah a fondu sur vous. [...] Ô images qui orniez les églises, [...] c'est trop longtemps qu'on a vu se prosterner devant vous les chefs orgueilleux », chanteront les poètes (cité par Emmanuel Sivan). Il faut dire que l'opinion publique avait été préparée avec soin par le pouvoir à cette ultime campagne et que des foules de volontaires étaient venues y apporter leur concours, souvent par leurs actions, du moins par leurs prières.

Les Francs se replièrent sur Chypre. Quelques-uns restèrent dans l'île d'Arwad, en face de Tortose, jusqu'en 1302. La croisade était finie. Son souvenir, le vague désir de la recommencer demeureront longtemps vivaces en Occident – on en entendra encore les échos sous le règne de Louis XIV. Mais, en grande partie grâce aux discours, aux écrits, aux actes et au martyre de Raymond Lulle (vers 1233-1315), l'Europe commença à penser qu'il fallait convaincre plutôt que tuer, que le missionnaire était préférable au croisé. Quand, en 1623, le pape Grégoire XV institua la Sacrée Congrégation de la propagande, c'est le vœu du Docteur illuminé qu'il réalisa (Régine Pernoud) – bien tard.

CHAPITRE IX

Chrétientés lointaines

Il nous faut remonter dans le temps, en revenir aux premiers jours de l'expansion arabe pour évoquer maintenant l'histoire de l'Afrique orientale dans les pays qui constituent aujourd'hui le Soudan, l'Éthiopie, l'Érythrée et la Somalie. Sans doute aurais-je pu la considérer plus tôt, mais elle n'est pas encore entièrement étudiée ; elle nous semble, à tort, moins intéressante que celle de la Syrie, de l'Égypte ou de l'Espagne, et si la guerre entre l'islam et la chrétienté n'y fut pas moins âpre, si elle y a commencé très tôt et y fut en quelque sorte incessante, elle demeura longtemps indécise, presque anecdotique, et n'aboutit pas à des résultats décisifs. Elle ne prit toute son acuité qu'à l'époque où nous sommes arrivés, à partir du XIIe siècle. Pour la clarté de l'exposé, il m'a paru préférable de ne pas la disséquer en petites tranches, mais de la suivre de ses origines jusqu'au XVe siècle, puis de revenir plus loin sur les temps plus récents. Bien que la distinction entre Nubiens et Éthiopiens, les uns et les autres profondément christianisés, n'ait pas toujours été perçue dans l'Antiquité et le Moyen Âge, il va sans dire qu'il s'impose de la faire, les deux peuples ou groupes de peuples ayant eu une existence et des destins différents.

La Nubie

La Nubie, que les Arabes nomment aussi *Bilad al-Sudan*, le pays du Soudan, suit pour l'essentiel le cours du Nil et s'étend en gros de la première cataracte, dans la région d'Assouan, jusqu'à celle de Khartoum et les confins du massif montagneux éthiopien. Au début de notre ère, elle est divisée en trois royaumes : l'un, au nord de la troisième cataracte, celui de Nobatia (des Nobades) ; le deuxième, au centre, celui de Makouria (des Makorrites) ; le troisième, celui d'Alodia (des Alodes), au sud de la cinquième cataracte, autour de l'antique et glorieuse Méroé[1], appelé à la plus grande longévité puisqu'il ne sera détruit qu'au début du XVIe siècle. Au VIIe siècle en revanche, il n'en est plus que deux, les Nobades et les Makorrites ayant fusionné, avec comme capitale Dongola, encore décrite au XIIe siècle comme une grande cité « située sur la rive du Nil béni », au sein d'une région extrêmement fertile. Un peu plus éphémère que l'Alodia, le royaume septentrional restera néanmoins uni et puissant jusqu'au XIVe siècle.

Tous les Nubiens ont adopté le christianisme importé d'Égypte au VIe siècle, ceux du Nord vers 540, ceux du Midi vers 580. Le Nobatia et l'Alodia ont opté pour le monophysisme égyptien, le Makouria pour l'orthodoxie byzantine, mais tous ont mis aussitôt leur nouvelle foi au centre de leur existence, se montrent croyants ardents, actifs, intransigeants, et d'autant plus qu'ils sont bien vite confrontés à l'islam. Ils étaient à peine évangélisés que l'Empire arabe se constituait et qu'ils entraient en conflit avec lui, commençaient une lutte que l'on pourrait presque qualifier de permanente. Elle durera jusqu'au XVIe siècle et se terminera par leur destruction totale et l'islamisation de l'immense majorité de leurs populations. Il ne reste pas plus de 5 % de chrétiens dans l'actuelle république du Soudan !

En s'emparant du delta du Nil, Amru, le conquérant arabe de l'Égypte, s'était ouvert l'accès à la vallée du fleuve, l'avait remontée et, en l'an 20 de l'Hégire, avait occupé la Basse-Nubie, c'est-à-dire la région d'Assouan. Ses habitants, comme les coptes, les chrétiens égyptiens, après avoir offert peu de résistance aux Arabes, n'avaient pas accepté de bon cœur la religion que ceux-ci voulaient leur imposer. Comme leurs frères du Sud indépendants, ils demeuraient attachés à la foi au Christ. Ils ne cessaient de se soulever contre leurs nouveaux maîtres et ils recevaient souvent l'aide de leurs coreligionnaires des royaumes nobade et alodien. Ce sera l'une des causes essentielles de la guerre entre la Nubie et l'Égypte. Dix ans après la victoire d'Amru, son successeur avait repris l'offensive vers le sud, franchi le 20e parallèle, atteint Dongola qu'il avait essayé de détruire avec ses catapultes, mais il avait dû céder devant l'ardeur des archers qui la défendaient et s'était replié en reconnaissant l'indépendance de la Nubie, contrainte néanmoins de lui verser un tribut annuel.

La domination musulmane en Méditerranée, en Syrie et en Afrique du Nord avait séparé des chrétientés byzantine et latine les chrétiens nubiens, et, comme les Éthiopiens sur lesquels nous allons revenir, leur seul point de contact avec elles était la Terre sainte où, à l'instar des Européens, ils se rendaient en pèlerinage et où ils avaient leurs sanctuaires. Les liens qu'ils pouvaient y nouer avec leurs frères en Jésus-Christ représentaient à la fois beaucoup et peu : beaucoup, parce que, grâce à eux, ils n'ignoraient pas totalement l'Occident et que celui-ci connaissait leur existence ; peu, parce que les relations entre les uns et les autres étaient rares, les informations sommaires et plus fondées sur des légendes que sur des vérités. N'allait-on pas imaginer, un jour, en Europe, que l'Éthiopie et la Nubie étaient le pays d'origine des Rois mages ou de l'un d'entre eux, qu'elles étaient le royaume du Prêtre Jean [2], d'abord et longtemps localisé en Asie centrale, et ne les confondrait-on pas avec l'Inde quand on les nommerait l'« Inde première » ?

Les Nubiens et les Éthiopiens conservaient en revanche des relations étroites avec les coptes, largement plus nombreux que les musulmans en Égypte au moins jusqu'au VIIIe siècle, et notamment avec le patriarcat d'Alexandrie dont, pour la plupart, ils relevaient. La proximité du royaume de Dongola et de l'Égypte arabe, la richesse et la puissance du premier, le sens aigu de la fraternité confessionnelle, les sévices exercés souvent par les musulmans sur les chrétiens amenaient les Nubiens à effectuer de multiples interventions contre leurs voisins du Nord, et à subir leurs représailles. Ainsi la vallée du Nil devint-elle un champ de bataille.

Quelques grandes entreprises semblent émerger du lot des petites actions ponctuelles, comme émerge un pic au-dessus d'un moutonnement de collines. En 748, quand ils apprennent l'arrestation du patriarche copte, les Nubiens envoient aussitôt des ambassadeurs pour protester à Fustat, le vieux Caire, et, comme on les jette dans les geôles, d'autres Nubiens envahissent l'Égypte sans rencontrer de grandes résistances, les populations leur étant acquises. Ils arrivent sous les murs de sa capitale, y établissent leur camp en un lieu encore nommé Birket al-Habach, l'« étang des Abyssins » (car, nous l'avons dit, on confondait volontiers Nubiens et Éthiopiens), ce qui a pour effet la libération rapide des captifs. En 811, alors que les coptes se soulèvent, les Nubiens décident de ne plus payer l'impôt auquel ils sont assujettis depuis plus d'un siècle, et la domination arabe dans la vallée du Nil semble si compromise que le calife al-Mamun (811-833), effrayé, est contraint d'intervenir en personne. Il oblige d'abord les insurgés à se réfugier dans la citadelle de « Babylone » (en face de Memphis), puis enlève celle-ci, égorge ses habitants et nombre d'autres chrétiens à travers tout le pays. Quelques décennies plus tard, en 854, les Nubiens se rebiffent à nouveau, ravagent la Haute-Égypte jusqu'à Edfou et Esna. Les Arabes réagissent en envoyant contre eux une immense armée qui avance jusqu'à Dongola tandis qu'une autre débarque sur les côtes de la mer Rouge, et les révoltés sont obligés de demander la paix. Il faut croire que les clauses n'en sont pas trop sévères puisqu'en 884 Rachid al-Turki conduit à nouveau une campagne en Haute-Égypte où il laisse, selon toute vraisemblance, la trace durable de son passage en y élevant quelques-uns des tout premiers mausolées musulmans[3] (le plus ancien datable est, en Iraq, la Qubbat al-Sulaibiya de Samarra, édifiée vers 862). Et cela continue pendant des centaines d'années, sans victoires décisives, sans d'autres résultats que la dévastation des villes et des champs irrigués. Que ne détruisent pas, par exemple, les Nubiens quand, en 967, ils razzient la province d'Assouan jusqu'à Akhmim, à quelque 300 kilomètres au nord de la capitale ?

Tout commence à changer dans la seconde moitié du XIIe siècle, à une époque où la Nubie paraît plus forte que jamais. La campagne de 1174, à la fois conquérante et punitive, que mène en Basse-Nubie le frère de Saladin, Turan Chah, marque un tournant : la place forte d'Ibrim, où le « Seigneur de la Montagne » garde depuis toujours le passage de la deuxième cataracte et ferme l'accès vers l'amont, tombe ; son évêque est torturé et sa population massacrée. On pressent que l'Égypte musulmane n'entend plus supporter la Nubie chrétienne. En effet, un siècle plus tard, le sort de celle-ci est réglé. Elle est ravagée ; ses villes, y compris Dongola, détruites ; sa légendaire prospérité, anéantie – et, de gré ou de force, elle embrasse l'islamisme. De ce désastre, elle porte la responsabilité : elle paie son orgueil, ses trahisons, ses déchirements internes. Mais il faut dire que les musulmans savent parfaitement exploiter ses fautes. En 1271, le roi David Ier (à ne pas confondre avec le souverain éthiopien de même nom) profite des campagnes du Mamelouk Bay Bars en Syrie pour attaquer Assouan. On se croit revenu en 854, en 967, aux grands jours ! On en est loin ! Un simple émir, celui de Qus, vainc David, le repousse jusque dans sa capitale, et tout s'effondre. Une grande page d'histoire trop méconnue se ferme. En 1275, pour accéder au trône, un certain Shekander (Alexandre) est obligé d'aller au Caire, de solliciter l'intervention de Bay Bars et, pour son couronnement, il ouvre aux musulmans l'accès de son pays. Ceux-ci en seront vite les maîtres. Les rois se succéderont, se renverseront, parviendront même à repousser deux attaques égyptiennes, mais un jour le fils du grand Qalawun, Muhammad al-Nasir (1285-1340), réussira à faire introniser roi de Nubie un prince musulman (1315). La vieille dynastie chrétienne cédera définitivement la place à une monarchie islamique. Il est vrai qu'on se battra encore longtemps dans le royaume de Dongola, jusqu'à la fin du XIVe siècle, mais la partie y sera jouée. Ceux qui avaient été si ardemment chrétiens deviendront ardemment musulmans.

Seul le royaume d'Alodia, à l'écart, survivra. Il sera détruit plus tard, au début du XVIe siècle.

L'Éthiopie médiévale

À la fin de l'Antiquité, l'Éthiopie était considérée en Orient comme l'une des quatre ou cinq grandes puissances du monde. Mani l'avait dit. Les Byzantins le répétèrent et, plus tard, les Omeyyades. Elle avait fait du christianisme sa religion officielle vers 345, quand son roi Ezana s'était converti sous l'influence de saint Frumence, et elle était donc devenue, après l'Arménie, qui s'était fait baptiser en 301, le deuxième État officiellement chrétien. Certes, toute la population n'avait pas suivi la démarche de ses souverains ; il demeurait des masses animistes et nombre de juifs [4], et l'évangélisation devait se poursuivre inlassablement pendant des siècles.

Quand l'islam était né, elle avait d'abord entretenu d'excellentes relations avec lui. Elle avait accueilli sur son sol, dès 615, et encore plus tard, les premiers musulmans persécutés par les Mecquois ; Bilal, le muezzin du Prophète, était un Éthiopien. Mahomet avait écrit au négus une lettre (authentique ?) ; il avait désigné l'Éthiopie comme « un pays de vérité » et aurait déclaré un jour : « Laissez les Abyssins [en paix], tant qu'ils vous y laisseront [5]. » Plus tard, les rapports s'étaient un peu gâtés parce que les pirates de la côte érythréenne attaquaient les navires marchands en mer Rouge et faisaient des descentes sur les rivages arabiques. En 702, ils auraient même assailli le port de La Mecque, Djeddah. Les Arabes, de leur côté, avaient détruit plusieurs des bases de départ de ces fâcheux marins et, croit-on, ils se seraient installés dès le VIIIe siècle dans les îles Dahlak et dans la région de Massawa. En tout cas, petit à petit, ils s'étaient assuré la possession de tous les rivages de la corne de l'Afrique jusqu'à Mogadiscio, qu'ils avaient fondé vers 860, les avaient fermés aux Éthiopiens (qui y reviendraient cependant au Xe siècle) et avaient commencé à se répandre dans les basses terres de l'intérieur. Des stèles y attestent leur présence au moins depuis le IXe siècle. À cette époque, déjà nombreux et conscients de leur importance, les musulmans, sujets directs ou au moins vassaux des rois chrétiens, commencèrent à entrer en insurrection contre eux, surtout au nord-est, sur les rebords orientaux du Tigré, et plus encore au centre, sur ceux du Choa, et l'on entendit davantage parler de querelles, de mésententes, de conflits que d'accords, de coopération, d'amitié.

Les choses évolueront de telle sorte qu'au XIIIe siècle, au moment où la « dynastie salomonienne » (salmonide) (qui prétend descendre de Salomon) va être restaurée après la longue usurpation de celle des Zagoué (vers 1115-1270), où le royaume atteint son apogée sous Tekouna Amlak (1270-1289) et ses successeurs, où s'érigent ces nombreuses églises à plan centré qui posent tant de problèmes aux historiens de l'art, où la littérature copte se fait envahissante et stimule la production des lettres guèzes, l'Éthiopie apparaît juchée sur ses montagnes comme un vaste îlot entouré par la marée montante de l'islamisme. Dès lors, le flux est sensible partout, sauf dans l'Ouest païen, mais sa puissance est particulièrement nette au sud-est : la vague déferlante part de Zeyla, le port sur le golfe d'Aden, prend force en traversant l'Ifat, au sud de la vallée de l'Awache, et l'Adal qui prolonge celle-ci au sud-est jusque vers la ville de Harar, où un sultanat s'est fondé à la fin du IXe siècle, et elle se brise, écumante, sur le Choa, la province où se trouve l'actuelle Addis-Abeba.

En 1328, le négus Amda Siyon (Tsion) (1314-1344) – un grand prince « valeureux au plus haut point [...] au gouvernement équitable », reconnaît al-Umari – décide de mettre fin aux agressions des musulmans contre le pouvoir central, à leur indiscipline, à leurs exactions contre les chrétiens qu'ils obligent parfois à se convertir de force, et il envahit l'Ifat. Il progresse vite, renverse le maître des lieux, le sultan Haqq al-Din Ier (1328), atteint Zeyla et la mer, puis, plus tard encore, revient à l'assaut : il ne mènera pas moins de quatre campagnes, en rencontrant souvent une résistance désespérée puisqu'on parle un jour de toute une population qui prend les armes contre lui, y compris femmes et vieillards – et des trois survivants de l'affaire. Il a intronisé à la place de Haqq al-Din son frère Sabr al-Din, lui a imposé sa suzeraineté, et il a annexé la province voisine du Fatajar. Mais le nouveau souverain se rebelle sans tarder contre celui à qui il doit le trône, cherche des alliés, les trouve au Dawaro et au Hadiya, reprend la lutte, et est obligé de se rendre en 1335. Les gouverneurs qui lui succèdent ne sont pas plus fidèles, et l'insurrection musulmane s'étend. Finalement, pour la réprimer, le négus occupe tout le pays jusqu'au Chébelli et à l'Omo. Les chroniques musulmanes racontèrent qu'à sa mort il dominait quatre-vingt-dix-neuf rois et était respecté jusqu'au Caire. On en eut la preuve quand, en 1332, les Mamelouks firent arrêter le patriarche d'Alexandrie ; le souverain abyssin répliqua en confisquant les biens égyptiens dans son royaume, en arrêtant les caravaniers arabes, si bien que le sultan relâcha son prisonnier et s'empressa d'envoyer en Éthiopie une délégation d'évêques pour rétablir de bonnes relations avec elle. Sa réputation fut telle que, dans cette époque de grand silence, elle franchit les mers pour trouver un ultime écho dans le *Roland furieux* de l'Arioste.

Il y a après cela une période de paix au moins relative, puis l'insurrection islamique reprend sous le règne de David Ier (1380-1411). Haqq al-Din II a préparé avec soin le *djihad* et il commence les hostilités en 1386. Dès le début il y trouve la mort, mais Saad al-Din II (1386-1414) les poursuit, sans d'ailleurs obtenir de meilleurs résultats. L'année même de son avènement, le second successeur de David, Yetchak (Isaac, 1414-1429), remporte une victoire écrasante, oblige son ennemi à fuir éperdument jusqu'à la mer Rouge où il meurt, « l'âme joyeuse parce qu'il tombait pour la cause de Dieu » (al-Maqrizi). Ses dix fils, qui sont passés au Yémen, ne tardent pas à en revenir, fondent une nouvelle capitale, Dakar, pour un nouvel État, l'Adal, et, ensemble ou les uns après les autres, lancent attaques sur attaques. Yetchak y répond par des contre-attaques dévastatrices. Coïncidence ou non ? On constate que les combats sont particulièrement violents dans les années qui suivent 1422, où l'« église de la Résurrection » a été fermée à Jérusalem. Le négus, par représailles, détruit des mosquées, tue aveuglément des musulmans pour réduire en esclavage leurs femmes et leurs enfants. C'est alors que Djamal al-Din, l'un des frères naguère réfugiés au Yémen, prend Djédaya, une grande ville, détruit ses églises, la rase et vend sa population jusqu'en Inde. Au nord cependant, le souverain chrétien a obtenu des succès. Il a repris Massawa et les îles Dahlak, et atteint le cours du Baraka. Il ne verra pas l'issue de la guerre puisqu'il mourra au combat en 1429, peu avant que ses troupes ne remportent la victoire. Par les armes, il aura bien servi sa cause. Il l'aura bien servie aussi en prenant contact avec l'Occident : il aura fait parvenir des ambassadeurs à Valence auprès d'Alphonse X d'Aragon, et celui-ci lui aura écrit en le nommant « son très cher frère et ami ». Une porte s'ouvre : un peu plus tard, des Éthiopiens assisteront au concile de Florence (1439-1442), un Vénitien décorera l'église Atroma Maryam dans le Walaqa (vers 1468)... Ainsi se noueront entre l'Abyssinie et l'Europe des relations qui ne joueront pas un rôle négligeable au XVIe siècle.

Vers la fin de 1445, le sultan Badlaï de l'Adal envahit le Dawaro. Le roi Zara Yakub (1434-1468) marche aussitôt contre lui, le rencontre dans la plaine de l'Awache, le vainc, le tue. À une date indéterminée, il réprime la révolte du

Hadiya. Tout semble donc aller pour le mieux pour l'Éthiopie. Mais la puissance musulmane qui paraît abattue se réveille au contraire brusquement et le temps n'est plus loin où elle va se manifester au grand jour dans la terrible guerre du XVIe siècle, si catastrophique pour l'Éthiopie.

Chrétientés d'Asie centrale et d'Extrême-Orient

Il y a une autre chrétienté, certainement florissante, qui se trouva aussi isolée que celle de l'Éthiopie et qui connut un destin encore pire puisqu'elle disparut en totalité et ne laissa que peu de traces. Nous la connaissons mal et ne savons pas ce que fut sa mort ni quand elle eut lieu, sauf pour sa branche chinoise, condamnée par le décret frappant d'interdit les cultes étrangers que promulguèrent les Fils du Ciel en 845. L'Église, qui y était trop jeune, n'ayant pénétré dans l'empire du Milieu qu'en 635, ne put y résister. Nous connaissons son histoire par la célèbre stèle de Si-ngan-fou (X'ian), datée de 781, qui la raconte en chinois et en syriaque.

Bien que la tradition veuille que ce soient saint Thomas et son équipe qui, sur la route des Indes, aient commencé à évangéliser l'Asie centrale, et qu'il n'y ait pas plus de raisons péremptoires de la refuser que de l'accepter, la pénétration du christianisme en Asie s'effectua à partir des communautés installées en Mésopotamie et en Iran. Elle fut facilitée, ici comme ailleurs, par la grande diffusion du grec et de l'araméen, la langue que parlait Jésus, par la présence de colonies hellénistiques et juives, et, si paradoxal que cela puisse paraître, par les persécutions des Sassanides (338 et plus tard) qui firent fuir vers l'Orient des hommes qui avaient déjà tendance à y aller par prosélytisme, et par la déportation qu'ils firent de populations jugées dangereuses : on est renseigné sur celle de melchites (orthodoxes) à Romayri, près de Tachkent, et de jacobites (monophysites) à Yarkend, au Sin-kiang (Xinjiang), où Marco Polo signale encore leur présence au XIIIe siècle.

Épars sur des territoires immenses, les chrétiens, même quand ils avaient des divergences doctrinales, gardaient leur unité, en partie grâce aux liens qu'ils conservaient avec le catholicos résidant d'abord à Séleucie-Ctésiphon, ensuite à Bagdad, et surtout grâce à l'usage de la langue syriaque : on se sent plus proche quand on parle le même idiome, quand on prie avec les mêmes mots.

Nous avons des traces de l'activité missionnaire au Sistan, en Bactriane, en Arie, en Margiane avant la naissance de l'islam, au Ve siècle, et de la création d'un évêché en 549 chez les Hephthalites de l'actuel Afghanistan. Nous en avons d'autres dans les premiers siècles qui suivent l'invasion arabe, laquelle ne semble pas avoir porté préjudice aux chrétiens. Les Turcs, qui ne sont pas encore sortis de leurs steppes, paraissent particulièrement réceptifs à la foi nouvelle. Dès 624, l'évêque de Merv, le grand centre chrétien de l'Asie centrale à l'époque, annonce la conversion d'un de leurs chefs ; au VIIIe siècle, un métropolite est en poste à Samarkand, ce qui n'empêche pas qu'on en nomme un autre « pour le pays des Turcs ». Boris Marshak a professé que le peuple des Karluk (les « Neigeux »), qui avait pris part à la bataille du Talas (741), constituait un État chrétien ; d'autres ont affirmé que le delta de l'Oxus, le Khwarezm, était majoritairement chrétien en 895, ce que confirment au XIIIe siècle un Hayton et un Biruni. Un Awfi, encore au XIIIe siècle, n'hésite pas à dire, sans nuances, que les Ouighours, qui avaient formé jadis un empire des steppes et développaient au Xinjiang une si grande civilisation, ont embrassé le christianisme – ce qui semble avoir convaincu un savant de la stature de V.V. Barthold, bien que les peintures et les manuscrits qu'ils ont produits, à côté de nombreux textes chrétiens de Turfan écrits en syriaque, en sogdien et en turc, attestent surtout leur manichéisme et leur bouddhisme.

Il apparaît qu'au tournant de l'an mil chrétiens et musulmans rivalisent d'ardeur pour conquérir les nomades, comme s'ils prévoyaient le rôle que leurs invasions, à présent proches, vont leur donner au Moyen-Orient, et ce sont apparemment les chrétiens qui l'emportent. Comme un raz de marée, le christianisme s'étend jusqu'aux confins de la Mandchourie, particulièrement en Mongolie, ce qui laisse sous-entendre que les régions qui séparent celle-ci de l'Iran sont déjà chrétiennes – ce que tout nous dit par ailleurs. Ce sont d'abord, avant 1009, les Kereyit nomadisant dans les régions de l'Orkhon et de la Tola qui se convertissent, puis leurs voisins les Naïman, les uns et les autres peut-être un peu superficiellement, enfin les Öngüt qui campent au pied de la Grande Muraille, entre l'Ordos – la boucle du fleuve Jaune, où l'on a retrouvé des centaines de croix – et la Mandchourie, et dont l'imprégnation chrétienne ne saurait être mise en doute. Si les Gengiskhanides étaient devenus chrétiens, c'est à eux qu'on l'aurait dû ; si les chrétiens ont été si bien vus dans leur empire, c'est à eux qu'on le doit. Et c'est peut-être à eux, autant qu'à la tolérance des Mongols, autant qu'à leur curiosité, que l'on doit aussi et la présence de tous ces chrétiens à la cour du Grand Khan que Plan Carpin évoque en 1246, et les grands voyageurs médiévaux, et les évêchés que la papauté fonde à Samarkand (Thomas de Mancarollo), à Almalik (Pascal de Vittoria), à Pékin (Jean de Monte Corvino). Lev Goumiliov a eu raison de montrer qu'il y eut une véritable implantation des valeurs chrétiennes chez les peuples de la steppe, même s'il a exagéré en ajoutant que « les nestoriens furent les seuls à transmettre aux Turcs des notions religieuses abstraites ». Maintes épouses des khans, maintes de leurs mères furent chrétiennes, influèrent sur leurs époux et leurs fils. La femme du Mongol d'Iran, Hülegü, aurait été si favorable à ses coreligionnaires que le grand historien et ministre Rachid al-Din se plaint que, de leur temps, « c'en était au point que dans toute l'étendue du royaume on élevait chaque jour une église nouvelle ». C'est excessif, bien sûr, de la part de ce juif converti à l'islam qui exècre tout ce qui n'est pas musulman, en commençant par ceux de sa race.

Les historiens sont obligés d'avouer qu'ils ignorent quand et comment disparurent ces chrétiens d'Asie centrale et d'Extrême-Orient, si nombreux, même s'ils ne le furent pas autant qu'on se plaît à le croire. Il apparaît toutefois qu'ils ne survécurent pas très longtemps à la destruction des divers khanats issus de l'Empire mongol et qu'ils furent victimes des réactions contre la faveur dont ils avaient joui. On le voit très bien en Chine à partir de 1368 avec l'action nationaliste et xénophobe des Ming, aussi rigoureuse que celle des T'ang au IXe siècle. Il dut en aller de même ailleurs. Avant l'avènement de Tamerlan en 1370, dans l'ardente lutte idéologique, on ne mentionne que rarement en Asie centrale des guerres de religion et des actes de violence. Les premiers temps du califat abbasside furent certainement favorables aux chrétiens, les nestoriens nourrissant à Bagdad la civilisation islamique des apports de l'Antiquité. Ce n'est guère qu'au temps des Samanides de Sogdiane (874-999) que les chrétiens furent victimes de sévices, mais on les perçoit mal. En 893, on signale qu'une église est transformée en mosquée à Tabriz, et ce ne dut pas être la seule (j'ai la quasi-certitude que la plus vieille mosquée de Boukhara est une église remaniée) ; au Xe siècle, on mentionne des campagnes de *djihad* au-delà du Syr-Darya (Iaxarte), avec ses *ghazi* (victorieux) et ses *chahid* (martyrs), la destruction de sanctuaires, et l'on assiste à la fondation du royaume turc et musulman des Karakhanides de Kachgar et de Balasaghun, qui prouve que les régions du Tchou et du Talas s'islamisent en profondeur – elles n'en ont pas moins livré deux grands cimetières chrétiens, utilisés encore au XIIIe siècle, et quelque 550 inscriptions chrétiennes en syriaque et en turc.

Quand les princes mongols se convertissent à l'islam, on observe quelques vives flambées de violence, vite apaisées. Celle qui fit le plus de bruit eut lieu à Almalik en 1339 : le retentissement qu'elle eut ne découla pas du nombre des victimes qu'elle fit, des sévices exercés, mais de ce qu'elle rompait avec les traditions mongoles de tolérance.

On attribue volontiers, avec René Grousset, la destruction des chrétientés asiatiques à Tamerlan parce que le Grand

Émir n'avait que le mot de *djihad* à la bouche, parce qu'il se livra à d'horribles massacres en Géorgie (1386) où, dit-on, il anéantit la population – ce qui n'est pas vrai, puisque celle-ci reprit plus tard les armes –, à une immolation totale à Smyrne quand il eut enlevé ce port aux chevaliers de Malte (1402) – mais il détruisait et tuait partout. Les chrétiens auraient-ils plus souffert que les musulmans ? C'eût été difficile ! Tamerlan eut d'ailleurs pour eux de l'intérêt et de la sollicitude. Au siège du patriarcat maronite du Liban, il assista aux offices, partagea le repas des prêtres ; à Mardin, il paya de ses deniers la réparation du dôme de deux sanctuaires, et Jean de Sultaniye écrit « qu'il voit volontiers des chrétiens [...] [que] la haine qu'il a pu avoir pour eux s'est entièrement dissipée après son entretien avec deux dominicains ».

Qui a donc tué cette grande chrétienté ? Force nous est de ne pas donner de réponse plus précise que celle qui tient en un mot : l'islam.

CHAPITRE X

L'hégémonie des Turcs

Naissance des Ottomans

Les Mongols avaient amené avec eux des tribus turques de haute Asie enrôlées dans les armées de Gengis Khan et de ses successeurs, et elles allaient renouveler en partie le peuplement des pays englobés dans leur immense empire. Ils avaient aussi poussé vers l'ouest d'autres tribus de Turcs nomades (Türkmènes), qui s'étaient installées naguère, à l'époque seldjoukide, en Iran et en Anatolie orientale, et qui avaient pris la fuite sous l'emprise de la terreur ou seulement pour trouver de nouveaux pâturages afin de remplacer ceux que les conquérants leur enlevaient. Ces dernières tribus s'étaient établies en pays grec, aux confins des terres byzantines – qu'elles grignotaient parfois en attaquant les petits forts que l'empereur Michel VIII avait remis en état ou qu'il avait construits pour les arrêter –, voire sur ces terres elles-mêmes, où les autorités cherchaient à les utiliser au mieux. Certaines d'entre elles vivaient dans une sorte d'anarchie, sous la seule autorité d'un chef de clan, ne regardant que leur nombril ; d'autres au sein de principautés, les beylicats (*beylik*) ou émirats, infimes ou relativement vastes, comme il en existait dans toute l'Asie Mineure, vassales des Seldjoukides de Rum et par conséquent, depuis 1243, des Ilkhans, les Mongols d'Iran[1]. C'étaient, sur la mer Égée, du nord au sud, les émirats de Karesi, de Saruhan, au nord de Smyrne (Izmir), d'Aydin, de Menteche, et puis ce tout petit État qu'on nommerait sous peu ottoman, dont les hommes relevaient de la grande fédération des Kayi, qui, situé à l'ouest de la Sakarya, touchait à ce fleuve à Dorylée (Eskichehir) et qui avait pour capitale – ce qui est un bien grand mot – la bourgade de Söyüt (Sögüt). Au plus près de Constantinople, les Ottomans apparaissaient comme éminemment fragiles et dangereusement exposés.

Alors que certaines de ces tribus nouvellement venues étaient encore chamanistes et que quelques-unes, dont on retrouve les descendants jusqu'à nos jours, étaient christianisées, la plupart étaient musulmanes, au moins superficiellement, mais elles portaient assez peu d'intérêt à l'islam. Notre petit beylicat de Söyüt appartenait à cette majorité, sans doute depuis peu de temps, son fondateur, mort vers 1290, arborant encore le nom totémique ou para-totémique d'Er Tughrul, le « Faucon mâle », mais il semble que ses chefs aient été des croyants convaincus. Er Tughrul n'avait pas donné par hasard à ses fils des noms musulmans, dont celui qu'avait porté le deuxième calife, Osman (Othman).

Ce nouvel Osman, qui sera considéré comme le fondateur éponyme des Osmanli ou Ottomans, était affilié à un groupe, à une « corporation » de *ghazi*, les « victorieux à la guerre sainte », se faisait le chantre de la lutte contre les infidèles, même quand par opportunité il s'alliait avec eux, appelait tous les Turcs au *djihad*, ce qui lui amenait une foule de guerriers préférant combattre les chrétiens que leurs coreligionnaires, dans ces luttes stériles, et à leurs yeux scandaleuses, que les autres princes anatoliens se livraient pour quelques parcelles de sol. Il en acquit à la fois puissance et renommée. Les traditions unanimes insistent sur l'influence qu'exerça sur lui son beau-père Edebeli, qui était le *chaïkh* d'une congrégation religieuse, et il est vrai que des ordres parfois mystiques ou peu orthodoxes comme celui des Mevlevis, les Derviches tourneurs, et surtout celui des Bektachis joueront toujours un rôle important chez les Ottomans dans la suite des temps.

Bien que les historiographes aient fixé à l'an 1299 la fondation officielle de l'Empire ottoman, qu'Osman ait commencé à agrandir ses territoires en conquérant quelques petites places – Karadjahisar, Inégöl, Biledjik, Yarhisar, Yenichehir – et qu'il ait remporté une véritable victoire sur les Grecs à Baphaeus, près de Nicée (Iznik), le 27 juillet 1303, la véritable émergence de la famille à laquelle était réservée une si grande carrière ne débuta vraiment que dans les années 1320, qui répondent sans doute à celles où Osman mourut, et elle est due à son fils et successeur, Orhan (vers 1326-1359 ou 1362). Orhan, qui depuis longtemps (1317) commandait les armées de son père, progressait avec ténacité vers la grande ville de Brousse (Bursa). Il y entra finalement le 6 avril 1326 et en fit sa capitale. Ce succès lui en valut d'autres. En 1327, il prit Lopedion (Ulubad) ; le 10 juin 1329, il vainquit l'armée byzantine d'Andronic III à Pelekanon ; le 2 mars 1331, il s'empara de Nicée, la ville des conciles. Ce n'était pas la première fois qu'elle tombait, mais les croisades l'avaient rendue à Byzance et c'était à peu près tout ce qu'il restait d'elles. Ce fut pour toute la chrétienté un véritable deuil, une nouvelle humiliation, et elle ne survenait que quelques décennies après la perte définitive de la Terre sainte ! Après cela, il y eut trêve, puis on recommença à se battre, et les Ottomans, en 1333, enlevèrent Nicomédie (Izmit). Leur beylicat n'était certes pas encore très étendu, mais il pouvait se poser en égal des autres, à commencer par celui de Karesi avec lequel il avait une frontière commune. Il le fit bien voir. Alors qu'il répugnait à intervenir dans les querelles intestines des principautés pour se consacrer uniquement au *djihad*, il annexa le Karesi entre 1336 et 1345. Il faut noter qu'il avait alors les mains libres, les Seldjoukides ayant disparu en 1303, et les Mongols d'Iran, les Ilkhans, en 1335. Il faut aussi souligner que le jeune État était bien structuré et, vers 1330, chose nouvelle, s'était doté d'une armée de métier, la « nouvelle milice », les *yeni-tcheri* ou janissaires[2].

Le beylicat de Karesi avait eu une courte, mais belle carrière. Pendant que les Ottomans venaient au jour, il avait réussi à s'étendre de Pergame aux Dardanelles et, avec d'autres Turcs ou sans eux, à des dates inconnues, pour des motifs et selon des modalités que nous percevons mal, il avait franchi l'étroit bras de mer séparant l'Asie et l'Europe et avait commencé à coloniser la Thrace. Il y était parvenu en grande partie grâce à sa flotte avant que celle-ci n'ait été plus ou moins mise hors jeu par une coalition de la papauté, de la France, de Venise, de Rhodes et de Chypre.

Maître du Nord-Ouest anatolien, toujours victorieux, bien armé, possédant une bonne administration et déjà soucieux de culture, comme le prouve l'érection à Brousse de la mosquée qui porte son nom (1339), Orhan pouvait vivre et mourir tranquille. Il s'allia à Byzance, épousa la fille du *basileus* (1346) et accepta d'aider son beau-père dans la lutte qui l'opposait aux Serbes, ce qui lui donna l'occasion de passer pour la première fois en Europe. Un séisme survenu en 1357, qui abattit partiellement les murailles de Gallipoli, lui permit en outre de s'emparer de cette ville tête de pont, et d'en faire sa base de départ pour de futures et probables campagnes européennes.

Passage des Turcs en Europe

Jamais moment n'avait été aussi propice pour lancer une offensive de grande ampleur dans les Balkans. La France et l'Angleterre, anciennes championnes des croisades, étaient occupées presque exclusivement par la guerre de Cent Ans qui avait commencé quelque vingt-cinq années plus tôt (1337). Le monde venait d'être dévasté par la Grande Peste de 1348. Venise et Gênes comme Rome et Byzance étaient en conflit, les premières pour des raisons économiques, les secondes par idéologie (les orthodoxes ne disent-ils pas qu'ils préféreraient le turban du Turc à la mitre romaine ?). Les États balkaniques se déchiraient.

Le fils d'Orhan, Murad Ier (1362-1389), qui accède au pouvoir à la mort de son père et qui est le premier chez les Ottomans à porter le titre de sultan, va exploiter ces rivalités avec la plus grande habileté, pousser ses pions et faire de son existence une longue conquête. Dès son avènement, il s'empare de Tchorlu, de Demitoka, de Gumudjin, de Lüleburgaz, puis, à une date incertaine entre 1361 et 1372, de la ville d'Hadrien, Andrinople (Édirne), dont il fait sa capitale européenne, enfin de Philippopoli et de presque toute la Thrace. Ces succès émeuvent la papauté, et Urbain V (1362-1370) appelle à la croisade, mais seuls les chrétiens d'Orient – Hongrois, Bosniaques, Serbes, Valaques – lui répondent. Ils se font vaincre sur la Maritza en 1363. Peu après, le 1er avril 1364, Amédée de Savoie prend la croix, part de Venise avec une flotte assez considérable en juin 1366, enlève Gallipoli le 23 août, ce qui aurait fermé aux Ottomans la route vers l'Europe si ce n'avait pas été sans lendemain, la ville ne tardant pas à redevenir turque. Il gagne ensuite Constantinople, guerroie pour le compte du *basileus*, lui conquiert quelques petites positions, puis repart en juin 1367. Murad reprend sa progression. En 1371, il vainc les Serbes ; en 1375, il entre dans Nich ; en 1383, dans Serres ; en 1385, dans Sofia ; en 1386, dans Larissa ; en 1387, dans Salonique qu'il assiégeait depuis quatre ans. La défaite que Serbes et Bosniaques coalisés lui infligent à Plochnik en 1388 le décide à porter un grand coup. Le 15 juin 1389, il remporte une éclatante victoire sur les Balkaniques aux Champs des Merles, Kosovo ; mais, sur le champ de bataille, le Serbe Miloc Kobilovic réussit à le poignarder. Ce pouvait être une consolation. Il n'empêche ! Cette journée, où, pour reprendre le titre d'un roman contemporain (Milena Nokovitch), « la nuit ottomane tomba sur Kosovo », restera inscrite dans la mémoire des Serbes jusqu'à nos jours. Et pourtant les vaincus se rallieront au vainqueur et lui demeureront fidèles. On en aura bientôt la preuve.

Le successeur de Murad, Yildirim Bayazid Ier, « Bajazet la Foudre » (1389-1402), alla mettre le siège devant Constantinople au printemps de 1394. Il le poursuivit pendant sept ans. En même temps, il attaqua la Valachie, occupa la Dobroudja.

Le plus oriental des pays de confession catholique, la Hongrie, se trouvait maintenant avoir une frontière commune avec les Ottomans, ce qui n'était pas sans inquiéter son souverain, Sigismond (1387-1437), d'autant plus que Venise, soucieuse de son commerce, flirtait avec les Turcs, et que Bayazid s'enivrait d'orgueil, de prétentions : « Mon cheval ira manger son avoine sur l'autel de Saint-Pierre de Rome ! » Ce fut la France qui, malgré ses soucis internes (folie de Charles VI), s'enflamma pour la croisade. Une grande armée se réunit à Bude (aujourd'hui Budapest). Les chevaliers Teutoniques et ceux de Rhodes y côtoyaient la fine fleur de l'aristocratie française, le comte d'Eu, connétable de France, l'amiral Jean de Vienne, le maréchal de Boucicaut, le sieur de Coucy, Jean Sans Peur, héritier du duc de Bourgogne, et plus de mille seigneurs. Bayazid, qui guerroyait en Anatolie depuis 1391 pour en achever la conquête, arriva en toute hâte et rencontra les croisés sur les rives du Danube, à Nicopolis, le 22 septembre 1396. La bataille fut longtemps indécise, mais l'habituelle impétuosité des Français, qui se jetèrent étourdiment à l'attaque, et l'action dans l'armée ottomane d'un corps auxiliaire serbe sous les ordres de Stefan Lazarévitch emportèrent la décision. Ce fut une grande journée pour les Turcs, une journée qui accrut immensément leur prestige et leur permit d'entrer dans plusieurs villes, notamment dans Athènes (1397). C'en fut une assez démoralisante pour les chrétiens, pour les Français en particulier, et leur optimisme décrut. Néanmoins, ils ne renoncèrent pas totalement à porter secours à la chrétienté orientale. Dans l'été de 1399, Charles VI envoya encore à Constantinople 1 200 hommes sous le commandement de Boucicaut : c'était insuffisant. Ils durent se contenter de faire quelques brillantes sorties. Ils en profitèrent pour piller, incendier, massacrer et laisser un très mauvais souvenir. Ils ne soulagèrent pas la ville. Elle était épuisée. Elle n'en pouvait plus. Elle parlait de se rendre et, si elle ne se rendait pas, il était clair qu'elle allait être prise. C'est alors que survint Tamerlan.

Destruction et reconstruction de l'Empire ottoman

De sa capitale de Samarkand, Timur Leng, Timour le Boiteux, notre Tamerlan, qui n'avait voulu, lors de son intronisation en 1370, que le titre de Grand Émir, conquérait le monde. Il était invincible. Bayazid le paraissait aussi. Tous deux étaient turcs et les Turcs avaient toujours proclamé qu'il ne pouvait y avoir qu'un seul roi sur la terre comme il n'y avait qu'un seul Dieu dans le ciel[3]. À plus forte raison, la coexistence de deux souverains turcs était à leurs yeux impensable. L'affrontement entre les deux hommes était inévitable. Tamerlan entra dans une Anatolie toute prête à le recevoir, dans une Anatolie qui venait d'être en grande partie conquise par les Ottomans en lesquels elle voyait déjà des Européens, qui regrettait son indépendance et ses beys – qui d'ailleurs s'étaient réfugiés chez les Timourides. Emmenant avec eux des contingents des peuples récemment soumis, le grand émir et le sultan marchèrent l'un contre l'autre. Ils se rencontrèrent sur le plateau que domine la vieille citadelle romaine d'Ancyre, Ankara, en un jour étrangement indéterminé de la dernière décade d'août 1402. On a dit qu'il y avait là un million d'hommes. Peut-être n'y en avait-il que la moitié, ce qui était déjà beaucoup, et c'étaient les deux plus belles armées du monde. La bataille commença assez tard dans la matinée, mais ne se termina qu'à la nuit tombée. Les janissaires tinrent bon et les troupes chrétiennes, les Serbes que commandait le roi Étienne, firent des prodiges, mais les contingents turcs recrutés en Asie Mineure se sentaient proches de Tamerlan et passèrent à lui. Quand le soleil se coucha, les Ottomans étaient vaincus et Bayazid fait prisonnier. Il mourut sans doute de désespoir quelques mois plus tard, le 9 mars, et son vainqueur le fit enterrer à Brousse dans la nécropole impériale.

Tamerlan parcourut l'Asie Mineure et restaura les beylicats. Il se paya le luxe d'enlever Smyrne aux chevaliers de Rhodes, qui purent s'enfuir sur leurs vaisseaux, mais fit un épouvantable massacre dans la ville (décembre 1402) : il voulait montrer qu'il était un bon musulman[4]. Puis il repartit pour l'Orient dans l'intention de conquérir la Chine. Il devait en mourir. L'Empire ottoman aurait dû disparaître. Il avait perdu son armée, son empereur, toutes ses possessions d'Anatolie, et les fils du souverain défunt se déchiraient entre eux. Non seulement il survécut, mais il se redressa en peu d'années. Tamerlan n'était pas passé en Europe, et l'Europe ottomane resta fidèle à ses maîtres, et l'Europe qui n'était pas ottomane n'en profita pas pour lancer une attaque d'envergure.

Après quelques années d'anarchie dues à la révolution de tendances égalitaristes de Bedreddin et aux luttes que se livrèrent les enfants de Bayazid, Mehmed Ier (1403-1421) parvint à restaurer l'Empire, non sans recevoir l'appui de Byzance dans la reconquête des émirats anatoliens, puis il mourut d'une attaque d'apoplexie. Les Ottomans étaient sauvés. Ils n'avaient cependant pas recouvré leur puissance, bien qu'ils connussent quelques succès importants comme la reprise de Salonique en 1430, la conquête de Janina et d'une partie de l'Albanie en 1431. On en eut la preuve quand Murad II (1421-1450) assiégea vainement Constantinople (assaut repoussé le 24 août 1422) ; quand, dans une campagne en Serbie, il échoua devant Belgrade (avril-septembre 1440) ; quand il fut mis en échec à plusieurs reprises de 1435 à 1442 par Jean Hunyadi, voïvode de Transylvanie. Les revers des Turcs, bien que limités, rendirent espoir aux chrétiens et le pape Eugène IV les incita à entreprendre une nouvelle croisade, celle qu'on nomma la « longue campagne ». Hunyadi en prit la tête. Il avait avec lui Hongrois, Allemands, Polonais, Vénitiens, et les Albanais d'un homme qui allait se montrer dangereux, Skander Beg, qui s'était converti à l'islam puis avait apostasié (1443). L'armée catholique franchit le Danube près de Belgrade, gagna une première bataille près de Nich en novembre 1443, ce qui lui permit de pousser jusqu'à Sofia qu'elle occupa. Comme les chrétiens victorieux, au lieu de s'installer dans les territoires libérés, se repliaient, le sultan, qui ne désirait pas continuer la lutte, signa à Szeged une trêve peu favorable de dix ans. On rendit l'accord solennel, les chrétiens jurant sur l'Évangile et les musulmans sur le Coran de le respecter, et Murad abandonna le trône à son fils Mehmed, âgé de quatorze ans. Les chrétiens crurent opportun de profiter de la minorité du nouveau souverain pour rompre la trêve, en arguant qu'un serment prêté sur l'Évangile était nul et non avenu s'il concernait des infidèles. Les Turcs en furent indignés. Ils avaient la naïveté de respecter la parole donnée, et Murad reprit le pouvoir en juillet 1444.

L'armée des croisés, conduite par le roi Ladislas de Pologne, le légat pontifical Cesarini et Hunyadi, franchit le Danube et se dirigea vers la mer Noire par Vidin et Nicopolis, où elle fut rejointe par les Valaques. Elle arriva sur ses rives, à Varna, en novembre 1444, en même temps que les forces ottomanes, deux ou trois fois plus nombreuses, et qu'une flotte sous commandement vénitien envoyée vers les Détroits aurait dû empêcher de passer d'Anatolie en Roumélie. On se battit. Ladislas et Cesarini furent tués et, malgré les exploits de Hunyadi, les chrétiens prirent la fuite. Murad les poursuivit, les traqua. En 1446, il occupa le Péloponnèse ; en 1447, il s'attaqua sans succès à Skander Beg en Épire et en Albanie. Mais, le 19 octobre 1448, il vainquit Hunyadi dans une seconde bataille de Kosovo, puis il intervint dans la politique intérieure de Byzance. Bien que la flotte qu'il avait fait construire, et dont les équipages étaient en majeure partie provençaux, catalans, génois, siciliens ou crétois, ait été coulée le 29 mai 1446, quand Murad mourut en 1451, il ne restait plus grand espoir de sauver Constantinople. Il reviendra au jeune Mehmed II (1451-1481) de prendre la seconde Rome.

La Horde d'Or

En 1222, les Mongols avaient défait une première fois à la bataille de la Kalka les Russes qui avaient répondu à l'appel des turcophones vivant dans les steppes au nord de la mer Noire et au sud de la Russie kiévienne, les Kiptchak, qu'ils nommaient eux-mêmes Polovtses et que les Latins appelaient Comans, alors que ceux-ci étaient attaqués par les deux généraux de Gengis Khan, Djebe et Sübötei. Bien que cette cuisante défaite n'ait pas eu de conséquences immédiates sur leur sort, les Russes n'en feraient pas moins remonter à elle la *tatartchina*, la soumission aux Tatars[5] (Tartares), et cet esclavage qui allait durer si longtemps et influer de manière décisive sur leur histoire. Quelques années plus tard, en 1237-1238, leur sujétion était devenue effective. Toutes leurs principautés avaient été soumises, leurs capitales prises et ravagées – Riazan, Kolomna, Moscou, Vladimir, Souzdal, Rostov, Iaroslav –, et si Novgorod avait échappé à l'occupation, elle l'avait dû au dégel du printemps qui transformait les sols en bourbier, mais elle avait dû se reconnaître vassale et payer le tribut. En 1239, les Mongols s'étaient alors retournés vers le sud et avaient pris Pereieslav, Tchernikov et enfin, en novembre ou décembre 1240, non sans peine, la grande ville de Kiev.

La vassalité était dure, même si les cités conservaient leur autonomie, parce que leurs chefs devaient être investis par les autorités mongoles, parce qu'ils étaient contraints de venir rendre hommage et de payer l'impôt. En revanche, les mœurs et les coutumes des vaincus étaient respectées et l'Église jouissait de privilèges exorbitants qui contribueraient à lui donner le poids qu'elle aurait plus tard, parce que les Mongols étaient essentiellement tolérants, respectueux et craintifs de toutes les religions et soucieux d'organiser les cultes.

En 1292, l'empire unifié de Gengis Khan éclata pour former quatre États indépendants (khanats ou *ulus*). Les steppes à l'ouest de l'Oural et le monde russe, un peu plus de vingt ans après avoir été soumis, constituèrent l'un d'eux, le khanat de Kiptchak, connu aussi comme *ulus* de Djötchi et Horde d'Or.

Les « barbares » s'étaient rapidement policés et, sous les règnes d'Özbeg (1312-1340), de Djanibeg (1340-1357) et de

Berdibeg (1357-1359), la Horde d'Or entra dans une période de grande prospérité et vit son niveau culturel s'élever sensiblement. Les Mongols achevèrent de se diluer dans la masse des turcophones qui les entouraient et qui les servaient, et ils s'islamisèrent, alors qu'ils auraient pu, dans leur entourage pluriconfessionnel, devenir juifs ou chrétiens. Si Özbeg, dans sa ferveur de nouveau converti, fit montre à ses débuts d'un prosélytisme un peu agressif, il fut vite conduit par ses propres sujets à mettre de l'eau dans son vin et à continuer la politique traditionnelle de bienveillance envers les non-musulmans, en l'occurrence, dans son État où ils étaient majoritaires, envers les chamanistes et les chrétiens. Il accorda sa faveur aux missions catholiques, fort nombreuses depuis que l'Empire mongol leur avait ouvert ses portes, si bien qu'en 1328 le pape Jean XII lui écrivit pour le remercier de sa sollicitude envers les franciscains et les dominicains. Il renoua avec les comptoirs génois de Crimée, si utiles – pour ne pas dire indispensables – à son économie, mais qui pratiquaient à grande échelle le commerce des esclaves, achetant (parfois à leurs parents et à leurs proches, si l'on en croit al-Maqrizi) des masses d'hommes, de femmes et d'enfants kiptchaks [6] qu'ils vendaient en Égypte (où, en prenant un jour le pouvoir, ils formeront l'État mamelouk).

Les colonies génoises étaient déjà anciennes, s'étant établies au moins en 1256, peut-être avant si cette année-là leur avait été confirmé un droit antérieur d'installation, mais, en 1307, le souverain de la Horde d'Or, Toqto'a, avait soudain fait emprisonner tous les marchands italiens de Saraï, sa capitale, et mis le siège devant Caffa. Quatre ans de pourparlers n'avaient pas été de trop pour amener les deux parties à oublier leur ressentiment et à ne considérer que leurs intérêts. Özbeg y était parvenu et, dès 1316, l'activité des Génois était de nouveau intense. Six ans plus tard, il permettait aux Vénitiens de s'installer à La Tana-Azaq, à l'embouchure du Don. Ce n'était pas mal vu : il pouvait obtenir des prix plus intéressants en jouant sur la concurrence des deux cités rivales.

Naturellement, les Russes continuaient à subir la domination des Mongols et une fiscalité qui ne cessait de s'alourdir, mais les rapports ne pouvaient plus être exactement les mêmes depuis que ces derniers étaient devenus musulmans. À un esclavage sans aucune coloration religieuse succédait un autre où celle-ci était forte, et le contentieux entre l'islam et la chrétienté, fût-elle orthodoxe, était trop chargé pour qu'il s'effaçât, et l'on se mit à parler du « joug cruel des musulmans », de « la rage que Dieu a mise au cœur des chrétiens qui ne peuvent supporter la contrainte des païens » (*Chronique Laurentine*). Et si, un jour, les vassaux devaient reprendre la lutte contre leurs suzerains, ce serait contre l'islam qu'ils se battraient bien plus que contre les Tartares, et l'Église orthodoxe, qu'ils avaient tant comblée, les encouragerait.

Ils y songeaient. Déjà ils s'agitaient. En août 1327, la ville de Tver, dont le rôle ne cessait pas de croître dans le concert des États slaves, se révolta. Özbeg eut alors l'idée de se servir de Moscou, qui se posait en rivale de Tver, pour ramener celle-ci à ses devoirs et il confia au prince Ivan Kalita 50 000 hommes avec ordre de transformer en désert la province de l'insoumise. Ainsi débuta la puissance de Moscou, une puissance qui dès lors continua à s'accroître d'année en année, au prix souvent d'une certaine bassesse de comportement puisque Siméon le Fier (mort en 1353) n'ira pas moins de cinq fois s'humilier à la Horde. Il n'y aura là rien de nouveau. Déjà la *Chronique Hypatienne* constate qu'un grand prince comme David Romanovitch, au milieu du XIIIe siècle, « est maintenant à genoux et appelé esclave ».

En même temps, les accrochages n'étaient pas rares entre Italiens et musulmans. En 1343, ils furent si violents que Djanibeg fut obligé d'intervenir. Il chassa les Vénitiens de La Tana et assiégea deux fois en vain Caffa (1343, 1345). Mais le commerce périclita et, cette fois encore, des discussions s'ouvrirent qui aboutirent à la réouverture des comptoirs en 1347. Ce qui parut à tout le monde une excellente chose se transforma en épouvantable catastrophe. Les marins avaient à peine repris la mer qu'éclata la Grande Peste et qu'ils la transportèrent jusqu'en Afrique du Nord, jusqu'en Europe occidentale où elle fera des millions de morts[7].

Djanibeg est assassiné en 1357 ou 1358. Les querelles de personne déchirent la Horde, et elle s'affaisse alors même que les principautés slaves vassales ne cessent de se fortifier. Pendant qu'une sorte de condottiere, Mamaï, essaie de remettre de l'ordre (1362), les Russes croient le moment venu de recouvrer leur indépendance. En 1371, à l'exhortation du grand-duc de Moscou, Dimitri Donskoï, ils refusent de payer l'impôt et de venir rendre leurs habituels hommages à la cour. Les Mongols ne l'acceptent naturellement pas. Dimitri, qui voit leurs préparatifs (1373) et sait ce que coûtent leurs raids, veut les prendre de vitesse. Il marche contre eux et, le 11 août 1378, les vainc à La Voja. Cette victoire, que bien peu croyaient possible, soulève l'enthousiasme des autres villes, de Vladimir, de Rostov, de Souzdal, de Iaroslav, de toutes, sauf de Riazan et de Novgorod qui détestent Moscou. Une coalition se forme qui réussit à rassembler quelque 150 000 hommes. Les Tartares marchent vers le nord. Les Russes marchent vers le sud à leur rencontre. Le 6 septembre 1380, les insurgés sont sur le Don, à Koulikovo. Ils traversent le fleuve de façon à livrer bataille en y étant adossés, pour que leur soit interdit tout recul : ils vaincront ou mourront. Ils vaincront. Le 8, ils obtiennent une victoire sans appel et Mamaï prend la fuite. On la chantera, cette bataille, dans toute la Sainte Russie comme on chante tous les grands combats héroïques. « Il n'y en a jamais eu de pareille. À dix kilomètres à la ronde, la plaine fourmille de combattants. Le sang ruisselle à torrents » (cité par Boris Grekov et Alexandre Iakoubovski). Elle est finie, la *tatartchina*. On le croit ; on en est sûr. Elle ne l'est pas vraiment et elle se prolongera quelques décennies encore, mais les Russes ne se trompent pas et n'ont pas tort de triompher. Koulikovo signe la condamnation à mort de la Horde d'Or.

Sans chef, sans armée, profondément humiliée, la Horde d'Or est momentanément sauvée par un homme de haute stature, Toktamich, qui n'aura qu'un seul malheur, celui de rencontrer un homme de plus haute stature encore, et de se faire aimer de lui, et de le payer d'ingratitude jusqu'à en faire son ennemi : Tamerlan – encore lui ! –, qui s'est fait couronner Grand Émir à Bactres en 1370 et qui entend conquérir le monde. Toktamich, qui est issu des hordes d'Asie centrale, se débarrasse de Mamaï, prend sa place, réorganise ses forces et demande aux vassaux de recommencer à payer le tribut. Riazan et Novgorod l'acceptent. Comme Moscou le refuse, il marche sur elle, l'enlève, l'incendie et tue entre 12 et 24 000 de ses habitants (26 août 1382). Il se croit assez puissant pour défier Tamerlan. Il est vaincu par lui le 9 juin 1391, après une longue chasse dans les steppes, près d'Orenbourg, mais s'en sort grâce à l'appui vraiment inattendu du grand-duc de Moscou, Vassili. Il défie encore le Grand Émir et se fait écraser sur le Terek en février 1395. Pendant deux ans, Tamerlan, qui s'est toujours déclaré le champion du *djihad*, mais dont toute la vie a été consacrée à abattre les puissances musulmanes de son temps, s'en donne à cœur joie dans les terres chrétiennes. Il parcourt toute l'Europe orientale, allant jusque devant Moscou, jusque devant Kazan, jusque devant Kiev, mais sans entrer dans aucune, se contentant d'enlever et de raser les cités de la Horde. Cette fois, celle-ci ne s'en relèvera pas.

Sous son nouveau khan Timur Qutlug (1398-1401) et sous les successeurs de celui-ci, Chadibeg (1401-1407) et Pulad (1407-1412), elle vit encore quelques heures de relative gloire, notamment quand elle vainc les Lituaniens à La Vorskla (1399). Mais en 1408, alors qu'elle a incendié Nijni-Novgorod et Goretz et qu'elle marche sur Moscou, elle renonce à attaquer cette dernière et se retire sous de vagues promesses d'obédience. Ce recul marque sa fin. Entre 1430 et 1465, elle va se disloquer pour donner naissance à cinq États différents, pendant qu'à Moscou monte sur le trône Ivan III le Grand (1462-1505).

CHAPITRE XI

De la prise de Constantinople à celle de Grenade

La prise de Constantinople

Au milieu du XVe siècle, Constantinople n'était plus grand-chose : une ville entourée de sa banlieue et possédant environ la moitié de la Morée, une ville étroitement enserrée dans le monde ottoman, dont elle était en quelque sorte une vassale apeurée, une ville vidée de ses habitants puisque ne comptant plus guère que de 40 à 50 000 âmes dans un vêtement fait pour en contenir vingt fois plus. Elle vivait seulement de sa gloire, du rayonnement qu'elle avait exercé pendant un millénaire, de son prestige qui demeurait immense, presque de sa sacralité. Depuis toujours, les musulmans avaient rêvé de la prendre ; ils l'avaient essayé à plusieurs reprises et les Turcs eux-mêmes l'avaient déjà assiégée. Ce ne devait pas être un grand exploit que de la faire tomber et pourtant, même chez les Ottomans, il y avait des hommes haut placés qui croyaient que ce n'était qu'un rêve, qui ne voulaient pas qu'on s'y complaise, et sa chute sera considérée comme un événement capital, comme un des faits les plus importants de l'Histoire, à tel point que le jour où elle surviendra sera choisi par les historiens pour marquer la fin du Moyen Âge et le début des Temps modernes.

Mehmed II (1451-1481) avait vingt et un ans, l'âge de toutes les audaces, celui où l'on ne respecte pas grand-chose – et la ville ne survivait que du respect qu'on lui portait. Il en prépara l'assaut avec un soin extrême. Il s'assura autant que faire se pouvait de la neutralité de ses voisins européens ou asiatiques. Il mobilisa une flotte immense de quelque 350 vaisseaux. Il fit construire à Édirne plusieurs canons de dimensions et de puissance encore inconnues, dont la plus grosse pièce qui ait jamais encore existé, capable de lancer à près de deux kilomètres des boulets de 600 à 700 kilos[1] : il fallut deux mois pour l'acheminer, tirée par des bœufs, jusqu'au pied de la ville. Pour empêcher le passage des navires dans le Bosphore, il fit ériger en quelques mois, du 15 avril au 31 août 1452, sur sa rive européenne, à l'endroit où il est le plus étroit (660 mètres), en face du château dit d'Anatolie (Anadolu Hisar), une splendide et puissante forteresse, le château de Roumélie (Rumeli Hisar), dont il supervisa les travaux en personne. Il concentra une armée solide, dont nul ne sait le nombre, évaluée aussi bien à des centaines qu'à quelques dizaines de milliers d'hommes (au moins 12 000 selon Robert Mantran, ce qui est peu, bien peu pour une telle affaire). Le *basileus*, Constantin XI (1448-1453), eut peur. Il lança un appel désespéré à l'Occident. On peut dire qu'il ne fut pas entendu. Venise et Gênes, soucieuses de leur commerce, n'osèrent pas rompre ouvertement avec la Porte, la « Sublime Porte », comme on nommait le gouvernement ottoman ; la papauté était plus préoccupée de l'union des Églises que de la défense de la capitale orthodoxe... C'est à peine s'il vint quelques renforts dérisoires : le légat du pape avec 200 hommes le 26 octobre 1452 ; le Génois Giustiniani, qui sera l'âme de la résistance, avec 700 hommes le 29 janvier 1453 ; et quelques individus de toutes les origines qui se trouvaient en ville ou dans les environs. En totalité, il y aurait eu, selon un recensement effectué à la fin de mai, 4 985 soldats grecs, y compris les moines, et 2 000 étrangers pour défendre la place. Quelques navires qui mouillaient dans le port ou naviguaient dans les parages se joignirent aussi à eux. Les Byzantins, dans ces conditions, ne purent guère que réparer les murailles aux endroits où elles étaient les plus faibles et, pour fermer l'accès au port naturel de la ville, le golfe profond de la Corne d'Or, ils contrôlèrent la solidité de la grande chaîne qui en barrait l'entrée – chaîne mise en place par Léon III l'Isaurien lors du siège de 712, et qui avait bien gêné les croisés. Elle se révélera encore efficace.

L'armée turque se concentra autour de la ville en février et mars 1453, enleva quelques bourgades aux alentours, et Mehmed la rejoignit le 2 avril. Le 5, tout un chacun était en place et le siège commença. Un premier assaut, précédé d'un tir intense de l'artillerie, fut lancé le 18 avril et échoua. Le 20 avril, en dépit des vaisseaux turcs qui croisaient en Marmara pour empêcher l'arrivée éventuelle de renforts, quatre navires génois purent entrer dans le port byzantin, faisant naître un grand espoir chez les assiégés qui pensaient à tort qu'ils étaient l'avant-garde d'une flotte puissante, et provoquant une terrible colère de Mehmed II contre son amiral qu'il considéra comme un traître plus que comme un incapable.

Cette chaîne qui barrait l'accès à la Corne d'Or était pour les Turcs un obstacle primordial : elle les empêchait à la fois d'assaillir la flotte byzantine qui, mouillant dans le port, représentait pour eux une certaine menace, et d'attaquer les murailles maritimes de la ville, moins puissantes que les terrestres. Ils essayèrent de la briser, mais n'y parvinrent pas. Alors ils montèrent une opération stupéfiante. Dans la seule nuit du 26 au 27 avril, ils tracèrent un chemin de planches menant du Bosphore à la Corne d'Or en escaladant la colline de Péra, et y firent glisser sur plusieurs kilomètres une partie de leur flotte, quelque 60 ou 70 petits bateaux, longs d'une vingtaine de mètres. Au lever du soleil, les Grecs, qui ne s'étaient aperçus de rien, eurent la stupéfaction de voir les navires en ordre de combat dans leur port. Ils ne furent pas capables de les vaincre. Les Turcs purent reprendre leurs attaques et de la mer, et de la terre. Ils le firent le 7 mai, puis le 12, les deux fois en vain. Il y avait chez eux, rappelons-le, un parti de la paix, des personnalités qui avaient tenté de détourner le sultan de son projet d'attaquer Constantinople. Ils évoquèrent la possibilité que, d'un jour à l'autre, les Latins lançassent une opération militaire de grande envergure. Lèverait-on le siège ? On savait que les Byzantins étaient épuisés par l'effort soutenu et par la faim. On pouvait essayer de négocier. Le 23 mai, on leur proposa une capitulation plus qu'honorable. Ils la refusèrent. Il fut décidé qu'on lancerait un ultime assaut dans la nuit du 28 au 29 mai. Il commença donc le 29, trois heures avant l'aube, de tous les côtés à la fois pour que les Byzantins éparpillassent leurs hommes, mais l'effort principal fut porté à l'ouest, aux environs de la porte d'Andrinople. On passa dans les brèches faites par les boulets aux murailles. Giustiniani fut tué. Les Turcs se répandirent dans les rues, dans les avenues, sur les places, pillant et massacrant certes, comme la loi et la coutume l'autorisaient, mais beaucoup moins qu'on ne l'a dit. Au soir, l'empereur était mort les armes à la main et toute résistance avait cessé. Le lendemain, le 30 mai dans l'après-midi, Mehmed II, désormais nommé Fatih, le « Conquérant », entra à cheval dans l'ancienne capitale, se rendit à l'église de Sainte-Sophie, où il célébra la prière, et s'employa immédiatement à réorganiser la ville. Dès le 1er juin, un nouveau patriarche, Gennadios, était nommé. Constantinople, devenue Istanbul, ne cesserait pas, sous l'islam, d'être la capitale qu'elle avait été sous la chrétienté.

Organisation de la conquête

Au lendemain de la prise de Constantinople, il n'y eut pas seulement une grande stupeur dans le monde, mais une sorte de désespérance générale. Que ne feraient pas les Turcs après avoir pris la seconde Rome ? Ils firent en effet beaucoup. Non seulement leur padichah, Mehmed II, conquit de vastes territoires, menant une inlassable offensive, mais encore, comme nous l'avons déjà fait pressentir, il organisa son empire en redonnant à la ville sa population et sa splendeur [2], en intronisant, après le patriarche orthodoxe, des chefs pour toutes les « nationalités », c'est-à-dire pour toutes les communautés religieuses (juive, jacobite, arménienne, etc.), en leur laissant le soin de s'administrer et leurs propres tribunaux, parallèles à ceux des cadis, les juges musulmans. Il promulgua, malgré la *chariat*, censée contenir toute la loi, un premier code législatif, se passionna pour la culture européenne qu'il fréquentait depuis son enfance, notamment en appelant à lui de grands artistes occidentaux comme un Gentile Bellini, en lisant l'*Iliade*, Arrien (il aimait qu'on le comparât à Achille, à Alexandre), Ptolémée, Pindare, mais aussi la *Somme* de saint Thomas d'Aquin. Musulman convaincu, *ghazi*, victorieux à la guerre sainte, premier prince musulman de son époque, il se sentait en même temps – et il était – l'héritier de l'Empire romain, un prince européen, le chef incontesté d'une multitude de non-musulmans qu'il n'entendait pas convertir, mais faire vivre ensemble harmonieusement.

Pour une raison ou pour une autre, pour beaucoup de raisons, l'œuvre d'islamisation et d'assimilation réalisée par les Ottomans est restée très en deçà de celle effectuée par les Arabes. La différence des résultats ne s'explique nullement par la moindre longévité des premiers que des seconds puisque les Arabes accomplirent cette œuvre en un demi-millénaire, durée approximative de l'empire d'Osman. L'un islamisa et arabisa la majorité des pays conquis (Égypte presque entièrement, Soudan, Maghreb, où il demeura pourtant des berbérophones, Espagne, qui redeviendra chrétienne et de langue castillane, Syrie et Iraq malgré la présence de forts noyaux chrétiens), et n'échoua qu'en Iran qui, après une période d'arabisation, retrouva sa langue maternelle. L'autre, hormis quelques conversions à l'islam en Albanie et en Bosnie, laissa partout survivre les religions et les idiomes nationaux (y compris en Anatolie jusqu'au début du XXe siècle avec les Arméniens et les Grecs). Après cinq cents ans d'occupation, la

Grèce libérée parle le grec et est orthodoxe ; Serbie, Bulgarie, Roumanie, Arménie gardent leur foi, leurs coutumes, leurs langues.

On en conclut souvent que l'influence turque fut nulle en Europe orientale, et plus encore en Europe occidentale. C'est parce qu'on ne l'a pas cherchée. Certes, il n'y a pas d'Averroès turc qui entre dans les universités, d'une part parce que les Turcs n'ont pas eu d'aussi grands penseurs, d'autre part parce que la chrétienté est devenue trop bien armée intellectuellement. Mais, sans même relever ces mille petites choses qui appartiennent à notre vie quotidienne, comme les brochettes (*chiche kebab*) et le yoghourt[3], il convient de regarder plus attentivement des apports qui se révélèrent bien essentiels. D'où vient la réputation des bains de Budapest, sinon des hammams ? Croyez-vous que Racine aurait écrit son *Bajazet* et Molière son *Bourgeois gentilhomme* (qui dénote une certaine connaissance de la langue et des coutumes turques), que les Turcs auraient été si souvent introduits dans les ballets, s'il n'y avait pas eu dans le public un intérêt pour le monde ottoman ? Croyez-vous que La Fontaine, racontant la réception du rat des champs chez le rat des villes, aurait écrit : « Sur un tapis de Turquie le couvert se trouva mis », si le tapis d'Anatolie n'était pas devenu au XVIIe siècle une pièce essentielle de notre mobilier ? Il l'était depuis si longtemps qu'aux XVe et XVIe siècles Bellini, Lotto, Holbein représentaient couramment dans leurs œuvres tel ou tel type d'entre eux et que les noms de ces artistes servent encore à les définir dans le jargon des spécialistes. La *Marche turque* de Mozart (sonate pour piano en *la* majeur), composée en un temps (seconde moitié du XVIIIe siècle) où les Autrichiens étaient en rapports étroits avec le monde ottoman, est non seulement un écho de ses parades militaires, mais nous rappelle, comme *L'Enlèvement au sérail*, que les instruments à percussion, déjà découverts par les Latins au temps des croisades, puis abandonnés, envahissent alors nos orchestres.

La grande offensive ottomane

Mehmed II se battit d'abondance. Son fils Bayazid (1481-1512), qui aurait été plutôt pacifique, et ses autres successeurs seront obligés de se battre comme lui. Ils attaqueront dans toutes les directions, parfois simultanément, en Anatolie et en Grèce, dans la mer Noire, dans les Balkans, en Europe centrale, dans les provinces roumaines et, il convient de ne pas l'oublier, en Méditerranée occidentale où leurs corsaires leur assureront, comme nous le verrons, la possession de l'Afrique du Nord jusqu'aux frontières du Maroc. Oui, Mehmed II lutta beaucoup. S'il connut quelques revers, voire de sévères défaites, il accrut considérablement l'étendue de l'Empire ottoman. Il était bien le Conquérant.

Installé sur les détroits qui commandent l'accès à la mer Noire, le padichah voulut s'assurer le contrôle intégral de celle-ci. Il en possédait déjà en partie les côtes anatolienne et balkanique : la Valachie était tributaire de la Porte depuis la bataille de Nicopolis (1396), la Moldavie le devint en 1455, mais, il est vrai, ni l'une ni l'autre ne se montrèrent des vassales sûres. En Valachie, les intrigues des Habsbourg, surtout après 1526, et, sous Michel le Brave (1593-1601), l'influence exercée par la Hongrie et la Pologne, la résistance qu'essaiera d'opposer aux Turcs un prince comme Vlad III Dracul (1456-1462 et 1476) – qui deviendra dans la littérature européenne Dracula le Vampire –, entretiendront un grand climat d'instabilité et nécessiteront de fréquentes interventions militaires. Nous n'en sommes pas encore là. Au XVe siècle, en Moldavie, une insurrection en 1461, suivie d'une pénible campagne en 1462, la difficile victoire des Ottomans en 1476 à Valea Alba (26 juillet) et leur incapacité à exploiter leur succès compromettent pour des décennies leur autorité, malgré les campagnes menées en 1478 et surtout la prise de Kilia et d'Akkerman en 1484 qui leur donne le contrôle des bouches du Danube, et il faudra la bataille de Mohacs, en 1526, pour que cette autorité soit entièrement rétablie.

Mehmed II n'a pas attendu le règlement des problèmes posés par les provinces roumaines pour faire porter son effort en mer Noire. Sa flotte a pris Sébastopol, a contraint Caffa à payer tribut (1454), puis a conquis ce grand comptoir italien en même temps que La Tana-Azak (Azov) (1475), ce qui l'a amené à faire reconnaître son protectorat sur le khanat de Crimée et, par conséquent, sur la majeure partie des côtes de l'actuelle Ukraine. Sur les rives septentrionales de l'Asie Mineure, il a enlevé Amasra aux Génois (1459), et à David Comnène, cinq ans après qu'il se fut reconnu tributaire en 1456, le royaume de Trébizonde, le dernier État byzantin qui subsistait. La mer Noire est devenue un lac turc.

La Méditerranée n'en est pas un. La plupart des îles et le sud de la Grèce demeurent des bases d'action importantes pour les chrétiens, et les Ottomans n'en viennent pas à bout facilement. Aux attaques succèdent des contre-attaques, aux conquêtes des libérations et souvent de nouvelles conquêtes. C'est ainsi que les Turcs prennent Corinthe en 1458 et se la font reprendre en 1463, qu'en 1463 ils s'emparent d'Argos, puis la perdent, puis la réoccupent en même temps que toutes les places du Péloponnèse. De même les îles de Thasos, Imbros, Samothrace, turques en 1556, sont vénitiennes en 1566. En revanche, c'est en vain que la Sérénissime République essaie à deux reprises de reconquérir Lesbos qu'elle a perdu en 1462, et l'occupation de l'Eubée (Nègrepont), sa principale possession au Levant, effectuée par les Turcs en 1470, est définitive.

Dix ans plus tard, les Ottomans semblent se détourner des îles pour tenter la conquête de l'Italie : 118 000 hommes débarquent en Calabre le 26 juillet 1480, enlèvent Otrante et affolent toute l'Italie. « À Rome, le désarroi n'eût pas été plus grand si l'ennemi était venu dresser ses tentes sous les murs de la ville », dit Sigismond de Conti, et le pape s'apprête à aller se réfugier à Avignon. L'entreprise pourtant tourne court et les Ottomans ne peuvent se maintenir dans Otrante qu'un peu plus d'un an, jusqu'au 10 septembre 1481. La crainte de l'invasion subsistera. Machiavel (1469-1527), dans *La Mandragore*, met en scène une femme qui demande à un religieux : « Croyez-vous que les Turcs viendront en Italie cet été ? » Et le religieux répond : « Oui, si vous ne faites pas oraison. »

Dans les Balkans, la conquête de la Serbie, à l'exception de Belgrade qui ne tombera qu'en 1521, et celle de la Bosnie ne rencontrent pas de difficultés majeures. Mehmed mène sa première campagne importante dans le premier de ces pays en 1454, enlève Novobrdo au sein d'une riche région minière et, en 1456, met le siège devant Belgrade ; mais une foule de volontaires, Allemands, Italiens, Bohémiens, accourt de toute l'Europe au secours de Jean Hunyadi, que nous avons vu voïvode de Transylvanie et qui est devenu régent de Hongrie (1446), et dont l'héroïsme vient à bout des gros canons ottomans. La mort de Hunyadi quelques semaines plus tard élimine l'un des plus tenaces adversaires des Ottomans. Quant à la Bosnie, envahie en 1462, elle est en partie victime de la mésentente qui y règne entre bogomiles et chrétiens, et succombe d'un coup ; mais la guérilla activement menée en Herzégovine retarde de deux décennies son annexion (1480). La conquête de l'Albanie, où la résistance est organisée par Skander Beg, se révèle bien plus laborieuse. En 1455, celui-ci est certes vaincu à Bérat, mais il résiste aux invasions de 1456 et de 1457, et quand il se dérobe, semble fuir, c'est pour mieux revenir. En 1457, il remporte une grande victoire dans la plaine d'Alessio (Lech) en causant aux Turcs de lourdes pertes, estimées (avec exagération ?) à 40 000 hommes. Après une trêve de trois ans à peine, il inflige encore des revers aux Ottomans près d'Ohrida et de Tirana. Mehmed a assez de lui. Il doit s'en débarrasser. Pour le vaincre, il marche contre lui avec 100 000 hommes, obtient quelques succès, assiège Kroja, mais, devant la résistance qu'elle lui oppose, il préfère se retirer (1466). La mort de Skander Beg en 1467 met fin à la résistance dont il était l'âme. Kroja se rend en 1478.

Après deux brèves guerres – l'une contre la Pologne qui a envahi la Moldavie (1497), a été repoussée et a subi à son tour de terribles raids des Ottomans et de leurs nouveaux vassaux les Tatars de Crimée (des turcophones) (1498), l'autre contre une coalition chrétienne constituée après la prise de Lépante (1499), de Modon, de Navarin, de Goron (1500), et qui ne fut guère marquée que par de brèves incursions sur le littoral anatolien des flottes alliées de la papauté, de Venise, de l'Espagne et de la France –, la paix s'installe en Europe (traités avec Venise de 1502, avec la Hongrie de 1503). Les Turcs ont en effet alors de graves soucis en Asie qui mobilisent toute leur attention. Les chiites anatoliens se sont soulevés, ont pris le pouvoir en Iran où ils ont installé la dynastie des Séfévides (1502) ; les Portugais sont arrivés dans l'océan Indien, menaçant de ruiner le commerce du Levant, et les Mamelouks égyptiens sont impuissants contre eux. Le nouveau padichah, Selim Ier Yavuz (1512-1520), jette toutes ses forces à l'est, vainc l'Iran, occupe la Syrie, l'Égypte, le Hedjaz, intervient en mer Rouge. Ce n'est que quand cela est fait qu'il peut repenser à l'Europe.

Le royaume des Nasrides

Nul n'aurait sans doute imaginé que le petit royaume des Nasrides de Grenade, rejeté à l'extrême sud de la péninsule Ibérique et encerclé de toutes parts, aurait pu subsister pendant deux siècles et demi après les étourdissants succès de la Reconquista dans la première moitié du XIIIe siècle. Il le fit, non sans difficulté, car il était souvent déchiré par des crises dynastiques et surtout par l'alternative dans laquelle il se trouvait d'accepter un protectorat castillan ou de se laisser absorber par les Berbères marocains, les Marinides, successeurs des Almohades depuis 1269 et jusqu'en 1465, qui intervenaient souvent, mais dont l'intervention était intéressée. Il le fit non sans éclat aussi puisqu'il put léguer au monde un de ses plus beaux palais, cette symphonie décorative, ce lieu de rêve éthéré plus que de science architecturale, l'Alhambra, et qu'il fascina ses voisins tant africains qu'européens. Il dut cette inattendue longévité à ses vertus peut-être, à l'aide que lui apportèrent les Marinides sans doute, mais surtout à l'intérêt parfois exclusif que l'Espagne accorda à son expansion maritime en Méditerranée (Sardaigne, Sicile, Morée, Naples) et aux crises qu'elle traversa depuis le règne d'Alphonse X (1252-1284) jusqu'à celui d'Henri IV (1454-1474), l'un et l'autre en proie à ces querelles familiales, qui opposèrent aussi en une longue lutte Pierre le Cruel (1350-1369) et son demi-frère Henri de Trastamare.

Dans les dernières années du XIIIe siècle et les premières du XIVe, profitant de la minorité de Ferdinand IV de Castille (1295-1312), arrivé au trône à l'âge de dix ans, les Nasrides purent obtenir quelques succès. Ils envahirent la Castille, enlevèrent plusieurs places fortes, puis se retirèrent (1300). Quand le jeune prince eut atteint sa majorité, ils renoncèrent à toute entreprise et s'empressèrent de s'entendre avec lui. Cette entente n'empêcha pas Ferdinand et son allié Jacques II d'Aragon (1291-1327) d'attaquer, d'ailleurs en vain, le premier Algésiras, le second Almeria, et surtout de s'emparer de Gibraltar (1309). Dix ans plus tard, les Nasrides s'étaient ressaisis. Ils vainquirent les forces chrétiennes à la bataille de la Vega (1319) et, en 1333, ils eurent encore assez de ressources non seulement pour résister à une espèce de croisade réunissant, à côté des Espagnols, des Français, des Anglais, des Bohémiens, mais encore pour en tirer avantage puisqu'ils reprirent Gibraltar. Ferdinand ne s'en consolera jamais : il devait mourir de la peste en assiégeant cette place (1350).

La croisade s'achevait donc heureusement pour les musulmans quand monta sur le trône de Grenade Yusuf Ier (1333-1356), l'un des meilleurs princes de la dynastie, cultivé et pacifique, dont le premier souci fut de signer une suspension des hostilités avec Alphonse XI de Castille (1312-1350). Celle-ci ne dura pas longtemps. Quand Alphonse eut réglé ses nombreux problèmes intérieurs, il se prépara à la guerre. Yusuf fut obligé de l'imiter et il fit appel au Marinide du Maroc

Abu'l Hasan. Les deux princes musulmans prirent l'offensive, mirent le siège devant Tarifa, razzièrent les provinces de Xeres (Jerez de la Frontera) et de Sidonia. Une flotte, largement composée de Génois, qu'Alphonse avait envoyée vers le détroit de Gibraltar pour empêcher l'arrivée de renforts africains, fut détruite et par l'ennemi et par la tempête, mais sans que cela influât sur le déroulement des opérations terrestres. L'armée castillane, à laquelle s'était jointe celle du roi de Portugal, atteignit Tarifa en octobre 1340 et livra bataille à l'ennemi sur un petit cours d'eau, le rio Salado. Les musulmans étaient bien plus nombreux que les chrétiens – quatre fois, neuf fois ? –, mais n'en furent pas moins écrasés. On raconte qu'il n'y eut pas à Grenade une famille qui n'eût à pleurer la mort de l'un des siens. Alphonse profita de sa victoire pour enlever quelques places fortes, telles Alcala la Reale, Rute, Priago et surtout, après un long siège, Algésiras (1344). Yusuf avait bien couru au secours de cette dernière, mais n'avait pas pu la sauver. Quant à Abu'l Hasan le Marinide, qui était reparti pour le Maroc, il n'avait pas bougé. C'est une date : depuis tant de siècles que les Africains passaient en Espagne, ils cessaient à tout jamais de le faire. Ce seraient bientôt les Espagnols qui passeraient en Afrique. En 1401, ils détruiraient Tétouan ; en 1415, ils prendraient Ceuta, qui serait annexée par le Portugal, avant de redevenir espagnole (1640).

On se battra encore sporadiquement en Andalousie dans la seconde moitié du XIVe siècle, mais sans grand résultat, ainsi sous Muhammad V (1354-1359 et 1362-1391), chassé du pouvoir par un compétiteur et soutenu par Pierre le Cruel, tour à tour vainqueur et vaincu. Sous ce prince, et malgré ses nombreux déboires, mais grâce à la paix qui en définitive prévalut, le royaume des Nasrides atteignit son apogée. L'éclat de Grenade, ville alors aussi grande et aussi somptueuse que Rome ou Florence, comme les travaux réalisés à l'Alhambra depuis 1354, et son rayonnement en Afrique et en Europe, attesté par l'Alcazar de Séville que Pierre le Cruel mit en chantier en 1360, en portent témoignage. Mais quand Muhammad disparut, les idéaux de la Reconquista qui semblaient sommeiller, sinon être éteints, se réveillèrent. Après une période d'hostilités incertaines qui mit en évidence que les Nasrides avaient recouvré au moins en partie leurs forces puisqu'ils vainquirent les chevaliers de l'ordre d'Alcantara en 1394 et osèrent lancer un raid contre Murcie en 1405, ils ne tardèrent pas à s'effondrer. La bataille pour Antaquera en 1410, puis celle de Higueruela en 1431, remportée par Jean II de Castille, sont des signes annonciateurs de la fin. Le mariage de Ferdinand II le Catholique, roi d'Aragon, et d'Isabelle la Catholique, reine de Castille, en 1469, prélude à l'unité de l'Espagne, est aussi celui de la chute désormais prochaine de Grenade.

La fin de Grenade

Quand Isabelle de Castille et Ferdinand d'Aragon qui, par leur mariage, avaient uni leurs deux pays eurent accédé au trône, la première en 1474, le second en 1479, l'offensive contre le dernier royaume musulman en Espagne, celui des Nasrides de Grenade, ne tarda pas à reprendre. Elle fut facilitée par la décadence de celui-ci sous le règne d'Abu'l Hasan Ali (Moulay Hasan) (1468-1485), que sa passion amoureuse pour Isabelle de Solis (Soraya) avait plongé dans la guerre civile, et plus généralement par les discordes qui régnaient en Andalousie. Pendant quelques années, le sort fut incertain. Les Maures remportèrent plusieurs succès. En 1481, ils enlevèrent Zahara et, les 20-21 mars 1483, ils décimèrent sur le champ de bataille d'al-Charqiyya l'élite de la chevalerie castillane. Toutefois, le 20 avril de la même année, le souverain Abu Abd Allah, Muhammad XI (1482-1483 et 1486-1492), le Boabdil des sources chrétiennes, échoue devant Lucena, est fait prisonnier et le restera pendant trois ans. La prise d'Alhama par les chrétiens en 1482 annonce la fin, d'autant plus que c'est en vain que les Grenadins essaient à plusieurs reprises de reprendre la place. Ils ne réussissent qu'à débloquer Loja et à ravager Canate.

La grande offensive de Ferdinand commence en 1485-1486 par la conquête systématique de petites villes, Ronda, Marbello, Cahir, Cartana, Loja, et d'une trentaine de places fortes, ce qui a pour résultat d'isoler Malaga, devant laquelle il met le siège en 1487. Le grand port résiste. Les musulmans se battent avec l'énergie du désespoir et l'un d'eux, persuadé que leur mort démoralisera les assaillants, n'hésite pas à sacrifier sa vie en essayant d'assassiner les deux souverains chrétiens. Ce sont les assiégés qui sont découragés par son échec et ils capitulent peu après. L'année suivante, en 1488, Ferdinand lance l'offensive définitive contre la capitale des Nasrides avec 50 000 fantassins et 12 000 cavaliers. Il prend Xucar, est arrêté une centaine de kilomètres de son but devant Baéza, oblige la place à capituler (1489) et arrive enfin sous les murs de Grenade au printemps de 1491. La ville est évidemment condamnée. Elle a l'élégance de résister jusqu'à l'automne avant d'entreprendre des discussions sur les conditions de sa future capitulation. Finalement, le 2 janvier 1492, le roi y fait son entrée solennelle[4]. La domination musulmane en Espagne a pris fin.

Les grands khanats issus de la Horde d'Or

Les tribus nomades relevant de la Horde d'Or tendaient à se détacher de son autorité et à agir par elles-mêmes. Certaines arrivaient à constituer de véritables puissances. Vers 1510, un khan uzbek comme, vers 1551, les Nogaï de l'Oural pouvaient se flatter de mettre en ligne 300 000 cavaliers, une horde capable de submerger le monde. Les princes, issus ou non de Gengis Khan, se disputaient entre eux, prétendaient avoir droit à l'héritage ancestral. Bref, en tant qu'entité politique efficace, le khanat de Kiptchak n'existait plus et les vassaux russes en profitaient pour redresser la tête. Un démembrement était inévitable. Il se produisit assez tôt.

Dans les années 1430, un descendant de Gengis Khan, Hadji Girey, se déclare indépendant et fonde le khanat de

Krim (de Crimée) sur un vaste territoire entre le Don à l'est et le Donetz à l'ouest, et s'étendant au septentrion jusqu'au-delà des villes de Teletz et de Tambov. Il enlève à la Horde d'Or quelques-unes de ses meilleures terres et coupe son accès à la mer et, du même coup, au commerce international dont elle tirait une part importante de sa richesse. Quand Hadji Girey meurt en 1466, ses fils se disputent le pouvoir et le nouvel État traverse une période de crise. Comme les Criméens ou, pour employer une terminologie plus usuelle, les Tartares de Crimée (« Krim Tatars ») se trouvent très liés aux Italiens des comptoirs de la mer Noire, l'un des prétendants au trône se réfugie à Caffa, espérant recevoir l'aide des Génois pour triompher de ses rivaux. Il advient sur ces entrefaites qu'en 1475 une flotte ottomane enlève Caffa, prend langue avec le prince qui s'y était exilé, parvient à l'introniser à la condition qu'il se reconnaisse vassal de la Porte. Le khanat des Krim Tatars restera sous la dépendance de celle-ci jusqu'en 1771.

En 1437, un autre Gengiskhanide, Ulu Muhammad (1438-1445), petit-fils de Tuktamich, se déclare à son tour indépendant, s'empare de Kazan, dont il fait sa capitale, et de tout ce qui constituait l'ancien royaume des Bulgares (Bolghar) de la Volga et de la Kama, pays peuplé de turcophones, Tatars, Tchouvaches, Bachkirs, et de Finno-Ougriens, Tchérémisses et Mordves. Les débuts du nouvel État, le khanat de Kazan, sont prometteurs et il remporte de brillants succès. En 1445, il vainc le grand-duc de Moscou près de Souzdal, l'oblige à lui payer tribut ; en 1468, il soumet la ville de Viatka. La suite est moins heureuse. En 1487, le khan Muhammad Amin (1487-1496, puis 1502-1518) ne peut monter sur le trône que grâce à l'appui des Moscovites et, dans une certaine mesure, de suzerain devient vassal. Il ne l'accepte pas ; il se rebiffe, défait une armée moscovite en 1506 et parvient à recouvrer, avec l'indépendance, une certaine stabilité.

L'un des fils d'Ulu Muhammad évincé du pouvoir, Kasim (mort en 1469), se réfugie à Moscou et se fait octroyer un fief à Gorodets, ville bientôt connue sous le nom déjà russifié de son feudataire, Kasimov. Ce sera le premier et le seul État musulman au XVe siècle à se reconnaître vassal d'un souverain chrétien. Il se montrera fidèle à son maître, l'aidera dans toutes ses entreprises contre ses anciens compatriotes et finira par se christianiser et se slaviser, d'abord spontanément en 1573 sous le règne de celui qui se fera appeler Siméon, plus tard, entre 1651 et 1656, parce que trop de musulmans n'auront pas suivi la démarche de leur souverain, en grande partie sous la contrainte.

Un quatrième khanat, celui d'Astrakhan, se constitue enfin, en 1466, à l'initiative d'un autre Kasim, sur la basse Volga et le cours inférieur du Don en un site important puisqu'il contrôle l'embouchure des grands fleuves, voies de communication, et le débouché en Europe de la grande route internationale de l'Inde et de la Chine, ou du moins de sa branche qui passe par le nord de la Caspienne et non par le sud, par l'Iran.

Peut-on encore parler de Horde d'Or ? D'elle, il ne subsiste plus que quelques régions au nord de la mer Noire, quelques steppes, et sa capitale, Saray. Elle est morte ou moribonde, mais se croit vivante et bien portante, au point qu'en 1474, puis en 1476, son khan, Ahmed, a encore le front de réclamer à Ivan III le Grand (1462-1505) le tribut qu'il refuse naturellement de payer. S'étant allié assez platoniquement avec le roi de Pologne, Ahmed veut marcher sur Moscou. Ivan lui barre la route en déployant ses forces sur l'Oka, puis, les Tatars s'étant détournés pour trouver un chemin plus à l'est, sur l'Ougra. Là, les deux armées se rencontrent et ni l'une ni l'autre n'ose engager le combat. Ahmed, à l'approche de l'hiver, se décide au repli (1480). Cette dérobade lui est fatale. Ce n'est plus un chef. On se détache de lui et, peu après, il est tué par le Cheybanide (l'« Uzbek ») de Sibérie. Vingt ans plus tard, le khan de Crimée, Mengu Girey (1446-1514), attaque, prend et détruit Saray, la capitale de la Horde d'Or, et met ainsi fin à son existence, ou du moins à ce qu'il en subsiste (1502).

CHAPITRE XII

L'aube de la domination européenne

L'expansion portugaise

La découverte de l'Amérique en 1492 et l'ouverture de la route des Indes par le cap de Bonne-Espérance en 1487 vont amener l'un des plus grands bouleversements de l'Histoire mondiale et changer radicalement les rapports de force entre l'Occident et l'Orient, disons ici entre l'islam et la chrétienté. D'une manière foudroyante, la suprématie passe de l'Asie à l'Europe. Toute l'économie du Levant est ébranlée. Jusqu'à ce jour, le commerce mondial transitait obligatoirement par le Proche-Orient, l'enrichissait et enrichissait par la même occasion Venise[1] et les autres villes marchandes italiennes qui venaient chercher les marchandises soit en Égypte quand elles arrivaient par la mer Rouge, soit en Syrie quand elles venaient par le golfe Arabo-Persique, soit encore sur les côtes anatoliennes et en mer Noire quand elles empruntaient les routes terrestres qui contournaient la mer Caspienne par le sud ou par le nord. Maintenant, une bonne partie de ce commerce passe par le cap de Bonne-Espérance et est effectué par les caravelles portugaises, avant de l'être par les vaisseaux des Hollandais, des Anglais ou d'autres, de telle sorte qu'en une dizaine d'années les épices coûtent moins cher à Lisbonne qu'à Venise. Ses anciens agents et bénéficiaires ne se trouveront pas ruinés du jour au lendemain, mais ils subiront de lourds préjudices, souffriront d'un appauvrissement certain. L'agressivité de l'Europe envers l'islam ne sera plus seulement militaire, mais aussi économique, ce qui ne fera que la rendre plus grave.

Les Portugais n'ont pas attendu le fantastique développement technique (école d'Henri le Navigateur, 1394-1460) pour commencer leur expansion maritime, mais ils vont en profiter pour la pousser plus loin. Dès 1414, ils sont installés à Ceuta au Maroc, en 1418 dans les îles Madère, et ils ne tardent pas à s'aventurer le long des côtes africaines en direction du sud. En 1434, ils ont atteint le cap Bajador ; en 1441, le cap Blanc ; en 1460, le cap Vert, près de Dakar ; en 1471, l'équateur. En 1487, Bartoloméo Diaz double le cap de Bonne-Espérance. En 1498, Vasco de Gama traverse l'océan Indien et débarque à Calicut. Le Portugal a besoin que la longue route qui le relie aux Indes et bientôt à l'Asie du Sud-Est et à la Chine soit ponctuée d'escales et de points d'appui, et il en établit sur les côtes occidentales de l'Afrique, plus encore sur ses côtes orientales que baigne l'océan Indien, où commence pour lui l'*Estado da India*, créé en 1505. Il en a besoin, car chaque année partent de ses rivages des flottes de plus en plus nombreuses pour aller chercher les précieuses marchandises, épices et autres, et pour s'assurer la maîtrise des mers en traquant, saisissant ou coulant les petits navires arabes, indiens, persans, chinois, malais qui effectuent le transport, en bombardant s'il le faut des places fortes (ainsi Mogadiscio en 1499). Il multiplie ses bases navales en Afrique noire. Il les multiplie surtout dans les pays musulmans, peu sûrs et traditionnellement hostiles. Les côtes du Maroc en comptent toute une chaîne qui, au début du XVIe siècle, ira de Ceuta à Agadir en passant par Tanger, Arzila, Larache, Azemmour (1513), Mazagan (1514), Safi (1508) et Kouz, mais qui se disloquera en partie au bout de quelques décennies. Agadir ne sera portugaise que de 1504 à 1541.

Au Moyen-Orient, le Portugal a fait porter son principal effort sur le golfe Arabo-Persique. Albuquerque a occupé

Mascate en 1507 pour en fermer l'accès. En 1513, il y est entré, s'est installé sur la côte Arabique, dans ce qui constitue aujourd'hui les Émirats arabes unis, et en 1515, profitant de la défaite du souverain d'Iran Chah Ismaïl devant les Ottomans à Tchaldiran, il a enlevé au fondateur de la dynastie séfévide Ormuz, le grand port qui commande l'accès de son pays à la mer, la seule vraie voie qui lui reste ouverte, le poumon par lequel il respire. Les Iraniens, qui jusqu'alors n'avaient jamais été directement confrontés avec l'Occident – si l'on excepte les plus occidentaux d'entre eux, les Kurdes marginaux qui avaient été impliqués dans les croisades où l'un d'eux, Saladin, avait joué un si grand rôle –, subirent avec stupéfaction leur brutale intervention.

Aux Indes, les Portugais ont installé plusieurs comptoirs dans les régions méridionales où l'islam ne domine pas et où ils se sentent mieux en sûreté, à Cochin (1502), à Goa (1510), à Diu (1535). Encore plus à l'est, au pays qu'ils découvrent comme étant la plus grande source de richesses, l'Indonésie, ils ont attaqué et détruit Malacca en 1511, mettant fin au rôle prépondérant que cette ville et sa région tenaient depuis longtemps dans les relations commerciales du monde musulman avec l'Insulinde, la Chine et l'Extrême-Orient, et à celui qu'elles jouaient depuis moins de temps comme centre culturel musulman...

Ils ont sans doute porté un intérêt plus faible au golfe d'Aden et à la mer Rouge, mais ils ont tout de même occupé en 1508 l'île de Socotora qui ferme cette dernière, et ont détruit en 1509 la flotte égyptienne qui avait tenté d'intervenir contre eux, démontrant par cette victoire navale que, si en Méditerranée – où les conditions de navigation étaient tout autres – les musulmans pouvaient tenir tête aux chrétiens et l'emporter sur eux, ils en étaient incapables dans l'Océan, où nul bâtiment qui y naviguait n'était à même de rivaliser avec les caravelles, mises au point dans les années 1439-1440. C'est alors qu'Albuquerque a une idée à la fois simple, audacieuse et d'immense portée : il occupera la mer Rouge, débarquera sur les côtes d'Arabie et marchera sur les villes saintes de l'islam, Médine et La Mecque, dont il n'a bien sûr rien à faire, mais qui ne sont jamais tombées aux mains de non-musulmans (alors que celles du christianisme, rappelons-le, sont depuis longtemps sous la souveraineté musulmane), ce qui portera un coup mortel au moral de ses ennemis et lui permettra éventuellement de les échanger contre Jérusalem, Bethléem, Nazareth. Rien ne s'opposait à la réalisation de ce projet. Il ne pouvait que réussir et le génial Portugais n'avait pas tort d'écrire à son souverain le 20 octobre 1514 : « Il me paraît, Sire, que la chose est si facile à réaliser que je la tiens déjà pour faite » (cité dans Jean Doresse). Elle ne le sera pas, car celui qui l'avait conçue mourra dans les mois qui suivront (1515). Ses successeurs en retarderont l'exécution. Il eût fallu s'y employer immédiatement quand en effet rien ne s'y opposait. Deux ans plus tard, l'intervention des Turcs la rendrait impossible.

Conscient et du danger que les Portugais font courir à l'économie du monde musulman, et de l'incapacité de l'Égypte et de l'Iran à le pallier, le sultan ottoman Selim Ier décide d'intervenir. Il attaque le Séfévide, le vainc (1515), mais n'occupe pas ses terres, puis il se retourne contre les Mamelouks, conquiert en un tour de main la Syrie, la Palestine, l'Égypte, les côtes du Hedjaz avec Djeddah et Moka (1517), et s'empresse de mettre à l'eau une flotte en mer Rouge qui lui en assure le contrôle. Vingt ans plus tard, le nouveau padichah, Soliman le Magnifique, essaie en vain de déloger les Portugais des Indes. En 1538, pour sauver le sultanat du Gudjerat, il fait partir quelques vaisseaux emmenant 20 000 hommes, dont 7 000 janissaires. La petite flotte atteint Diu, bombarde la ville, débarque, pille, et en conséquence non seulement ne reçoit pas l'aide des indigènes, mais suscite leur franche hostilité. Ennemis pour ennemis, les Indiens, les Gudjeratis, ne sont pas loin de préférer encore les Portugais. C'est un complet échec. Les seuls bénéfices que les Ottomans tirent de l'opération sont l'occupation d'Aden, une meilleure implantation au Yémen et un renforcement de leur présence en mer Rouge. Celle-ci est désormais pratiquement interdite aux navires européens et c'est presque miracle quand ils peuvent en forcer l'accès. Dès 1520, on ne manqua pas de souligner que la chance seule permit aux envoyés du Portugal de débarquer en Éthiopie, à Massawa, et il faudra une offensive navale de grand style en 1541 pour essayer de renverser la situation. En janvier de cette année-là, 75 navires de guerre sous la direction d'Étienne de Gama quittent Goa, passent le détroit de Bab el-Mandeb, remontent jusqu'à Massawa où ils arrivent le 12 février. Ils y débarquent 400 hommes, puis cinglent vers le nord, mais ne parviennent pas à rejoindre la flotte ottomane qui mouille dans le golfe de Suez.

La tentative de collaboration qui aurait pu se révéler si fructueuse entre les Portugais et l'Éthiopie chrétienne tourne court, bien que la petite troupe qui a pris terre en 1541 avec Christophe de Gama, frère d'Étienne, ait fait des prodiges avant d'être presque entièrement massacrée. Cet échec découle des habituelles intransigeances dogmatiques des catholiques qui veulent ramener les monophysites dans le giron de Rome, et des monophysites qui s'y refusent, et, au moins au début, de l'orgueil du souverain d'Éthiopie qui, en 1520, se croit assez puissant pour se passer d'alliés. Quand, en 1535, nous allons le voir, submergé par une immense vague musulmane, il appellera au secours, ce sera, après six ans d'attente, l'expédition de 1541.

La conclusion de tout cela sera que les Ottomans renonceront à sortir dans l'océan Indien et les Portugais à entrer en mer Rouge, que ces derniers accentueront leur pression dans le golfe Persique et que leur présence pèsera lourd sur les Iraniens, qui chercheront tous les moyens pour s'en débarrasser. C'est alors que les Anglais se présenteront. En 1598, le plus grand souverain de la dynastie séfévide, Chah Abbas (1556-1629), entrera en relation avec eux, en étant loin de soupçonner qu'ils seront infiniment plus embarrassants encore que les Portugais, qu'ils mettront un jour le grappin sur l'Iran. Il demande ou accepte que les Anglais réorganisent et modernisent son armée, et deux officiers britanniques en reçoivent mission. Tout va si bien qu'en 1620 un nouvel accord est conclu qui renforce les liens entre les deux États. Il y est entendu que les Britanniques enlèveront Ormuz aux Portugais, le rendront à l'Iran, et pourront installer une base navale à Bander Abbas chargée d'assurer la protection des Persans. Ainsi naît l'idée que les pays d'Orient en général, ceux de l'islam en particulier, ne sont plus capables de gérer leur propre destinée – quelle déchéance[2] ! –, qu'il leur faut la protection des Européens. Le colonialisme commence.

L'offensive de l'islam éthiopien

L'arrivée des Portugais dans l'océan Indien a été particulièrement ressentie par les peuples de la corne de l'Afrique orientale aux sols pauvres, vivant surtout de commerce et de cabotage, et désormais empêchés de prendre la mer. Il leur fallut s'assurer d'autres moyens d'existence, et ils ne les trouvèrent que dans la razzia. Celle-ci était d'autant mieux venue qu'ils étaient musulmans et que leurs voisins, sur les terres desquels ils l'exerçaient, étaient chrétiens, qu'ils y étaient entraînés par l'exemple des Somalis et des Danakils récemment passés à l'islam et en voie d'expansion. Ils ne tarderaient d'ailleurs pas à y être encouragés par les Turcs, ardents propagandistes du *djihad*, par l'aide de guerriers expérimentés et par l'utilisation d'armes à feu qu'ils ignoraient encore et que ceux-ci leur fourniraient.

Avant même que les Ottomans ne fussent arrivés en mer Rouge, en 1516, l'émir de Harrar avait proclamé la guerre sainte. C'était prématuré. Le jeune empereur d'Éthiopie, le *nagousa nagast* (négus) Lebna Denguel (1508-1540), était intervenu immédiatement, avait vaincu sans peine les révoltés, tué l'émir, et en avait conçu un orgueil démesuré : « Seigneur, envoie-moi une armée contre laquelle je puisse combattre ! »

aurait-il demandé. Cette armée lui sera envoyée plus tard, mais, contre elle, il ne pourra pas combattre. Que pouvaient lui faire alors, quand il se jugeait tout-puissant (1520), les propositions d'alliance des Portugais qui entendaient les faire payer cher, par un reniement du monophysisme et par le ralliement à Rome ? Il les repoussa avec hauteur, mais ses relations, qui se voulaient tout de même amicales, avec les envahisseurs occidentaux lui valurent la suspicion, voire la haine de tous les États musulmans voisins, de tous les sujets de ces États. Les lointains descendants des premiers persécutés musulmans, qui avaient été si bien accueillis en Éthiopie, allaient étrangement payer la dette qu'ils avaient contractée. Ils allaient se déchaîner contre elle, la martyriser.

On ne sait pas bien pour quelles raisons, à ce moment, la province de l'Adal, au sud de l'Éthiopie, dont l'ancienne capitale, Dakar, avait été transférée à Harar, se réveille culturellement, politiquement, religieusement et voit se manifester une sorte de prophète, d'illuminé, d'homme au reste de grand talent. Il se nomme Ahmed ibn Ibrahim, mais est connu de l'Histoire par le surnom de « Gaucher », Gragne (Gran), et attire à lui les foules. Prudent, il se contente tout d'abord (1523-1527) d'affermir son autorité dans le pays, renverse le sultan qu'il remplace par son frère, puis, en 1527, il refuse de payer l'impôt à son légitime souverain, l'empereur d'Éthiopie. Celui-ci réagit aussitôt, envahit l'Adal, mais se fait repousser. Et c'est alors Gragne qui entre sur ses terres et y lance des incursions de pillage, ces incursions si usuelles en Orient. L'une d'elles va décider de l'avenir. Tandis qu'il l'effectue, il rencontre l'armée de Lebna Denguel, recule devant elle, puis revient à l'assaut et remporte sur elle une totale victoire à Chambera Kourié le 11 mars 1529. On a supposé que tant de nobles éthiopiens étaient morts ce jour-là que la bataille avait décidé de l'issue de la guerre. Peut-être ! Elle l'a en tout cas vraiment déclenchée. Pendant quinze ans, au cours de campagnes ininterrompues, Gragne va parcourir l'Éthiopie du nord au sud, la dévaster, détruire ses églises et ses monastères, ruiner ses marchés, persécuter ses populations, obliger les neuf dixièmes d'entre elles à se convertir à l'islam, provoquer famines et épidémies dont ses troupes elles-mêmes seront victimes, et, démarche nouvelle dans cette partie du monde, il va, après maints efforts, installer des colons dans la plupart des terres qu'il a occupées.

Quand il a achevé la conquête de tout le bas pays, Gragne commence celle du haut plateau. En octobre 1531, il escalade les pentes de l'Amhara, force les passes de la montagne, dévaste les grands sanctuaires et fait un prodigieux butin. En 1534, il envahit le Tigré, ravage la vieille et glorieuse métropole d'Axum tout comme le grand couvent de Samuel, près de Woldebba, où il fait égorger les cinq cents moines qui y résident. L'empereur ne résiste plus. Il fuit. Gragne le poursuit, et Lebna fuit encore. Il se réfugie d'abord dans l'extrême Nord-Ouest, au Mazagan, puis il redescend vers le Sud-Est, contourne le lac Tana pour gagner la province de Godjam, enfin il franchit non sans peine le Nil Bleu. Il a encore quelques soldats fidèles, mais plus la moindre terre. Gragne est maître de la quasi-totalité de l'Éthiopie. Il ne demeure plus, ici et là, que des poches de résistance, des bandes de maquisards ou des nids d'aigle presque inaccessibles. Lebna Denguel – bien tard – comprend que, sans l'intervention de quelque puissance, il a définitivement perdu la partie. Il lance en 1535 – oui, bien tard – un appel aux Portugais qu'il a jadis considérés de si haut avec cet orgueil dont il doit maintenant se repentir, mais qui seuls sont présents et peuvent intervenir. Espère-t-il un prompt secours ? Il ne doit guère nourrir d'illusions et il ne le verra pas venir. Il meurt le 2 septembre 1540, quelques mois avant cette arrivée de Gama en janvier 1541 dont nous avons parlé.

Interventions portugaise et ottomane

Une flotte portugaise, déjouant la vigilance des Turcs, débarque donc à Massawa 400 hommes bien armés sous la conduite de Christophe de Gama, quatrième fils de Vasco. Seulement 400 hommes ! Dans ses batailles, Gragne en alignait parfois des dizaines de milliers. Et le plus inattendu arrive, le plus invraisemblable. On se croirait déjà au XIXe siècle, quand de petites armées bien équipées triomphent de masses humaines dont l'équipement semble encore celui de la préhistoire ! La petite troupe, qui marche de nuit dans le désert en suivant le rebord oriental du plateau, rencontre deux fois de suite à quelques jours d'intervalle, le 25 mars et le 16 avril 1542, l'armée de Gragne et, les deux fois, la vainc. Il faut que le pacha turc de Zébid dépêche d'urgence 9 000 arquebusiers et des canons pour que Gragne puisse attaquer les Portugais à Wafla, les tue, capture Christophe de Gama, qu'il décapite de sa propre main après lui avoir fait subir mille supplices (28 août 1542). Les quelques Portugais qui ont échappé à la mort, animés d'un ardent esprit de vengeance, rejoignent le nouvel empereur Claude (Galawedéos, 1540-1559) près du lac Tana. Le négus a levé de 8 à 9 000 hommes – on est loin des masses de soldats des débuts de la guerre, mais le pays n'est plus à même de les fournir – et il passe à l'attaque d'un ennemi désormais vulnérable parce que, depuis ses revers du printemps 1542, on ne croit plus à son absolue invincibilité. Qui pourrait deviner, après tant de batailles, que celle qui s'engage va être décisive ? Le 21 février 1543 à Waina-Dega, près du lac Tana, un coup d'arquebuse tue Gragne. Il n'en faut pas plus. Ses hommes se débandent. Son empire s'effondre.

Il n'est pourtant pas facile pour les chrétiens de reconquérir tout ce qu'ils ont perdu, parce que les innombrables personnes qui ont abandonné Jésus pour Mahomet craignent des représailles, parce que les sols sont dévastés et sans récoltes, sans troupeaux, donc sans approvisionnement pour l'armée, parce que les Gallas païens surgissent du Sud-Est (1544 et années suivantes), parce que les Ottomans interviennent, parce que le royaume de Harrar, l'Adal, s'est reconstitué. On se nourrira tant bien que mal. On s'accommodera des Gallas, qui d'ailleurs se fondront dans la population éthiopienne, non sans en changer bien sûr le fond ethnique. On repoussera les attaques des Ottomans, d'abord en 1557-1559 quand, partis de Massawa, ils monteront sur le plateau et seront décimés par le climat et la misère, et encore en 1578 et 1583. Quant au royaume de Harrar, il sera détruit une première fois en 1549, en une seule bataille ; une deuxième fois quand la veuve de Gragne, Sati del Wabara, voudra venger sa mort ; une troisième fois en 1551, quand Claude tombera « martyr » sur le champ de bataille. L'Adal, qui avait été « le plus grand ennemi de l'Éthiopie médiévale » (Jean Doresse), était éliminé. L'empire chrétien d'Éthiopie, après avoir failli disparaître, était sauvé, mais il comptait déjà en son sein maints apostats.

Les Russes conquièrent les khanats

Après la disparition de la Horde d'Or en 1502, l'histoire des khanats est celle de leur résistance plus ou moins héroïque à la montée en puissance des Russes. En 1518, la mort du khan de Kazan, Muhammad Amin, ouvre une crise successorale. Moscovites et Criméens, également intéressés à avoir un allié à Kazan, soutiennent leur propre candidat au trône. Ce sont les Criméens qui vont l'emporter. En 1521, le khan de Crimée, Muhammad Girey Ier (1515-1523), pour régler la question, se dirige sur Moscou, la vainc, lui impose de payer tribut, ravage sa province, celles de Nijni Novgorod et de Riazan, fait vendre des centaines de milliers de captifs sur le marché de Caffa (?) et intronise à Kazan son propre frère Sahip Girey. Le malheur veut que l'héritier de ce dernier, Safa Girey (1523-1530), soit un enfant de treize ans et que Moscou conteste son intronisation. La cavalerie tartare de Crimée marche contre la ville frondeuse et est dispersée par son artillerie. Pour la première fois en rase campagne, le canon l'emporte sur les arcs. Un monde millénaire disparaît, le monde moderne naît. Ivan IV le Terrible (1533-1584) décide alors d'en finir avec les Tartares. En juin 1552, il assiège Kazan avec une forte artillerie et, le 2 octobre, l'enlève d'assaut, se livre à d'épouvantables massacres, vend femmes et enfants en esclavage et rase maintes mosquées. On s'indigne ? Il importe de se souvenir que les Russes supportaient depuis trois cents ans toutes les vexations, qu'ils avaient été cent fois massacrés, vendus sur les marchés, qu'ils avaient subi ce qu'ils faisaient subir. Jamais sans doute la haine entre l'islam et la chrétienté n'avait été plus forte.

Le khanat était vaincu. Il restait à le soumettre. C'était une autre affaire. Il fallut se battre pendant quatre ans, de 1552 à 1556, pour éteindre l'incendie. Mais le feu couvait sous la cendre et ne demandait qu'à reprendre. Il se ralluma bien des fois, en 1673, puis cinq ou six fois au XVIIIe siècle où les musulmans de Kazan fournirent à la célèbre révolte de Pougatchev (1779) son meilleur lieutenant, Salavet Yulaiev.

Il ne faut pas longtemps pour en finir avec le khanat d'Astrakhan, bien plus faible, soumis à la pression des hordes nogaï d'outre-Volga comme à celle des Criméens, perturbé par ses querelles dynastiques et démoralisé par la chute de Kazan. En 1554, Ivan IV envoie contre lui quelque 30 000 soldats qui placent sur le trône un homme à lui. Il doit attendre de celui-ci la fidélité, mais il n'est payé que d'ingratitude, de félonies, de traîtrises, si bien qu'il doit recommencer sa campagne au printemps de 1555, occuper Astrakhan et annexer le khanat.

Les décennies suivantes sont marquées par toutes sortes d'entreprises bien différentes. En 1569, les Ottomans – suzerains des Criméens, ne l'oublions pas – imaginent un projet d'une rare ambition. Ils vont creuser un canal reliant le Don à la Volga pour faciliter l'acheminement de leurs troupes et de leur ravitaillement, ce qui leur permettra de reprendre Astrakhan. Ils n'y réussiront pas et leurs efforts seront déployés en pure perte. En 1571, Devlet Girey Ier, khan de Crimée, lance un raid contre Moscou, y pénètre, l'incendie partiellement, puis se retire. En 1577, Mehmet Girey s'allie avec le roi de Pologne, Étienne Bathory, pour tenter de reconquérir Kazan et Astrakhan, mais il n'est pas capable d'empêcher ses tribus de se livrer à des raids en Pologne, ce qui laisse sceptique les Polonais quant aux bienfaits de l'alliance et ne les incite pas à s'engager dans l'affaire. Il prend alors langue avec le pape Grégoire XIII en lui faisant miroiter une conversion de son peuple au christianisme : c'était une bien vieille rengaine qu'on avait cent fois entendue au temps de l'hégémonie mongole, à une époque où l'on pouvait y croire, mais qui était maintenant totalement incroyable[3]. En 1591 enfin, la Crimée et la Suède s'allient, fait dont on aurait pu attendre beaucoup et qui tourne court quand le khan, qui assiège Moscou, est gravement blessé et bat en retraite. Ainsi, rien ne réussit aux Tartares.

Tout ou presque, en revanche, réussit aux Russes. En 1547, Ivan IV le Terrible prend, le premier en Russie, le titre de César, tsar, se pose en héritier de l'Empire byzantin, de l'Empire romain, en seul empereur. C'est un défi pour l'Europe peut-être. C'en est un surtout pour les Ottomans chez qui, depuis près de cent ans, nous l'avons déjà vu, le sultan se déclare successeur du *basileus*, lui aussi seul empereur, et ne manque pas de le faire savoir aux Germaniques. Certes, c'est en vain que, très prématurément, les Cosaques attaquent Azov en 1559, mais ils parviennent bien en 1581 jusqu'au Caucase ; mais, en 1586 et les années suivantes, les Russes prennent contre les musulmans des mesures de plus en plus sévères, qui ne sont pas sans faire penser à celles des Espagnols, bien qu'elles soient moins radicales, et qui commencent à faire fuir maints musulmans des steppes vers l'Empire ottoman. Dans les années 1580, ils entreprennent la conquête de la Sibérie, où ils fondent des villes au fur et à mesure de leur avance. En 1647, ils atteindront le Pacifique.

Soliman le Magnifique

Chez les Ottomans, à Selim a succédé le plus grand souverain de la dynastie, Soliman, que les Turcs appellent le Législateur (*Kanuni*) et nous le Magnifique (1520-1555). Il se veut toujours *ghazi*, il prétend au califat depuis que le dernier des Abbassides, qui s'est réfugié au Caire en 1250, a disparu dans la tourmente, mais, comme Mehmed II, plus que lui-même, il se veut avant tout héritier du *basileus*, empereur d'Occident, le seul empereur. En faut-il donner une preuve matérielle ? Alors que son génial architecte Sinan s'est engagé dans des voies nouvelles qui coupent les liens que la grande mosquée ottomane avait avec Sainte-Sophie, il l'oblige, quand il lui confie le chantier ouvert pour édifier le sanctuaire qui doit illustrer son règne, la mosquée Suleymaniye, à en revenir au plan basilical, à s'inscrire dans la tradition de la basilique byzantine[4]. Cette revendication de la monarchie universelle perdurera. Trois siècles plus tard, malgré leur sympathie pour Napoléon, les Turcs refuseront pendant un certain temps de lui reconnaître le titre impérial. En attendant, le padichah ne peut supporter les prétentions des Habsbourg. Il sera leur implacable ennemi. Bien que ne se désintéressant pas de l'Asie, où l'Iran reste puissant et où il mène trois campagnes, il donne la priorité à l'Europe, où il n'en conduit pas moins de dix.

La deuxième de ces campagnes, en 1522, aura pour objet la conquête de Rhodes, qui est aux mains des chevaliers de Saint-Jean-de-Jérusalem, alors dirigés par le grand maître français Villiers de L'Isle-Adam, et elle s'inscrit dans l'Histoire comme une grande page de chevalerie, d'honneur et de courage. Les Turcs arrivent dans l'île avec 300 navires et y débarquent le 26 juin des forces infiniment supérieures à celles des défenseurs, estimées à 7 000 hommes. Ils préparent avec soin leur attaque et lancent celle-ci le 28 juillet. Ils devront en effectuer neuf jusqu'au 18 décembre avant que les chrétiens ne capitulent trois jours plus tard, le 21. Salués par l'admiration des vainqueurs pour leur magnifique conduite au combat, les chevaliers quittent l'île pour se replier sur Malte.

La sixième campagne de Soliman (1538) sera dirigée contre la Moldavie, dont le voïvode s'est allié à Ferdinand d'Autriche, et permettra aux Turcs d'occuper Jassy. Toutes les autres ont pour cible l'Europe centrale.

Depuis longtemps, les Turcs y sont intervenus et, dans la seconde moitié du XVe siècle, la guerre y a été pratiquement ininterrompue. Avant Soliman, outre les petites incursions usuelles, les Ottomans ont eu notamment à faire face en 1463 à l'invasion de la Bosnie par le roi de Hongrie, fils de Jean Hunyadi, Mathias Corvin (1458-1490), et à la prise de Iaïtsé, en 1475, ainsi qu'à l'invasion de la Serbie, marquée par la chute de Smédérevo à une cinquantaine de kilomètres de Belgrade. Ils ont de leur côté lancé en 1477 une grande offensive qui les a conduits sur les terres vénitiennes au-delà du Tagliamento, vers Vicence et Trévise, et en 1479 ils ont mené une campagne en Transylvanie et subi la défaite de Kenyermezo. Mais les actions de loin les plus importantes ont lieu sous le nouveau padichah. Dès 1521, celui-ci envoie ses troupes contre la Hongrie, prend Sabacs et Belgrade, et il y revient en 1526 pour une opération décisive. Les Hongrois ont reçu quelques renforts des Polonais et de la papauté, mais, après la prise de Petrovaradin sur le Danube, le 27 juillet, ils ne peuvent malgré tout aligner que 20 000 hommes à la bataille désastreuse de Mohacs, dans le sud du pays, qui entraîne la chute de Bude le 10 septembre. De ce jour, la majeure partie de la grande plaine de l'Europe centrale appartient aux Ottomans qui, après l'avoir dévastée, y resteront pendant cent cinquante ans.

En 1529, il s'en faut de peu que l'Autriche ne subisse le même sort. La querelle qui oppose Ferdinand Ier de Habsbourg (1556-1564), alors seulement roi de Bohême et de Hongrie, à Jean Zapolya, roi de Hongrie (1526-1540), le premier soutenu par l'Autriche (il deviendra empereur en 1556), le second par Soliman, amène ce dernier sous les murs de Vienne qu'il assiège du 27 septembre au 15 octobre, et quelques années plus tard il est sur le point d'occuper solidement la Styrie (siège de Güns) quand l'amiral génois André Doria enlève Patras, Coron, Lépante, ce qui incite les Turcs, inquiets, à demander la paix en janvier 1533. Les dernières campagnes en Europe centrale accroissent néanmoins encore leur mainmise. En 1543, ils occupent Esztergom (Gran) ; en 1552, Temesvar (Temisoara), Szolnok et tout le Banat ; enfin, en septembre 1566, quelques jours après la mort du padichah, Szeged (Szigetvar).

La France et la Turquie, toutes deux en guerre contre la maison d'Autriche, sont alliées de fait et amenées à le devenir en droit malgré le scandale que cela soulève dans une chrétienté qui n'a pas perdu tout souvenir de la croisade et qui se sent continuellement menacée par l'islam. Cette alliance est trop visible, trop franche. Il y en avait eu, il y en aura encore d'autres, plus hypocrites, qui ne provoquèrent nulle émotion. N'était-ce pourtant pas inouï qu'un pape de la fin du XVe siècle touchât de l'argent du padichah ottoman pour retenir prisonnier son frère et rival, le fameux Djem ? Ne sera-ce pas un comble qu'Élisabeth Iere d'Angleterre (1558-1603) présente à Istanbul le catholicisme espagnol comme un polythéisme ou une idolâtrie, des doctrines ignobles aux yeux de l'islam ? Et ne parlons pas des manœuvres continuelles des villes italiennes qui poussent la Sublime Porte à attaquer leurs rivales commerciales. Dans sa franchise, l'alliance de François Ier et de Soliman le Magnifique marque, je le crois, un tournant radical dans la conception que les fidèles des deux religions se font de leurs rapports. D'une part, la Turquie, dont les plus hauts dignitaires sont en grande partie d'origine balkanique[5], est moins considérée comme la championne du *djihad* – qu'elle demeure – que comme un membre à part entière de l'Europe. D'autre part, l'intérêt national passe désormais avant celui de la religion.

C'est François Ier qui prend l'initiative du rapprochement en faisant des ouvertures à la Porte en 1535. Il en retire, outre une aide militaire dont on ne peut sous-estimer l'importance[6], de grands privilèges culturels et commerciaux dans l'Empire ottoman par ce qu'on a appelé les capitulations, une série de mesures favorables aux Français gracieusement accordées par les Turcs[7]. L'action des forces militaires des deux parties contractantes ne sera pas souvent bien coordonnée, mais elle les unira parfois dans une entreprise commune. La plus célèbre est, en 1543, le siège de Nice, alors possession du duc de Savoie, le débarquement à Villefranche et l'hivernage de la flotte turque à Toulon, où d'ailleurs elle s'emploie à réorganiser la marine royale.

Les capitulations, et c'est peut-être ce qu'elles eurent de plus important, comportaient des dispositions concernant la protection des Français vivant dans l'Empire ottoman. Celles-ci furent étendues par étapes successives, d'abord *de facto*, ensuite *de jure*, à tous les catholiques, de quelque nationalité qu'ils fussent, y compris les sujets de la Porte. En 1604, l'ambassadeur de France à Istanbul se posa ouvertement en « protecteur particulier et défenseur de toutes les églises, de tous les monastères, de toutes les communautés chrétiennes ». En 1673, un de ses successeurs reçut officiellement ce droit de défense et de protection de ces dernières, mais seulement de celles de rite latin, considérées comme « sujets de la France », ce qui fut confirmé en 1740. De ce jour jusqu'au XIXe siècle, ce protectorat resta effectif et fut reconnu par les puissances. La Révolution française, la campagne de Bonaparte en Égypte, l'intervention de l'Angleterre qui jalousait ce privilège ne l'abolirent pas, mais en réduisirent beaucoup les effets. Napoléon III put le rétablir dans son entier (1852), ce qui lui permit de faire débarquer ses troupes au Liban en 1860.

La bataille de Lépante

Au milieu du XVIe siècle, malgré ses revers, Venise est encore puissante en Méditerranée orientale où elle conserve, outre des places en Albanie et en Morée, les îles Ioniennes,

Chypre et la Crète, qui représentent un certain danger pour la marine ottomane et l'empêchent d'avoir une suprématie totale. C'est donc tout naturellement que le successeur de Soliman le Magnifique, Selim II Mest, l'« Ivrogne » (1566-1574), décide d'en effectuer la conquête. Et il commence par Chypre. Pour que tout soit réglé dans la belle saison, il fait partir sa flotte en juillet 1569. Elle débarque dans l'île, mais ne peut cependant pas emporter la décision avant l'hiver qui interrompt les opérations et ce n'est qu'au printemps suivant que, n'ayant reçu aucun secours de la mère patrie, Chypre, réduite à la famine, capitule.

Quand tout est fini, un an trop tard, les renforts arrivent. Sous l'inspiration de Pie V et malgré les réserves de la France et ses tentatives de conciliation, un accord est conclu entre la papauté, l'Espagne et les chevaliers de Malte (25 mai 1571). Une escadre de 208 galères et de 70 autres navires part de Messine le 6 septembre 1571 sous le commandement de don Juan d'Autriche. Elle rencontre à l'entrée du golfe de Patras la flotte ottomane, à peu près équivalente (260 navires), qui s'est rassemblée à Lépante.

Rarement victoire est plus écrasante ! Rarement bataille est aussi brève ! Elle dure trois heures. Trente navires turcs s'enfuient ; les autres sont coulés ou pris ; de 12 à 15 000 galériens chrétiens sont libérés. Depuis longtemps, les Latins ne sont plus habitués à remporter de telles victoires. Celle-ci efface tous leurs revers, toutes leurs humiliations. On comble les vainqueurs de louanges, de faveurs (dispense du jeûne pendant le carême). Lépante devient un symbole. Il le reste encore aujourd'hui, au moins en Espagne. Une explosion de joie secoue la chrétienté. On croit que le cours de l'Histoire a changé. C'est prématuré, bien qu'il y ait tout de même là un signe précurseur, mais, sur le moment, les conséquences en sont nulles. Les chrétiens n'exploitent pas leur victoire. Deux ou trois ans après, la marine turque est reconstituée. Et la paix signée en 1573 reconnaît que Chypre est bien ottomane.

La guerre ne reprendra qu'en 1592 et durera jusqu'au traité de Szitvatorok (11 novembre 1606), qui marquera l'apogée de la puissance ottomane.

L'expulsion des Maures

Ce qu'il se passa en Espagne dans le siècle et demi qui suivit la prise de Grenade ne fut pas très beau. Dès la chute de la ville, les juifs, innombrables *intra muros* et *extra muros* – quelque 150 000 –, furent expulsés et partirent se réfugier au Maghreb et plus encore à Istanbul, où leurs conditions de vie étaient bien meilleures qu'en terre chrétienne. Aucune des promesses qui avaient été faites aux musulmans, ici ou ailleurs, celles de respecter leur culte et leur mode de vie, ne fut tenue. Ce n'était pourtant pas dans la tradition espagnole. Pendant longtemps, tout avait été mis en œuvre pour que puissent vivre en harmonie les fidèles des trois religions monothéistes, et l'existence quotidienne des non-chrétiens n'était pas mauvaise, à peu près comparable à ce qu'avait été celle des chrétiens au temps du califat de Cordoue. Tout changea radicalement à partir de 1492. Alors ou plus tard, mais inéluctablement, on exigea leur conversion, condition *sine qua non* pour qu'ils aient le droit de rester dans leur patrie. Mais apostasier ne suffisait pas à les blanchir. On doutait de leur sincérité. On les soupçonnait de conserver leur foi dans le fond de leur cœur. On constatait que, même quand ils étaient devenus sincèrement chrétiens, ils gardaient certaines de leurs traditions, étaient différents des autres. L'Inquisition sévit. Elle avait été introduite en Espagne en 1478-1480 (bien après être apparue en Languedoc). On en a beaucoup parlé et elle fait horreur. On a beaucoup exagéré ses sévices, surtout de ce côté des Pyrénées. Par exemple, en trois quarts de siècle, entre 1544 et 1621, 252 personnes furent mises sur le bûcher, dont plusieurs devaient être coupables. Cela représente la population d'un hameau, disons d'un petit bourg. Dans la même période, ce sont des dizaines de bourgs qui furent anéantis par la guerre. Combien, non pas de centaines, mais de dizaines de milliers d'hommes, de femmes, d'enfants furent massacrés, avant, pendant, après cette époque dans les villes conquises et dans les villages sans cesse ravagés (et dont on ne parle jamais) ! Dans la guerre de l'islam et de la chrétienté, l'Inquisition qu'on a, par ignorance, par fanatisme antichrétien, tellement mise en vedette, ne compte guère.

Dans la difficile recherche de son unité, l'Espagne ne pouvait pas tolérer le particularisme marqué de certains de ses sujets. Les Maures ou les morisques, comme on disait pour ces apostats, devaient être entièrement assimilés, et l'on constatait ou croyait constater qu'ils étaient inassimilables. Était-ce vrai ? Il y avait des voix pour affirmer que si on les traitait bien, s'ils n'étaient pas victimes de discriminations, ils se fondraient dans l'ensemble de la population, mais que, devant l'attitude négative qu'on avait envers eux, ils se repliaient sur eux-mêmes, s'accrochaient à leurs traditions. Si juifs et chrétiens avaient pu vivre, bien ou mal, mais vivre en restant eux-mêmes sous la domination musulmane[8], comment pouvait-il se faire que juifs et musulmans, même convertis, ne le puissent pas sous la domination chrétienne ? On ne saura sans doute jamais si c'était l'islam qui refusait de se soumettre à une loi autre que la sienne ou si c'était la chrétienté qui ne pouvait pas supporter des sujets musulmans ou d'origine musulmane. Quoi qu'il en soit, ce fut dès lors un dogme que l'islam et la chrétienté ne pouvaient pas cohabiter sous une seule et même autorité.

Il y eut des appels au secours lancés aux Africains, aux Ottomans. Il y eut des révoltes durement réprimées et qui creusèrent un peu plus le fossé. La première éclata en 1500-1501 ; une autre, terrible, en 1567-1568, au cours de laquelle des églises furent pillées, des chrétiens égorgés, et qui fut durement réprimée, et qui eût pu l'être plus durement encore puisqu'on alla jusqu'à suggérer d'exterminer tous les morisques, ce à quoi le roi s'opposa. Il y eut des conversions.

Il y eut des émigrations. Il y eut surtout des décrets d'une rare sévérité. En 1502, les Grenadins furent mis en demeure de se convertir ou de partir. Aux 150 000 juifs qui avaient fui se joignirent, prétend-on, 300 000 musulmans. En 1560, Philippe II interdit aux Maures de posséder des esclaves noirs et, au moins à Valence, de porter des armes. En 1568, il leur défendit tout ce qui relevait de leur culture, leur langue et leurs caractères graphiques, les instruments de musique, les habits nationaux, le voile des femmes, les hammams... Ceux que l'on brimait ainsi objectèrent fort raisonnablement que les bains n'étaient que souci d'hygiène et de propreté physique, que le voile témoignait de la pudeur du sexe, que chaque province avait ses vêtements particuliers, que l'arabe avait été et était encore parlé par beaucoup de chrétiens de par le monde... Le gouverneur de Grenade, qui n'approuvait pas la mesure royale, porta ces observations au souverain. On ne l'entendit pas. Il y eut de nouveaux départs vers le Maghreb et la Turquie. Finalement, en 1609, Philippe III promulgua les premiers décrets d'expulsion générale. Le 22 septembre, les morisques de Valence (40 % de la population) reçurent l'ordre de partir dans les trois jours, ce que Richelieu devait définir comme « la plus barbare décision dont l'Histoire fait mention ». Le 29 décembre, la mesure fut étendue à tous ceux de Castille, d'Estrémadure, de Manche, puis, entre 1609 et 1614, à ceux des autres provinces. Ils partirent. Il n'y eut plus de musulmans en Espagne. Ce fut désastreux pour elle, car cette émigration contribua à accroître la forte hémorragie démographique déjà provoquée par la colonisation de l'Amérique ; car ceux qui partaient étaient riches, industrieux, cultivés, alors que nombre de chrétiens espagnols étaient pauvres, paresseux, souvent mal dégrossis. La grave crise du XVIIIe siècle en fut, au moins en partie, la conséquence. Ce fut excellent pour elle, car elle se trouva débarrassée d'un corps étranger irréductible et put faire son unité.

La lutte pour le Maghreb

Ayant reconquis la totalité de l'Espagne, Ferdinand et Isabelle songent tout naturellement à poursuivre leur œuvre en s'emparant du Maghreb, si proche et si étroitement lié à l'histoire de la péninsule Ibérique. Le christianisme indigène y a disparu, en même temps que le latin, remplacé par l'arabe (alors que le berbère a résisté [9]), certes par suite d'une assimilation, mais aussi parce que beaucoup de ses adeptes ont émigré après la conquête arabe dans les pays de l'Europe méditerranéenne, où l'on se plaignait des hérésies qu'ils y avaient apportées. Au XIe siècle, ce qui avait été la grande Église de Carthage achève de mourir. Une lettre du pape Léon IX datée de 1053 déplore qu'il n'y ait plus que cinq évêques en Afrique du Nord ; une autre, de 1076, qu'il n'y en ait plus qu'un seul. Pourtant, au Maroc surtout, il reste encore des chrétiens, ou ils sont revenus. Ce sont les mercenaires que l'on nomme *Frendji* et les commerçants qui tournent surtout leurs regards vers les pays de l'or et des esclaves, l'Afrique noire. Ces derniers ont leurs quartiers et même un siège épiscopal à Marrakech, qui subsistera du XIIe au XVIe siècle, et, au moins au début, leur statut est assez satisfaisant pour que le souverain pontife Innocent IV puisse écrire, le 31 octobre 1246, à l'« illustre roi du Maroc » une lettre où il le félicite d'avoir « non seulement défendu l'Église [...] mais encore augmenté ses immunités et privilèges » (cité par Gaston Bonet-Maury). On est autorisé à penser qu'après l'achèvement de la Reconquista le comportement des autorités musulmanes maghrébines, comme celui des immigrés « francs », évolua et que l'intervention des Ibériques ne fut pas mal vue.

Dès 1497, les souverains espagnols franchissent le détroit de Gibraltar et s'installent au Maroc, à Melila d'abord, dans d'autres villes ensuite. Ces colonies urbaines, nommées « présides », ouvertes sur la mer et sans arrière-pays, dépendent directement de la couronne qui y nomme des gouverneurs. Cette colonisation espagnole se heurte à celle des Portugais, que leur noblesse pousse à la guerre. Maîtres de Ceuta depuis 1415, ces derniers enlèvent successivement Kasr al-Saghir (1458), Tanger et Arzila (1471), Safi (1508), Mazagan (1514) ; ils deviennent omniprésents, ce qui oblige les Castillans à faire porter leurs efforts plus à l'est, vers l'Algérie et la Tunisie. En 1502, ceux-ci sont à La Pena de la Gomar, en 1508 à Mers el-Kebir, en 1509 à Oran, en 1510 à Bougie, à Tripoli, et ils contrôlent au moins indirectement Tlemcen, Alger, Tunis, Djerba, et ils auraient sans doute réussi à se rendre maîtres de la totalité de l'Afrique du Nord si, au même moment, les Ottomans n'y avaient pas fait leur apparition.

Devant cette mainmise des chrétiens, cette nouvelle *reconquista*, des marabouts se lèvent pour prêcher la guerre sainte, font la vie dure aux envahisseurs, ce qui éveille peut-être dans le cœur de Sébastien de Portugal (1544-1578) cette passion qu'on a dite anachronique pour la croisade. Espérant jouer de la rivalité entre princes marocains, le roi s'engage dans une folle équipée qui se termine par sa défaite et sa mort dans le nord-ouest du pays, à Kasr al-Kabir (Alcazar-Quivir), en 1578. Son vainqueur en tire un prestige énorme et peut étendre sa domination jusqu'au Niger. Cent ans plus tard, les Marocains seront les maîtres chez eux après avoir repris Tanger (1684) et Lérida (1685).

J'ai évoqué les Turcs. Ils arrivent. Ils sont déjà bien installés en Anatolie et en Europe orientale quand ils s'intéressent à la Méditerranée, sur les rivages de laquelle ils souhaitent régner. Pour ce faire, ils y lancent des corsaires qui ne sont pas de leur sang, car eux ne connaissent guère la mer, mais des renégats de toute origine, surtout des Grecs, et dont la conversion à l'islamisme n'est qu'opportunisme, couverture ou prétexte à agir. L'un d'eux, Arudi, avait déjà attiré l'attention sur lui quand il avait reçu, en 1504, du souverain de Tunis la permission de s'installer à La Goulette et à Djerba. Appuyé sur ces bases solides, il avait enlevé d'autres ports aux indigènes ou aux Espagnols et entraîné maints de ses homologues à suivre son exemple. Ainsi, Alger était devenue vers 1516 un repaire essentiel de la course, et le restera – vers 1620, il y avait dans ses bagnes près de 20 ou 25 000 esclaves chrétiens. C'est sur ces entrefaites que celui qui deviendra le plus célèbre corsaire de son temps, Khair al-Din Barbaros, notre Barberousse, se met au service du padichah de Constantinople. Il fera une belle carrière, possédant à lui seul en 1534 quatre-vingt-quatre navires, et finira sa vie en 1546 comme *kapudan pacha*, grand amiral de l'Empire. Grâce à lui et à quelques autres moins connus, tel Dragut qui s'illustre notamment en prenant Gafsa en 1558, l'Afrique du Nord jusqu'aux frontières du Maroc passe sous domination ottomane.

Les côtes ne furent pas pour autant à l'abri de toute entreprise militaire et il arriva même souvent que les ports changeassent de mains. Tunis, par exemple, fut enlevée par Barbaros en 1534, prise par Charles Quint en même temps que Bizerte en 1535, reprise par les Turcs en 1569, occupée par don Juan d'Autriche en 1573 et à nouveau par les Turcs en 1574. Les Espagnols purent néanmoins conserver certains points d'appui souvent pendant des décennies, voire des siècles. Tripoli fut à eux de 1510 à 1530, puis à Malte de 1530 à 1551 avant de devenir turque ; Djerba fut tour à tour turque, puis espagnole de 1520 à 1557. Mazagan ne fut reconquise par les Marocains qu'en 1769. Mers el-Kebir et Oran restèrent sous souveraineté des Rois Catholiques jusqu'en 1708, puis de 1732 à 1792.

Tous ces ports, par suite des changements de maîtres, de l'esclavage, du commerce, étaient étonnamment cosmopolites. René Coulet du Gard en rend bien compte quand il recense, à titre d'exemple, la population d'Alger et de sa banlieue au XVIIe siècle. Il y aurait vécu 13 000 Algériens d'origine, 10 000 Levantins, 6 000 Maures venus d'Espagne, 4 000 Kabyles, 7 000 juifs, et les quelque 25 000 captifs chrétiens déjà mentionnés. Le nombre de ces captifs, leur sort, leurs conditions de vie étaient assez impressionnants pour que des ordres religieux européens se consacrassent à leur rachat, sollicitant les fonds nécessaires de la charité publique. À lui seul, l'un d'entre eux, le plus efficace certes, celui des Trinitaires, aurait ainsi arraché à la captivité près d'un million d'hommes en sept siècles (du XIIe au XVIIIe), mais d'autres tentèrent de rivaliser avec lui : celui de Notre-Dame-de-la-Merci, dont saint Raymond de Penafort avait été l'un des co-fondateurs en 1223, en aurait libéré 600 000 entre sa création et la Révolution française (chiffre cité par Henri Daniel-Rops). On croit rêver ! Ce serait donc, bon an mal an, quelque 3 000 ou 4 000 chrétiens qui auraient été rachetés. Et combien ne le furent pas ! Combien moururent au cours de leur captivité ! Combien ramèrent dans des galères, combien furent vendus au loin ! Quand on parle des rapports de la chrétienté avec l'islam, il convient de ne pas oublier ces dizaines de millions d'hommes qu'il a réduits en esclavage. Il n'y a pas que l'Europe qui ait été esclavagiste...

La course

La guerre de course devint la norme dès le premier tiers du XVIe siècle, le demeurera pendant les suivants, jusqu'au XIXe siècle, et sa prolongation en quelque sorte anachronique par les musulmans jusqu'à une époque relativement proche de nous la liera indissolublement à eux dans notre mémoire collective, de telle sorte que les mots « corsaire » et « barbaresque » devinrent presque synonymes. Elle aura pourtant perdu dans les années 1800 beaucoup de l'efficacité dont elle avait fait montre au XVIe siècle, quand les flottes des puissances chrétiennes tendaient à se détourner de la Méditerranée pour s'engager sur les océans à la découverte et à la conquête du monde. Elle n'était d'ailleurs pas affaire nouvelle quand un Arudi, un Barbaros, un Dragut y excellaient, puisque la piraterie y faisait déjà rage dans l'Antiquité, puisqu'elle n'avait pas été inconnue au haut ou au bas Moyen Âge quand les Arabes de Fraxinetum ou du Garigliano, les Normands et d'autres l'avaient largement pratiquée. Ce qui était la grande innovation au XVIe siècle ou, pour mieux dire, déjà plusieurs siècles auparavant, dès les XIIe-XIIIe sans doute, c'est que le corsaire avait remplacé le pirate. Le second n'était guère qu'un bandit, un voleur de grand chemin qui opérait pour son compte. Le premier était un marin au service d'un prince ou d'un État ; il recevait d'eux des licences de course en échange de la remise d'un certain pourcentage de ses prises et il était censé combattre leurs ennemis et eux seuls. Bien entendu, cette situation était plus théorique que pratique et maint corsaire agissait comme un pirate. On avait vu, aux XIIIe-XIVe siècles, des Catalans prendre pour cibles des navires vénitiens. C'est que les capitaines étaient souvent peu recommandables, des aventuriers ou des brutes, tel ce Hasan le Vénitien qui sera le maître de Cervantès de 1578 à 1580 et dont l'écrivain nous a brossé un tableau peu flatteur : « Chaque jour, il pendait quelqu'un ; il empalait celui-ci, coupait les oreilles à celui-là pour le moindre motif et sans motif, et les Turcs eux-mêmes disaient qu'il le faisait pour le plaisir et parce que son naturel le poussait à être le bourreau du genre humain. »

Corsaires ou pirates partaient de leurs repaires inexpugnables pour arraisonner les autres navires, de préférence marchands, pour piller les côtes, enlever les biens et plus encore les personnes qu'ils faisaient ramer sur leurs galères, qu'ils enfermaient dans des geôles quand ils en espéraient des rançons ou qu'ils vendaient au loin comme esclaves.

Les Européens eurent beaucoup à en souffrir, mais ils firent aussi souffrir les autres, et si les musulmans furent moins nombreux chez eux, ils n'en étaient pas moins de grands trafiquants de chair humaine. Bien avant qu'ils ne deviennent négriers, ils possédaient leurs bagnes, leurs galériens, leurs marchés aux esclaves – Cagliari, Livourne, Alicante, La Valette, pour n'en citer que quelques-uns – par où passaient (et parfois restaient) Noirs, Slaves, Balkaniques, gens des steppes, et la ville de Verdun fut un temps spécialisée dans la fabrication des eunuques. Ils avaient leurs sources favorites d'approvisionnement et leurs clients. Les Génois avaient organisé l'achat et le transport vers l'Égypte des Turcs de l'Asie centrale embarqués dans les ports de Caffa ou de La Tana-Azaq. Les Vénitiens enlevaient sur les côtes de Dalmatie hommes, femmes et enfants qu'ils vendaient en Syrie...

Tous ces navires ou une partie d'entre eux, qui s'adonnaient la plupart du temps à des coups de main, pouvaient se regrouper pour attaquer des villes fortes, d'un côté Reggio de Calabre (1513), Rapallo (1550), de l'autre Alger, si souvent visée, ainsi par Charles Quint et don Juan d'Autriche comme nous l'avons déjà dit, et encore en 1541 quand Hasan le Sarde défendit la ville. Ils pouvaient aussi constituer des flottes pour appuyer les armées de terre ou livrer bataille. Citons, parmi d'autres, celle qui opposa Barbaros et l'amiral génois Andréa Doria, vaincu au large de Prévéza en 1538, ou celle consécutive à l'attaque en 1560 des chevaliers de Malte et des Napolitains sur Djerba, achevée dans un grand désastre.

CHAPITRE XIII

L'équilibre des forces en Europe

À la fin du XVIe siècle, en Europe centrale et orientale, les incursions des bandes musulmanes d'irréguliers sur les territoires chrétiens et des bandes chrétiennes sur les territoires musulmans sont constantes et provoquent, d'un côté comme de l'autre, les réactions des autorités. En 1592, les Ottomans en font une si violente que l'empereur Rodolphe II (1576-1612) se croit obligé d'intervenir, attaque les assaillants et les vainc à Sissek (1593). C'est le début d'une nouvelle guerre qui va durer treize ans. Les Impériaux remportent d'abord des succès. lIs enlèvent Esztergom (Gran) et Visegrad, puis ils sont battus à Kereszte le 25 octobre 1596, ce qui permet aux armées du sultan de s'emparer d'un fort important, celui d'Eger (Erlau), qui commande le passage entre l'Autriche et les principautés danubiennes. Ce conflit en entraîne un autre. Le voïvode de Valachie, Michel le Brave, s'allie à la Moldavie et à la Transylvanie, unissant pour une brève période – moins de deux ans – les trois provinces et préfigurant la future Roumanie. Prenant l'offensive, Michel bat les Turcs à Tirgovishte, passe le Danube, s'empare de Vidin et de Nikopol (1595). Fort heureusement pour les Turcs, l'union roumaine ne se fait pas sans difficulté. Le prince de Transylvanie, Bockskay, commence à se brouiller avec les Habsbourg, ce qui permet aux Ottomans de rétablir une situation gravement compromise, puis il se réconcilie avec eux : devant le risque qu'il court d'avoir à affronter une coalition trop importante, le nouveau sultan, Ahmed Ier (1603-1617), préfère ouvrir des négociations de paix. Celles-ci aboutissent au traité de Szitvatorok (1606), confirmé par deux autres postérieurs (signés à Vienne en 1615 et en 1616), qui n'amènent aucune modification sensible des frontières et, avant un premier recul au XVIIe siècle, marquent donc le point extrême de l'extension des Ottomans. La grande nouveauté de ce traité se trouve dans la formulation de son texte qui ne dénote aucune arrogance des Ottomans, qui les place sur le même pied que leurs adversaires, les considère comme égaux. Le fait est d'importance : pour la première fois, des musulmans ne se jugent pas supérieurs aux autres hommes.

La longue paix

Pendant près d'un demi-siècle, jusqu'en 1645, il n'y aura plus de conflit entre la maison d'Autriche et la Turquie, si l'on excepte bien évidemment les incidents de frontières, voire encore les incursions d'irréguliers (*akindji* turcs, *ushok* chrétiens), volontiers teintées de brigandage. Et comme depuis longtemps la guerre entre l'islam et la chrétienté se déroule surtout sur ce front, on serait tenté d'en conclure que la paix générale est enfin établie. On en est loin ! Chrétiens et musulmans ne cessent pas pour autant de se battre, leur hostilité réciproque ne diminue en rien, mais l'islam affaibli est moins efficace, et la chrétienté fortifiée songe à son expansion coloniale et à ses querelles. Les grands événements se font plus rares. Pourtant, même pendant ces décennies dites pacifiques, il y aura trois guerres, il y aura la course, il y aura la poussée de l'islam éthiopien, le début de l'intervention anglaise dans l'océan Indien, il y aura cette mesure d'expulsion des Maures du sol espagnol (1609-1614) qui dénonce un état d'esprit plus agressif que les pires agressions armées, qui exprime l'absolu rejet de l'autre. Que la paix perdure entre les Impériaux et les Ottomans s'explique en partie par les difficultés que ces derniers rencontrent au cours de cette période tant au plus haut niveau de l'État que dans les provinces et dans leurs relations avec l'Iran[1]. Pour la première fois, un souverain, Osman II, est non seulement renversé, mais mis à mort (1622) et l'un de ses successeurs, Ibrahim, l'est de même quelque vingt-cinq ans plus tard (1648). Les provinces s'agitent : c'est le Liban avec les Druzes[2] qui, déjà, veulent leur indépendance ; la Syrie avec les Arabes ; l'Asie Mineure avec des Turcs. Deux guerres avec l'Iran retiennent en Asie les armées impériales : la première de 1603 à 1612 ; la seconde de 1624 à 1638, que conclut la paix de Kasr-i-Chirin le 17 mai 1639.

Et pourtant, oui, on se bat entre chrétiens et musulmans ; on ne cesse pas de le faire ; on continue à croire qu'on doit sacrifier sa vie pour sa foi. N'est-ce pas à ce moment que Corneille, dans son *Polyeucte* (1643), affirme avec tant de phrases percutantes la valeur du sacrifice : « Je les veux renverser [les idoles] et mourir dans leur temple » ; « Vous trouverez la mort – Je la cherche pour Lui » ?

Il y a donc d'abord les vraies guerres déclarées, dont deux contre la Pologne. L'une a lieu en 1620-1621 parce qu'elle a voulu se mêler des affaires danubiennes : elle a été rappelée à l'ordre, en grande partie grâce à l'intervention des Tatars de Crimée ; elle signe toutes les promesses qu'on lui demande, et abandonne la place de Hotin en octobre 1621. L'autre, plus brève et moins significative, se déroule en 1633-1634. Il y a ensuite l'intervention ottomane en Transylvanie en 1636-1637.

J'ai parlé d'incursions sur les frontières ottomano-autrichiennes, mais il en est d'autres qui ne sont pas sans faire penser aux corsaires méditerranéens. Ce sont celles des Cosaques, si fréquentes sur les terres de l'Empire ottoman. En 1614, les Zaporogues pillent Sinope sur les côtes de la mer Noire ; en 1625, une flotte mixte de Criméens et de Cosaques y sème la désolation. Leur apparition, en juillet 1624, dans le Bosphore provoque un immense effroi à Istanbul.

Il y a ensuite cette pénétration insidieuse qui prépare le colonialisme, celle des Anglais qui succèdent aux Portugais et aux Hollandais dans l'océan Indien, qui font, comme eux, la chasse aux navires indigènes, qui enlèvent Ormuz à ses premiers conquérants pour le rendre à l'Iran contre le droit de s'installer à Bander Abbas (1622), qui débarquent en 1608 à Surat, le principal port des Grands Moghols, et reçoivent le droit d'y édifier une forteresse en 1612.

Il y a encore les folies de l'empereur d'Éthiopie Farilidas (1632-1667), qui ne peut plus supporter l'acharnement des missionnaires latins à vouloir ramener les monophysites à Rome et qui demande à l'imam du Yémen et au pacha de Massawa de mettre à mort tous les prêtres catholiques qui débarquent chez eux dans l'intention de gagner son pays (1642 et 1647), qui va jusqu'à faire venir près de lui des prédicateurs musulmans, dont les succès chez les chrétiens sont au reste à peu près nuls, mais qui font que l'islam gagne rapidement les populations gallas et les païens des régions excentriques de l'Empire.

La course continue

Il y a surtout la course qui continue à s'exercer comme par le passé, et dont on peut même se demander si elle n'est pas plus active, plus audacieuse encore. Les expéditions succèdent aux expéditions, certaines répétitives, presque banales, quelques-unes plus singulières, innovantes, comme les attaques de Madère en 1617, de Manfredonia dans les Pouilles en 1620, de la région de Reggio de Calabre en 1636. La distance n'arrête plus les corsaires, dont les bateaux ont bénéficié des perfectionnements techniques réalisés en Europe et que des transfuges, le Hollandais Danser, l'Anglais John Ward, leur ont fait connaître. On voit ainsi, en 1627, le renégat hollandais Jansz attaquer les côtes d'Islande et mettre à sac Reykjavik ; en 1631, Murad Reïs ravager les rivages irlandais ; en 1645, un troisième piller la Cornouailles ; d'autres encore entrer dans l'embouchure de la Tamise, toucher à Terre-Neuve, voire au Brésil.

Les musulmans se comportent souvent en barbares et méritent bien ce nom de « barbaresques » qu'on leur donne en confondant les deux mots « berbères » et « barbares »[3], mais les chrétiens n'agissent guère mieux qu'eux, et, chez les uns comme chez les autres, il y a parfois une réelle noblesse, des gestes de pure chevalerie. N'en citons qu'un, tardif mais significatif. Lors de la peste qui frappe Marseille en 1720, alors que le cardinal Dubois, secrétaire d'État aux Affaires étrangères de France, entrave l'expédition de trois navires chargés de blé que la papauté dépêche au secours des malheureux malades, les musulmans les ayant saisis en mer les relâchent quand ils apprennent à qui ils sont destinés.

Aux raids des Maghrébins répondent ceux des chrétiens, souvent conduits par les membres d'ordres religieux, les chevaliers de Malte ou de Santo Stefano, par exemple sur Hammamet en Tunisie en 1602, sur la côte occidentale de l'Algérie en 1610 où les « Francs » enlèvent 5 000 hommes, femmes et enfants qu'ils réduisent en esclavage, opérations dont ils tirent souvent de si grands profits que nul ne songe alors et ne songera pendant longtemps encore à les arrêter ni même à les tempérer. Quand, en 1721, une ambassade ottomane en France proposera un accord visant à mettre fin à la piraterie des uns et des autres, elle se heurtera à une fin de non-recevoir, car ni le gouvernement du jeune Louis XV ni la papauté ne voudront porter tort au vieil et puissant ordre militaire de Malte.

À ces raids musulmans répondent aussi les expéditions des flottes européennes pour tenter de détruire leurs bases. En 1607, une opération de grande ampleur est lancée contre Bône, où l'on fait l'échange de 1 500 captifs ; en 1620, la flotte anglaise bombarde Alger ; celle de Louis XIV prend le relais.

En 1664, le grand amiral de France, Beaufort, est placé à la tête d'une escadre chargée de châtier les « pirates ». Il débarque à Djidjelli le 22 juillet, mais en est rapidement expulsé. Il reprend la mer, détruit deux flottilles musulmanes, attaque Tunis (26 novembre 1665) et Alger (17 mai 1666), qui se plient aux conditions que leur dicte, par sa voix, le Roi-Soleil, mais qui bien entendu n'en tiennent aucun compte. En juillet 1681, Duquesne fait capituler les corsaires de Tripoli sous les menaces de son artillerie, poursuit les navires tripolitains jusqu'à Chio et, devant les menaces proférées par la Porte contre l'ambassadeur de France, arrive jusque devant les Dardanelles. En même temps, Château-Reynaud bloque les côtes du Maroc (destruction du repaire d'al-Mamura, où nichent aussi des corsaires chrétiens) et oblige le sultan à envoyer une ambassade à Versailles pour demander la paix (janvier 1682).

De telles ambassades ne seront pas rares. Elles humilieront les musulmans, flatteront l'orgueil français [4], mais ne serviront à rien, les promesses et les engagements étant aussi vite oubliés que prononcés. Celle que dépêche le dey d'Alger après le sévère bombardement de sa ville en 1683 est suivie de si peu d'effets que de nouvelles expéditions contre lui doivent avoir lieu en 1685 et 1688. En 1685, l'amiral d'Estrées bombarde d'abord pendant trois jours Tripoli, dont les habitants demandent grâce, acceptent de verser une forte indemnité et libèrent tous leurs captifs chrétiens, puis il arrive à Tunis et à Alger, qui s'empressent de se plier à toutes les exigences françaises. En juillet 1688, d'Estrées revient encore, lance 10 000 bombes sur la ville en seize jours, détruisant ce qui avait échappé au bombardement de 1683 et ce qui avait été reconstruit depuis. On peut dire, si l'on tient compte d'accrochages et de razzias moins spectaculaires, que, pendant la période qui va de 1606 à 1645, comme avant, comme après, la guerre sur mer est continuelle.

La guerre pour la Crète

La Crète, qui avait été vendue par Boniface de Montferrat à Venise au début du XIIIe siècle, lors de la quatrième croisade, demeurait la position maîtresse de la Sérénissime République au Levant et une sorte de défi à la puissance ottomane. Sans déclaration de guerre, en simulant même un projet d'attaque sur Malte pour détourner l'attention, les Turcs décidèrent d'en faire enfin la conquête. Ce ne fut pas la plus brillante page de leur histoire militaire, et pourtant les conditions semblaient extrêmement favorables à leur entreprise : la classe dirigeante de l'île était dégénérée et les populations orthodoxes supportaient de plus en plus mal l'intransigeance religieuse des catholiques. Il est vrai qu'en contrepartie l'expédition coûtait cher et pesait lourdement sur les finances impériales à un moment où elles étaient dans un état particulièrement catastrophiques par suite des dilapidations du sultan.

Une grande flotte de plus de 300 navires mit à la voile en Morée le 10 mai 1645 et débarqua ses troupes le 3 novembre à La Canée. Ses hommes prirent la ville et obtinrent, au début, quelques autres petits succès (chute de Ratino), mais ceux-ci furent sans lendemain. Le pays résista, reçut quelques renforts français, allemands, maltais, toscans, et il ne fallut pas moins de vingt-quatre ans pour en faire la conquête, encore que quelques places restassent aux Vénitiens jusqu'en 1715. Et pourtant ce n'était pas par manque d'ardeur au combat. Tout le monde musulman vibrait dans l'attente de la victoire. Un *chaïkh* de Damas, al-Mahasini (cité par André Raymond), évoque dans sa chronique la grande manifestation collective qui eut lieu dans sa ville à la fin de décembre 1667 et à laquelle, dit-il, toute la population participa, à l'exception d'une centaine d'invalides, « pour prier Dieu qu'Il accorde une victoire et une conquête éclatantes » aux Ottomans qui assiégeaient « la citadelle de Crète nommée Candie », et il conclut : « Ce fut un jour comme il n'y en avait pas eu un dans le passé. »

Venise essaya de contre-attaquer en faisant le blocus des Dardanelles et il s'ensuivit une guerre navale qui dura de mars 1650 à août 1656, avec alternance de revers et de succès pour les deux adversaires. En juin 1650, les Italiens dispersèrent l'escadre turque qui voulait forcer le passage du détroit ; quatre ans plus tard, en mai 1654, la flotte ottomane vainquit celle de Venise, mais elle fut à nouveau défaite en juin 1656, et si radicalement qu'elle fut obligée, en juillet-août, d'abandonner aux vainqueurs Samothrace, Lemnos et Tenedos (Bozcaada), îles qu'elle reprendra en juillet 1657 après avoir remporté une victoire enfin décisive qui lèvera à jamais le blocus. Forts de l'expérience, les Turcs édifieront peu après, en 1659-1661, deux forts sur les rives européenne et asiatique des Dardanelles (Kum Kale et Sadd ul-Bahr). Enfin, au mois d'avril 1669, Morosini, qui commandera à Candie, proposera de discuter des conditions d'une reddition de la place. Les Ottomans y entreront le 27 septembre.

Après l'échec du siège de Vienne dont nous allons parler (1683), les Vénitiens, qui ne cessent de harceler les Ottomans en Dalmatie depuis 1664, pensent pouvoir prendre leur revanche en reconquérant la Morée qui a si longtemps relevé de leur patrimoine. Ils semblent vouloir y réussir. Ils enlèvent plusieurs villes, dont Athènes le 25 septembre 1687 – triste événement puisque, ce jour-là, le Parthénon, servant de fort et de dépôt de poudre aux Turcs, est en partie détruit, et événement d'autant plus malheureux qu'il est sans lendemain. Subissant des échecs répétés dès 1695-1696, les Vénitiens seront finalement expulsés en 1714 de leurs conquêtes en Morée et, par la même occasion, de la dernière place qu'ils conservaient en Crète, Souda.

Les derniers assauts en Europe centrale

Pendant l'été de 1658, le voïvode de Transylvanie, Georges II Rakoczi, qui a été désigné par les Ottomans, entre en rébellion contre eux, est vaincu par les Tatars que le sultan a envoyés contre lui, est déposé et remplacé par Akaï Barcsay, puis, en 1662, par Michel Apafy. Les Autrichiens, dont l'influence n'est pas négligeable dans la province, refusent la nomination de ce dernier, ce qui oblige les Turcs à intervenir pour le protéger. Le grand vizir Ahmed Köprülü, le premier de cette famille albanaise qui accède au pouvoir et à laquelle les Turcs devront tant jusqu'en 1710, fait entrer ses forces en Transylvanie puis en Hongrie, prend Neuhäusel le 24 septembre 1663 tandis que ses auxiliaires tatars pillent les terres jusqu'aux environs d'Olmutz. Tout l'Occident s'émeut et décide de venir à l'aide de l'Autriche. Une grande armée sous le commandement de Montecuccoli, dans laquelle figurent notamment les 6 000 Français de Coligny, rencontre les Turcs et les écrase près du couvent de Saint-Gotthard, sur le Raab, le 1er août 1664. La victoire est éclatante – la plus brillante, dit-on, remportée depuis trois siècles et peut-être la dernière expression de ce qui fut si longtemps l'esprit de croisade. Mais les vainqueurs n'osent pas poursuivre leur offensive, se replient sur le Wag pour y prendre position, et l'empereur Léopold (1657-1705) s'empresse de signer la paix de Vasvar-Eisenburg, le 10 août 1664, qui reconnaît l'autonomie de la Transylvanie.

Cette guerre et la difficile conquête de la Crète ont contraint les Ottomans à détourner leur attention de la Pologne, qui demeure menaçante, et ce n'est qu'en 1672 qu'ils se décident à l'attaquer avec l'aide des Cosaques du Dniepr. Ils s'emparent de la forteresse de Kamenets et mettent le siège devant Lvov, mais les longs pourparlers de paix entre les deux États n'aboutissent pas avant 1676, ce qui oblige les Ottomans à lancer des expéditions annuelles pendant quatre ans (1673-1676). Enfin le nouveau roi polonais, Jean Sobieski (1674-1696), signe à Zorawno un accord (27 août 1676) qui place l'Ukraine et la Podolie sous le contrôle des Ottomans. Sobieski jure de prendre un jour sa revanche : il la prendra sans tarder.

Se croyant tranquilles du côté de la Pologne, les Ottomans peuvent se retourner contre l'Autriche qui, selon eux, menace

Tekely (Tököly), le souverain qu'ils ont installé en Haute-Hongrie en 1682, dans un pays affaibli par les révoltes de 1667-1681. Ils préparent une offensive ambitieuse pour défendre leur protégé et, du même coup, obtenir un succès décisif en Europe. Ils n'espèrent rien de moins que prendre Vienne. En se rendant maîtres de la capitale de leurs vieux ennemis, ils se couvriront de gloire, rendront pratiquement impossible une intervention militaire de l'Occident. Au début de l'an 1683, ils regroupent leurs forces – 30 000 cavaliers, 40 000 fantassins, 300 canons – et marchent sans rencontrer de difficultés majeures jusqu'à la capitale, d'où l'empereur a fui et qu'ils investissent le 13 juillet. La ville est défendue par Starhemberg, qui ne dispose que de quelque 20 000 hommes, mais elle reçoit le concours empressé de la population et de faibles renforts de Bavarois, de Saxons, de Lorrains. L'Autriche a pu craindre que Louis XIV ne profite de l'invasion turque pour la prendre à revers, mais le roi de France, qui veut bien encourager en sous-main les ennemis de ses ennemis, n'entend tout de même pas se compromettre en s'alliant ouvertement avec des musulmans ; il propose même d'envoyer 30 000 soldats en Allemagne, ce que Léopold refuse, devinant que l'offre n'est pas désintéressée, mais plutôt une occasion pour les Français de s'installer dans l'Empire.

Vienne se trouve donc bien seule. Tiendra-t-elle ? On peut en douter. Bombardements et assauts se succèdent. C'est alors que Jean Sobieski prend sa revanche. Refusant d'écouter les conseils de Versailles qui l'incite à demeurer en dehors du conflit, il a noué alliance avec Léopold dès le 31 mai 1683 et, le 12 septembre, jette sur les assiégeants ses 15 000 hommes – des forces très inférieures aux leurs. Il les disperse comme des feuilles mortes le sont par une tempête. Les Turcs fuient, abandonnant armes et bagages. Le butin est énorme. Une magnifique tente d'apparat conservée aujourd'hui au musée Wawel de Cracovie n'en est pas le plus précieux témoin, mais le plus spectaculaire. On dit que c'est ce jour-là que les Viennois ont pris et divulgué le goût du café (déjà connu en

Europe) et qu'ils ont commencé à fabriquer les pâtisseries que l'on nomme croissants, comme caricatures de l'emblème turc...

Le grand vizir est à nouveau vaincu à Gran, y essuie des pertes énormes, et se replie sur Belgrade. Il ne tarde pas à être exécuté pour haute trahison ou pour incompétence. La guerre continuera jusqu'en 1699.

Enthousiasmés par leur victoire, Autrichiens et Polonais, à l'instigation du pape, constituent une « Sainte Ligue », à laquelle adhèrent même les Russes, et passent à l'offensive. Il n'est pas jusqu'aux Vénitiens – dont c'est le chant du cygne – qui, nous l'avons vu, n'en profitent pour attaquer la Morée.

En 1686, le 14 août, le duc Charles de Lorraine vainc les Turcs à Mohacz, sur ce champ de bataille des rives du Danube où ceux-ci avaient jadis remporté une si éclatante victoire, et le 2 septembre les Autrichiens entrent à Bude. En 1687, les Turcs sont obligés de se replier au sud de la Save et du Danube ; en 1688, ils perdent Belgrade, ce qui déclenche une vive agitation chez les chrétiens des Balkans, en particulier, bien sûr, chez les Serbes. En 1689, les Impériaux franchissent la Save, occupent Smédérévo (Semerdire) et poussent des pointes jusqu'à Nich, Prishtina, Usküb (Skopjie). L'accession au pouvoir d'un nouveau membre de la famille des Köprülü, Mustafa, empêche l'effondrement. En 1690, le grand vizir repousse les Autrichiens au-delà des deux fleuves qu'ils ont franchis en 1687, réoccupe le Banat, Nich, Smédérévo et Belgrade, pendant que son vassal Tekely, celui qui fut à l'origine du conflit, les chasse de Transylvanie. Le malheur veut qu'en 1691, alors qu'il livre bataille à Szalankamer, il soit tué d'une balle qui le frappe à la tête. Son trépas entraîne la défaite de ses troupes, et c'est en vain que Mustafa II (1695-1703) en prend la tête. Après avoir obtenu quelques succès, dont la conquête de Chio en 1695-1696, qui lui valent le titre de *ghazi*, en 1697, le sultan subit revers sur revers en face d'Eugène de Savoie au service de l'empereur. Le 11 septembre 1697, les Autrichiens l'écrasent à Zenta, aux confins de la Hongrie et de la Serbie.

En juillet 1698, des négociations de paix s'ouvrent. Elles aboutissent, le 26 janvier 1699, au traité de Karlowitz signé par les Turcs d'une part, les Autrichiens, les Vénitiens, les Polonais de l'autre, et plus tard, en juillet 1700, par les Russes. Ce texte marque le premier recul des Ottomans puisque, s'ils conservent le Banat, tout le reste de la Hongrie, la Croatie et la Transylvanie reviennent aux Habsbourg.

La paix est prévue pour vingt-cinq ans. Elle dure moins. Comme le colonel Lamouche l'a fait remarquer, « cette spécification de la durée des traités [...] montre que jusqu'au XVIIIe siècle, entre la Turquie et les pays voisins, la guerre était considérée comme l'état normal, interrompu seulement par des trêves ». Il oublie de rappeler que ce n'est qu'application de la *chariat* pour laquelle les trêves seules, non la paix permanente, peuvent être conclues avec des infidèles.

Les hostilités recommencent d'abord contre Venise, à qui les Ottomans reprennent en effet la Morée (1715), puis contre l'Autriche (1716). Les Turcs espèrent bien reconquérir leurs anciennes possessions hongroises, mais les Impériaux non seulement les repoussent, notamment à la bataille de Petrovaradin le 5 août 1716, mais leur enlèvent Temesvar en octobre 1716, puis à nouveau Belgrade en août 1717, et ils sont obligés de signer le 21 juillet 1718, à Passarovitz, une paix encore moins favorable que la précédente : ils perdent le Banat qu'ils avaient réussi à sauver en 1699, la Valachie occidentale et la Serbie septentrionale.

Après la conclusion de deux conflits qui ont opposé Istanbul et Ispahan (1723-1736), les Autrichiens peuvent profiter de la guerre russo-turque pour attaquer la Bosnie et la Bulgarie (1737), mais, par une sorte de miracle, les Ottomans se sont ressaisis. Ils vainquent l'Autriche à Gratzker et assiègent Belgrade en juillet. Grâce aux bons offices de la France, un nouvel accord est signé devant cette ville le 18 septembre 1739 et les Autrichiens renoncent à toutes les acquisitions que leur a values le traité de Passarovitz. Pendant un demi-siècle, les deux empires ne se feront plus la guerre. La paix de Belgrade marque donc un redressement inattendu des Ottomans, mais ne leur rend certes pas leur puissance d'antan.

Je viens d'évoquer le rôle de la France. On tient à le souligner, ce qui tend à prouver que la déjà vieille complicité franco-turque n'est pas oubliée. Dans le préambule du traité, il est spécifié que celui-ci a été conclu grâce à l'intervention « de l'illustrissime et excellentissime marquis de Villeneuve, médiateur, et sous la protection du Roi Très Chrétien [Louis XV] » (cité par Lamouche). Nous verrons plus loin les clauses concernant la Russie. Quant à Venise, qui n'a rien obtenu à Passarovitz, elle ne compte désormais plus au nombre des puissances.

L'avancée des Russes

Les Russes avaient subi longtemps le joug des Tatars, Mongols et « païens » à l'origine, mais rapidement turquisés et islamisés. Ils avaient fini par s'en délivrer et avaient commencé à s'en venger en annexant deux des trois khanats qui s'étaient détachés de l'empire de la Horde d'Or (du Kiptchak), ceux de Kazan et d'Astrakhan, et il était normal, dans une certaine mesure, qu'ils confondissent Turcs de Turquie, c'est-à-dire Ottomans, et Turcs d'Ukraine, c'est-à-dire Tatars, et se considérassent également comme ennemis des uns et des autres. C'était une première raison de conflit.

Par ailleurs, les Turcs du khanat de Crimée, le troisième État né de la Horde d'Or, étaient passés sous protectorat ottoman en 1475 et toute guerre contre eux devenait une guerre contre l'empire qui les protégeait. Par ce royaume vassal, les Russes étaient devenus voisins des Ottomans, et ils allaient l'être bientôt d'autres de leurs vassaux : Roumains de Valachie, Géorgiens, Arméniens et autres Caucasiens. En 1654, l'Ukraine, y compris Kiev et toute la rive gauche du Dniepr, avait accepté la souveraineté moscovite, et celle-ci avait été officialisée à l'issue de la guerre russo-polonaise de 1654-1657.

Plus à l'est, la Transcaucasie et la Géorgie s'étaient placées sous la protection de Moscou en 1527, protection un peu lâche au début, mais qui se renforça progressivement dès 1581 pour devenir étroite au milieu du XVIIe siècle. Par suite, maints musulmans des plaines avaient été forcés d'aller se réfugier dans les montagnes, et des colons les remplaçaient partout. Cette proximité était une deuxième source de conflit.

Cela arrivait au moment même où l'Église russe orthodoxe conquérait sa propre indépendance sous la direction d'un patriarcat. En 1589, le métropolite de Moscou en était le premier titulaire. Les Russes se présentèrent alors en défenseurs de l'orthodoxie et, par conséquent, des innombrables croyants qui la pratiquaient dans l'Empire ottoman. Leur antique ferveur religieuse, qui avait si largement contribué à leur survie sous la domination tatare, pouvait se donner libre cours. La Russie devenait la Sainte Russie et la lutte contre les Tatars et les Turcs qui, malgré de pieuses exhortations, semble avoir été auparavant plus ethnique que confessionnelle, comme plus tard celle contre les Persans, se transformait en lutte religieuse, s'inscrivait pleinement dans la guerre de l'islam et de la chrétienté. La notion de guerre sainte se réveillait en Europe orientale au moment même où elle s'endormait dans cette Europe occidentale qui commençait à ne plus donner une absolue priorité à sa foi ancestrale. C'était une troisième raison de conflit.

Enfin, les Russes n'avaient pas accès aux mers libres, ce qui constituait pour eux un lourd handicap, et ils étaient hantés par le désir d'en posséder. Ivan IV avait bien fondé le port d'Arkhangelsk (1584) sur les rives de la Dvina, près de son embouchure dans la mer Blanche, mais le lieu était peu hospitalier et les Russes en cherchaient de plus riants, sur la Baltique, où ils mettraient longtemps à en acquérir, au sud surtout, sur les mers chaudes. À défaut de la Méditerranée qui resterait leur objectif essentiel et qu'ils n'atteindraient jamais, ils voulaient au moins toucher à la mer Noire, dont les côtes appartenaient à la Crimée, et ils y parviendraient.

Les relations officielles entre la Russie et l'Empire ottoman commencèrent au XVIIe siècle, un peu après les incursions des Cosaques dans les années 1620, quand Moscou envoya plusieurs ambassades à Constantinople en 1640, 1666, 1668..., mais elles étaient lointaines. Contrairement aux Occidentaux, les Russes n'avaient alors ni comptoirs ni organisations commerciales chez les Ottomans, ce qui ne veut pas dire qu'ils n'y avaient pas des hommes à eux, agents de renseignement, aventuriers, vrais ou faux apostats entrés au service du sultan, comme ils en avaient ailleurs, notamment en Perse. Dans ce dernier pays, l'un d'eux, Gourguine, gouverneur de la ville stratégique de Kandahar (aujourd'hui en Afghanistan), jouera un rôle essentiel en étant le prétexte à la révolte afghane de Mir Waïs, où il perdra la vie (1707) [5].

Non seulement la Crimée était fascinante pour la Russie puisqu'elle tenait les côtes de la mer Noire, mais elle pouvait être dangereuse : en 1571, des Criméens avaient incendié Moscou. Ils ne semblaient pas à même de recommencer cet exploit, mais nul ne pouvait en être sûr, et souvent ils avaient apporté une aide décisive à l'Empire ottoman. Il fallut pourtant que les Russes patientassent longtemps avant d'en faire la conquête. Ils la tentèrent une première fois en 1687-1689 avec le prince Golitzine, le favori de Sophie, la demi-sœur de Pierre Ier (1682-1726), au cours de deux campagnes désastreuses qui n'eurent pour résultat indirect que d'obliger la princesse rebelle à se soumettre à son frère (1689). Le tsar reprit l'affaire à son compte en 1695-1696. Il fit construire à Voronej une flotte qui lui permit, à l'issue de sa seconde campagne, d'enlever Azov (en turc Azak) en 1696. Cette conquête, qui lui donnait accès à la mer Noire, fut reconnue par les Ottomans à la paix de Karlowitz (1699) et au traité de Constantinople (1700). Ce n'était pour Pierre Ier qu'un demi-succès, ou plutôt une option sur l'avenir, mais il avait préféré signer la paix avec les Turcs pour pouvoir se consacrer entièrement à son installation en cours sur la Baltique.

La guerre entre la Russie et la Turquie n'a pas attendu les opérations de Crimée pour se déclencher. En 1667-1680, les

Ottomans mènent des campagnes en Ukraine pour en chasser les Russes qui s'y sont installés et en ont profité pour nouer alliance avec la Moldavie (1656), vassale de la Porte, mais la paix qui est signée à Radzyn en 1681 les contraint à reconnaître l'annexion du pays et l'établissement de la frontière sur le Dniepr et le Bug, et, ce qui est peut-être plus important encore, d'une part le titre de tsar porté par Alexis – qu'il faut bien comprendre comme empereur, quoique le Parlement n'ait décerné ce dernier titre qu'à Pierre Ier en 1721, après la longue « guerre du Nord » (1700-1721) –, d'autre part le droit pour l'Église orthodoxe de protéger Jérusalem.

Pour mener à bien sa politique militaire, économique et culturelle si fructueuse, Pierre écrase d'impôts ses sujets – ce qui a pour conséquence de nombreuses révoltes, parmi lesquelles, bien sûr, celles des musulmans. L'exaspération du sentiment religieux russe et les persécutions de l'Église, qui ne cesseront qu'avec la Grande Catherine, sont largement à l'origine de ces dernières. C'est l'insurrection d'Astrakhan en 1707 ; c'est celle des Bachkirs[6] de la région d'Oufa, répétée inlassablement de 1705 à 1711, puis à nouveau en 1716, 1735-1737, 1740, 1758, et encore lors de la « guerre paysanne » de Pougatchev, en 1773, que rallia leur leader, Salavet Yulaïev.

Quand en 1709 le roi de Suède, Charles XII, est vaincu à Poltava, il va chercher refuge en Turquie et fait tous ses efforts pour amener ses hôtes à déclarer la guerre aux Russes, seul moyen, lui semble-t-il, de recouvrer son trône. Il n'a pas à les convaincre. Le tsar, inquiet de ces intrigues, prend les devants ; mais, encerclé sur le Prut (18/28 juillet 1711) par les Ottomans et les Tatars dont la supériorité numérique est importante, il est obligé de signer la paix – une paix confirmée, après quelques autres accrochages, par celles de Constantinople en avril 1712 et d'Andrinople (Édirne) en juin 1715. Il conserve l'Ukraine, mais rétrocède Azov et s'engage à démanteler Taganrog, Kamenka, Samara.

Après de nombreux incidents survenus dans le sud de la Russie et au Caucase, les Russes repartent à l'assaut de la

Crimée, reprennent Azov en avril 1736, Hotin, Otchakov, Perikop et la capitale des Tatars, Bagtche Saray, et les Autrichiens, comme nous l'avons vu, profitent de ce conflit pour entrer eux-mêmes en guerre contre la Turquie. Le redressement inattendu de ce qu'on peut déjà appeler le faible Empire ottoman et les affaires de Suède, préoccupantes pour les Russes, permettent d'aboutir au traité de Belgrade (1739). La Russie y renonce à toute navigation sur la mer Noire, qu'elle soit militaire ou commerciale, et s'engage à détruire Azov. Il s'ensuit trois décennies de paix entre le sultan et le tsar.

Les premiers désastres des Turcs

Les relations des Turcs avec l'Occident, occupé par la guerre de Succession d'Autriche (1740-1748) et la guerre de Sept Ans (1756-1763), demeurèrent pacifiques du milieu du XVIIIe siècle jusqu'en 1788, mais celles avec la Russie ne tardèrent pas à se gâter et conduisirent les Turcs à leur premier grand désastre. En 1764, les Russes avaient envahi la Pologne, dont l'indépendance avait été garantie en 1713 et 1720 par les Turcs qui, chose extraordinaire, s'en souvenaient ou firent semblant de s'en souvenir. Ce fut plutôt un incident, une incursion de Cosaques et le pillage de Balta, qui amena la guerre. En octobre 1768, le gouvernement ottoman adressa un ultimatum à Catherine, impératrice de Russie (1762-1796), exigeant le retrait de ses troupes. Il fut, bien entendu, repoussé. L'armée russe était surentraînée et plus que prête ; celle des Turcs, nullement préparée. Les Russes, qui manifestement entendaient porter le coup de grâce à l'Empire ottoman, attaquèrent sur tous les fronts, de la Podolie à la Géorgie, et n'eurent guère de peine à venir à bout de leurs adversaires. À la fin de l'année 1769, Golitzine les vainquit près de Hotin, occupa cette place stratégique sur le Dniestr, à la frontière entre l'Ukraine et la Bessarabie, puis, en 1770, l'essentiel de la Moldavie et de la Valachie.

En même temps, l'impératrice, qui n'avait pas de flotte en Méditerranée, y fit passer, aux yeux du monde stupéfait, sous le commandement de l'amiral Orlof, celle qu'elle entretenait en Baltique, comptant que sa présence suffirait à soulever les chrétiens orthodoxes de Turquie. Cette escadre, partie en juillet 1769, fit escale à Livourne, arriva en Morée et assiégea Modon, puis, comme cela arriva souvent à l'issue des batailles navales, elle fut dispersée par la tempête. Les Grecs s'étaient bien révoltés, mais en trop petit nombre. La flotte les abandonna à leur sort, à savoir au massacre qu'en firent par représailles les Turcs et les Albanais en avril-mai 1770. Ensuite, regroupée, elle alla attaquer et détruire, le 7 juillet, l'escadre ottomane qui mouillait à Tchechme, près de Smyrne (Izmir). On peut se demander pourquoi elle n'exploita pas la défaite des Ottomans, l'une des plus sévères qu'ils eussent connue. Elle retourna en Baltique, après une démonstration de force sur les côtes égyptiennes, mais sans plus faire parler d'elle.

En 1770-1771, les Russes avancent tant en Bessarabie qu'en Crimée ; en 1772, ils franchissent le Danube, envahissent la Bulgarie, se préparent à marcher sur Constantinople, mais Silistra sur le Danube et d'autres places fortes plus au sud les arrêtent. Ils signent alors avec les Turcs un armistice à Giurgiu (Giurgevo) pour ouvrir des pourparlers de paix. Ceux-ci n'aboutissant pas, la lutte reprend. Les Russes battent leurs ennemis à Kozludja, assiègent le grand vizir à Choumen et, comme les deux adversaires veulent sortir du conflit – l'un, le Turc, parce qu'il est épuisé, l'autre, le Russe, parce qu'il est sollicité par les problèmes de la Pologne –, le 21 juillet 1774 est signé le traité de Kütchük-Kaïnardji. C'est un acte désastreux pour les Ottomans non seulement parce qu'il leur fait perdre des places importantes, l'embouchure du Dniepr, le Kouban, le Terek, Kertch, Azov, les oblige à évacuer la Bessarabie et les principautés roumaines, à permettre la libre navigation en mer Noire comme le franchissement des Détroits, mais surtout parce qu'il les conduit à reconnaître l'indépendance totale de la Crimée – ils n'y conservent qu'une seule place, Otchakov.

Accepter l'indépendance de la Crimée revient à la livrer aux Russes. En 1777, ceux-ci écartent son souverain, le khan Devlet Girey, et le remplacent par un homme à eux, Chahin Girey. Le nouveau souverain ne tarde pas à se juger menacé et fait appel à ses protecteurs, qui s'empressent de lui répondre (janvier 1779), annexent le pays et y construisent des places fortes, dont Sébastopol. En janvier 1784, au traité d'Aynali-Kavak, les Turcs reconnaissent le fait accompli, mais ils ne le font que forcés et contraints, ne l'acceptent pas vraiment, gardent l'espoir, la volonté de reconquérir cette grande terre où vivent des hommes qui sont de même sang et de même langue que les Turcs de Turquie, ce qui dans l'Empire est rare[7]. Quant aux Russes, ils considèrent que l'Empire ottoman, à bout de souffle, est entré en agonie et doit disparaître, mais ils savent bien qu'il faudra partager ses dépouilles entre les puissances européennes et régler le sort d'Istanbul. Pour eux, ils envisagent de créer un royaume grec dont l'antique Constantinople serait la capitale. Ainsi naît ce qui sera l'une des grandes affaires du XIXe siècle, la Question d'Orient, c'est-à-dire le sort que l'on réserve à « l'homme malade de l'Europe ».

Dans l'été 1787, les Turcs, encore pleins d'illusions, croient venu le moment opportun de reconquérir la Crimée. Ils somment Moscou de l'évacuer en même temps que la Géorgie. La Russie déclare la guerre le 16 septembre. En février 1788, l'Autriche se joint à elle, avance en Serbie et en Bosnie, se fait battre à deux reprises, puis en 1789 repart à l'offensive, prend Belgrade et envahit les provinces roumaines. La situation en Europe occidentale, les révolutions de Belgique et de Hongrie l'obligent cependant à conclure la paix à Svichtov (Sistova) le 4 août 1791 : elle n'apporte aucun élément nouveau. Plus heureux, ou accablés par moins de soucis, les Russes enlèvent Otchakov en décembre 1788, occupent le bas Danube, détruisent les escadres turques de la mer Noire et remportent une importante victoire à Matchin, en Dobroudja, le 9 juillet 1791. Les Turcs sont contraints de conclure un armistice, puis un traité de paix à Jassy le 9 janvier 1792, qui confirme à peu de chose près les accords antérieurs, fixe les frontières sur le Dniestr et le Kouban, mais n'est qu'un épisode dans une lutte loin d'être achevée.

La Révolution française et Napoléon viennent alors au premier plan de l'Histoire et font un peu oublier le reste.

CHAPITRE XIV

Guerres en Asie

Guerres russo-iraniennes

Pour assurer ses frontières du sud et de l'est dans des provinces où les musulmans sont nombreux malgré les efforts de colonisation et de christianisation insistants et mal tolérés, et bien qu'il y ait fait ériger maintes forteresses, Pierre le Grand est amené à une première guerre contre la Perse (1722-1723). Celle-ci, quoique depuis longtemps déjà aux prises avec les Portugais et les Anglais, n'a jamais encore pratiqué le *djihad* contre les chrétiens. Elle s'y essaie et n'y réussit pas trop bien. Elle est obligée de leur céder Derbent, Bakou et les régions au sud et à l'ouest de la Caspienne, Daghestan, Gilan, Mazanderan. La Russie pavoise ! Elle mettra vite ses drapeaux en berne. Dès 1724, elle doit abandonner à la Turquie une partie de ces acquisitions, l'Azerbaïdjan septentrional, l'Arménie et la Géorgie orientale, et en 1739 les provinces caspiennes font retour à l'Iran. Quelques années plus tard, un aventurier de génie, le dernier grand conquérant asiatique, Imam Kuli Nadir, qui deviendra Nadir Chah, au cours de sa folle équipée qui le conduit à Bagdad, à Boukhara, à Delhi (1736-1747), la chasse d'Arménie et d'Azerbaïdjan (1739).

La guerre entre la Russie et l'Iran reprend sous le règne d'Agha Muhammad, un castrat qui n'est pas impuissant, le fondateur de la dynastie qadjar (1787-1925). Après l'épouvantable massacre auquel il s'est livré en 1795 dans la capitale de la Géorgie, Tiflis (Tbilissi), les Russes accourent, occupent la Géorgie et le Chirvan, les placent sous protectorat (1797) et les annexent (1801).

Les Russes en Sibérie et en Asie centrale musulmane

L'un des petits-fils de Gengis Khan, Chaïban, avait reçu en apanage les terres situées à l'est de l'Oural et ses successeurs s'étaient étendus dans les immenses territoires qui forment aujourd'hui la république du Kazakistan jusqu'à la rive droite du Syr-Darya (Iaxarte). Au milieu du XVe siècle, leurs tribus, dirigées alors par Abu'l Khaïr (1428-1468), qui avait été intronisé sur la Toura dans la région de Tobolsk, en même temps qu'elles s'islamisaient et se turquisaient comme le faisaient alors partout les Mongols occidentaux (non ceux de Chine), avaient pris le nom d'Özbek, « Purs Seigneurs », appelé à devenir Uzbek (Ouzbek), forme que nous conserverons en nous référant à leur futur pays, l'Uzbekistan (Ouzbekistan), et ils avaient commencé à s'attaquer aux descendants de Tamerlan, les Timourides. Ils les auraient peut-être chassés dès cette époque s'ils n'avaient pas subi les violents assauts de Mongols orientaux, les Oïrates, plus connus sous le nom de Kalmouks, ou s'ils avaient été capables de les repousser rapidement. Abu'l Khaïr s'était épuisé à le faire et maints de ceux qui le suivaient avaient été tellement mécontents de ses coûteux et inutiles efforts qu'ils l'avaient abandonné, avaient « pris la fuite ». On les avait nommés les « Fugitifs » – en turc, Kazak ou Kazakh[1] (vers 1459). Abu'l Khaïr périt en voulant les ramener à lui. Son héritier, Muhammad Chaïbani, plus connu sous le nom de Chaïbani Khan (1451-1510), se trouve dans une position difficile et nul ne parierait sur l'avenir des siens. Mais c'est un homme de génie. Il sait redresser la situation, profiter de la mésentente des Timourides, des rivalités de petits khans d'Asie centrale, et il fonde un grand royaume en se rendant maître de l'antique Sogdiane, des villes prestigieuses de Boukhara, Samarkand, Khiva, Urgentch – il fonde l'Uzbekistan (1500).

Les Uzbeks abandonnent donc les steppes au nord du Syr-Darya aux Kazaks, qui s'y répandent librement, y forment trois hordes principales – la « Grande » (*Ulu Djuz*) à l'est, la « Petite » (*Kütchük Djuz*) entre la Caspienne, l'Aral et l'Oural, la « Moyenne » (*Orta Djuz*) entre les deux autres –, tout en y conservant leurs habitudes de nomadisme, leurs divisions en tribus et en clans, et, sous un vernis musulman, une bonne partie de leurs antiques croyances chamaniques. La version qui veut qu'ils aient été islamisés par des mollahs envoyés de Kazan par les Russes, et à laquelle je me suis jadis rallié, me paraît aujourd'hui peu vraisemblable, car les Tatars de Kazan, comme tous les musulmans sujets russes, étaient persécutés par les chrétiens[2]. On parle, sous Pierre le Grand, de terribles mesures de conversions forcées au christianisme en Sibérie et notamment de son ordre de décapiter à Tara, au seuil du pays kazak, « sept cents indigènes qui avaient refusé de lui jurer fidélité » (Louis Hambis). Leur islamisation doit donc être plus ancienne qu'on ne veut le dire, du XIVe siècle sans doute, même si elle fut superficielle.

C'est alors que les Russes, ayant franchi la chaîne de l'Oural, vaincu le souverain de Sibir et pris sa capitale Isker, près de l'actuelle Tobolsk (1581), commencent en Sibérie une expansion qui va les conduire jusqu'à l'océan Pacifique. Au fur et à mesure de leur progression, ils créent des villes où ils laissent des garnisons : Tioumen en 1586, Tobolsk en 1587, Tara en 1594, Tomsk en 1604, Ienisseiesk en 1613, Krasnoïarsk en 1628, Iakutsk en 1632. Ils soumettent les indigènes, ainsi les Tatars de Barrabas errant dans la steppe du même nom, s'étendant à l'est d'Omsk et au nord de Semipalatinsk. Il est inévitable qu'ils regardent vers le sud, vers le pays des Kazaks – et au-delà –, et ils y sont appelés par les indigènes.

Les Kazaks, qui ne manquaient pourtant pas de force puisqu'un informateur aussi avisé que Babur Chah estima qu'un de leurs chefs les plus prestigieux, leur khan Kasim (1509-1518), disposait de 300 000 hommes [3], avaient peine, cent ans plus tard, à résister à la pression conjuguée de ces Kalmouks ou Oïrates de la Volga que nous avons déjà rencontrés au XVe siècle, et de ceux de l'est que l'on nommait Dzoungares. Cette double pression, qui s'était manifestée dès 1616, se renouvela dans les années 1690 au point que le khan Tyawka dut faire appel aux Russes et leur reconnut un droit de regard. Ceux-ci, peu après, s'avancèrent en construisant des villes, comme ils l'avaient fait en Sibérie : Omsk en 1715, Semipalatinsk en 1718, Oust-Kamenogorsk en 1720, Petropavlovsk en 1725. Ils se trouvèrent de ce fait au voisinage immédiat des steppes kazakes et en relation avec elles. Dès lors, on peut parler du commencement d'un vrai protectorat, d'autant plus que les Kalmouks redoublèrent leurs attaques entre 1730 et 1742. Pour y échapper, la Petite Horde se déclara vassale de Moscou dès 1730. Il ne faudra pas un siècle pour que les autres suivent son exemple et pour que les khanats soient abolis (1822-1844).

Les Européens en Inde

Bien que l'intervention des Européens en Inde ait abouti à la destruction d'un des plus puissants et des plus grandioses empires construits par l'islam, celui des Grands Moghols – dont la décadence aurait d'ailleurs sans doute amené la mort –, elle ne s'inscrit pas à proprement parler dans la lutte du monde musulman avec la chrétienté et n'aurait peut-être pas trouvé sa place ici si les musulmans ne l'avaient pas considérée comme l'un de ses épisodes essentiels, et si elle n'avait pas entraîné, directement ou non, des conflits annexes.

Les Portugais avaient déjà abordé en Inde quand Babur en fit la conquête (1526-1530) et fonda l'Empire timouride connu sous le nom de Grands Moghols [4], et, loin d'y être mal vus, ils éveillaient plutôt la sympathie : les Indiens s'intéressaient peu au commerce international, se contentant d'en toucher les bénéfices, d'acheter et de vendre, de vendre surtout, et ils étaient enchantés que d'autres jouassent à leur place le rôle de colporteurs. Ils ne possédaient pas de grandes flottes, leurs navires de haute mer n'étant destinés qu'à assurer le transfert des pèlerins à La Mecque, et celles qu'ils avaient s'en tenaient à sillonner les fleuves ou à faire du cabotage. Qui, en Inde, aurait pu penser que le danger viendrait de cette poignée d'Occidentaux que l'on ignorait totalement, qui vivaient si loin, dont la culture et les mœurs étaient si grossières ? C'est déjà assez tard, sous le règne d'Aurengzeb (1658-1710), que l'on entend un gourou perspicace, ou bien qui par raillerie évoque le plus invraisemblable, dire avant de périr sous la torture : « Empereur, je ne regarde pas vers [toi], mais dans la direction d'où vont venir d'au-delà des mers ces Européens qui détruiront ton empire » (cité par André Clot). Quel Européen, avant Dupleix, aurait jamais eu l'idée que l'immense territoire qui s'ouvrait devant lui, surpeuplé (relativement, en comparaison de ce qu'il est aujourd'hui), si riche, si puissant, pouvait être conquis ? Cela explique que les Portugais aient pu décréter, chose inouïe, qu'aucun bâtiment ne pourrait entrer dans les ports indiens sans leur autorisation ; que les Anglais aient pu installer leur Compagnie des Indes orientales, fondée en 1600, dans l'un des principaux ports des Moghols, Surat (1608), et recevoir l'autorisation d'y construire un fort (1612) ; qu'Akbar (1556-1605) ait invité à sa cour des missionnaires catholiques[5]... Il y eut plus de relations courtoises que de heurts entre les nouveaux venus d'une part et les indigènes, les autorités provinciales ou impériales d'autre part. Le seul drame que l'on puisse évoquer au XVIIe siècle se produisit en 1631-1632 à Hugli, sur la côte orientale du sous-continent. Les Portugais qui tenaient ce comptoir s'étaient rendus odieux, « ne faisant autre chose que rôder dans la mer, [...] entrer dans les rivières, canaux et bras du Gange, [...] surprendre et enlever des villages entiers, [...] faisant esclaves hommes, femmes, grands et petits avec des cruautés étranges et brûlant tout ce qu'ils ne pouvaient pas emporter » (François Bernier). Djahangir (1605-1627), par intérêt, par faiblesse, les avait supportés ; Chah Djahan (1628-1658) ne le put pas. Il réunit une forte armée, lança une première attaque infructueuse, puis enleva la ville, d'où ne parvinrent à fuir que quelque 5 000 personnes ; tout le reste, y compris petits enfants, prêtres et religieux, fut vendu comme esclaves à Agra. Il s'ensuivit une courte, mais violente crise de fanatisme au cours de laquelle on brûla la grande église de Lahore et maints temples des hindous, que l'affaire ne concernait en rien.

Quand les Portugais, et les Hollandais qui avaient tenté de leur succéder, furent éliminés, le commerce indien tomba aux mains des Anglais et des Français. Ces derniers, qui firent de Pondichéry leur tête de pont (1701), étaient venus tard dans la compétition, la Compagnie française des Indes orientales n'ayant été fondée qu'en 1661 par Colbert, mais ils entendaient y jouer, si possible, le premier rôle.

Comme les Portugais, comme les Hollandais, comme les Anglais, ce qui intéressait au premier chef les Français était le commerce et les fabuleux bénéfices qu'il procurait. Acheter, vendre en Europe certes, mais aussi en Asie, c'était également s'entendre avec les princes qui permettaient l'exportation des produits de leurs États ou le simple transit des marchandises. Ce n'était pas toujours facile. Dupleix, nommé gouverneur général des Indes françaises en 1712, comprit – et ce fut son premier trait de génie – qu'il ne fallait pas vouloir faire cavalier seul, mais, tout en gardant son indépendance, se reconnaître feudataire des Grands Moghols et s'insérer dans le jeu politique indien. Il vit aussi – et ce fut un trait de génie encore supérieur et pour lequel on a parlé souvent de « vision prophétique » – que l'Inde était un colosse aux pieds d'argile [6], qu'elle pouvait être conquise, que toute l'Asie pouvait l'être, et à peu de frais, comme l'avait été l'Amérique, que le monde entier était destiné à subir la loi de l'Europe. Que fallait-il pour cela ? Une flotte assurant les relations avec la mère patrie, quelques soldats européens, français bien sûr, qui encadreraient les indigènes qu'on recrutait sur place (cipayes). Tout compte fait, ce n'était pas un effort énorme qu'on demandait à la métropole. Il suffisait de quelques milliers de guerriers bien entraînés, bien armés, bien encadrés, pour venir à bout des hordes indiennes qui ne valaient plus rien ou pas grand-chose. De leur inefficacité, les Occidentaux recevaient tous les jours la preuve. Pondichéry ne sera-t-elle pas défendue en 1748 par 1 400 Français et 2 000 cipayes, ne résistera-t-elle pas, ce qui lui vaudra les félicitations de l'empereur moghol ? Ne verra-t-on pas 800 Français et 3 000 cipayes attaquer 100 000 hommes en décembre 1750 ? Quant à la reconnaissance de la suprématie de l'Empire moghol, elle se révèle efficace avec les Français et plus tard encore avec les Anglais qui, sur ce point au moins, les imiteront avec servilité. C'est un empereur moghol qui nomme Dupleix nabab de tous les pays au sud du fleuve Krishna et demande par la même occasion la main de sa plus jeune fille. C'est un autre empereur moghol qui donne à Robert Clive le droit de percevoir l'impôt au Bengale, en Bihar et en Orissa, ce qui revient à lui en reconnaître la souveraineté (1765).

Les conflits les plus violents sont peut-être ceux qui éclatent entre les deux puissances coloniales rivales. Les victoires sont alors très exaltées, les défaites très dramatisées. Que ne dit-on pas quand La Bourdonnais, en 1744, enlève Madras aux Anglais (et résiste en outre au nabab de Carnatie qui veut l'en chasser) ? Quelles accusations ne porte-t-on pas contre Lally de Tollendal quand, en 1760, il est écrasé à Vendavachy ? Mais on se bat cependant beaucoup contre les indigènes, soit pour soutenir la cause de quelque prince en lutte contre un autre, soit pour repousser les ingérences d'un radjah dans les affaires des Compagnies. L'ennemi peut être musulman, il n'est pas rare qu'il le soit ; plus souvent il est hindouiste et les Marathes occupent vite le devant de la scène.

Au milieu du XVIIIe siècle, Dupleix, par ses succès militaires et surtout diplomatiques, largement dus aux liens que sa femme a noués avec les princes indigènes proches ou lointains, est en voie de l'emporter. Il est maître du Dekkan. Il a posé ses pions presque partout. Il sera un jour prochain maître de l'Inde. L'Inde sera française.

Elle sera anglaise. La Bourdonnais est rappelé et embastillé (1748), Dupleix est rappelé (1754), Bussy, son successeur, l'est aussi (1763). Le gouvernement royal n'a pas de vraie politique maritime, alors que la suprématie navale est une condition *sine qua non* de l'existence des empires coloniaux. Il ne s'intéresse guère aux terres lointaines. Il ne soutient pas ses gouverneurs et, quand il les a fait revenir, les accuse volontiers, au hasard, de bellicisme, de pacifisme, de trahison. La France fait la guerre en Europe et la perd, et ce sont les territoires d'outre-mer qui en font les frais. Ne parlons pas du traité d'Aix-la-Chapelle (1748), qui contraint à rendre Madras aux Britanniques. Mais le traité de Paris, qui clôture la guerre de Sept Ans (1761), est en fait l'acte de renonciation de la France à toute ambition indienne. On pourra espérer un temps qu'il n'en est rien, quand le gouverneur anglais Warren Hastings (1772-1785), aux prises avec Haydar Ali, usurpateur du trône de Mysore, et avec son successeur Tipu Sahip (1780), connaîtra une heure difficile. En réalité, les Anglais ont la voie libre et, depuis Clive, ils ont décidé qu'il fallait gouverner pour pouvoir commercer. Ils entrent en guerre ouverte avec les Indiens. La bataille de Plassey contre le nabab du Bengale, une simple canonnade (1757), les conduit à celle de Buxar, livrée contre une coalition dont le Moghol a pris la tête (1764), ce qui leur donne le Bengale. Dans la même décennie, Pondichéry, lamentablement défendue par Lally-Tollendal, est prise (1761). La France est vraiment hors jeu. Le traité de Versailles (1783) le confirmera. À partir de 1798, Lord Wellesley s'engagera dans une conquête systématique des Indes.

L'islam et les Européens arrivent en Indonésie

L'installation des Européens en Indonésie, motivée elle aussi par des soucis mercantiles, mais en outre par un vœu d'apostolat, revêtit, beaucoup plus qu'en Inde, les caractères d'une guerre entre l'islam et les Occidentaux. La religion musulmane était arrivée tard dans l'immense archipel, apportée par les voyageurs, commerçants et missionnaires indiens. Tout semble indiquer qu'elle n'y avait pas fait son apparition avant la fin du XIIIe siècle de notre ère et qu'elle n'y avait pris vraiment son essor qu'après la conversion en 1419 du souverain de Malacca, ville qui sera pendant tout le XVe siècle l'emporium du Sud-Est asiatique et le foyer de la propagande islamique. Ce n'était pas cent ans avant qu'Albuquerque s'en emparât (1511) ! À Malacca et dans les terres qui en dépendaient, les Portugais se montrèrent impitoyables pour les musulmans. Beaucoup de ceux-ci fuirent en Indonésie pour échapper aux persécutions et y amenèrent leurs ressentiments, leurs haines. On est en droit de penser que l'arrivée des Ibériques, comme celle subséquente des Hollandais, stimula l'islam, contribua à sa propagation et déboucha sur la naissance de multiples sultanats, seuls susceptibles de résister aux uns et aux autres. Ce furent en particulier, au XVIe siècle, à Java, ceux de Pajang, qui atteignit son apogée entre 1568 et 1586, de Demak et de Banten, fondés à partir de 1540, et surtout d'Aceh, longtemps le plus puissant ; aux Moluques, celui de Ternate, qui résista avec succès aux Portugais en 1570.

Le sultanat d'Aceh était intervenu sur la scène internationale en envoyant en 1563 une ambassade à Constantinople pour solliciter l'alliance des Ottomans contre les envahisseurs venus d'Occident et, sans eux, il avait soutenu pendant près de quatre-vingts ans une lutte ininterrompue contre les Portugais de Malacca. Il demeura puissant au XVIIe siècle, accrut même encore l'étendue de ses possessions et sa gloire sous le règne d'Iskandar Muda (1607-1636), qui occupa non seulement tout le nord de l'île, mais aussi une partie de la péninsule malaise.

En ce même siècle, d'autres sultanats naquirent ou s'affirmèrent : en particulier, aux Célèbes, où l'islamisation ne commença qu'en 1605, celui de Macassar ; à Java, celui de

Mataram, né du Pajang, qui annexa Madura et Bali, et devint la première puissance indonésienne sous le règne d'Agung (1613-1645). En chacun d'entre eux, les Hollandais rencontrèrent des ennemis actifs et déterminés.

La Compagnie des Indes néerlandaises, fondée en 1602, avant de penser à sa domination sur les Indonésiens, eut d'abord à supplanter les Portugais, à subir la rivalité des Anglais et des Français, et celle des marins chinois et malais qui avaient un quasi-monopole du commerce dans la région et n'entendaient pas le perdre. Elle y réussit lentement. Elle commença par enlever Amboine, au sud de Céram, dans les Moluques (1604), île portugaise depuis 1521. En 1615, elle s'installa à Batavia sur les ruines d'un ancien comptoir musulman, Djakarta, puis elle élimina partout la présence des Portugais. En 1630, ceux-ci ne conservaient que Malacca – qu'ils perdirent en 1641. En 1663, la Compagnie prit pied sur la côte septentrionale de Sumatra (traité de Païnan). En 1668, elle occupa Macassar (Ujungpandang), dont le souverain Hasan al-Din offrit une belle résistance et où il lui fallut battre une flotte portugaise (traité de Bongaya). Partout se multipliaient les brimades contre les musulmans. En 1646, la circoncision fut interdite ; en 1716, les navires de la Compagnie hollandaise reçurent interdiction de transporter les pèlerins de La Mecque. Cependant la résistance ne faiblissait pas, et souverains comme populations passaient volontiers à l'offensive : en 1628 et 1629, les Néerlandais eurent à repousser deux attaques du Mataram contre Batavia ; en 1750, ils durent réprimer la révolte du Banten de l'ouest de Java et du sud-est de Sumatra.

Les guerres de succession qui éclatèrent au Mataram au XVIIIe siècle permirent aux Hollandais de mieux s'installer à Java en intervenant dans les querelles des princes héritiers et de leurs partisans. Après être sortis victorieux de plusieurs batailles qui leur donnèrent quelques avantages territoriaux, ils contraignirent le royaume à se scinder en deux et à accepter une sorte de protectorat (paix de Giyanti, 1758). Quand, sous

Napoléon, la Hollande sera annexée par la France, il lui restera cependant beaucoup à accomplir en Indonésie. Occupée en partie par les Anglais, celle-ci sera rendue aux Hollandais en 1816. Les Indes néerlandaises ne seront pas réalisées avant la fin du XIXe siècle.

Échec musulman aux Philippines

Plus à l'est, les Espagnols, qui avaient découvert les Philippines en 1521 et s'y étaient implantés à partir de 1565, avaient eu la stupéfaction de retrouver, dans ces terres qui pour eux étaient au bout du monde, leurs vieux ennemis musulmans qu'ils venaient à peine de chasser de chez eux L'islam était arrivé peu avant eux aux îles Soulou, en 1450, mais il s'y montrait déjà virulent. Il y avait fondé un sultanat d'où, un demi-siècle plus tard, des missionnaires étaient partis vers les autres îles : ils commençaient l'islamisation de Mindanao et de la région de Luçon à Manille. Dans la compétition des deux religions, l'islam, pour une fois, fut battu. Il le fut en partie parce qu'il était encore trop mal implanté dans le pays, en partie parce que les catholiques agirent très rapidement et, semble-t-il, avec une foi sincère et dans un parfait esprit apostolique. Rapidement ? Déjà Magellan, entre 1521, date de son débarquement, et 1522, date de sa mort au combat, avait baptisé quelques poignées d'individus, dont le roi et la reine de Cebu, et dès 1565 l'évangélisation systématique commença. Avec foi et total dévouement ? Des missionnaires de toutes les congrégations accoururent les uns après les autres et les autorités ecclésiastiques, l'archevêché et l'Institut pontifical, fondés en 1619, veillèrent à ce que les militaires et les politiques ne se livrassent à aucun excès, respectassent nouveaux convertis, catéchumènes, païens. Rien ne les arrêtait et ils allèrent, en 1688, jusqu'à faire interner par l'Inquisition le gouverneur général qui se livrait à des injustices. Les musulmans, ceux que les Espagnols appelaient, comme chez eux, les Moros, les

Maures, luttèrent pourtant avec leur habituelle énergie. Ils se révoltèrent souvent, ainsi en 1576, menèrent une tenace guérilla et, comme ils étaient intraitables, ils furent parfois mal traités. Ils ne déposèrent pas pour autant les armes et, quand les Américains, en 1898, arrachèrent les Philippines à l'Espagne, ils continuèrent à se battre contre leurs nouveaux maîtres jusqu'en 1907. Ce ne sera qu'en 1914 que le sultanat de Soulou sera intégré aux Philippines. Si l'archipel constitua bientôt un pays majoritairement catholique, les musulmans parvinrent à y maintenir une minorité agissante. Il est aujourd'hui habité par 92 % de chrétiens et seulement 5 % de musulmans.

CHAPITRE XV

Les insurrections nationales

À la fin du XVIIIe siècle, il n'y a plus aucun pays musulman qui fasse figure de grande puissance et qui soit à même de s'opposer à l'expansion économique, politique et militaire de l'Europe.

L'Indonésie, qui n'a plus formé un grand État depuis la disparition des royaumes de Srivijaya (VIIe siècle) et de Saïlendra, créateur de Borobudur (IXe siècle), s'est divisée en petits sultanats déjà amoindris par la présence des Hollandais.

L'Inde des Grands Moghols n'est plus – ou, s'il en reste quelque chose, c'est un souvenir, le prestige d'une domination qui était naguère encore si brillante, et un petit royaume concentré autour de Delhi. Radjahs et maharadjahs sont indépendants de fait, même quand ils reconnaissent encore la suzeraineté impériale. Les Marathes, qui auraient été seuls capables de dominer le pays, ont été anéantis à la bataille de Panipat (1761) par les Afghans, qui ne les ont pas remplacés, qui n'ont rien construit dans le sous-continent. Les Anglais, après avoir éliminé les Français, sont omniprésents.

L'Asie centrale qui, malgré la sécession des Kazaks, désormais placés sous domination indirecte puis directe des Russes, et l'occupation de la Sérinde (Xinjiang) par les Chinois (1757), a connu encore de belles heures avec les royaumes uzbeks, n'a pas d'unité politique, se trouve isolée, livrée à ses rivalités internes et déjà sous la menace d'occupation étrangère.

L'Iran, après l'invasion de révoltés afghans sunnites contre le pouvoir chiite (1722 et années suivantes), les raids dévastateurs d'un aventurier de génie, Nadir Chah (1734-1757), le dernier grand conquérant de l'Asie, a perdu ses régions orientales qui ont donné naissance à l'Afghanistan (1747), a vu accéder au pouvoir la dynastie décadente des Qadjars (1787), et subit la pression de deux voisins, heureusement pour lui rivaux entre eux, la Russie et l'Angleterre, qui contrôlent son commerce, sa politique extérieure et commencent à intervenir sérieusement dans sa politique intérieure.

L'Empire ottoman, par son étendue, surtout en Asie et en Afrique, peut encore faire illusion, mais c'est un « homme malade » qui devrait déjà être mort et ne survit que parce que les États européens craignent que sa disparition ne soit préjudiciable au fragile équilibre qu'ils ont établi entre eux. Sa domination en Afrique du Nord est à peu près illusoire. Les villes corsaires qui ont fait les beaux jours du Maghreb sont en pleine décadence.

Le Maroc, bien qu'il ait conclu un traité de *statu quo* avec l'Espagne en 1775, est secoué par les querelles successorales, les révoltes des provinces (remarquables encore en 1818-1820), une totale faillite, la mainmise de l'Europe sur son économie, et l'on constatera bientôt son évidente faiblesse.

La guerre de religion continue-t-elle ?

Si le XIXe siècle va connaître deux grandes guerres entre les Turcs et les Russes qui, dans leurs aspirations et dans leur déroulement, ne diffèrent guère des précédentes, où les sentiments confessionnels demeurent violents bien que n'étant ni les seuls ni même peut-être les principaux moteurs, il est difficile d'admettre que les autres conflits, au reste en nombre limité, qui mettront aux prises les puissances occidentales et l'Empire ottoman s'inscrivent dans le cadre de la lutte entre l'islam et la chrétienté. Dans une certaine mesure, l'Europe est en voie de déchristianisation et est animée par bien d'autres choses que la foi. Déjà, au XVIIe siècle, le secrétaire d'État aux Affaires étrangères, Arnauld de Pomponne, n'avait-il pas déclaré à Louis XIV que « le projet de guerre sainte avait cessé d'être à la mode depuis Saint Louis » ? La lutte contre l'islam ne jouera aucun rôle dans la campagne de Bonaparte en Égypte et dans la brève guerre franco-turque de 1798-1802, et le principal conflit du siècle auquel des musulmans participeront, la guerre de Crimée, verra une alliance de la France, de la Grande-Bretagne et de la Turquie contre la Russie. Cette alliance qui semble révolutionnaire, mais qui a cependant eu de nombreux précédents au cours de l'Histoire, ne sera d'ailleurs pas un fait unique à l'époque puisque, pour ne donner qu'un exemple, en 1828 les Français débarqueront en Morée avec l'accord du vice-roi d'Égypte, Mehmed Ali. Ce n'est qu'au tournant du XXe siècle et à la veille de la guerre de 1914-1918 que la première guerre balkanique pourra apparaître, en dépit des idéologies nationalistes, comme celle de chrétiens contre des musulmans.

Peut-on donc dire que la longue guerre de l'islam et de la chrétienté a cessé ? que, dans les luttes du siècle, le sentiment religieux est absent ? Certainement pas, ne serait-ce que parce que, partout, les chrétiens attaqueront et souvent occuperont des terres musulmanes. Avec les Anglais, ils attaqueront l'Afghanistan ; avec eux et les Russes, l'Iran ; avec les Français, ils occuperont l'Algérie, la Tunisie, le Maroc ; avec les Anglais, les Indes entières, y compris les provinces musulmanes du Sind, du Cachemire, du Pendjab, et ils y renverseront la dynastie des Grands Moghols ; avec les Hollandais, ils achèveront de se rendre maîtres de l'Indonésie, non sans devoir livrer de durs combats à Sumatra (1817-1837) et à Java (1873-1803), et ce ne sera qu'au XXe siècle que sera menée la « politique musulmane indonésienne » à laquelle Snouck-Hurgronje (Hadjdj Abd al-Ghaffari) attachera son nom.

En bien des endroits, tout se passera comme si les États musulmans n'avaient plus leur mot à dire, et en général on ne le leur demandera pas, comme s'ils devaient subir ce que voulaient les Européens. La Turquie existera-t-elle encore par elle-même ou ne sera-t-elle qu'une marionnette avec laquelle joueront les chancelleries ? En juillet 1839, devant l'avance de Mehmed Ali en Syrie et en Anatolie, les grandes puissances – France, Angleterre, Autriche, Prusse, Russie –, qui ne voudront pas voir succéder l'Albanais du Caire au sultan d'Istanbul et remplacer l'Empire ottoman par un Empire égyptien, déclareront celui-là sous leur commune protection. Il leur devra donc sa survie : peut-on se trouver dans une situation plus humiliante ? Peut-être, puisqu'en 1841 la convention des Détroits signée à Londres (juillet) réglementera le passage dans le Bosphore et les Dardanelles, pourtant entièrement en territoire turc, et décidera qui y a droit, quand et comment on y a droit.

La guerre islamo-chrétienne s'exprimera également, d'un côté, en islam, par les appels au *djihad*, aussi bien en 1827, en 1843, en 1858 qu'en 1914, par les massacres de populations chrétiennes dans les Balkans, au Proche-Orient, en Égypte, par de plus rares massacres de musulmans (en Grèce en 1821) ; de l'autre côté, en Europe, par les déclarations françaises lors de la conquête de l'Algérie, par les témoignages qu'en donnent Serbes, Grecs et Bulgares révoltés, et plus encore par l'intérêt prodigieux, l'enthousiasme que susciteront les soulèvements des nationalités chrétiennes, alors que ceux des musulmans, tout aussi nombreux et violents, éveilleront peu d'échos. Qui se souciera alors vraiment des wahhabites qui prendront les villes saintes de La Mecque et de Médine en 1803-1804 (et les reperdront en 1812), qui se rebelleront encore en 1816-1818 ? Porterait-on attention à la révolte de Mehmed Ali (1832) si, comme nous l'avons dit, elle n'avait pas risqué de remplacer l'Empire ottoman par un Empire égyptien et si le pacha d'Égypte n'était pas intervenu dans la guerre d'indépendance de la Grèce (1824-1827) ? Qui connaît Pazvanoglu de Vidin (1799-1807) ? Et Ali de Tepelen (Tepedelen), pacha de Janina (1803-1822), ne doit-il pas surtout sa célébrité en France au *Comte de Monte-Cristo* d'Alexandre Dumas (1846) ?

L'insurrection des Serbes

Après la paix de Svichtov (1791), les Serbes avaient obtenu une très relative autonomie, mais ils subissaient l'occupation des janissaires qui était plus que pesante et qu'ils ne supportaient pas. L'exécution à la fin de l'année 1803 de plusieurs chefs indigènes par la farouche milice fit éclater la révolte générale que cette exécution avait eu pour but de prévenir et dont, sans en être vraiment le chef, Georges Pétrovitch, dit Kara Georges, fut un des principaux acteurs. Aidés par leurs frères vivant en Autriche et qui passaient la frontière pour combattre à leurs côtés, leur apporter armes et munitions, et la repassaient dans l'autre sens pour se réfugier quand ils étaient menacés, les insurgés obtinrent vite des succès, principalement en mai et juin 1804, enlevèrent plusieurs villes, menacèrent Belgrade. Les Ottomans, qui jusqu'alors avaient laissé faire, envoyèrent leurs armées – ce qui n'empêcha pas les Serbes de prendre Belgrade le 30 novembre 1806. Les Russes brûlaient du désir d'intervenir, mais hésitaient à le faire à cause de Napoléon. Quand ils s'y décidèrent enfin en juin 1807, le traité de Tilsit les obligea à arrêter aussitôt leurs opérations, et l'armistice de Slobozia, le 12 août, mit provisoirement fin aux combats. En 1809, les Russes rouvrirent les hostilités, ce qui contraignit les Ottomans à ne plus faire porter tous leurs efforts militaires sur la Serbie, mais sur eux, et finalement à signer le traité de Bucarest (28 mai 1812). Une certaine autonomie était reconnue aux Serbes, mais dans des termes vagues. Les Serbes demandèrent aux Ottomans plus que ne prévoyait le traité ; les Ottomans en accordèrent moins. Et la lutte reprit. Les Turcs marchèrent sur Belgrade. Kara Georges s'enfuit pour se réfugier en Autriche (21 septembre

1813), abandonnant les siens à des représailles turques assez impitoyables. Cette violence fut une erreur : mourir pour mourir, mieux vaut le faire en combattant. L'insurrection générale fut proclamée le dimanche des Rameaux de 1815 dans l'église de Takova. Dira-t-on que la guerre n'était pas religieuse ? Le lieu et la date donnent une réponse irréfutable.

Sous la conduite de Miloch Obrénovitch, les guérilleros harcelèrent les Turcs et furent insaisissables. Il fallut en finir. Une « convention » fut enfin conclue à Akkerman le 7 octobre 1826, qui confirma et précisa le traité de Bucarest. Sur ces entrefaites, l'insurrection grecque provoqua une nouvelle guerre entre la Russie et la Turquie (26 avril 1828) qui, comme nous le verrons, se termina lamentablement pour cette dernière en 1829 (traité d'Andrinople). Le 29 août 1830, la Serbie fut reconnue comme principauté autonome sous suzeraineté turque et Miloch Obrénovitch – un paysan illettré : quelle carrière ! – fut confirmé comme prince héréditaire (*kniaz*). C'était la première fois qu'un mouvement à caractère national obtenait satisfaction. La Serbie devra cependant attendre jusqu'en 1878 pour que le congrès de Berlin obtienne son indépendance totale. Elle deviendra royaume en 1882.

L'insurrection grecque

Deux mouvements intellectuels ont préparé et soutenu l'indépendance de la Grèce : l'idéal patriotique et nationaliste de la Révolution française, qui a pénétré dans l'intelligentsia grecque et chez les poètes ; et surtout l'engouement prodigieux de l'Europe pour la civilisation antique qui pouvait, à travers la Grèce, permettre d'exprimer le goût de l'orientalisme[1]. Dans les dernières années du XVIIIe siècle naît chez ces si lointains descendants de Platon et de Praxitèle un premier parti patriotique, l'Hétairie. Dès 1820, des plans d'insurrection sont établis. Ils prévoient tout d'abord que la révolte partira de la Roumanie où, pour ce faire, un aide de camp du tsar se rend en vue de soulever les populations chrétiennes. Mais il est vaincu, lâché par son souverain, et doit aller se réfugier en Hongrie. Le 25 mars 1821, le jour de l'Ascension, l'archevêque de Patras, Germanos, proclame alors la guerre de libération. Comme en 1815 en Serbie, le rôle du prélat et le jour choisi donnent à l'insurrection un caractère éminemment religieux. Le 5 octobre, Tripolitas est enlevée, comme beaucoup d'autres villes à la même époque, mais dans le sang de quelque 8 000 Turcs qui y sont massacrés. Le pays s'embrase. Et, le 12 janvier 1822, il proclame son indépendance. Aucune aide officielle ne lui viendra de l'extérieur, mais des partisans arriveront de toute l'Europe pour combattre à ses côtés ou simplement pour être là. On sait comment Lord Byron, déjà malade, se rendra à Missolonghi par pur romantisme et y trouvera d'ailleurs la mort (1824). On sait aussi quels chefs-d'œuvre naîtront de la résistance de Missolonghi, et plus encore du massacre survenu dans l'île de Chio : le tableau de Delacroix, *Les Massacres de Chio* (1824, Louvre), le poème d'Hugo, outrancier selon son habitude, « L'Enfant grec », dans *Les Orientales* (1829) : « Les Turcs sont passés là, tout n'est que ruine et deuil... »

Manquant de forces armées suffisantes, le sultan fait appel aux Égyptiens de Mehmed Ali, qui effectuent un premier débarquement en Crète (1822), puis, après l'effroyable massacre de Chio (avril 1822) où 23 000 hommes auraient trouvé la mort, où près de 50 000 femmes et enfants auraient été déportés en esclavage, après aussi la belle victoire remportée par les Grecs à Karpenitsi (20 août 1823), Mehmed Ali revient avec des forces plus considérables, quelque 30 000 hommes, 55 navires de guerre sans compter les transporteurs, tous placés sous le commandement de son fils Ibrahim (février-mars 1825). En une année, les Égyptiens reprennent à peu près toutes les villes que les Turcs ont perdues. Les diplomates de Grande-Bretagne, de France et de Russie, réunis à Londres, ont proposé leur médiation, mais elle a été refusée par le sultan. Sans déclaration de guerre, une escadre alliée entre dans la rade de Navarin où sont mouillés les navires turcs et égyptiens. Elle a consigne d'être là, de se montrer, mais d'éviter tout conflit. Il en éclate néanmoins un, par accident, le 2 novembre 1827, qui entraîne l'anéantissement de la flotte musulmane. Le 20 décembre, le sultan lance un manifeste par lequel il invite à défendre l'islam contre les infidèles qui veulent éliminer les musulmans de toutes leurs possessions pour les y remplacer. Cela motive la déclaration de guerre de Nicolas Ier (26 avril 1828). Plus que l'intervention française en Morée de novembre 1828 et que l'héroïsme des insurgés, ce seront les Russes qui amèneront le sultan à traiter, malgré les victoires qu'il a remportées, dont la prise, après un long siège d'un an, de Missolonghi (22 avril 1826). En janvier 1830, la Grèce reçoit non une autonomie interne, mais du premier coup son indépendance. Othon de Bavière en devient roi en 1832.

La Crète reste cependant sous domination ottomane. Elle se révoltera à son tour en 1866 pour demander son rattachement au nouveau royaume, dont elle estime devoir faire partie. Elle ne l'obtiendra qu'à l'issue des guerres balkaniques, en 1913. En attendant, sur intervention des puissances, le sultan lui accordera un règlement intérieur assez favorable en janvier 1868, le confirmera en 1889, ce qui n'empêchera d'ailleurs pas de continuelles violences intercommunautaires, des interventions de la Grèce qui provoqueront une guerre entre elle et la Turquie (18 avril 1897) d'où elle sortira vaincue, mais indemne, grâce une fois encore à l'intervention des puissances (27 mai). Et dire qu'on osait avancer (on l'ose encore) que, après la guerre de Crimée, l'Empire ottoman était redevenu l'une d'elles ! Toute la seconde moitié du siècle, avec son conflit russo-turc, avec les guerres balkaniques, prouve qu'il n'en est rien.

Les guerres russo-turques

En mars 1826, Nicolas Ier adresse un ultimatum à la Sublime Porte ; puis, après la bataille de Navarin où Français, Anglais et Russes ont détruit la flotte turco-égyptienne, en réponse à la proclamation du *djihad* lancé par le sultan, il déclare la guerre en avril 1828, avance, et en Anatolie orientale où il prend Erzurum, approche de Trébizonde, et en Europe où il occupe Andrinople (Édirne), marche sur Constantinople (août 1829). Le sultan est obligé de céder, mais est sauvé par l'intervention diplomatique de la France et de la Grande-Bretagne. Au traité d'Andrinople, le 14 septembre 1829, il accepte les accords de Londres (protocoles de novembre 1828 et de mars 1829) qui fixent la frontière russo-turque sur le Prut et le Dniepr, et reconnaissent l'autonomie de la Serbie, de la Moldavie et de la Valachie.

La querelle entre catholiques et orthodoxes à propos de la garde des Lieux saints de Jérusalem (1850) n'est sans doute pas la cause essentielle de la guerre de Crimée, mais elle est l'étincelle qui fait exploser le baril de poudre. Avec cette désinvolture qu'a l'Occident vis-à-vis de l'Empire ottoman, Nicolas a proposé à la Grande-Bretagne un plan pour se le partager : elle aura l'Égypte et la Crète, lui la Valachie, la Moldavie, la Serbie et la Bulgarie ; quant à Constantinople, elle deviendra un port libre. Les Anglais ne sont pas enthousiastes. Nicolas se prépare donc à agir seul et demande au sultan des droits que celui-ci lui refuse. Les flottes des Français et des Anglais, qui ont soutenu la résistance du gouvernement ottoman, arrivent le 13 juin 1853 aux Dardanelles. Le 26, les Russes franchissent le Prut. On parlemente longtemps et en vain. Le 12 mars 1854, France, Grande-Bretagne et Turquie signent un traité d'alliance et c'est la guerre de Crimée. Le conflit sera réglé après la prise de Sébastopol en septembre 1855, à Vienne, puis à Paris (mars 1856). (Je n'ai jamais compris pourquoi les Russes ont accepté de cesser la guerre parce qu'ils avaient perdu un port – un grand, certes, mais un seul !) Le résultat le plus tangible est la garantie de l'intégrité du territoire ottoman accordée une fois de plus par les signataires – la France, la Grande-Bretagne, la Turquie, l'Autriche, la Russie, la Prusse, la Sardaigne –, et le recours à l'arbitrage des autres dans le cas où l'un d'eux voudrait y porter atteinte. C'est aussi, parce qu'elle a été dans le camp des vainqueurs, le retour de la Turquie dans le concert des puissances : évidemment une illusion !

Un troisième conflit éclate en 1877. En face des graves problèmes que posent les Balkans, où la Bulgarie est entrée en insurrection le 20 avril 1876, le tsar, qui se veut protecteur des orthodoxes et espère sans doute par ceux qui se soulèvent avoir un accès au moins indirect à la mer Égée, déclare la guerre à la Porte en août, pénètre en Roumanie, franchit le Danube, est arrêté pendant cinq mois (juillet-novembre) à Plevna, repart et arrive devant Édirne, où un armistice est conclu le 31 janvier 1878. La paix sera signée à San Stefano, dans la banlieue d'Istanbul, où sont parvenues les avant-gardes russes (3 mars 1878). L'indépendance de la Roumanie, de la Serbie et du Monténégro y est reconnue, en même temps que la création d'une Grande Bulgarie englobant la Dobroudja, la Macédoine orientale et la Thrace, mais vassale et tributaire de la Porte. Anglais et Autrichiens sont inquiets de ce qu'ils considèrent comme un trop grand succès pour Moscou, et qui en est bien un. Bismarck intervient. La Grande-Bretagne et la Turquie signent un traité d'alliance défensive, payé par l'abandon de Chypre à l'Angleterre. Le congrès de Berlin (juin 1878) amende un peu le traité précédent en réduisant la taille de la Bulgarie : la Macédoine est rendue à la Turquie, qui en revanche perd, en Asie, Kars, Batum et Ardahan.

Les guerres balkaniques

En 1908, alors que l'Autriche annexe la Bosnie et l'Herzégovine, la Bulgarie rompt ses derniers liens avec Istanbul et proclame son entière indépendance. Bulgares, Serbes et Grecs s'allient et déclarent la guerre à la Turquie le 18 octobre 1912. Grecs, Serbes, Bulgares, chacun de leur côté, vainquent les armées turques et arrivent presque aux abords d'Istanbul, qui n'a jamais été aussi près de redevenir Constantinople (19 novembre). Le 3 décembre, les combats cessent. Le 30 mai 1913, la paix est signée à Londres : la Turquie ne conserve qu'une infime bande de terres en Europe autour de sa capitale. Mais les vainqueurs se disputent les dépouilles du vaincu. Et une seconde guerre balkanique éclate. Les Turcs en profitent pour reprendre Andrinople (pardon : Édirne) et arrondir un peu leur territoire en Thrace (traité de Bucarest, 10 août 1913). Il faut attendre le 16 décembre pour que la question des îles de l'Égée soit réglée par les puissances. Seules Imbros, Ténédos et Castellerizo (Meïs) sont accordées aux Ottomans. Presque totalement rejetée hors d'Europe, dont elle avait tant voulu faire partie, la Turquie redevient essentiellement un État asiatique. Elle ne s'y résigne pas. Elle croit pouvoir reprendre sa place sur le continent quand éclate la Grande Guerre, mais elle choisit le mauvais camp, celui des Empires centraux. La Turquie, grâce au génie d'un homme, à la ténacité d'un peuple, en renaîtra. L'Empire ottoman, lui, y perdra la vie. Ses possessions asiatiques passeront sous contrôle européen comme la quasi-totalité des autres pays musulmans. Ce sont ces derniers qui doivent nous occuper maintenant.

CHAPITRE XVI

Les conquêtes coloniales

La campagne d'Égypte

La conquête de l'Égypte demeurait comme un rêve dans le cœur des Latins depuis Saint Louis et, dès le XVIIe siècle au moins, elle apparaissait comme une affaire bénéfique et facile. En 1672, l'archevêque-électeur de Mayence, pour détourner Louis XIV de la Hollande, ne lui avait-il pas envoyé Leibniz avec un mémoire qui démontrait cette utilité et cette facilité ? Le roi avait reçu le philosophe à Saint-Germain, l'avait écouté, mais, en partie sous l'influence de Pomponne, avait refusé le projet. Il ne manquait donc pas de raisons pour que Bonaparte entreprenne l'expédition d'Égypte, certaines utopiques, d'autres réalistes, mais de loin la principale fut son ambition qui, après la campagne d'Italie, ne trouvait plus de matériaux pour s'alimenter. Comme toujours, il pensait plus à son intérêt personnel qu'à celui de la nation : il était encore si peu français ! Peut-être rêvait-il de conquérir tout l'Orient, d'être un nouvel Alexandre. Ce qui est plus intéressant pour notre sujet, c'est de voir que, dans ces dernières années du XVIIIe siècle, un État européen pouvait, sans déclaration de guerre, sans querelle préalable, sans aucun différend avec un État musulman, attaquer une de ses provinces, et alors même – c'est un comble ! – qu'il entretenait avec lui des relations cordiales.

Sans doute tout n'était-il pas faux dans les déclarations que faisait le futur Napoléon quand il disait qu'il ne luttait pas contre l'Empire ottoman, mais pour son plus grand bien, pour le débarrasser des Mamelouks qui tyrannisaient l'Égypte et se montraient si indociles envers leurs souverains légitimes. Il n'empêche qu'on ne consulta pas la Porte.

Le Directoire laissa carte blanche à Bonaparte. Il prit avec lui 30 000 hommes parmi l'élite de l'armée, 280 navires de transport, 55 bâtiments de guerre et, ce qui fut un trait de génie, une équipe de savants et d'artistes qui allaient donner naissance, entre autres sciences, à l'égyptologie[1]. La flotte partit de Toulon le 19 mai 1798, enleva Malte aux chevaliers de Saint-Jean, échappa à l'escadre anglaise et débarqua à Aboukir le 1er juillet, aux portes d'Alexandrie dans laquelle Bonaparte entra aussitôt. Puis il marcha sur Le Caire. Il y rencontra l'armée mamelouke le 21 juillet dans la bataille dite des Pyramides, la fit refluer vers la Haute-Égypte et lança Desaix à sa poursuite. Le 1er août, l'amiral Nelson détruisait sa flotte à Aboukir, où elle mouillait. L'armée française était prisonnière de sa conquête. Cela lui permit de s'occuper immédiatement de son organisation. On ne peut qu'être pantois en constatant qu'elle n'y resta que quatre ans et y fit tant.

Le général ne s'embarrasse pas de scrupules. De même qu'il veut faire croire qu'il ne lutte pas contre les Ottomans, et plus encore, il cherche à accréditer l'idée qu'il est un ami de l'islam. Dès qu'il est vainqueur, le 22 juillet, il proclame : « Peuples de l'Égypte, on vous dit que je viens détruire votre religion. Ne le croyez pas. [...] Je respecte, plus que les Mamelouks[2], Dieu, Son Prophète et l'Alcoran. » Le 24, quand il entre au Caire, il déclare à nouveau à la population de la ville : « Peuple du Caire, je suis content de votre conduite [...]. Ne craignez rien pour vos familles, vos maisons, vos propriétés et surtout pour la religion du Prophète que j'aime » (cité par Henri Dehérain). Tout au contraire, il adopte une attitude sévère envers les chrétiens d'Égypte, les coptes – « des fripons honnis dans le pays », comme il les nomme dans une lettre du

10 septembre 1799. Il restreint leur liberté dans la mesure où celle-ci peut, croit-il, heurter la sensibilité des musulmans. C'est qu'il espère se rendre populaire, mais les Égyptiens, qui ne sont pas habitués à tous les grands discours que l'on prononce à Paris depuis la Révolution, qui ignorent la démagogie, ne seront pas dupes et il ne réussit qu'à unir contre lui les tenants des deux religions, pour qui « il demeure un étranger athée à la tête d'une armée d'infidèles » (Alain Brissaud).

Poussés par les Anglais et les Russes, les Ottomans déclarèrent la guerre à la France le 9 septembre. Bonaparte, qui avait l'esprit d'offensive, ne voulut pas attendre l'armée turque qui se concentrait en Syrie et marcha à sa rencontre. Après avoir traversé le Sinaï non sans peine, il enleva Gaza et Jaffa, vainquit ses ennemis au mont Thabor le 16 août 1799 et assiégea Saint-Jean-d'Acre. Il resta devant la ville pendant deux mois (mars-mai), puis, ses troupes étant décimées par la peste, il dut se replier sur la vallée du Nil. Peu après, aidés par les Anglais, les Turcs débarquaient à leur tour à Aboukir et se faisaient tailler en pièces le 25 juillet.

Ayant appris la formation de la deuxième coalition et les revers français, Bonaparte décida de quitter l'Égypte. Il s'embarqua sur une frégate le 22 août 1799, abandonnant à Kléber son armée, alors qu'il était tant soucieux de s'en faire aimer. Une fois encore, son destin seul lui importait. Il débarqua en France le 9 octobre et, le 9 novembre, fit le coup d'État du 18 Brumaire ! Kléber, ulcéré, entra en négociations avec les Anglais et signa à el-Arich une convention de rapatriement, qui ne fut pas ratifiée par le gouvernement britannique. À cette fin de non-recevoir, le général français répondit : « Alors nous remporterons des victoires ! » Il en remporta une sur les Turcs le 18 mars 1800 à Héliopolis ; il en aurait peut-être remporté d'autres, mais il fut assassiné par un fanatique le 14 juin. Son successeur, Menou, voulut se concilier la population et, poussant à l'extrême la politique pro-musulmane mise en place par Bonaparte, il se convertit à l'islam. Il y perdit la confiance de ses hommes, qui se firent battre à Canope en mars 1801, et il capitula. Ultime honte, les débris de son armée furent rapatriés sur des navires anglais.

Toute cette campagne n'écrivit pas une belle page de l'histoire de France, mais elle porta néanmoins ses fruits. L'Égypte fut débarrassée des Mamelouks, s'ouvrit à la modernité, commença à subir profondément l'influence française – et sa civilisation, à fasciner le monde. Un officier albanais au service de la Porte que nous avons déjà nommé plusieurs fois, Mehmed Ali, se fit reconnaître en 1805 pacha d'Égypte. Il y fera figure de souverain indépendant. Il y reconstituera l'armée et l'administration. Il interviendra dans les affaires ottomanes et, un jour, il paraîtra en passe de remplacer l'Empire turc par un Empire égyptien. Quant aux relations franco-turques qui avaient été si gravement compromises, elles ne tardèrent pas à se rétablir et à devenir amicales comme elles ne l'avaient jamais été. Ces excellents rapports entre Istanbul et Paris expliquent, comme l'a bien souligné Robert Mantran, pourquoi les insurgés serbes animés des idées de liberté et de nationalisme ne reçurent pas le soutien de la France, qui était pourtant leur inspiratrice. Ils bénéficièrent au contraire de l'appui de l'Autriche et de la Russie, ce qui prouve que les beaux sentiments cèdent souvent la place aux intérêts économiques et politiques.

La conquête de l'Algérie

Dépendant en théorie du sultan de Constantinople, l'Algérie était pratiquement autonome et ne formait pas un État unifié. La régence d'Alger, dirigée par un dey[3] plus ou moins dépendant d'une noblesse indisciplinée et des janissaires, était divisée en quatre régions (beylicats) commandées par des beys. De la première, celle d'Alger, relevaient les autres : celle de Titteri, centrée sur Médéa ; celle de l'ouest, avec comme capitales successives Mazuna, Mascara et Oran (reprise aux Espagnols seulement en 1792) ; et celle de Constantine, à l'est.

Toutefois, les quatre cinquièmes du « bled[4] » – le pays – échappaient à toute autorité. Alger était bien déchue depuis le XVIIIe siècle, où la ville pouvait encore repousser une expédition espagnole de plusieurs centaines de bateaux et de 22 000 hommes (1775). Sa population avait baissé de façon vertigineuse ; ses bagnes, jadis surpeuplés, étaient presque vides. Des attaques répétées avaient ruiné sa marine, de telle sorte qu'en 1827 elle ne possédait plus qu'une dizaine de vaisseaux. En 1816, elle avait subi le bombardement d'une escadre anglo-hollandaise qui venait exiger l'abolition de l'esclavage ; en 1819, une flotte franco-britannique avait coulé la sienne, et les navires qui avaient échappé au désastre avaient été pour la plupart perdus à la bataille de Navarin, à laquelle ils avaient participé. Les puissances se mêlaient de sa politique intérieure et la France, en 1824, n'avait pas hésité à soutenir une rébellion en Kabylie. Même les États-Unis, qui n'apparaissaient pas encore sur la scène mondiale, étaient intervenus en 1816 pour obtenir « le renoncement d'Alger au versement du tribut annuel » (Robert Mantran).

Depuis longtemps, la France entretenait des relations commerciales avec les territoires algériens ; elle y avait ses consuls, ses comptoirs qu'on nommait concessions, mais, depuis l'Empire, elle était en délicatesse avec Alger. Le Directoire avait acheté du blé à crédit et Napoléon avait refusé de le payer. La créance ne cessant de s'accroître, les négociations traînaient, ce dont le dey, alors un certain Husain, rendait responsable le consul de France à Alger, Duval. Un beau jour, le 30 avril 1827, au cours d'un entretien, il se mit en colère et, anecdote bien connue, frappa le diplomate d'un coup d'éventail (ou de chasse-mouches). Charles X exigea des excuses. On les lui refusa. C'était un *casus belli*. Mais le gouvernement royal était peu soucieux de s'engager dans une aventure, et ce ne fut que quand il prit conscience des périls qui menaçaient la Restauration qu'il se décida à le faire, dans l'espoir de satisfaire l'opinion publique ou du moins de détourner son attention des affaires intérieures. Un nouvel incident, survenu le 3 août 1829, lui fournit le prétexte pour intervenir. Un bâtiment de guerre français de plénipotentiaires qui sortait de la rade d'Alger reçut un boulet de canon. Le débarquement fut décidé.

La force d'invasion – 37 000 soldats, sans compter les innombrables marins équipant une flotte de plus de 450 bateaux – partit de Toulon les 25, 26 et 27 mai 1830 et commença à débarquer le 14 juin dans la baie de Sidi Ferruch, à l'ouest d'Alger. Elle vainquit les forces du dey à Staoueli, s'empara du Fort-l'Empereur qui défendait la capitale, ce qui contraignit le dey à capituler le 5 juillet. Aussitôt, le commandant du corps expéditionnaire fit chanter un *Te Deum* dans le palais beylical et dit à ses soldats : « Vous venez de rouvrir la porte du christianisme en Afrique. » Quelques jours plus tôt, avant son débarquement, il avait pris l'engagement sur l'honneur auprès du dey que l'exercice de la religion mahométane resterait libre, que les habitants ne seraient atteints ni dans leurs croyances ni dans leurs biens. Il y avait là quelque contradiction qui montrait à quel point la France improvisait, n'était pas prête à assumer la conquête qu'elle entreprenait. Disons tout de suite que les autorités ne s'attaqueraient jamais de front à l'islam comme tel, mais que le laïcisme qu'elles professaient serait considéré comme une mesure contre les musulmans.

Là-dessus, le régime changea à Paris. Charles X fut renversé et la monarchie de Juillet hérita du « legs onéreux de la Restauration ». Elle se trouva engagée dans une opération dont elle n'était nullement responsable, qui l'effrayait, mais à laquelle il lui était impossible de renoncer sous peine de perdre la face, car elle flattait l'orgueil national. Elle décida d'occuper les principaux ports pour mettre fin une fois pour toutes à la course. Les beys d'Oran et de Titteri se soumirent sans tarder. Celui de Constantine refusa. On ne chercha pas sur-le-champ à le faire céder. Fidèle à la politique de Louis-Philippe, le général Desmichel, ne gardant dans l'Ouest algérien que Mostaganem, Oran, Arzew, abandonna en 1834 tout l'arrière-pays à un jeune chef de vingt-six ans, Abd el-Kader (1807-1883), un personnage exceptionnel, « un homme de génie », dit le maréchal Bugeaud (que cite Michel Chodkiewicz), guerrier émérite, authentique spirituel, loyal adversaire... C'était une âme noble et généreuse. Il en donnera la preuve en 1860 quand, exilé au Liban, il se portera au secours des chrétiens menacés de mort par une révolte druze, sans rancune pour la France qui lui avait promis, lorsqu'il capitula, de le laisser aller en Orient, et le garda cinq ans en captivité avant de lui permettre de s'y rendre.

L'émir Abd el-Kader déclencha les hostilités en attaquant une colonne française dans le défilé de Melta (1835). Il tenait les campagnes et n'entendait pas y laisser passer ceux qui lui en avaient reconnu la possession. Dans ces conditions, les ports français ne se trouvaient reliés entre eux que par voie maritime et la route terrestre de Constantine était fermée. Il fallait l'ouvrir, sous peine de rester sur un grave échec. En 1836, l'expédition qu'on avait menée contre cette ville s'était terminée en désastre. On signa avec Abd el-Kader, le 30 mai 1837, le traité de Tafna. En octobre 1837, Constantine fut prise d'assaut après une résistance acharnée. Le bey avait en vain appelé à l'aide son suzerain, le sultan de Constantinople.

Moins de deux ans plus tard, la guerre contre l'émir recommença par une attaque de celui-ci contre la Mitidja (1839). Il était évident que la France se trouvait dans cette alternative : soit évacuer l'Algérie, soit en faire intégralement la conquête. Elle choisit la seconde solution et en confia la réalisation à Bugeaud. C'était entrer dans une longue entreprise qui allait exiger des efforts considérables et dont on ne voyait pas encore les profits. Dès 1839, l'armée d'Algérie comptait 54 000 hommes. En 1840, ses effectifs se montaient à 63 000 hommes ; en 1844, à 90 000 ; en 1847, à 107 000... Tous, certes, n'étaient pas français, car on recrutait sur place des indigènes, mais la charge financière était lourde. Quant à la colonisation, elle ne connaissait guère de succès, peu de métropolitains souhaitant s'établir outre-mer, et il fallut attendre assez longtemps pour que ceux-ci commençassent à accourir. L'annexion de l'Alsace-Lorraine par l'Allemagne après la guerre de 1870 amena maints habitants de ces provinces à venir y habiter pour ne pas devenir des Allemands. Il y avait 3 282 Européens en Algérie en 1831 ; 272 000 en 1870 ; 396 000 en 1886, dont 230 000 Français de souche, 142 000 Espagnols, 44 000 Italiens, 15 000 Maltais (auxquels il faut ajouter 40 000 juifs locaux qui avaient reçu, à la grande vexation des musulmans, la nationalité française : décret Crémieux d'octobre 1870). En 1911, ils seront 681 000.

Abd el-Kader se battait bien (victoire de Sidi Brahim en 1845), mais était obligé de céder du terrain. Il était partout sur la défensive quand le duc d'Aumale, le 16 mai 1843, à Taguin, lui enleva sa smala (son camp et ses troupeaux). Il fut obligé d'aller chercher refuge au Maroc, où il persuada le sultan Abd al-Rahman de proclamer le *djihad*. La guerre franco-marocaine fut brève. Une escadre française alla bombarder Tanger et Mogador. Bugeaud força les frontières et, le 14 août 1844, remporta une victoire décisive à l'Isly. Au traité de Tanger, contraint et forcé, le Maroc déclara Abd el-Kader hors la loi, ce qui ne l'empêcha pas de continuer la lutte pendant trois ans. En août 1847, l'émir fut enfin contraint de déposer les armes. Il fut, nous l'avons dit, interné à Toulon, à Pau et à Amboise, et enfin libéré par Louis-Napoléon Bonaparte en 1852.

L'Algérie n'était pas pour autant pacifiée ni conquise : les confins algéro-marocains ne le furent qu'à la veille de la guerre de 1870, le Mzab qu'en 1882. Bien que cinquante-quatre tribus kabyles se soient soumises en 1847, la Grande Kabylie, galvanisée par une femme, résista jusqu'en 1857. Plus tard encore, il y eut des insurrections ; de mars à la fin de 1871, celle de Muhammad al-Mokrani ; en 1881, celle de Bu Amama qui ensanglanta le Sud oranais... La première, la plus grave, éclata à la suite de la défaite française devant la Prusse. On estime que de 100 à 150 000 hommes prirent les armes dans l'Est algérien, que 20 000 Kabyles et 2 500 soldats furent tués. On se battit pendant sept mois et, si la répression ne fut pas sanglante, elle fut brutale : on confisqua 50 000 hectares de terres, ce qui obligea leurs propriétaires à se réfugier dans les montagnes.

La lutte menée par Abd el-Kader eut un certain retentissement dans le monde de l'islam, et l'émir eut des émules. Si on le compare volontiers à Chamyl, le héros tcherkesse, il semblerait que celui qui subit le plus son influence fut le Sénégalais El-Hadj Omar, qui voulut créer un royaume peul musulman en Afrique noire, mais qui eut le malheur de trouver devant lui le gouverneur français de ce qui n'était guère encore qu'un comptoir (Saint-Louis et Gorée). Ce gouverneur, Faidherbe, nommé en 1882, ne lui en laissa pas les moyens : son « empire » fut vite divisé en deux, le nord revenant à son fils Ahmadu, le sud à Samory. Le premier fut éliminé en 1890, le second en 1898. Chez les nègres [5] comme ailleurs, l'islam et la chrétienté se heurtaient.

Les protectorats sur l'Afrique du Nord

L'Algérie avait été conquise sans plan d'ensemble, au hasard des événements. L'établissement des protectorats sur la Tunisie et le Maroc répondit à une politique délibérée et longuement préparée. Lors du congrès de Berlin en 1878, la France avait demandé et obtenu le droit de s'installer en Tunisie. Seule l'Italie s'y montrait hostile. Quant à l'Empire ottoman, il n'avait pas eu son mot à dire et il se tint coi. Il ne restait qu'à trouver un prétexte pour le faire. Une razzia de Kroumirs sur le département de Constantine le fournit. Une armée française débarqua à Bizerte en avril 1881, une autre pénétra dans la vallée de la Medjerda. Il n'y eut pas de résistance et le bey signa sans difficulté le traité du Bardo (12 mai 1881), qui le plaçait sous le protectorat de la France. Seuls quelques indigènes firent mine de tenir tête ; il fallut bombarder Sfax (14 juillet) et marcher contre eux.

Le Maroc suscitait depuis longtemps l'intérêt des puissances européennes et celles-ci étaient parvenues à tenir une partie non négligeable de son commerce (convention de Madrid de 1880). La France, tout en parvenant à se faire reconnaître un droit de police sur les confins algéro-marocains, s'efforça de désintéresser ses concurrents, en 1900 l'Italie, en 1904 la Grande-Bretagne et l'Espagne, à qui elle laissa entrevoir un partage du royaume chérifien, mais se heurta à une opposition tenace de l'Allemagne qui s'exprima par le voyage spectaculaire de Guillaume II à Tanger en 1905, et la conférence d'Algésiras en 1906 plaça pratiquement le Maroc sous contrôle international.

Nonobstant, Lyautey occupe dès 1907 Oudjda et le massif des Beni Snassen, tandis que le général Drude débarque 6 000 hommes à Casablanca. De ces points de départ, la conquête s'étend progressivement, mais lentement. C'est alors que les querelles intestines la facilitent. En avril 1911, le sultan, assiégé dans Fès par des rebelles, appelle les Français à son secours – ce dont ceux-ci profitent pour prendre la ville, puis Meknès et Rabat. Après un accord conclu avec l'Allemagne le 4 novembre de la même année, la France impose au souverain un traité de protectorat (30 mars 1912) et abandonne à l'Espagne, dans le nord du pays, le Rif, dans le sud, l'Ifni et Tartaya (novembre 1913). Il lui faudra néanmoins combattre jusqu'en 1934 pour que le pays soit enfin totalement pacifié.

Depuis longtemps l'Italie avait des intérêts en Tripolitaine et en Cyrénaïque, et elle convoitait ces provinces. L'installation française en Tunisie et au Maroc l'incita à s'en rendre maîtresse. Seulement, la situation n'y était pas semblable. Les Ottomans avaient repris le pays en main depuis 1835 et avaient renforcé leur présence en 1881. Sa conquête impliquait donc inévitablement une guerre avec le sultan. L'Italie la déclara le 29 septembre 1911, débarqua à Tripoli le 4 octobre, en même temps qu'elle attaquait Rhodes et les îles du Dodécanèse et bombardait les Dardanelles (avril 1912). Les côtes furent très vite sous son contrôle, mais, à l'intérieur du pays, Arabes et forces ottomanes conduites par un homme qui deviendra célèbre, Enver[6], opposèrent une résistance acharnée d'octobre 1912 à août 1914, date à laquelle les combats cessèrent, y compris au Fezzan, dans le Sud-Ouest. Cependant, engagée dans les problèmes balkaniques, plus menaçants pour elle, la Turquie avait signé la paix d'Ouchy le 15 octobre 1912, par laquelle elle reconnaissait l'annexion de la Tripolitaine et de la Cyrénaïque par l'Italie. Celle-ci manquera de perdre ces provinces au cours de la Première Guerre mondiale, en 1915, face à un soulèvement général qui l'obligea à se replier sur Tripoli et Homs.

Le percement du canal de Suez, dont la concession avait été accordée par le vice-roi d'Égypte à Ferdinand de Lesseps en 1856, auquel on avait travaillé pendant dix ans et qui avait été inauguré solennellement le 17 novembre 1869, avait été un grand choc pour l'Angleterre, qui voyait avec inquiétude la position très favorable de la France en Égypte. Ainsi devancée par l'initiative et l'audace technique de sa rivale, elle prit sa revanche par la finance avant même de la prendre par les armes. En 1875, elle acheta pour une bouchée de pain les actions de la Société du Canal que possédait le khédive (titre accordé par le sultan en 1867 au vice-roi) – des actions qui vaudront dix fois plus cher quelques années plus tard – et en devint le principal actionnaire. Avec Suez, comme avec maintes autres sociétés, l'économie égyptienne passa presque entièrement aux mains des étrangers, ce qui ne manqua pas d'irriter la population. Un incident, grave au demeurant, mit le feu aux poudres. Au début de 1882, des chrétiens furent massacrés à Alexandrie.

Le 26 mai, par mesure d'intimidation, une flotte franco-britannique – douze navires – se présenta devant le grand port. Comme la France ne voyait pas de raison de se brouiller avec ses vieux amis égyptiens en s'engageant plus avant dans l'affaire, les Anglais bombardèrent seuls la ville le 11 juillet et débarquèrent à Suez le 20 août. Le 13 septembre, ils vainquirent les Égyptiens à Tell el-Kebir et, le 15, ils entrèrent au Caire. Ils y installèrent un commissaire pour seconder le khédive – en fait, bien sûr, pour le diriger. Ils étaient pour longtemps les maîtres de l'Égypte. En 1887, la Turquie reconnut le fait accompli. Les occupants en profitèrent pour envoyer Lord Kitchener, qui avait réorganisé l'armée égyptienne, mettre la main sur le Soudan révolté sous la direction d'un illuminé qui s'était autoproclamé et avait été reconnu mahdi (1881). « Dans le "condominium" anglo-égyptien au Soudan, la Grande-Bretagne détient à l'évidence les rênes » (Elie Kedourie). En 1914, l'entrée en guerre de l'Empire ottoman aux côtés des Empires centraux amènera la Grande-Bretagne à proclamer à la fois la fin de la souveraineté turque et l'établissement officiel de son protectorat.

La France, avec l'Égypte, avait perdu l'une de ses meilleures positions au Proche-Orient. Elle put en conserver une autre au Liban, sans doute de moindre valeur stratégique. Comme toutes les provinces de l'Empire ottoman, et surtout celles où cohabitaient différentes communautés, le Liban et, dans une moindre mesure, la Syrie étaient secoués par des crises violentes. En 1840-1841 avaient éclaté des affrontements meurtriers entre maronites et druzes, et pendant une vingtaine d'années la situation était restée tendue. Cette tension conduisit, en 1860-1861, à une véritable guerre civile à laquelle participèrent catholiques et musulmans sunnites. Il y eut des milliers de morts (20 000 rien qu'à Damas), des centaines de villages détruits (360 pour les seuls maronites), 560 églises et 42 monastères incendiés. L'exil des chrétiens commença ; il se poursuit encore...

Les puissances décidèrent d'intervenir. Elles en chargèrent la France, qui débarqua des troupes (elles y resteront jusqu'en 1871). Une conférence internationale fut organisée à Istanbul. Il y fut résolu que le Liban formerait une région autonome de l'Empire ottoman et serait dirigé par un gouverneur catholique nommé par la Sublime Porte (9 juin 1861). L'accord fut confirmé par les pays européens le 6 septembre 1864. Grâce à Napoléon III, la France reprenait avec éclat son rôle de protectrice des chrétiens d'Orient.

Soumission du Caucase

La fin de la guerre de Crimée en 1856 et la pacification du Caucase en 1859, libérant des troupes russes, permirent au tsar de reprendre le vieux projet de conquête des khanats de l'Asie centrale. Les Russes avaient, non sans peine, achevé de régler le problème de l'immense Kazakistan. Dès 1731 et 1740, deux des Hordes, la Petite et la Moyenne, avaient accepté leur vassalité, mais elles avaient mal supporté une pression qui ne cessait de s'accroître depuis la fin du XVIIIe siècle, et s'étaient insurgées – ce qui avait eu pour résultat l'élimination de leurs khans, ceux de la Moyenne Horde en 1822, celui de la Petite Horde en 1827, et finalement une totale incorporation à la Russie vers 1840-1848. Voisins dès lors de l'antique Sogdiane, devenue l'Uzbekistan, les Russes avaient tout naturellement formé le projet de s'en emparer et ils avaient commencé à le réaliser en fondant Aralsk (Raimsk) à l'estuaire du Syr-Darya et en prenant Ak Mesdjid après de durs combats (1852-1853). Bien qu'ils fissent alors de la lutte contre les musulmans leur priorité, la guerre de Crimée arrêta leur projet.

La Russie devait depuis longtemps se battre dans le Caucase. Les populations qui en habitaient les régions septentrionales, bien que souvent récemment islamisées, acceptaient mal sa domination, d'autant plus que celle-ci allait de pair avec une politique de christianisation et d'installation de colons. Après l'époque confuse comprise entre l'arrivée de Pierre le Grand (qui avait enlevé Derbent en 1722 et avait été obligé de la rendre à la Perse en 1735) et les dernières décennies du XVIIIe siècle, le mouvement insurrectionnel s'était organisé dans les années 1780 (soulèvement du cheikh Mansur de 1788-1791 chez les Tchétchènes) et s'était amplifié au début du XIXe siècle. Vers 1828, la congrégation religieuse des Naqshbandiya[7] inspira la révolte à laquelle le nom du Tcherkesse Chamyl reste lié, mais dont, s'il en fut le héros, il ne fut pas l'instigateur. Né en 1797, Chamyl avait commencé sa carrière comme lieutenant de Ghazi Muhammad (mort en 1832), premier imam de la guerre sainte contre les Russes, puis de Hamza Beg, et ce n'est qu'à la mort de ce dernier en 1834 qu'il avait pris la tête du mouvement insurrectionnel, était devenu le troisième imam d'une sorte d'État théocratique de Daghestan et de Tchétchénie qu'il contribua largement à organiser (1834-1859). Menant la vie dure aux Russes qui, faute de pouvoir l'abattre, essayèrent d'affamer les montagnes en en bloquant l'accès, il les tint longtemps en échec et remporta sur eux plusieurs victoires, surtout entre 1841 et 1846 ; mais, à la longue, ses forces s'épuisèrent et, quand il se rendit enfin le 26 août 1859, il n'avait plus avec lui, prétend-on, que 400 combattants. La presse du monde entier célébra (ou déplora) ses exploits.

Un nombre indéterminé de Tcherkesses, estimé selon les sources entre 400 000 et un million, alla se réfugier dans l'Empire ottoman, qui les installa en diverses provinces, notamment en Syrie et dans les Balkans. Quant aux Tchétchènes, et à d'autres, s'ils n'émigrèrent pas, ils continuèrent à se tenir dans une opposition plus ou moins clandestine, mais tenace, qui se manifesta au grand jour à la fin du XIXe siècle dans des mouvements nationalistes et sociaux, et, plus tard, lors de la révolution soviétique (révolte de Gotsinaski et d'Uzun Hadji en 1920-1923). On sait les problèmes que la Tchétchénie pose encore en ce début du XXIe siècle.

Conquête de l'Asie centrale

Le Caucase pacifié, les Russes purent reprendre leurs projets contre l'Asie centrale.

C'était un vaste territoire de plus d'un million de kilomètres carrés qu'ils allaient conquérir, une des terres bénies de la civilisation qui avait peut-être vu naître Zarathoustra (Zoroastre) il y avait trois millénaires, qui avait donné naissance à des astronomes comme Abu Machar (Albumasar, vers 780-886) et Ulu Beg, le prince timouride (1394-1445), à des mathématiciens comme al-Khwarizmi (al-Choarismi, mort vers 843), au plus grand savant de l'islam, al-Biruni (Aliboron, 973-1037), à un philosophe tel qu'Ibn Sina (Avicenne, 980-1037) et à tant d'autres ; une terre où avait été composé par al-Bukhari (810-870) le plus célèbre recueil de *hadith*, l'un des fondements du sunnisme ; un sol sur lequel avaient été bâties deux des plus belles villes du monde, Boukhara et Samarkand. Bien qu'alors décadent, ce n'était pas un pays de barbares, et les barbares, s'il devait y en avoir, étaient plutôt les Russes qui étaient loin d'offrir aux yeux un si prestigieux passé. Il est vrai qu'ils étaient dans leur grand siècle, celui où composaient Dostoïevski, Tolstoï, Rimski-Korsakov, Moussorgski...

L'Uzbekistan n'était pas unifié. Il s'était divisé en trois khanats : celui du Khiva, à l'ouest, dans le Khwarezm, fondé dès 1512 ; celui de Boukhara, en Sogdiane proprement dite ; et celui de Kokand, à l'est, le dernier-né, en 1730-1732, mais le plus puissant. Au sud-ouest enfin s'étendait le domaine de Turcs demeurés presque entièrement nomades, les Türkmènes, gravitant autour de Merv. Tous se jalousaient et passaient une partie de leur temps à se faire la guerre. C'est ainsi que, vers 1770, Khiva avait été prise et entièrement rasée par les Türkmènes. Je dis bien rasée. L'admirable ville médiévale que l'on voit aujourd'hui a été édifiée après cette catastrophe tout à la fin du XVIIIe et au début du XIXe siècle. Totalement isolés malgré la présence d'agents britanniques qui cherchaient à contrebalancer l'influence russe, mais sans grand succès par suite de leur politique colonialiste qui n'était pas inconnue, les trois khanats semblaient incapables de se défendre et leur conquête paraissait chose facile. Elle le fut en effet.

En 1864, une colonne sous le commandement du général Tchernayev part de Vernij (Alma Ata), ville fondée en 1854, attaque le khanat de Kokand qui, à sa plus grande extension, est alors maître de Timshkent (Chimkent) et de Yassi (Turkestan), et lui enlève ces deux villes, puis, en juin 1865, après deux jours de sanglantes batailles de rues, Tachkent. L'émir de Boukhara, Muzaffar al-Din (1860-1885), décide d'intervenir et tente de reprendre Tachkent, déjà une grande ville de près de 100 000 âmes. Il ne réussit qu'à perdre Samarkand en mai 1868 et à se faire vaincre en juin à la bataille de Zerolubak. Il demande la paix, est contraint d'abandonner une grande partie de ses possessions – dont Samarkand et Khodjent, rattachées au gouvernement du Turkestan organisé en 1867 et confié au général von Kauffmann (1838-1882) – et d'entrer dans une semi-vassalité. Cinq ans plus tard, son fils ayant entre-temps proclamé la guerre sainte, Boukhara tombe (1873) et l'émir est obligé d'accepter un protectorat *de facto*, sinon *de jure* : il conserve son trône, une certaine autonomie interne, mais renonce à tout autre signe de souveraineté. Dans le courant de l'été 1873, Kauffmann envoie une colonne contre le khanat de Khiva, prend sa capitale le 2 juin, le soumet et lui donne un statut identique à celui de Boukhara.

La conquête du khanat de Kokand exige un plus gros effort militaire, car, bien que celui-ci se juge – à juste raison – perdu, il veut se battre héroïquement. Entré en *djihad* en 1860, il mène à nouveau campagne en 1865, et il faut un an pour en venir à bout. De sa pugnacité, il gagne, contrairement à ses voisins, de perdre et son émir, et son autonomie, et la totalité de ses droits : il est purement et simplement annexé par la Russie (1876).

Partant de Krasnovodsk sur la Caspienne, l'armée russe commence en 1877 à effectuer des raids sur les Türkmènes, puis lance contre eux une offensive générale en 1880. Le 15 janvier 1881, elle fait tomber au bout de quarante-cinq jours de résistance leur principale place forte, Gök Tepe. En février 1884, elle prend Murghab et Merv, et atteint la frontière afghane. Il est dans la logique des choses, dans l'accomplissement de leur dessein, que les Russes s'emparent alors de l'Afghanistan. Les Anglais, cependant, ne l'entendent pas ainsi et sont bien décidés à les en empêcher.

L'Inde et la route afghane

État récent puisque fondé par Ahmed Khan Durrani (1747-1773) qui le sépara de l'Iran, habité par toutes sortes de peuples, des Iraniens, des Turcs, des Mongols et d'autres, sans unité géographique ni politique, mais voie de passage obligatoire entre l'Inde et les pays situés au nord et à l'ouest de celle-ci, et peut-être à cause de cela héritier de vieilles civilisations auxquelles on devait les grands Bouddhas de Bamiyan récemment détruits par des fanatiques (IVe-VIe siècle), l'éclat de métropoles comme Ghazni aux Xe-XIIe siècles où travaillèrent Firdusi (932-1020), l'immortel auteur du *Chah-name*, le Livre des Rois, Avicenne et al-Biruni que nous avons vus naître en Sogdiane, comme Herat d'où sortirent peut-être par milliers les plus belles miniatures persanes (XVe siècle), l'Afghanistan n'allait pas tarder à se trouver pris en tenaille entre deux impérialismes européens : celui des Russes, qui avaient occupé les khanats d'Uzbekistan et les steppes du Turkestan, et celui des Anglais, qui achevaient de se rendre maîtres des Indes.

Après l'élimination des Français et des Marathes, les Britanniques n'avaient pas trouvé devant eux de forces susceptibles de les arrêter. Ils avaient tué, sur le champ de bataille de Seringapatam, leur farouche ennemi du Mysore, Tipu Sahib (1799), avaient annexé le Carnatic, le Rohilkhand et le Djob inférieur (1801), s'étaient fait donner par un prince des Marathes détrôné la quasi-totalité des terres qui avaient appartenu à la puissante confédération dont il était membre (traité de Bassein, 1802) et y avaient imposé leur domination par une écrasante victoire (1803) ; enfin, en 1813, ils avaient gagné la guerre contre les Gurkhas. Ainsi, en 1818, ils dominaient directement ou indirectement (par les États princiers vassaux) tout le sous-continent à l'exception du Cachemire, du Pendjab et du Sind. Ils se rendraient maîtres du Sind en 1843, du Cachemire en 1846, du Pendjab en 1848. Si, en 1857, l'*Indian Mutiny*, que nous appelons la révolte des cipayes, avait été pour eux une chaude alerte, ils en avaient profité pour proclamer la déchéance des Grands Moghols (1858), dont en quelque sorte ils revendiqueraient l'héritage quand ils ramasseraient la couronne tombée de leur tête pour la poser sur celle de leur reine Victoria (1887) ; la même année, ils avaient remplacé la vénérable Compagnie par une vice-royauté. L'empire des Indes était devenu le plus beau fleuron de la couronne britannique et celle-ci ne pouvait faire moins que de le situer au centre de ses préoccupations. Elle n'ignorait pas qu'il était convoité, que maint danger pouvait le menacer. L'expédition de Bonaparte en Égypte n'avait-elle pas visé, au moins en partie, à couper la route qui le reliait à la métropole ? N'y avait-il pas eu le fou projet de la France de faire passer une armée d'invasion par l'Iran et l'Afghanistan (mission Gardane, 1807) ? L'Angleterre n'ignorait pas davantage que, depuis les invasions aryennes de la préhistoire, celui qui était maître de l'Afghanistan l'était bientôt de la vallée indo-gangétique. Darius, Alexandre, Mahmud de Ghazni, Tamerlan, Babur et maints autres l'avaient montré. De tous les prédateurs éventuels, le plus dangereux était le russe parce qu'il était le plus avide et géographiquement le mieux placé. Depuis longtemps il montrait ses crocs, mais, depuis son installation au nord de l'Amu-Darya, on les voyait mieux et ils étaient acérés.

Les relations entre l'Afghanistan d'une part, les Anglais et les Russes d'autre part étaient nées à la fin du XVIIIe siècle, en un temps où les souverains afghans prenaient l'habitude, qu'ils ne devaient pas perdre, de se disputer le trône, où il devenait usuel que celui qui y était assis se fasse renverser par un compétiteur, avant que le premier ne prenne sa revanche en le renversant à son tour : Mahmud Khan (1799-1803), qui avait détrôné Zaman Chah (1793-1799), fut lui-même détrôné par son oncle Chah Chudja (1803-1809), bientôt chassé par un retour provisoire de Mahmud (1809-1825), qui dut céder la place à Dost Muhammad (1826-1839), qui la céda à son tour à Chah Chudja (1839-1842) avant de la reprendre (1842-1863). Dans une telle situation, malgré la xénophobie des Afghans, il était dans l'ordre des choses que les uns ou les autres fassent appel aux étrangers, évidemment à leurs puissants voisins.

C'est ce qui arriva en 1809 lors de la chute de Chudja, survenue alors qu'il venait de recevoir la visite de Lord Elphinstone et de signer avec lui le traité de Calcutta (1809) par lequel il s'était engagé à empêcher le passage des Français dans son pays, et par lequel l'Angleterre, de son côté, avait garanti l'intégrité de celui-ci. Comme le chah croyait quelque peu à l'amitié anglaise, il alla tout naturellement se réfugier en Inde. Y intrigua-t-il ? Sans doute. Tout au moins ses hôtes possédaient-ils avec lui une carte qu'ils se réservaient de jouer un jour. Dost Muhammad le comprit et s'en inquiéta. Il prit alors langue avec les Russes. Cela décida les Anglais à risquer la partie : ils placeraient sur le trône un homme à eux. En août 1839, Lord Auckland envahit l'Afghanistan et occupa Kaboul. On vit alors pour la première fois que les Afghans aimaient mieux mourir que supporter une occupation d'infidèles. Tout le pays s'enflamma. Dans la capitale, la population assassina le gouverneur britannique Burnes et son état-major. L'armée d'occupation reprit la route des Indes. Tandis qu'elle se repliait, elle fut assaillie et exterminée par les montagnards. À peine une vingtaine d'hommes échappèrent à la mort (1841).

C'était pour les Anglais l'un de leurs pires échecs dans leurs guerres coloniales. Ils devaient le venger. Un an après, ils dépêchèrent une expédition de représailles à Kaboul, détruisirent la ville de fond en comble et se gardèrent bien d'y rester. En revanche, ils s'installèrent à l'aval des gorges montagneuses, à Peshawar, qui avait été capitale hivernale des Afghans (annexée en 1845), verrouillant ainsi les passes de Khyber et, du même coup, le principal accès à l'Asie centrale. En 1855, le traité conclu dans cette ville établissait une amitié perpétuelle entre la Compagnie des Indes et le royaume afghan. Quelques années plus tard, les Anglais aidaient Dost Muhammad, apparemment détourné des Russes, à prendre Kunduz et enfin Herat (1863). Quand il mourut le 9 juin 1863, le souverain recommanda à son fils Chir Ali Khan (1863-1879) de vivre toujours en bonne entente avec l'Angleterre, mais de ne jamais laisser un de ses ressortissants pénétrer en Afghanistan.

Chir Ali, qui règne pendant que les Russes font la conquête des khanats, ne peut pas négliger le danger que représente leur arrivée sur ses frontières et il entre en conversation avec eux. Ces relations qui se nouent entre Moscou et Kaboul ajoutent à l'inquiétude que procure déjà aux Anglais la progression des Russes et ils sondent leur souverain (1870), concluent avec lui un accord qui fait de l'Amu-Darya, l'ancien Oxus, la frontière inviolable entre la Russie et l'Afghanistan (1873). Cependant, en 1878, Chir Ali Chah semble avoir choisi son camp. Il reçoit l'ambassadeur russe Stobiétoff et refuse la venue de l'ambassadeur anglais Chamberlain. La Grande-Bretagne réagit aussitôt en envoyant trois corps d'armée en Afghanistan. Le 21 novembre 1878, le premier franchit les passes du Khyber, marche sur Kaboul d'où s'enfuit le roi, qui meurt du reste en arrivant en Bactriane. Le deuxième remonte la vallée du Kurram. Le troisième occupe Kandahar le 8 janvier 1879. Le fils du défunt se voit contraint de signer le traité de Gandamak (1879), par lequel il abandonne tous les territoires à l'est des monts Sulayman et accepte l'établissement d'un semi-protectorat anglais sur son pays. Pour être à même de l'exercer, une mission diplomatique arrive à Kaboul le 24 juillet – elle est massacrée le 3 septembre. Les forces britanniques des Indes, de la désormais célèbre frontière du Nord-Ouest, reviennent, occupent la capitale rebelle le 7 octobre, arrêtent le souverain et intronisent à sa place Abd al-Rahman Khan (1880-1901). Les négociations sont longues, mais finissent par aboutir en 1893 : il n'y aura pas de résident anglais à Kaboul, la frontière entre les deux pays est fixée par la commission Mortimer-

Durand sur la « ligne Durand ». Abd al-Rahman accepte de s'enfermer dans un total isolement et touche en compensation une pension annuelle. Il y a alors une longue période de paix dont l'Afghanistan profite pour soumettre les Mongols Hazara et le pays des Infidèles (les Kafir), le Kafiristan [8], qui, converti de force à l'islam, devient le « pays de la Lumière », le Nuristan. En 1905, la défaite des Russes devant les Japonais incite Moscou à rechercher des alliances en Europe. Britanniques et Russes s'entendent officiellement pour que l'Afghanistan forme ce qu'il est déjà, un État tampon. Il faudra une troisième guerre, déclenchée en un temps où le monde sera las de se battre (1919), pour que celui-ci devienne maître de sa diplomatie et jouisse de sa pleine souveraineté.

La vassalité déguisée de l'Iran

Comme l'Afghanistan, l'Iran, que l'on nommait alors la Perse, l'héritier de deux millénaires et demi d'histoire, l'une des plus vieilles nations de la terre, se trouvait pris entre les impérialismes russe et britannique, et, de surcroît, toujours exposé à son ennemi séculaire, l'Empire ottoman. Comme l'Afghanistan, il formera un État tampon entre les deux puissances, mais dans des conditions assez différentes. Certes, il lui arrivera, comme à son voisin oriental, d'être envahi totalement ou partiellement, mais il n'opposera pas de grande résistance aux occupants. En revanche, il subira, contrairement à celui-ci, une totale domination économique – ce qui lui permettra un relatif développement et une ouverture sur le monde moderne. S'il fut l'un des rares pays du monde musulman à ne pas être colonisé, s'il garda une indépendance au moins théorique – car il n'était guère maître chez lui –, il le dut à ce que les Russes ne permirent pas aux Anglais de l'asservir et à ce que les Anglais ne le permirent pas davantage aux Russes.

Après l'échec du projet napoléonien d'attaquer les Indes à travers la Syrie, l'Iran et l'Afghanistan, l'année même de son adoption (1807), par suite du traité de Tilsit entre l'empereur et le tsar, le souverain persan est obligé par les Anglais de fermer son pays à la France (1809), et il reçoit, en contrepartie de ce qui est bien un revirement d'alliance, la garantie de son intégrité territoriale. Cet engagement n'empêche nullement d'ailleurs que la désastreuse retraite de Russie ne fasse apparaître les vainqueurs de la Grande Armée comme tout-puissants, ce qui contraint Fath Ali Chah à mettre fin à la longue guerre qu'il mène contre eux (1804-1813) en signant le traité de Gulistan, par lequel il renonce à toutes ses prétentions sur les provinces chrétiennes de Géorgie et de Mingrélie en même temps que sur les provinces musulmanes du Daghestan et de Chirvan. Ce renoncement n'est prononcé que du bout des lèvres et, en 1826, l'Iran essaie en vain de reconquérir le Caucase. Le général russe Paskiévitch le dégage, traverse l'Araxe, occupe Tabriz et l'Azerbaïdjan. L'affaire se termine par un traité plus catastrophique encore, celui de Turkmentchaï (2 avril 1828), par lequel l'Iran cède toute l'Arménie persane, c'est-à-dire les régions d'Érivan et de Nakhitchevan. Pendant près d'un siècle, des Arméniens chrétiens, enfin libérés de leurs maîtres musulmans, seront sujets russes, ce qui leur laissera le temps et de se lier à eux, et de les considérer comme des libérateurs. Ce ne sera pas sans jouer un rôle dans la genèse du « génocide » ou du « massacre » de 1915.

En 1834, Moscou se rallie à l'optique anglaise de 1809 sur la neutralité de l'Iran et, soucieux de leurs progressions respectives, Anglais et Russes concluent un accord par lequel ils reconnaissent son indépendance. Tout se gâte pourtant peu après l'avènement de Mohammed Chah (1834-1847), quand celui-ci tente de prendre Herat[9] (1837), déjà attaquée par un de ses prédécesseurs en 1816 et par lui-même en 1833, au temps qu'il n'était encore que prince héritier. Un lieutenant anglais défend la ville ; il n'a pas un bien haut grade, mais il représente l'Angleterre et celle-ci fait savoir qu'elle n'acceptera aucune intrusion étrangère en Afghanistan. Elle fait entrer sa flotte dans le golfe Persique, débarque une compagnie de cipayes dans le Fars ; le souverain, effrayé, lève le siège. En 1852 et en 1856, Herat est à nouveau investie, et les Anglais réagissent comme en 1837. Pourtant, lors de leur dernière intervention, l'affaire manque de mal tourner. La Russie encourageant en sous-main la Perse, l'empire des Indes déclare la guerre à cette dernière le 1er novembre. Ses troupes entrent comme à l'accoutumée dans le Golfe, débarquent à Bouchir. Les Russes se mettent sur le pied de guerre. Le conflit entre les deux puissances paraît inévitable, mais Napoléon III propose son arbitrage et l'empêche d'éclater. Les Russes ne bougent pas ; les Anglais évacuent – en principe – le Golfe ; les Persans renoncent à Herat.

Entre-temps, les Anglais ont occupé Kalat, capitale de la principauté du Béloutchistan (1839), l'ancienne Gédrosie, jadis possession de la Perse, mais devenue indépendante au milieu du XVIIe siècle. C'est le premier pas vers l'établissement d'un protectorat sur la province (1854), puis vers son annexion à l'empire des Indes, réalisée partiellement en 1879 au traité de Gandamak, totalement en 1887. Cette avancée, qui encercle d'ailleurs un peu plus l'Afghanistan, arrache au monde iranien l'une de ses plus anciennes terres et fait peser sur lui plus lourdement encore la présence britannique.

Si la Perse, secouée par la grande crise religieuse du babisme [10] qui entraîne violences et massacres dans les années 1847-1850, connaît après 1822 une longue période de paix avec ses voisins russe et anglais, elle le paie de sa complète sujétion économique à l'Angleterre d'abord et surtout, sujétion que renforce la présence de celle-ci dans le Golfe où elle a tissé un réseau d'alliances avec les princes d'Arabie, voire où elle a occupé par intermittence des points stratégiques, ainsi Bahreïn de 1870 à 1888 (avant de l'annexer en 1914). Dès 1801, elle s'est fait octroyer le droit de libre commerce, d'abord sur les côtes persanes, puis à l'intérieur du pays, et elle ne tarde pas à accroître sa mainmise. En 1863, elle installe le télégraphe et reçoit le monopole des communications. En 1872, un de ses financiers, le baron Reuter, obtient un contrat fantastique qui lui aurait livré toute l'économie iranienne s'il avait été exécuté ; mais les Russes, un manque de fonds et son propre gouvernement qui ne le soutient pas l'obligent à y renoncer. Les Anglais prennent néanmoins le contrôle économique du pays par leurs banques omniprésentes, et seules à l'être (1859). La cour persane ne réagit pas. Mais la haine de l'étranger et de l'exploiteur croît dans les cœurs, et la population la manifeste. Unanime, elle se dresse contre son humiliation, sa servitude, et avec tant de véhémence, tant d'efficacité, d'ailleurs non violente, qu'en 1892 les Anglais, qui viennent de se faire octroyer le monopole des tabacs, sont obligés d'y renoncer. Leur reculade est certes spectaculaire ; elle n'est cependant qu'une petite chose puisque, peu après, en 1909, est créée l'Anglo-Iranian Oil Company (devenue British Petroleum en 1954) qui met la main sur le pétrole et va faire de l'Iran son premier producteur mondial. Inutile de dire que les bénéfices tomberont davantage dans la bourse des Anglais que dans la sébile des Persans : les royalties qui y seront versées seront inférieures de moitié à l'impôt sur les bénéfices payé au Trésor britannique par la compagnie...

Après une longue période de tractations, les Russes et les Anglais se mettent enfin d'accord le 30 août 1907 pour garantir l'indépendance de l'Iran et pour délimiter leurs zones d'influence, séparées par une bande neutre, l'une au nord pour les Russes, l'autre au sud pour les Britanniques. Le 23 juin 1908, le chah, révolté, fait un coup d'État, dissout le Parlement, ce qui a pour résultat de faire sombrer le pays dans une totale anarchie. Une fois de plus, la flotte anglaise entre dans le Golfe, les Russes occupent Tabriz, les Ottomans eux-mêmes franchissent la frontière. Il n'y a vraiment rien à faire. La Perse est totalement impuissante en face des Européens ; elle doit s'incliner devant leurs volontés. Le souverain démissionne et laisse le pouvoir – si l'on ose dire – à son fils, un enfant de douze ans, Soltan Ahmed Chah (1909-1925). C'est reconnaître que ce sont les étrangers qui mènent le jeu.

CHAPITRE XVII

La guerre de 1914-1918 et ses suites

En 1914, bien que n'étant plus une grande puissance, l'Empire ottoman pouvait faire illusion. Il possédait encore assez de cartes dans son jeu pour que les deux forces adverses coalisées qui allaient entrer en guerre songeassent à l'attirer à elles. Ses possessions asiatiques demeuraient immenses : il contrôlait les Détroits, il jouissait du prestige moral que lui valait le califat et dont nul ne pouvait mesurer le rôle qu'il était susceptible de tenir dans le monde musulman [1], son armée enfin était loin d'être négligeable. Aussi, jusqu'à ce qu'il eût fixé sa ligne de conduite, les démarches diplomatiques officielles ou secrètes se multiplièrent-elles pour influer sur lui. Peut-être parce que la Russie restait à ses yeux l'adversaire numéro un, ce fut finalement aux Puissances centrales qu'il se rallia. Le 29 octobre, la flotte turque bombarda les villes d'Odessa, de Sébastopol et de Novorossisk, ce qui amena tout naturellement les Russes, le 2 novembre, puis la France et la Grande-Bretagne, le 5, à déclarer la guerre à la Porte. Le 23 novembre, le calife appela au *djihad*. Il ne fut pas entendu même à l'intérieur de ses frontières, encore moins au-delà. Marocains, Algériens, Tunisiens, Noirs d'Afrique demeurèrent fidèles à la France, comme les musulmans indiens au Royaume-Uni, ceux de l'Asie centrale et du Caucase à la Russie, et l'Égypte ne bougea pas, alors qu'elle aurait pu faire basculer la situation quand les Turcs lancèrent leurs attaques sur Suez. Seuls les Libyens luttèrent contre les Italiens. L'Indonésie ne fut pas concernée. L'Iran, ennemi traditionnel des Turcs, et chiite, se contenta de subir passivement les effets de la guerre. Il fut envahi de tous les côtés : les Turcs occupèrent Hamadan, Kermanchah, Qazvin ; les Russes s'emparèrent de Téhéran et de Qum (fin de 1916), puis chassèrent les Ottomans (1917) ; les Anglais créèrent et encadrèrent une gendarmerie nationale qui tint Yazd, Chiraz, Ispahan et qui, quand la révolution soviétique éclata, faisant refluer les Russes, occupa le pays tout entier, du Golfe à la Caspienne. Mais, épuisé, exsangue, celui-ci retrouvera sa pleine indépendance (19 août 1919), et l'Angleterre se déclarera son protecteur (encore, toujours !). Au sein même de l'Empire ottoman, les Arabes de Syrie, de Palestine et d'Arabie se soulevèrent contre lui avec l'aide de l'Angleterre qui sut par de belles promesses entraîner dans le mouvement insurrectionnel des hommes qui étaient de vrais ennemis comme le chérif de La Mecque, Husayn, et le wahhabite du Hedjaz, Ibn Saoud (juin 1916).

On ne peut donc pas considérer que le conflit de 1914-1918 s'inscrit en soi dans le cadre de la guerre millénaire entre l'islam et la chrétienté parce qu'il y eut des musulmans dans les deux camps. En revanche, son déroulement, avec les massacres de Turcs par les chrétiens à Van, Erzurum, Trabzon (Trébizonde) et ceux, incomparablement plus nombreux, des chrétiens par les Turcs et les Kurdes, comme sa conclusion, avec l'asservissement par les Français et les Anglais des Arabes du Proche-Orient, en relèvent bien.

Disparition des chrétiens de Turquie

Qu'en 1915 il y ait eu génocide – comme beaucoup, avec les Arméniens, l'affirment – ou massacres – comme, avec les Turcs, d'autres le soutiennent –, ce sur quoi les historiens ne se sont pas mis d'accord, la tragédie arménienne est l'une des plus atroces de la lutte millénaire entre l'islam et la chrétienté. Ce qui est certain, c'est qu'il ne restait plus en Turquie à la fin des hostilités que 70 000 des ressortissants d'un peuple qui y avait été si nombreux : combien étaient morts ? combien avaient émigré ? Les uns avancent le chiffre de 1,5 million de victimes, les autres n'en dénombrent que 300 000. Même si la vérité, comme c'est si souvent le cas, se situe entre les deux estimations, elle touche à l'intolérable.

Pendant des siècles, les relations entre les communautés arméniennes, turques et kurdes avaient été acceptables, mais elles avaient commencé à sa gâter au XIXe siècle avec l'éveil du nationalisme et l'accession à l'indépendance des Grecs, des Serbes et autres Bulgares. Puisque tous les peuples chrétiens soumis à l'Empire ottoman étaient devenus libres, l'Arménie ne devait-elle pas aussi le devenir ? Elle avait tendance à le penser et il ne manquait pas de gens à l'étranger pour l'y encourager. Dès la guerre russo-turque de 1877-1878, l'armée russe, où servaient des généraux arméniens, avait été reçue en libératrice à Kars, Hakkari, Batoum. En 1894-1896, des mouvements insurrectionnels avaient éclaté en Anatolie orientale et avaient eu des répercussions dans tout l'Empire. Les Turcs les avaient réprimés sans pitié, tuant de 100 000 à 200 000 personnes, et en faisant fuir à peu près autant à l'étranger. Pour attirer l'attention du monde qui se montrait d'une indifférence totale devant ce drame, un commando arménien avait occupé le siège central de la Banque ottomane à Istanbul.

Il est à peu près certain que les Turcs, qui traversaient en 1915 des heures difficiles sur le front oriental, eurent le sentiment que leurs sujets chrétiens n'étaient pas sûrs, que beaucoup d'entre eux les trahissaient. Atatürk – qu'on ne peut pas accuser de fanatisme musulman en ces jours de 1927 où il entend insérer la Turquie dans la civilisation européenne – déclare dans son *Discours*-fleuve (*Nutuk*), en se replaçant au temps de la guerre : « Partout dans le pays, les éléments chrétiens travaillent ouvertement ou clandestinement pour leur propre intérêt. » Et c'est un fait que les Russes proclamaient qu'ils seraient reçus à bras ouverts par les Arméniens d'Anatolie. Et c'en est un autre que des Arméniens avaient pris parti pour eux, notamment à Van où les combats avaient été particulièrement violents – la ville rasée, dont les monuments n'ont jamais été reconstruits, en porte encore la trace –, où ils avaient tué des dizaines de milliers d'habitants.

En mai 1915, les Ottomans décident la déportation des Arméniens, d'abord de ceux voisins du front, puis de tous les autres. Voulaient-ils seulement les déplacer vers la Syrie ? C'était sûrement l'intention de certains dirigeants. Voulaient-ils les faire tous disparaître pour régler ainsi, une fois pour toutes, la question arménienne ? Il se peut que quelques responsables l'aient envisagé. Quoi qu'il en soit, la déportation fut effectuée dans les pires conditions, à travers un pays sous-équipé, au milieu de populations hostiles, et ce fut l'hécatombe.

Ce nouveau drame, pire que celui de 1894, ne sera pas oublié. Il ne cessera de revenir à la mémoire. Les Arméniens demanderont inlassablement la reconnaissance du génocide. Ils iront jusqu'à utiliser la violence terroriste pour l'obtenir, ou avec le fol espoir de libérer leur antique patrie où pas un d'entre eux ne vit. Entre 1973 (premiers assassinats en Californie) et 1984, l'Armenian Secret Army of Liberation of Armenia (ASALA) s'en prendra à la vie et aux intérêts des Turcs dans le monde et même aux représentants de l'OTAN. Et peut-on dire que les massacres d'Arméniens dans l'Azerbaïdjan turcophone (à Soumgaït en 1988, à Bakou en 1990), comme la guerre qui éclata en 1991 entre ce dernier pays et l'Arménie désoviétisée, ne sont pas d'ultimes souvenirs de la haine née cent ans plus tôt entre les deux peuples ?

Les Arméniens une fois disparus, il ne restait plus, sur le territoire de la jeune République turque en fondation, qu'une forte minorité chrétienne, celle des Grecs. Elle s'en alla en grande partie, sans violence, après la signature le 30 janvier 1923 d'un accord entre la Turquie et la Grèce. Un million et demi de Grecs quittèrent leur terre natale, le pays où vivaient leurs ancêtres depuis les temps d'Ésope et d'Hérodote, pour gagner le royaume grec ; un demi-million de Turcs vinrent de Grèce en Anatolie pour les remplacer. Seuls restèrent ceux qui habitaient les grandes villes, surtout Istanbul. La plupart de ces derniers, quelque 100 000 personnes, partirent à leur tour en 1955, par peur (?), par patriotisme (?), par suite de brimades, au moment où commença à se poser la question chypriote : l'île serait-elle indépendante ou rattachée à la Grèce ? et, dans un cas comme dans l'autre, quel serait le statut de sa population turque ? J'étais à Istanbul peu avant l'émigration de 1955 et j'y suis revenu peu après : je peux témoigner du changement radical d'atmosphère que je ressentis notamment dans le quartier stanbouliote de Péra, et surtout je ne pouvais m'empêcher de me dire que s'achevaient sous mes yeux des millénaires d'histoire, que ce qui avait été l'un des sols les plus fertiles où la semence chrétienne avait poussé ne comptait plus de chrétiens. Le nationalisme avait réussi ce que treize siècles de guerre n'avaient pas fait. Dans tout l'Orient, seule la Turquie laïque ne comptait plus de chrétiens – ou si peu : moins de 1 % de sa population.

Vingt ans plus tard, quand les forces armées d'Ankara débarqueront à Chypre (20 juillet 1974), il y aura encore un exode massif de la population grecque vers le sud de l'île. Et, en 1951, quelque 160 000 Turcs avaient été expulsés de Bulgarie.

Ces massacres, ces échanges, ces migrations, ces fuites ne démontrent-ils pas qu'au XXe siècle, comme au XVIIe quand les Maures furent chassés d'Espagne, chrétiens et musulmans ne peuvent pas vivre ensemble ? Nous aimerions répondre sans hésiter par la négative.

Les promesses non tenues

Les Turcs se battirent bien, sur tous les fronts, contre les Anglais (attaque de Suez en janvier 1915, capitulation de Townsend à Kut al-Amara le 28 avril 1916), contre les Russes devant lesquels ils ne purent pourtant que reculer (défaite de Sarikamich en décembre 1914), et ils se couvrirent de gloire aux Dardanelles en repoussant un débarquement des Français et des Britanniques (avril 1915-janvier 1916), mais ils finirent par succomber, peu après que la Bulgarie eut demandé un armistice (26 septembre), peu avant que les Empires centraux le fissent le 11 novembre 1918, et ils signèrent, le 30 octobre, l'armistice de Moudros. Le 13 novembre, les vainqueurs prirent le contrôle d'Istanbul où, le 8 février 1919, le général Franchet d'Esperey pénétra monté sur un cheval blanc, « acclamé par les chrétiens » (Paul Dumont et François Georgeon), essayant de donner à cette cérémonie l'éclat qu'avait pu avoir en 1453 l'entrée de Mehmed II à Constantinople. Ces acclamations méritent d'être soulignées. Elles montrent que des citoyens turcs ne se considéraient pas comme tels, qu'ils voyaient dans les vainqueurs des alliés, que pour eux la guerre avait bien été une guerre de religion.

Pendant le conflit, on a fait cent promesses à qui en voulait, sans se soucier de savoir si on pourrait les tenir, on a échafaudé dix plans mirifiques, sans se demander s'ils n'étaient pas contradictoires. On a admis l'annexion par les Russes d'Erzurum, de Trabzon, de Van, de Bitlis, de Much, de Siirt. On a donné aux Français la Cilicie, aux Italiens la Pamphylie, aux Grecs les provinces anatoliennes de l'Égée, aux Anglais toute la région de Mésopotamie s'étendant de Bagdad au Golfe... On a envisagé la création d'un royaume du Pont, celle d'une grande Arménie anatolienne et celle d'un Kurdistan indépendant. On a promis aux juifs un foyer national en Terre sainte (déclaration Balfour du 2 novembre 1917) et aux Arabes un État unifié s'étendant du nord de la Syrie au Golfe, sans se rendre compte que ces deux dernières réalisations étaient quelque peu incompatibles.

On ne tient pas ces promesses ou on les modifie. Il n'est plus question d'accorder aux Soviétiques ce qu'on a donné aux Russes. Le Kurdistan[2] est oublié : il enlèverait à l'Iran une grande province, ce dont on se soucie peu, mais il serait bien difficile de ne pas lui donner Mossoul et son pétrole, et on ne le veut pas car l'Angleterre les convoite. À la place de la grande Arménie anatolienne « que les puissances occidentales n'ont pas fait un geste pour défendre » (Jean-Pierre Valognes), on se contente de créer une petite Arménie caucasienne de 29 000 kilomètres carrés (proclamée le 28 mai 1918), bientôt soviétisée (3 décembre 1920). Le grand État arabe se transforme en quatre entités placées sous mandats. En revanche, le foyer juif continue à être envisagé, les Français débarquent bien en Cilicie (décembre 1918), les Italiens à Antalya (mars 1919) d'où ils montent jusqu'à Konya, les Anglais occupent bientôt non seulement l'Iraq méridional, mais en plus, après de longues transactions, le Kurdistan iraqien avec cette Mossoul si désirée (1925), et, en mai 1919, Lloyd George, Clemenceau et Wilson admettent que les Grecs occupent Smyrne et, par conséquent, se taillent un royaume sur les rives asiatiques de la mer Égée.

Quand le traité de Sèvres est signé le 10 août 1920, le sort des Kurdes et des Arméniens, les dimensions de l'État grec, le statut des territoires occupés en Asie Mineure par les Italiens et les Français demeurent encore en suspens, mais le démembrement de l'Empire ottoman, dont on parle depuis plus d'un siècle, est un fait accompli. Que dis-je ? L'Empire n'est pas seulement démembré. Il disparaît. Il est mort.

Je le sais, sa disparition et celle, subséquente, du califat ne sont pas dues aux vainqueurs, mais à Atatürk qui abolit l'un et l'autre en novembre 1922 et en mai 1924, mais il ne peut le faire que grâce aux coups que leur avaient portés les Alliés et parce qu'ils s'étaient révélés impuissants pendant la guerre et après elle.

En 1920, c'est plus que l'Empire qui est menacé. C'est la Turquie elle-même, non seulement ses institutions, mais son indépendance, sa vie. Cette fin tragique d'un grand peuple (qui ne compte plus que de 10 à 12 millions d'âmes) n'est pas invraisemblable – et cela, les nationalistes, les patriotes, les Turcs tout simplement ne peuvent pas l'accepter. Ils ne l'acceptent pas. « Puisqu'il n'y a pas d'autre solution que de se battre, ils se battront » (Paul Dumont et François Georgeon). Ce sera peut-être dur, mais ils bénéficient de l'immense lassitude des peuples qui ont subi quatre ans de guerre et ne veulent plus que vivre en paix. On s'en aperçoit très vite. Dès le 20 octobre 1920, les Français cèdent et se rembarquent, non sans abandonner le foyer arménien organisé en Cilicie, puis ce sont les Italiens qui partent (12 mai 1921). L'Arménie est vaincue et l'accepte par le traité d'Alexandropol du 2 décembre 1920. Il ne reste que les Grecs à porter les armes. Mustafa Kemal les défait (batailles d'Inönü du 10 janvier et du 31 mars 1921, bataille de la Sakarya des 23 août-14 septembre 1921) et les rejette à la mer (prise de Smyrne le 9 septembre 1922). L'armistice de Moudanya, le 11 octobre 1922, met fin au conflit.

De la guerre d'indépendance et de la révolution nationale menées par Mustafa Kemal, par celui qu'on va désormais appeler Atatürk[3], naît la Turquie moderne, reconnue à l'issue de la longue conférence de Lausanne (20 novembre 1922-29 juillet 1923).

Le monde arabe

Il ne naît pas, ce grand pays indépendant que l'on a promis aux Arabes et que l'aide qu'ils ont apportée aux Alliés en se soulevant contre l'Empire ottoman aurait dû suffire à justifier. Non seulement on divise leurs terres en une pluralité d'États – des États qui ne s'entendront pas toujours entre eux, mais qui chercheront à se rapprocher, à se lier, et en même temps à nouer des relations avec leurs frères d'Afrique, et qui y parviendront en partie, assez tard au reste (création de la Ligue arabe en 1945) –, non seulement on insère en leur sein, comme un coin destiné à les disloquer, le foyer juif embryon du futur État d'Israël (qui sera fondé le 14 mai 1948 après le génocide des juifs par les nazis) où affluent des centaines de milliers de colons qui obligent les autochtones à partir, qui s'installent à leur place, mais encore on refuse de rendre la liberté à ces États, on les met sous protectorat (Égypte, Koweït et autres émirats arabes) ou sous mandat (Liban, Syrie, Iraq, Jordanie). De cette déloyauté, de cette politique irresponsable et incohérente, nous payons encore les frais, nous subissons les conséquences.

L'Asie occidentale – ce qui historiquement formait la grande Syrie – est divisée en plusieurs pays aux frontières artificielles : le Liban et la Syrie sont séparés et placés sous mandat français en 1920, mandat confirmé par la SDN en 1922. Le premier est manifestement créé pour constituer une nation chrétienne, mais on lui donne, presque par étourderie, une forte minorité musulmane. Il devient république en 1926 et, dix ans plus tard, réclame en vain son indépendance. Ce qu'on nomme désormais la Syrie est amputé non seulement du Liban, mais de la Transjordanie et de la partie occidentale de l'Iraq qui en faisaient historiquement partie intégrante. Les Français entrent à Damas en juillet 1920, d'où ils chassent Faysal, le prince hachémite, fils de Husayn, roi du Hedjaz, que les Anglais ont intronisé et qui va se réfugier en Iraq, et ils remplacent sa monarchie par une république. Ils sont reçus avec des sentiments mitigés, parfois franchement hostiles. Ainsi, en juillet 1925, une insurrection éclate dans le Djebel Druze, gagne rapidement la plus grande partie du pays jusqu'à Damas (août) et dure jusqu'en 1927. En 1936, la proche indépendance du pays est annoncée, assortie d'une alliance de vingt-cinq ans avec la France.

La Transjordanie, nommée Jordanie en 1949, devient une monarchie héréditaire dirigée par le roi Abdallah, frère de Faysal, l'exilé de Damas et le futur roi d'Iraq, et elle est placée sous mandat britannique. Elle deviendra théoriquement indépendante en 1932, de fait seulement en mai 1946.

L'Iraq, qui a accueilli Faysal et l'a installé sur le trône, est confié au Royaume-Uni (mandat) par le traité de San Remo en avril 1920 et connaîtra aussi ses révoltes, en particulier celle des bédouins chiites du Sud. Quand le mandat prendra fin et que l'Iraq sera reçu à la SDN le 30 octobre 1932, il demeurera lié à l'Angleterre par un traité d'alliance conclu pour vingt-cinq ans, et occupé par elle.

On remarquera que la République française a fondé deux républiques arabes, la monarchie britannique deux royaumes. Cela suffit à montrer ce qu'était l'autonomie de ces pays.

La péninsule Arabique elle-même est loin d'être unifiée malgré la fusion, réalisée par Ibn Saoud le 18 septembre 1932, de quatre entités d'abord séparées : le Hedjaz, le Nadjd, l'Ahsa et l'Asir. Elle comprend le Yémen, l'antique Arabie heureuse, ou plutôt « les » Yémen parce qu'ils seront deux, rivaux, et qui se feront la guerre (en 1979) avant que de se réunifier enfin (constitution de 1994). C'est, au nord, la principauté (l'imamat), puis le royaume du Yémen du Nord (1962) ; au sud, l'ancien protectorat, puis colonie anglaise d'Aden (de 1839 à 1967), devenu République démocratique et populaire du Yémen méridional le 28 novembre 1967. La péninsule Arabique comprend aussi le petit, mais riche émirat du Koweït fondé en 1756, soumis à la Grande-Bretagne de 1889 à juin 1961, que l'Iraq considère comme lui appartenant, qui, pour lui échapper, demandera la protection de l'Égypte et de l'Angleterre et qui sera envahi en 1990, ce qui entraînera la guerre du Golfe ; l'Oman, protectorat britannique en 1891, insurgé en 1971 et qui signera un accord de coopération avec les États-Unis en 1980 ; le Qatar et les îles de Bahreïn, sous protectorat britannique depuis 1888, que revendiquait inlassablement l'Iran depuis 1829 et qu'il revendique plus tard encore, en particulier en 1927-1930, en 1946, en 1948... ; les Émirats arabes unis, sept petites principautés de ce qu'on appelait la côte des Pirates, dont Dubaï et Abu-Dhabi, nées de la domination de la Grande-Bretagne en 1853, protégées par elle jusqu'en 1971-1972, fédérées et fabuleusement riches.

À sa création, le plus vaste de ces États, l'Arabie saoudite, a déjà en main des atouts sûrs ; elle les conservera et les accroîtra : elle possède les villes saintes de l'islam, La Mecque et Médine, et de vastes gisements de pétrole exploités par l'ARAMCO (Arab American Oil Company), fondée en 1933 et dont elle prendra le contrôle du capital en 1980. C'est un pays à la fois très lié aux États-Unis et très arrimé à la *chariat*, pratiquant un islam pur et dur. Elle interdit bien sûr, comme le veut la tradition, la présence des non-musulmans dans ses villes saintes, mais aussi l'exercice du culte chrétien et l'érection d'églises sur l'ensemble de son territoire[4], alors même qu'elle subventionne largement l'édification de mosquées en terre chrétienne et accueille, en faisant semblant de ne pas les voir, maints chrétiens relevant de la main-d'œuvre qui vient travailler chez elle.

En Afrique, les musulmans demeurent après la guerre les sujets qu'ils étaient avant elle. Dès le 17 décembre 1914, la Grande-Bretagne a officialisé son protectorat sur l'Égypte (qu'elle occupait déjà) et la fin de la suzeraineté turque, et c'est en vain que celle-ci réclame son indépendance à la fin des hostilités. Il lui faudra attendre jusqu'en février 1922, pour ne l'obtenir au reste que de façon nominale puisque le Royaume-Uni gardera la défense, les communications, l'administration du Soudan et veillera à la protection des étrangers. C'est seulement en août 1936 que cette indépendance deviendra réelle, encore que les Anglais conserveront le droit d'occuper la zone du canal de Suez et partageront avec elle la souveraineté sur le Soudan (toujours sous condominium anglo-égyptien).

Les Italiens, qui avaient dû se replier sur ses côtes pendant la guerre, mirent longtemps à reprendre le contrôle de l'ensemble de la Libye, bien qu'en 1919-1920 ils aient conclu un accord avec les Senoussis, des membres d'une confrérie religieuse récente (fondée au début du XIXe siècle) qui en 1915-1916 avaient lutté en Égypte contre les Anglais, au Sahara contre les Français (et assassiné le père de Foucauld), et sa pacification ne fut pas achevée avant 1931 avec l'occupation de Kufra.

La colonie et les protectorats français d'Afrique du Nord ne posèrent pas de problèmes majeurs au cours de la guerre, et beaucoup de leurs ressortissants enrôlés dans les armées périrent sur le front européen.

De l'Empire russe à l'Empire soviétique

La colonisation russe en Asie centrale avait eu largement pour cause l'abolition du servage en Russie (1861), qui avait favorisé la migration des paysans à la recherche de terres, mais elle n'affecta d'abord amplement que le Kazakistan, où à peu près 2 millions d'entre eux vinrent s'installer entre 1891 et 1914, occupant des aires de nomadisme pour y établir des cultures, faisant baisser le niveau de vie des indigènes et détériorant les relations qu'ils entretenaient jusqu'alors avec les Russes. Dans les autres provinces, héritières d'une civilisation ancienne et brillante, la colonisation ne s'effectua que beaucoup plus tard, elle fut bien plus limitée et leurs populations turcophones et iranophones continuèrent à vivre repliées sur elles-mêmes. Contrairement à ce qui avait eu lieu dans les pays musulmans antérieurement conquis, en particulier dans les khanats de Kazan et d'Astrakhan, très ouverts sur l'extérieur, voire dans une moindre mesure chez les Caucasiens et les Tatars de Crimée (où Ismaïl Bey Gaspinski, 1851-1916, apparaît comme la principale figure de l'islam russe), le monde et les idéologies modernes, tels le nationalisme ou le marxisme, et toute l'agitation sociale et politique des années autour de 1900, avaient peu pénétré et c'était sans grand succès que les turcophones de Kazan essayaient de les introduire. Après la révolution russe de 1905, les nationalistes commencèrent pourtant à faire entendre leur voix. Leurs chefs, les *djadid*, réclamèrent l'égalité entre les sujets musulmans et les maîtres chrétiens, et créèrent une Ligue islamique (congrès de 1906). Toutefois, quand éclata la révolution soviétique, les musulmans de l'Empire n'y étaient nullement préparés et ils la subirent plus qu'ils n'y participèrent. Après avoir acclamé la chute du tsarisme en février 1917 comme marquant le moment de leur accession à la liberté, ils crurent, au lendemain de la révolution d'Octobre, pouvoir proclamer en novembre, par la voix du « Conseil du peuple musulman », l'autonomie du Turkestan. En janvier 1918, le soviet de Tachkent lança ses troupes, des Russes, contre Kokand où siégeait le Conseil, prit la ville, la pilla, l'incendia, massacra sa population. À Orenbourg, le gouvernement national bachkir, formé en 1917, disparut en février 1918. Dans la steppe kazake, le faible pouvoir insurrectionnel du parti Alach Orda fut aussitôt abattu. Le 13 janvier 1918, un détachement de marins de Sébastopol rencontra l'armée des Tatars de Crimée, la dispersa, entra à Simferopol et renversa le pouvoir musulman qui s'y était établi. La république indépendante d'Azerbaïdjan ne dura que de 1918 à 1920, et les autres n'eurent pas plus de longévité. L'immense majorité des musulmans accepta le fait accompli, d'autant plus que les puissances, avec l'Anglais Pipes qui exprimait leur point de vue, ne voyaient en eux que de « passives populations coloniales » et les abandonnaient. Beaucoup se rallièrent bon gré mal gré, tentèrent de collaborer avec les « rouges », mais s'aperçurent vite qu'ils n'étaient pas mieux considérés par eux que par les « blancs », furent accusés de déviationnisme, et leurs élites « bourgeoises » furent éliminées : même le proche – l'« ami » – de Staline, Sultan Galiev, finit, après bien des tribulations, sous les balles du peloton d'exécution, comme « ennemi du prolétariat » (1937). Quelques-uns résistèrent au moins jusqu'en 1928, peut-être jusqu'en 1930, voire, si l'on en croit certains, jusqu'au début de la Seconde Guerre mondiale. On les nomma les « Brigands », *Basmatchis*.

Les Soviétiques, loin donc de laisser s'unir les musulmans ou les seuls turcophones, les divisèrent – selon le principe dit « des nationalités » – en républiques socialistes (l'URSS en comptait seize) et en régions et républiques autonomes au sein desdites républiques, la principale étant celle de Russie. Les unes et les autres reçurent des frontières artificielles qui ne tenaient compte ni de la géographie, ni de l'histoire, ni même de l'appartenance ethnique [5]. Ce furent, au Caucase, la république d'Azerbaïdjan ; en Asie centrale, celles du Kazakistan, du Kirghizistan, du Tadjikistan, du Türkmenistan et de l'Uzbekistan. Les principaux territoires musulmans fédérés à la république de Russie furent ceux des Tatars de Kazan, des Bachkirs d'Oufa, des Tchouvaches et autres Tatars de Crimée, Tchétchènes, Daghestanis...

À l'époque soviétique, le niveau économique et culturel s'éleva partout, mais dans une totale servitude et une grande inégalité, malgré la propagande qui voulait faire croire le contraire. Européens et Asiatiques vivaient rarement ensemble, les premiers surtout dans les villes, les seconds principalement à la campagne (Alma Ata et Frunze comptaient dans leur population plus de 80 % de colons). Les uns et les autres ne se mêlaient que peu : les modes de vie, les goûts, les activités, les traditions, qui survivaient malgré les brimades, étaient trop différents, et il demeurait trop de méfiance, peut-être trop d'animosité entre eux. Chez les musulmans, les membres du Parti communiste étaient moins nombreux, les revenus, le taux de scolarisation, l'espérance de vie étaient moindres [6]. Et naturellement la propagande athée, les mesures antireligieuses s'en prenaient à l'islam, plus encore peut-être qu'au christianisme. En 1912, il y avait dans l'Empire russe – les deux anciens khanats d'Asie centrale exclus – 26 279 mosquées, alors qu'il n'en restait dans toute l'Union que 1 312 en 1941. Par ailleurs, la colonisation s'accéléra considérablement dès la soviétisation et elle augmentera encore dans le courant de la Seconde Guerre mondiale, tant par suite de l'exode des populations devant l'avance des Allemands que par suite du repli des industries dans des régions moins directement menacées. Il y avait 30 % de Russes, d'Ukrainiens et d'autres immigrés au Kazakistan en 1926, 60 % en

1970 ; il y en avait respectivement 5,6 et 20 % en Uzbekistan aux mêmes dates, 10 et 20 % dans les autres républiques. Unanimes, les rapports de prospective annonçaient la future disparition des Kazaks et la russification complète de leurs steppes. Le reflux des colons et l'éclatement de l'URSS montrèrent qu'ils se trompaient. L'islam, qui devait subir une cuisante défaite, remporta une nouvelle victoire.

CHAPITRE XVIII

L'époque contemporaine

La Seconde Guerre mondiale

Malgré l'expression de quelques mouvements séparatistes, les pays musulmans, pendant la Seconde Guerre mondiale, se montrèrent fidèles à ceux qui les dirigeaient, leur fournirent nombre de soldats et, quand ils étaient souverains, déclarèrent même la guerre à l'Axe, il est vrai tardivement, quand il apparut que celui-ci allait être vaincu (l'Iran et l'Iraq le firent en 1943). Plusieurs d'entre eux servirent de champ de bataille, d'une bataille qui ne les concernait pas, ou bien furent occupés : l'Indonésie, l'Iran, l'Égypte, la Libye, la Tunisie. Si, en tant qu'hommes, ils verseraient leur sang sous les drapeaux, en tant que nations ils demeureraient essentiellement passifs.

L'Indonésie fut attaquée par le Japon en décembre 1941, occupée de 1942 à 1945, et la libération des chefs nationalistes hostiles aux Pays-Bas n'empêcha pas la formation de maquis. Les guérilleros qui se battaient contre les Japonais ne déposèrent pas les armes quand ceux-ci capitulèrent le 2 septembre 1945, bien au contraire, et les Hollandais de retour ne purent que constater qu'ils avaient proclamé l'indépendance (13 août 1945) et la république. Après une brève occupation britannique, le débarquement de soldats de l'ancienne puissance coloniale stimula les insurgés, et l'annonce, le 15 novembre

1946, d'une future Union néerlando-indonésienne ne les désarma pas. On se battra jusqu'à ce que les Nations unies imposent le cessez-le-feu le 3 août 1949 et reconnaissent l'indépendance des seize États-Unis d'Indonésie, dont l'union avec la métropole sera dénoncée en 1954. Peu après, à la fin de 1957, les biens hollandais furent saisis et les colons qui restaient, expulsés (il y avait en 1939 environ 300 000 Européens et Eurasiens). Une longue querelle opposera encore le nouvel État et les Pays-Bas pour la possession de l'Irian, la Nouvelle-Guinée occidentale, finalement accordée à l'Indonésie par l'ONU le 1er mai 1963.

L'Inde, nous y reviendrons, devint indépendante en 1947 et se scinda en deux États, l'Union indienne et le Pakistan, puis en trois en 1971, les provinces orientales de ce dernier ayant fait sécession pour former le Bengladesh.

L'Iran fut, comme au cours de la Première Guerre mondiale, un jouet entre les mains des Russes et des Anglais, qui l'occupèrent le 16 août 1941, renversèrent le chah[1] le 15 décembre et firent passer sur son sol des tonnes de matériel destinées à aider l'URSS dans son effort de guerre. En janvier 1942, le nouveau souverain et son gouvernement mirent leur pays à la disposition des Alliés et, du 28 novembre au 1er décembre 1942, ils reçurent à la conférence de Téhéran Churchill, Roosevelt et Staline. L'éclat que donna cette rencontre à l'Iran ne compensa certes pas l'humiliation qu'il subissait. Il cherchera plus tard, après son évacuation par les Alliés, à se redonner du prestige, comme l'avait fait après la Première Guerre mondiale le fondateur de la dynastie Pehlevi, Riza Chah, couronné en 1925, notamment en organisant à Persépolis les fêtes grandioses du vingt-cinquième centenaire de l'empire d'Iran (1971). On eut en effet l'impression à ce moment-là que le monde entier était aux pieds du chah – le pétrole, qui faisait avaler toutes les couleuvres, y était pour beaucoup –, mais, huit ans plus tard, il sera abandonné par tous – à l'exception de l'Égypte – avec une rare lâcheté.

Au cours de la Seconde Guerre mondiale, l'Égypte constitua une base essentielle pour la Grande-Bretagne. Envahie à l'ouest par les forces de l'Axe venues de la Libye italienne, et bien que son souverain restât sur sa réserve et qu'une partie de l'opinion publique affichât des sentiments germanophiles, elle se garda, avec ce sens de l'honneur, cette fidélité à la parole donnée qui la caractérisent et dont elle avait déjà fait preuve pendant le conflit de 1914, d'aider les assaillants qui voulaient faire croire qu'ils étaient des libérateurs. Quand la guerre prit fin, elle obtint enfin (traité d'octobre 1954) l'évacuation des troupes du canal de Suez, d'où le dernier soldat britannique partit en 1956, et l'abolition du condominium sur le Soudan. Il lui restait à conquérir son autonomie économique et, le 26 juillet 1956, elle nationalisa Suez. Peu après, le 29 octobre, Israël, le 5 novembre, l'Angleterre et la France jugèrent à propos d'intervenir militairement. Cependant, en face de l'hostilité universelle et des pressions internationales, dont celles des États-Unis et de l'URSS, les assaillants furent obligés d'arrêter leur action et de se retirer le 22 décembre 1956.

Le Soudan, d'où étaient parties les forces britanniques qui allaient conquérir les colonies italiennes de la corne de l'Afrique, après avoir reconnu un temps la souveraineté du roi d'Égypte devenu roi d'Égypte et du Soudan, s'était détaché de lui et avait proclamé la république en janvier 1960. Il allait bientôt sombrer dans une épouvantable guerre civile qui n'est pas achevée, qui ne cesse de renaître de ses cendres.

La guerre donna aussi la liberté aux autres pays du Proche-Orient qui étaient encore sous mandat, et où les mandataires s'octroyaient tous les pouvoirs, tous les droits. La France ne l'avait-elle pas démontré quand, de son propre chef, en 1939, pour détourner la Turquie d'une improbable, mais toujours possible alliance avec le Reich, elle lui avait fait cadeau du sandjak d'Iskenderun (Alexandrette), avec la prestigieuse ville d'Antioche, si liée à l'histoire syrienne, ce qui n'avait pas été sans soulever – on le comprend – la colère des Syriens ?

Après la défaite de 1940, une des premières actions des Forces françaises libres et de l'Angleterre consiste à s'emparer de la Syrie et du Liban (juin 1941). Le général Catroux, délégué du général de Gaulle, proclame peu après l'indépendance de l'une (septembre) et de l'autre (novembre). Le 17 décembre 1943, les Français transfèrent tous leurs pouvoirs aux autorités des deux pays, mais, après la capitulation de l'Allemagne, leurs forces militaires font mine de ne pas se retirer, ce qui provoque une vive agitation et des incidents sanglants. Pour riposter, ils font débarquer de nouvelles troupes en mai-juin 1945. Naïve manifestation de force ! Le 21 décembre de la même année, l'évacuation est décidée. Les malheurs du Liban ne font que commencer, et ils seront multiples.

Peu après, le Royaume-Uni, qui avait devancé la France en Iraq, reconnaît à son tour, en 1946, l'indépendance de la Transjordanie, la future Jordanie, déjà officiellement libre depuis 1932, mais d'une liberté relative puisque la Légion arabe demeure jusqu'en mars 1956 sous le commandement d'un Anglais, Glubb Pacha, et puisque le pays est lié à ses anciens maîtres par un traité d'alliance de vingt ans – on sait ce que cela veut dire ! Le royaume subit alors une première immigration massive de Palestiniens fuyant Israël, qui sera suivie par une autre après la guerre des Six Jours (5-10 juin 1967), de telle sorte qu'il recevra quelque 800 000 réfugiés, de pauvres bougres misérables et désespérés qui pèseront lourdement sur son économie et ses relations internationales.

Naturellement, dans cette époque de décolonisation, l'empire africain de l'Italie vaincue est détaché de la métropole. Il avait auparavant supporté le poids de la guerre. Le 18 septembre 1940, les Italiens avaient attaqué sans grand succès, en partant de la Libye, les faibles effectifs britanniques stationnés en Égypte, puis les Allemands étaient arrivés à la rescousse. Le maréchal Rommel avait débarqué avec l'Afrikakorps, avait pris Tobrouk, mais avait été arrêté sur la route du Nil à El-Alamein en octobre 1942. Peu après, une foudroyante contre-offensive l'avait obligé à se replier. Les Anglais étaient entrés à Tripoli le 23 janvier 1943, où ils avaient été rejoints par la colonne française du général Leclerc, et ils avaient administré le pays jusqu'à la fin des hostilités. En février 1947, l'Italie avait renoncé à toute prétention sur la Libye, dont l'indépendance fut confirmée par l'ONU en 1949, et devint effective le 24 décembre 1951. Toutefois, les Anglais et les Américains y conservèrent des bases jusqu'en 1967. Quelque 40 000 colons italiens partirent alors de Cyrénaïque, tandis que ceux de Tripolitaine (environ 50 000 en 1952) tentaient de rester. Les trois grandes régions qui composent la Libye – Fezzan, Cyrénaïque et Tripolitaine – furent réunies en 1963, la monarchie renversée le 1er septembre 1969, et le colonel Khadafi prit le pouvoir. On l'accusera plus tard de soutenir le terrorisme international et, en représailles d'actes dont on le rendra responsable, les Américains bombarderont, le 1er avril 1986, Tripoli et Benghazi (37 civils tués, une centaine de blessés), et mettront le pays sous embargo (1990-1999).

Le sort de l'Afrique orientale italienne fut réglé à peu près de la même façon. L'Érythrée, qui avait été progressivement subjuguée par les Italiens de 1882 à 1890 (prise d'Assab en 1882, de Massawa en 1885), fut occupée par les forces anglaises venues du Soudan de 1941 à septembre 1952. À cette date, elle fut fédérée à l'Éthiopie, que l'Italie avait conquise en 1935-1936 et qui avait été libérée en 1941, puis elle en devint une province en 1960. La Somalie italienne, voisine du Somaliland (la Somalie devenue britannique en 1887), qui avait été conquise par les Italiens en 1889 et avait eu le statut de colonie en 1905, tomba sous domination britannique et y resta de 1941 à 1948. Après avoir été confiée à son ancienne métropole de 1950 à 1960, elle fut érigée en république indépendante.

La décolonisation de l'Afrique du Nord française

Pendant toute la durée de la Seconde Guerre mondiale, les musulmans soumis à la France lui demeurèrent fidèles et combattirent en nombre dans ses armées. À la signature de l'armistice, colonie et protectorats se rallièrent d'abord à Vichy et au maréchal Pétain, plus tard, après le débarquement américain, à de Gaulle et à la France libre.

La France, à la conférence de Brazzaville en 1944, avait promis l'indépendance à ses territoires d'outre-mer dans le cadre d'une Union française, mais elle tardait quelque peu à tenir ses engagements. Ce ne fut qu'à la signature de la paix que ceux-ci commencèrent à regimber, puis à entrer progressivement en rébellion. La métropole, involontairement, les y encourageait en exaltant ceux qui avaient résisté aux Allemands, en fustigeant et condamnant ceux qui avaient collaboré avec eux. N'étaient-ils pas occupés eux aussi comme la France l'avait été ? N'avaient-ils pas leurs collaborateurs ? Et n'était-il pas temps qu'ils aient leurs résistants ? Pourquoi ce qui était vrai au nord de la Méditerranée ne le serait-il pas au sud ?

Pour la première fois, en 1944, le sultan du Maroc refuse de ratifier une décision du résident général. Ce n'est pas bien grave, mais tout de même un signe, et le prince incarne dès lors l'idée de la résistance. Dans un discours prononcé à Tanger en avril 1947, il réclame l'indépendance ; en 1951, il est obligé de céder à un coup de force et de se séparer de plusieurs de ses collaborateurs accusés d'encourager les revendications nationalistes ; le 20 août 1953, il est déposé. Il s'ensuit soulèvements et massacres, et une vive émotion dans le monde. La grande université islamique d'al-Azhar, au Caire, l'une des plus écoutées de l'islam, lance une déclaration solennelle : « La France est l'ennemie de l'islam, dont le roi est le vrai protecteur » (cité par Alain Brissaud). Finalement, les autorités de tutelle ne voient pas d'autre solution que de rétablir le souverain sur son trône (août 1955) et, par la même occasion, d'accorder l'indépendance à son protectorat. Celle-ci est reconnue le 2 mars 1956 par la France, le 7 avril par l'Espagne qui l'avait promise quand les forces nationalistes du général Franco étaient parties du Nord marocain pour renverser le régime républicain (juillet 1937). Le 21 octobre, Mohammed V achève son œuvre en faisant abolir le statut international de Tanger.

La même année, la Tunisie voit aussi la fin du protectorat. Depuis 1911 au moins, le mouvement nationaliste y avait pris corps. En 1917, la déclaration du président américain Wilson sur le droit des peuples à disposer d'eux-mêmes l'avait renforcé et, à partir de 1920, il s'était exprimé par un parti libéral constitutionnel, le Destour, devenu en 1933 plus radical sous le nom de Néo-Destour. Des incidents sanglants avaient fini par éclater en 1937-1938, qui avaient obligé la France à décréter l'état de siège, le 9 avril 1938, quand la police avait tiré sur des manifestants. La guerre, l'intervention des forces armées italo-allemandes avaient fait passer au second plan les revendications tunisiennes. Quand les Américains débarquèrent en Afrique du Nord, l'Allemagne tenta de réagir en occupant la Tunisie (novembre 1942), mais elle en fut chassée en 1943 par les forces franco-britanniques qui venaient de conquérir la Libye. À la fin des hostilités, les troubles que le pays avait connus en 1937 recommencèrent, et les attentats se firent si nombreux que le gouvernement de Mendès France, espérant calmer le jeu, mais sans y parvenir, fut amené à promettre l'autonomie le 31 juillet 1954. C'est dans un climat de guerre civile que la France reconnut l'indépendance du pays le 20 mars 1956, et ses troupes évacuèrent la dernière base qu'elles conservaient, Bizerte, en octobre 1963.

La guerre d'Algérie

L'année 1956 voit donc d'une part l'indépendance accordée par la France au Maroc et à la Tunisie, d'autre part l'échec de l'expédition des Français et des Britanniques contre l'Égypte. C'est, pour les Algériens en révolte, une double preuve de la faiblesse de l'Europe colonialiste et un encouragement à s'engager sur la voie qui mène à l'indépendance, sur laquelle ils avaient déjà fait les premiers pas deux ans plus tôt. Le pays, dans un premier temps, était demeuré fidèle au gouvernement de Vichy sans profiter de la débâcle française pour bouger, puis il s'était rallié à la France libre après le débarquement américain du 8 novembre 1942 à Alger et à Oran (en même temps qu'à Casablanca). Il avait fourni quelque 250 000 soldats aux forces françaises qui continuaient la guerre contre l'Axe, et Alger était devenue progressivement, de septembre 1943 à juin 1945, la capitale de l'Empire français. Mais, dès la célébration du 8 mai 1945, des incidents avaient éclaté à Sétif et à Guelma, et avaient été durement réprimés, causant quelque 5 000 victimes (au moins), les premières d'une longue série.

Ce qui rend particulièrement délicate la situation de la France en Algérie et difficile la résolution des problèmes, c'est qu'y vivent un million de colons européens (contre 8 millions d'indigènes), dont 80 % sont nés dans le pays et le considèrent comme leur patrie, qu'ils y possèdent d'ailleurs un quart du domaine exploitable et fournissent l'immense majorité des cadres supérieurs et moyens. Bien que la colonisation – comme toute colonisation, comme toute occupation, même provisoire, et à plus forte raison quand elle dure – ait beaucoup apporté au pays (hygiène, médecins et médicaments, équipement, etc.), elle a – comme toute colonisation encore – songé plus à elle qu'à ses administrés et, notamment, elle n'a qu'insuffisamment développé l'instruction publique qui seule donne accès aux postes de commande : il n'y a encore que 20 000 enfants algériens musulmans dans les écoles non coraniques sur un effectif potentiel de plusieurs millions, car la population est jeune.

C'est dans ces conditions que, le 10 octobre 1954, les chefs de district du Front de libération nationale (FLN) fixent la date de l'insurrection générale au 1er novembre. Elle éclate comme prévu, dans la nuit du 31 au 1er, partout à la fois, et prend, dit-on, les autorités au dépourvu – on a peine à le croire... Paris est alors obligé de procéder à des mesures militaires sans précédent : l'état de siège est proclamé le 28 août 1955 et 400 000 hommes sont envoyés pour quadriller le terrain (19 mars-11 avril 1956). Ils se battront pendant six ans dans une guérilla épuisante et génératrice de maintes atrocités dues aux deux camps – attentats, massacres, exécutions sommaires, tortures... Ils parviendront à peu près à rétablir l'ordre dans les villes (bataille d'Alger en janvier-février 1957) et dans les principales régions où vivent les colons, mais se montreront en revanche incapables de contrôler les campagnes.

Au fil des ans, au fil des mois, il devient de plus en plus clair que le conflit ne sera pas réduit par la force, mais par la négociation. Il est difficile, cependant, de trouver un terrain d'entente : la résistance algérienne exige la totale indépendance ; les colons, une Algérie française. Le gouvernement espère néanmoins y arriver, mais ses mesures – la loi-cadre du 3 septembre 1957, le statut fédératif du 30 janvier 1958 – sont vaines, et si elles désarment peut-être les plus modérés qui peuvent se contenter de résultats partiels, elles ne font que conforter la détermination des extrémistes qui voient en elles des signes de faiblesse et de découragement. C'est alors que le général de Gaulle, considéré comme le seul homme capable de faire face à la situation, est appelé au gouvernement et reçoit les pleins pouvoirs (2 juin 1958). Il lance, le 23 octobre, un inutile appel à la « paix des braves », puis doit reconnaître, le 15 septembre 1959, le droit des Algériens à l'autodétermination. Quelques semaines plus tard, à la fin de 1959, plus qu'inquiets, les colons prennent conscience que leur avenir, leurs biens, leur vie peut-être sont entre leurs mains : ils créent un Rassemblement pour l'Algérie française. Leur colère éclate le 24 janvier 1960 (semaine des barricades). Plus d'une année se passe dans l'incertitude, puis, à l'annonce que des pourparlers vont s'ouvrir avec les rebelles, et convaincus du prochain désengagement de la France, le 22 avril 1961, quatre généraux, Challe, Jouhaud, Zeller et Salan, se révoltent. Comme ils ne sont suivis ni par la population métropolitaine ni par l'ensemble du contingent sur place, les partisans de l'Algérie française sont obligés de se réfugier dans la clandestinité et la lutte armée. Ils fondent l'OAS, l'Organisation armée secrète, qui cherche à s'imposer par la violence et les attentats[2]. Les jeux, cependant, sont faits. La grande France « de Dunkerque à Tamanrasset » dont avait parlé de Gaulle ne verra pas le jour. Par les accords d'Évian du 19 mars 1962, l'Algérie se sépare de la métropole, ce qui provoque des flambées de violence : insurrection à Bab el-Oued le 23 mars 1962, fusillade de la rue d'Isly à Alger le 26 mars.

L'indépendance du pays prendra effet le 5 juillet 1962, et les Français se rembarqueront, comme se sont rembarqués, mais moins nombreux, les colons du Maroc (quelque 360 000) et de Tunisie (environ 230 000), et avec eux les harkis, les soldats indigènes qui avaient servi la France. Ce lamentable exode de gens profondément attachés à la terre où ils vivaient et souvent condamnés à tout perdre, et qui n'est pas sans rappeler les événements survenus en Turquie en 1923 et 1935, est une illustration parmi d'autres, nous allons le voir, du refus de l'altérité, de la cohabitation des musulmans avec des non-musulmans. Cela peut paraître paradoxal – mais il s'agit en fait d'une conséquence et de la colonisation et de la décolonisation – que le départ des Français d'Afrique annonce et précède de si peu l'installation pacifique de musulmans en Europe[3]. La cohabitation, qui n'était pas possible en terre d'islam, le sera-t-elle en Occident ?

Avec l'indépendance de l'Algérie, presque tous les pays musulmans sont libres – au moins officiellement, car leur économie les rend souvent tributaires. Seuls demeurent assujettis ceux qui font partie de l'URSS et les Ouïghours du Turkestan chinois, le Sin-kiang (Xinjiang). Les seconds le resteront et subiront même de plus en plus la colonisation chinoise. La plupart des premiers acquerront leur véritable indépendance – et sans conflit majeur, ce qui est remarquable – quand l'Union soviétique éclatera en 1991. Comme l'Ukraine ou la Biélorussie, les républiques fédérées dites musulmanes sont admises à l'ONU en 1992 : au Caucase, l'Azerbaïdjan ; en

Asie centrale, le Kazakistan, l'Uzbekistan, le Tadjikistan, le Türkmenistan et le Kirghizistan. En revanche, les anciens khanats issus de la Horde d'Or, Tatars de Kazan, d'Astrakhan, de Crimée et autres Bachkirs ou Tchouvaches demeurent liés à la Russie, dont ils constituent des territoires fédérés. Il n'est pas sûr qu'ils le fassent de gaieté de cœur et certains d'entre eux ont pu vouloir acquérir une liberté que Moscou se refusait à leur donner, bien évidemment parce que, insérés comme ils le sont au sein de la Russie, leur indépendance aurait provoqué un éclatement total de celle-ci : les Tatars de Crimée se proclamèrent indépendants le 5 mai 1992, et se rétractèrent le 21 mai ; les Tatars de Kazan le firent par référendum en mars 1992, sans plus de suites. La Tchétchénie préférera la guerre : nous la retrouverons.

Les migrations

L'exode des colons français de l'Afrique du Nord n'a pas été le premier du XXe siècle et ne sera pas le dernier. Nous avons déjà vu les Grecs de Turquie et les Turcs de Grèce partir de leurs pays ; nous allons voir pis en Inde, en pays arabe, en URSS. La plus grande migration des temps modernes et sans doute de tous les temps eut lieu après 1947 quand l'Inde obtint une indépendance qu'elle n'avait pas cessé pendant la guerre de demander, faisant du mot d'ordre de Gandhi « *Quit India* » son leitmotiv. Les provinces à majorité musulmane – le Sind, le Pendjab, le Baloutchistan à l'ouest, le Bengale oriental à l'est – firent sécession pour créer le Pakistan et un immense exode s'ensuivit. De 6 à 7 millions de musulmans – une faible fraction de leur communauté pourtant – quittèrent l'Union indienne, quelque 6 millions d'hindous émigrèrent du Pakistan et, plus tard, en 1971, de nouveaux mouvements migratoires auront encore lieu quand le Bengale fera sécession et deviendra le Bengladesh. C'est que, si maints musulmans ne veulent ou ne peuvent accepter de vivre sous la domination de chrétiens, ils ne le veulent ou ne le peuvent pas non plus – et encore moins – sous la domination de « polythéistes », et que les hindouistes redoutent les violences des musulmans qui ont jadis conquis leur pays. La partition de l'Inde ne se fit pas sans un long cortège de massacres et de guerres qui ne concernent pas notre sujet.

Les conflits que nous allons évoquer et au cours desquels des dizaines de milliers d'hommes sont déplacés ou contraints à la fuite, l'insécurité générale, le statut d'infériorité, les brimades, une sourde hostilité et si souvent des actes de violence poussent les chrétiens du Proche-Orient arabe à émigrer en Europe occidentale, dans les deux Amériques et en Australie, où leur culture souvent occidentale les attire, où, en tant que chrétiens, ils n'éveillent pas la suspicion qui peut frapper les musulmans. Ils partent parce que partout, quel que soit le système politique, du plus laïc au plus islamique, du plus tolérant au plus sectaire, comme le souligne très justement Jean-Pierre Valognes, « leur vie est de plus en plus celle du harcèlement, de l'angoisse et de la fuite ». Est-ce acceptable[4] ?

Un autre exode, effectué dans un calme étonnant, aura lieu plus tard dans les territoires de l'URSS. Au cours des années 1966-1970, le nombre des nouveaux immigrants européens en Asie centrale et dans le Caucase diminue brutalement. Il n'est plus que de 24 300 au Kazakistan, alors qu'il s'élevait à 407 000 entre 1961 et 1966. À partir de 1970, on assiste à un brutal renversement du flux migratoire. Non seulement les Européens n'arrivent plus, mais ils partent, « anticipant remarquablement le processus politique de l'indépendance » (Alain Blum). Cent explications ont été données de ce phénomène, mais aucune n'emporte la conviction, et force nous est de dire que ses causes véritables restent mystérieuses. Qu'il soit lié à la future implosion de l'Empire soviétique semble pourtant difficile à nier. Il la facilitera au moins ; il évitera les drames psychologiques et économiques qu'entraînent presque inéluctablement l'accession à l'indépendance et les exils forcés, comme ceux qui ont eu lieu en Inde ou en

Algérie ; il réduira les risques de conflits inter-religieux et, en effet, il n'en éclatera pas entre musulmans et chrétiens (alors qu'il y aura une guerre sanglante entre musulmans au Tadjikistan en 1992). Les Européens partent donc en masse. De 1971 à 1976, 261 000 d'entre eux quittent le Kazakistan, 37 500 le Kirghizistan. De 1976 à 1988, leurs effectifs diminuent de 1,2 million au Kazakistan, de 697 000 en Uzbekistan, de 220 000 au Kirghizistan, de 110 000 au Türkmenistan. Entre 1989 et 1991, 38 % des Européens (138 000) quittent l'Azerbaïdjan. En Uzbekistan, où ils formaient 20 % de la population totale en 1947, ils n'en représentaient plus que 7,6 % en 1995 et 5,5 % en 2000. Certes – les chiffres le montrent –, beaucoup ont choisi de rester comme sujets d'États islamiques là où ils faisaient figure de maîtres et, en apparence au moins, sans s'en plaindre – du moins ne les ai-je jamais entendus le faire au cours de mes différents voyages –, et en se rapprochant peut-être des indigènes auxquels, je l'ai dit, ils ne s'étaient jamais franchement mêlés[5]. La situation de ces derniers se trouve d'autant plus renforcée par ces départs qu'en même temps leur fécondité est supérieure à celle des Européens : en moyenne pour les premiers de 2,5 % par an, pour les seconds de 0,6 %.

La cohabitation

Il reste d'énormes populations musulmanes dans des pays non musulmans, surtout dans l'Union indienne où on les évalue à quelque 140 millions, soit à 14 % du total, mais aussi en Russie où elles constituaient, au recensement de 1989, 8,5 % des habitants, soit de 11 à 12 millions d'individus, surtout des turcophones, souvent héritiers d'un brillant passé et figurant parmi l'élite intellectuelle, artistique et économique. En maints endroits vivent en outre des minorités musulmanes plus ou moins fortes, dans les Balkans, en Asie du Sud-Est (5 % de musulmans aux Philippines, 4 % au Myanmar, 3 %

en Thaïlande), en Afrique noire (35 % en Tanzanie, 20 % au Zimbabwe et au Mozambique, 16 % en Ouganda, 15 % au Cameroun, 10 % en République démocratique du Congo, 6 % au Kenya...), sans parler bien entendu de tous ceux qui ont choisi de venir vivre en pays chrétien [6].

Ces derniers ne sont sans doute pas toujours très bien considérés. Leur intégration, qui semble généralement souhaitée là où ils sont minoritaires, en Europe ou en Amérique, s'effectue plus ou moins bien, mais du moins ils ne souffrent en général pas de sévices, ou ceux-ci sont rares et réprimés. Le fait est là : des chrétiens fuient les terres d'islam, des musulmans se ruent sur les terres qui furent – qui sont encore – chrétiennes.

Les Européens, en Asie centrale et au Caucase, ne semblent pas en situation difficile (mais cela durera-t-il ?). Dans les pays où les fidèles des deux religions sont en nombre équivalent, tel le Nigeria, à 50 % musulman et 40 % chrétien, les violences sont sporadiques. Quant aux Arabes chrétiens qui sont restés au Proche-Orient, aux Indonésiens chrétiens – qui représentent quelque 10 % de la population de l'archipel, à côté de 85 % de musulmans –, nous l'avons dit, ils n'ont pas toujours la vie facile. Ils sont souvent victimes d'attentats, de pogroms (et il est vrai qu'ils en sont parfois, plus rarement, les auteurs) : ce phénomène millénaire n'est certes pas nouveau, protectorats et mandats ne l'ont pas empêché, mais sa fréquence s'est accrue au XXe siècle. Faits anciens ? Nous l'avons largement vu. Faits du temps des occupations ? En août 1933 par exemple, en Iraq, les « assyriens » (chrétiens orthodoxes) furent traqués dans le district de Mossoul : dix villages rasés, 3 000 personnes tuées, un certain nombre d'autres brûlées vives dans leur église. Faits contemporains ? Bien évidemment, mais comment les évoquer ? Les affrontements, les tueries, les simples assassinats sont innombrables [7]. Il y en eut beaucoup en Égypte depuis 1947 et, après une accalmie, ils sont devenus presque de routine (en 1978, bataille rangée à Assiout ; agression de fidèles, le Vendredi saint, dans deux chapelles de Manufiah ; en 1979, vieille église copte de la Vierge incendiée au Caire). Il y en eut en Turquie (attaque du patriarcat grec de Constantinople en 1991 ; bombe explosant devant l'église Sainte-Marie d'Istanbul en 1993). Il y en eut même dans cette Indonésie que l'on dit peu fanatique, mais où depuis 1980 le « fondamentalisme » progresse (aux Célèbes, plusieurs milliers de morts entre 1997 et 2001 ; à Java et à Sumatra, églises profanées en 1992 ; à Timor, attaque d'un centre culturel musulman en 2001 qui fait quelque 200 victimes et dont les prétendus instigateurs sont fusillés en 2006, malgré les protestations mondiales). Ajoutons que, dans ces dernières décennies, les terroristes, sans doute plus pour déstabiliser les gouvernements que pour tuer des chrétiens, s'en prennent aux touristes à Istanbul, au Caire, à Antalya, à Louxor, où eut lieu la plus spectaculaire action qui causa la mort de 58 visiteurs étrangers le 17 octobre 1997.

Les chrétiens souffrent surtout, il faut le répéter, d'un statut légal d'infériorité. Souvent, pas toujours ! Il y a 7 chrétiens sur 454 députés au Parlement égyptien en 1992, alors que leur nombre devrait leur en donner une cinquantaine ; en revanche, trois sièges leur sont garantis en Iran, plus que ne le voudrait leur poids démographique. C'est parfois pour échapper à ces inégalités ou par intérêt, pour obtenir une place ou une promotion, par amour, pour épouser un musulman ou une musulmane, que certains se convertissent, et c'est plus encore parce qu'ils sont envoûtés par l'islam, parce qu'ils ne résistent pas à l'atmosphère de piété que celui-ci impose, à son omniprésence dans la rue, dans les médias. Ces conversions sont particulièrement nombreuses en Égypte : plusieurs milliers chaque année, certains disent plusieurs dizaines de milliers (Didier Rance).

Si, dans les pays arabes du Proche-Orient, le nombre des chrétiens s'accroît en chiffres absolus par suite de la fécondité – en Syrie, par exemple, ils sont trois fois plus nombreux en 1990 qu'en 1960 –, il décroît en proportion. Dans cette même Syrie, ils représentaient 20 % de la population en 1939, 14 %

en 1950, 10 % en 1990. En quarante ans, de 1950 à 1990, ils sont passés en Jordanie de 9 à 5 % ; en Iraq, de 6 à 3 %. Au Liban, les chrétiens, déjà en recul, étaient encore légèrement majoritaires en 1939 (51,3 % contre 48 %) ; ils sont nettement minoritaires en 1990 (36,5 %), plus encore en 2000 (30 %). Il en va de même en Israël, d'où les Arabes chrétiens ont émigré avec les musulmans. À Jérusalem, où l'on en dénombrait 31 000 en 1948, il en demeurait 14 000 en 1967. Combien aujourd'hui ? Les informations sont trop imprécises pour qu'on les prenne en considération, mais dans tout l'État hébreu les chrétiens ne représentent sans doute pas plus de 2 % de la population. Tout un chacun peut constater *de visu* ce que les statistiques font connaître, et si dans certaines régions le christianisme est encore bien vivant, dans d'autres, surtout rurales et isolées, il est moribond[8]. Tel monastère qui, il y a un demi-siècle, grouillait de moines n'en compte plus que cinq ou six ; telle église est fermée, telle autre désertée.

Les années dites de paix

Les pays musulmans, qui, à la fin de la Seconde Guerre mondiale, sont libérés et fiers de leur liberté recouvrée, se trouvent confrontés à de tels problèmes politiques, économiques et sociaux qu'on est en droit de penser qu'ils ne peuvent que travailler à les résoudre et qu'en conséquence la guerre de l'islam et de la chrétienté va finir, est finie. Et, en effet, aucun État européen n'a été engagé dans un conflit armé entre 1962 (fin de la guerre d'Algérie) et 1979 (invasion soviétique en Afghanistan). Est-ce à dire que la paix régnait ? Nullement. Ce besoin de se construire, leur manque de cohésion nationale sont semences de guerre. Par ailleurs, d'une part les pays musulmans ont accumulé trop de rancœurs, se sentent encore trop dépendants, sont agités de trop de passions, d'autre part les pays « chrétiens » convoitent trop leurs richesses, les tiennent trop en tutelle, leur proposent un modèle de société et un mode de vie (notamment pour la femme[9]) trop éloignés des leurs pour qu'il n'y ait pas là d'autres graines prêtes à germer. Ajoutons que les monarchies qui étaient en général favorables au modernisme et à l'ouverture sur l'Occident, qui refrénaient les élans, tombèrent les unes après les autres, en Égypte, en Iran, en Afghanistan, en Iraq, en Libye, en Tunisie, et que, ici ou là, non partout, les régimes qui leur succédèrent prirent le contre-pied de ce qu'elles avaient fait, adoptèrent une position résolument nationaliste et anti-occidentale, en même temps bien sûr qu'anti-israélienne.

La paix règne ?

Dès l'année 1958, les chrétiens et les animistes du Soudan méridional, qui représentent quelque 30 % de la nouvelle république, commencent une rébellion qui se calme lors des accords de paix d'Addis-Abeba en 1972, puis reprend, renaît sans cesse de ses cendres et atteint son paroxysme en 1983 quand le gouvernement de Khartoum se rallie à la *chariat* et exige que les non-musulmans s'y soumettent. Jamais peut-être drame humain aussi terrible ne se déroula dans une si complète indifférence. On évalua pourtant à 1,5 million le nombre des morts dans le camp des rebelles, à quelque 3 millions celui des personnes déplacées ou en fuite. Quelques voix parlèrent de génocide, à peu près comme elles le firent lors du massacre des Tutsi par les Hutu du Rwanda et du Burundi (campagne d'extermination en avril 1994), qui aurait fait 500 000 victimes au cours d'une lutte ethnique, non religieuse et dans laquelle les musulmans (1 % de la population) ne jouèrent aucun rôle. Génocide au Soudan ? Guerre de religion ? Peut-être, mais il ne semble pas prouvé que musulmans, Arabes, nomades du Nord veuillent anéantir Noirs, sédentaires et animistes ou chrétiens du Sud. Cela change-t-il quelque chose si des populations sont anéanties, si nul n'intervient ? Loin de s'essouffler, la lutte gagne les pays voisins : le Tchad où les musulmans représentent 50 % de la population, la république de Centrafrique où ils sont 15 %. L'association

Agir pour les enfants du monde déclare encore en novembre 2006 qu'au Darfour « 10 000 êtres humains continuent à mourir chaque mois ».

En Érythrée, devenue province de l'Éthiopie en 1960, le front de libération, encouragé et soutenu par maints pays arabes qui voyaient d'un mauvais œil le négus (détrôné en 1974) s'installer sur la mer Rouge, déclenche une interminable insurrection, entraînant son cortège de meurtres et d'atrocités. Elle se termine en 1993 avec l'indépendance du pays, mais dès 1997 éclate un conflit frontalier entre ce dernier-né des États musulmans contemporains et celui dont il s'est détaché.

Un autre conflit oppose l'Éthiopie et la Somalie, réunifiée par l'union de l'ex-colonie italienne avec l'ex-Somaliland (britannique depuis 1887), mais qui, dès sa fondation le 26 juin 1960, refuse le tracé des frontières issu de l'époque coloniale, réclame la province de l'Ogaden et cherche à s'en emparer. Bien que l'Éthiopie compte près de 50 % de musulmans, elle apparaît encore comme un État chrétien, un pays contre lequel il est de tradition pour l'islam de se battre. On le fera donc en 1960, 1962, 1964, 1977-1978, 1982, 1998, et, au début de l'été 2006, les islamistes de Mogadiscio donneront à la guerre incessante son vrai visage en proclamant le *djihad*.

Quand le Timor oriental, majoritairement chrétien et demeuré portugais jusqu'en 1975, devient indépendant, les Indonésiens, qui veulent la totalité de l'île, y pénètrent aussitôt. Ils se heurtent à une résistance inattendue et exercent une terrible répression qui fait, dit-on, quelque 200 000 morts, sans éveiller plus d'émotion dans le monde que ne le fait le drame soudanais, comme si la « chrétienté » ne s'émouvait jamais quand des chrétiens étaient massacrés – sans attirer l'attention, dis-je, jusqu'à ce que le pape en 1989, puis Bill Clinton en 1994 ne viennent en visite dans l'île. Un référendum est enfin organisé sous l'égide de l'ONU en août 1999 et, malgré la terreur que répand l'armée d'occupation, le pays se prononce à 78,5 % pour l'indépendance. Ce résultat ne sert qu'à accroître la répression, les violences – déplacement de populations au Timor occidental, viols, meurtres, destructions –, tant et si bien que l'ONU envoie une force internationale d'interposition. L'indépendance du Timor oriental est enfin reconnue en 2002.

Ajoutons, pour clore cette évocation des dix-sept années de « paix » entre l'islam et la chrétienté, qu'en 1975 commence au Liban la guerre civile qui durera jusqu'en 1990. Elle aura peu à envier à celles qui l'ont précédée au Soudan, en Éthiopie, au Timor, à celles qu'il vivra encore. Elle atteindra son paroxysme dans les années 1983-1985 quand les terres chrétiennes seront systématiquement dévastées. Il est impossible d'en établir le bilan. Un rapport fait état de 4 500 morts (ce qui me semble une sous-évaluation), de 477 000 habitants chassés de leurs foyers, de 387 églises, couvents et hôpitaux détruits. Cette guerre est-elle finie ? Hier encore on a tué par balles Pierre Gemayel – un ministre chrétien, comme par hasard.

Retour des conflits internationaux

L'année 1979 est celle d'une nouvelle implication directe – politique et militaire, et non plus seulement diplomatique et économique – des grandes puissances dans les affaires du monde musulman, puisqu'elle voit et la prise des otages américains par les Iraniens et l'invasion soviétique en Afghanistan.

Après la crise provoquée en Iran par la nationalisation des pétroles due au docteur Mossadegh le 30 avril 1951, le chah Mohammed Riza manifeste de plus en plus son autorité et, à partir de 1963, exerce une véritable dictature. Il veut que son pays retrouve ses forces, l'éclat qu'il avait eu jadis. Il veut le moderniser et, pour vaincre les oppositions, organise une redoutable police secrète (la SAVAK) qui arrête, emprisonne, torture, exécute... et stimule la résistance. La réforme agraire, l'alphabétisation, l'émancipation des femmes, l'occidentalisation de la société, son « américanisation », soulignée par une coopération étroite avec les États-Unis, constituent bien une révolution qui, toute « blanche » qu'on la nomme, n'amène pas moins pour cela les désordres inhérents à toute révolution et fait beaucoup de mécontents : des masses paysannes gagnent les villes où, sans structure d'accueil, elles errent dans la misère, prêtent l'oreille à un clergé pléthorique (180 000 mollahs) jusqu'alors peu influent, mais dont la montée en puissance s'affirme sans que personne, au monde ou en Iran, s'en rende compte. Tout se terminera par une catastrophe. La monarchie sera renversée par la révolution islamique, sanglante celle-ci quand elle aura triomphé, qui instaurera la république (1er avril 1979) et fera de son leader charismatique, l'ayatollah Khomeyni, un héros national, l'imam – et quel imam ! Le nouveau régime n'héritera rien de celui qu'il a remplacé, sinon son ambition, sa volonté de faire aussi vite que possible de l'Iran une puissance mondiale. Rompant totalement avec la politique du chah, s'appuyant sur les valeurs islamiques que celui-ci traitait si mal, il se déclarera aussitôt contre l'Occident, surtout contre l'Amérique, le « Grand Satan », et en donnera la preuve en prenant en otages pendant 444 jours 52 personnes à l'ambassade des États-Unis à Téhéran (4 novembre), en fermant les écoles étrangères et en chassant les religieux latins qui les desservaient (1979-1980). Le chiisme, qui avait fait l'unité du pays au temps des Séfévides, ferait-il sa grandeur au XXIe siècle ? Il lançait en tout cas un grand défi à l'Occident. Assez étrangement, celui-ci conduisit d'abord au conflit dévastateur et meurtrier contre l'Iraq (1980) – un million de morts ! Mais demain ?

Cette prise d'otages peut, dans une certaine mesure, être considérée comme le premier acte de ce terrorisme international qui va devenir l'expression des nationalismes insatisfaits, aussi bien ceux des musulmans que des Basques, des Irlandais, des Arméniens ou des Corses, la seule arme que ceux-ci peuvent employer. Ce qui rend les attentats musulmans particulièrement effrayants, c'est qu'ils frappent partout : des avions explosent en vol au-dessus de l'Écosse et du Tchad en

1989, une discothèque de Berlin est touchée en avril 1996, les ambassades américaines au Kenya et en Tanzanie le sont en août 1998. Qu'on m'excuse de ne pas allonger la liste !

La guerre d'Afghanistan

Le premier conflit armé est celui de la puissante Union soviétique et du misérable Afghanistan.

À la fin de la guerre de 1914-1918, ce pays, qui n'entend plus être contrôlé comme il l'était par la Grande-Bretagne, réclame sa totale liberté pour sa politique tant intérieure qu'internationale. Il en résulte une nouvelle guerre, la « troisième guerre afghane », très brève (du 7 mai au 8 août 1919) ; par le traité de Rawalpindi, confirmé par celui de Kaboul le 22 novembre 1921, l'Afghanistan perd certes la subvention que lui versait le Royaume-Uni, mais gagne enfin son indépendance absolue. Enfermé sur lui-même comme il l'était depuis si longtemps, il n'avait eu aucun contact avec le monde contemporain. Non seulement il n'avait pas progressé, mais il avait régressé : il paraissait hors du temps. Il était impossible d'imaginer qu'il avait vu jadis sur son sol de grandes civilisations, qu'il avait si longtemps brillé d'un vif éclat. Il a tout à faire. Avec une extrême prudence, avec une timidité bien plus grande que l'Iran, conscient qu'il ne doit pas heurter les traditions, il entreprend des réformes pour s'ouvrir sur le monde et sur les conditions modernes de la vie. Il prend bien soin de donner toutes les assurances aux populations conservatrices : il est interdit de vendre et de consommer des boissons alcoolisées, d'épouser une étrangère, de bâtir des églises, la seule existante étant la chapelle privée de l'ambassade d'Italie à Kaboul... Il permet que la DAFA (Délégation archéologique française en Afghanistan) entreprenne des fouilles et l'inventaire du patrimoine (1922) – quelle audace ! –, que soit installée une première ambassade, celle de France (1923), plus tard que des médecins ouvrent des hôpitaux, que des professeurs enseignent dans des lycées, puis dans des facultés de médecine (1939) et de lettres (1944). C'est catastrophique ! Les plus révolutionnaires deviennent communistes ; les plus conservateurs, des ultras, ce que l'on nomme aujourd'hui des « islamistes ». Seuls quelques-uns suivent le mouvement, et bientôt la concussion règne, la culture de la drogue si lucrative se développe, les hippies et les touristes arrivent, les premiers apportant leurs désordres, mendiant dans un pays misérable et trop fier pour tendre la main, les seconds avec leur exhibitionnisme, leur luxe, leur laisser-aller, et ni les uns ni les autres ne donnent une belle image de l'Occident. On voit cependant une transformation : le pays semble s'éveiller. La bonne mine cache la mauvaise santé.

C'est alors, en 1955, que Nikita Khrouchtchev vient en visite à Kaboul et que tout bascule. L'URSS commence à distribuer argent et aide technique. Elle met notamment en chantier une grande route reliant, comme par hasard, la capitale afghane à ses frontières et franchissant l'Hindou Kouch par le col et le tunnel de Salang, haut de 3 360 mètres, travaux que Kossyguine inaugure solennellement en 1964. Comme jadis les Anglais quand ils voyaient les Afghans flirter avec la Russie, les Américains prennent peur et imaginent en 1963 la politique d'« un dollar pour une roupie ». C'est à qui donnera le plus. On assiste alors à une étonnante effervescence. L'Afghanistan devient un grand chantier. Il y a des aéroports, de l'électricité, des immeubles, de belles autos sur des boulevards enfin pavés, des autobus qui doublent les caravanes chamelières, des hôtels de luxe... Comme l'agriculture est quelque peu négligée, quand de mauvaises conditions climatiques surviennent en 1970-1971, une terrible famine se déclare. On estime qu'en 1972, dans certaines provinces, le quart, le tiers, voire la moitié de la population meurt de faim. Le 17 juillet 1973, un coup d'État renverse le souverain, Zahir Chah (1933-1973), remplacé par l'un de ses parents, Muhammad Dawud, qui proclame la république. Quoi qu'on ait pu en dire, le souverain était le seul ciment d'un pays où les ethnies étaient multiples, où les tribus formaient encore le cadre de la société. L'aide américaine cesse et les Afghans se tournent encore plus vers Moscou. En 1978, un socialiste, Taraki, renverse celui que les Américains nomment le « prince rouge ». Il s'empresse de signer avec l'URSS un traité de coopération donnant à celle-ci le droit d'intervenir si besoin est – pour protéger le pays ou le régime ? Un an après, le 14 septembre 1979, Taraki est assassiné.

En décembre, les troupes soviétiques envahissent l'Afghanistan Un gouvernement communiste est mis en place et le pays entre dans l'enfer. Une guerre de neuf ans commence contre l'occupant. N'ai-je pas dit que les Afghans n'acceptaient jamais une occupation étrangère ? Ils le montrent si bien qu'en janvier 1989, constatant la vanité de ses efforts, l'Armée rouge rentre chez elle. Ce n'est pas la fin de la tragédie. On continue à se battre, souvent ethnie contre ethnie, sous le couvert d'idéologies qui servent surtout de prétextes. Le gouvernement central n'est reconnu par personne, les chefs de clan se déchirent. Finalement, un groupe d'hommes assez jeunes, des étudiants en théologie, les talibans, très vraisemblablement formés pour la plupart au Pakistan et financés par des gouvernements musulmans « intégristes », les talibans donc, qui ont fait leur apparition timide au printemps de 1994, commencent par s'emparer de Kandahar, puis peu à peu de tout le pays (ils entrent à Kaboul le 27 septembre 1996), où ils font régner une dictature échevelée et sectaire, ayant pour objectif déclaré la purification et la moralisation. Lassées de leurs excès, assurées qu'ils ne reculeront devant rien (destruction des grands Bouddhas de Bamiyan en mars 2001), convaincues qu'ils donnent asile aux terroristes qui agissent partout et les entraînent, les Nations unies, en octobre 2001, envahissent à leur tour le pays. Elles se disent naturellement libératrices. Y sont-elles bien accueillies ? On continue à s'y battre. On s'y bat encore quand j'écris ces lignes et les talibans semblent plus déterminés et plus solides que jamais [10]. N'ai-je pas dit que les Afghans refusaient toujours une occupation étrangère ?

Tchétchénie et Yougoslavie

Dès l'éclatement de l'URSS, la Tchétchénie prend les armes pour se libérer. C'est un tout petit pays qui paraît incapable d'offrir une longue résistance quand, le 11 décembre 1994, Boris Eltsine dépêche son armée au Caucase pour le rappeler à la raison, pour une opération qui doit durer le temps qu'une botte de paille met à brûler, mais qui n'est pas finie aujourd'hui, qui connaît des heures tragiques et qui fait plus qu'user du terrorisme (enlèvement de 1 500 civils russes en juin 1995 ; prise de Grozny en janvier 1996, date où les victimes sont déjà estimées entre 20 000 et 50 000).

La guerre éclate ensuite en Yougoslavie, où l'on se déchire de 1991 à 1995, mais où le conflit est en gestation depuis deux ans au moins, peut-être depuis la mort de Tito en 1980. On tendra à y voir un affrontement davantage ethnique que religieux, et il est vrai qu'en Croatie et en Slovénie, qui sortent de l'union des Slaves méridionaux en 1991, où il n'y a guère plus de 1 % de musulmans, il ne pouvait pas y avoir de confrontations confessionnelles. Ailleurs, en Macédoine, où vivent 30 % de musulmans, et surtout en Bosnie-Herzégovine, où leur nombre atteint 40 %, l'une et l'autre indépendantes cette même année 1991, chrétiens et musulmans s'entre-tuent allégrement pendant quatre ans. Le Kosovo, peuplé en majorité d'Albanais, se tient d'abord tranquille, mais la guerre y éclate en 1999 avec tant de violence que l'OTAN est obligée d'intervenir et de placer la province sous administration internationale. Mostar, cette petite ville de Bosnie sur la Nerevta, avec son célèbre pont ottoman de 1566 qui enjambait la rivière et fut détruit (puis reconstruit), où les populations musulmane et chrétienne demeurent encore séparées par ce qui fut la ligne de front des combats de 1993, me paraît le parfait symbole du refus de vivre ensemble.

L'Iraq

Il y a ensuite l'invasion de l'Iraq. Tout avait concouru à ruiner ce malheureux pays : le soulèvement kurde de Barzani, si durement réprimé (1961-1970), la longue guerre contre l'Iran, ouverte en août 1980 et plus qu'encouragée par les Occidentaux, l'invasion du Koweït (2 août 1990) et la guerre du Golfe. Le premier conflit l'avait saigné à blanc, le second le mit à genoux. On créa sur son sol des zones d'exclusion aérienne et de sécurité ; on lui imposa un embargo qui causa notamment la mort quotidienne de centaines d'enfants, comme le souligna un rapport remis au Vatican en mai 1991. L'Iraq commettait des crimes. Cela n'en était-il pas aussi un ? Vingt-cinq ans de gouvernement du parti Baas (« Rénovation »), socialiste et nationaliste, peu suspect d'idéologies « islamistes », se soldaient par la destruction totale du potentiel industriel et militaire, qui avait demandé tant d'efforts, et par la misère. Et certes Saddam Hussein, qui exerçait la dictature, avait mené une politique étrangère bien aventureuse ; et certes, dans ce pays héritier d'un si grand passé – en commençant par celui de la Mésopotamie antique, d'Assur, de Sumer, en continuant par celui de la Bagdad des califes abbassides et des *Mille et Une Nuits* –, dans ce pays ingouvernable composé d'ethnies et de confessions antagonistes (Arabes et Kurdes, sunnites et chiites), il s'était montré impitoyable et était responsable de bien des restrictions à la liberté, de maintes injustices, de beaucoup de sang versé. Pouvait-il faire autrement pour maintenir la cohésion, pour éviter l'anarchie ? N'y eut-il pas d'ingérences étrangères pour souffler sur le feu ? Porte-t-il cette immense responsabilité ? Je n'en sais rien. Je pose seulement la question. Ce que je sais, et qui touche à mon sujet, c'est que Saddam Hussein était un laïc que les circonstances amenèrent à devenir « islamiste » ; c'est que la Constitution de 1970 affirmait l'égalité de tous « sans distinction de sexe, de race, de langue, d'origine sociale ou de religion » ; qu'elle était appliquée tant que tous la respectaient ; qu'il n'y avait ni hostilité contre les chrétiens ni restrictions à leur liberté de culte. Ce que tout le monde sait est que l'invasion d'un pays, sous quelque prétexte que ce soit, est une agression, que le renversement d'un régime dans un État étranger est bien une intervention dans ses affaires intérieures. On a accusé Saddam Hussein de tous les crimes, de ceux qu'il a certainement commis, de ceux qu'on lui attribue sans preuve convaincante (animation ou protection du terrorisme international, volonté d'acquérir l'arme nucléaire), et il ne manque pas de voix pour les mettre en doute, pour les nier. Ce sera à l'Histoire, plus encore qu'aux tribunaux, que reviendra le devoir de juger, de mettre au clair ce que recouvre encore un voile d'obscurités. Quoi qu'il en soit, l'Iraq reçut un ultimatum des États-Unis le 17 mars 2003, fut bombardé dès le surlendemain et occupé en avril, tandis que le président Bush déclarait l'état de guerre le 1er mai.

La chute de Saddam Hussein et l'occupation du pays par les États-Unis et leurs alliés ne se sont pas jusqu'à présent révélées bénéfiques pour l'Iraq. On y souffre, on y tremble, on y meurt plus encore qu'avant. Et nombre d'Iraqiens n'acceptent pas la présence de troupes étrangères. Et maints soldats des forces d'intervention perdent la vie. Et le fossé entre les communautés qui y vivent se creuse de plus en plus, risque de devenir infranchissable. L'exécution de l'ancien dictateur en décembre 2006 ne devrait pas apaiser les tensions.

La destruction du World Trade Center à New York le 11 septembre 2001 est le premier grand fait de guerre entre l'islam et la chrétienté du XXIe siècle – d'une guerre qui, nous dit-on, ne fait que commencer, qui en réalité perdure ou renaît. L'Iraq et l'Afghanistan ont donc été occupés, mais le terrorisme n'a pas pour autant cessé. Songeons, pour n'en citer que deux, aux attentats de Madrid le 11 mars 2004 et de Londres le 7 juillet 2005 ! Songeons que tous les jours les médias nous parlent de ceux qui se préparent, de ceux que les polices ont déjoués ! La guerre continue. Si nous ne voulions pas le croire, l'Amérique ne cesse pas de nous le rappeler. Elle dure depuis 1 345 ans. Pourquoi finirait-elle ?

CE QUI N'EST PAS UNE CONCLUSION

Il n'y a pas de conclusion à un tel livre, et chacun de mes lecteurs pourra le compléter au fil des ans. Tout au plus peut-on établir un bilan provisoire, avouer que jusqu'ici les chrétiens ont perdu plus de batailles qu'ils n'en ont gagné, qu'ils ont beaucoup reculé. La guerre continue et rien ne laisse envisager qu'elle s'arrêtera bientôt, qu'elle s'arrêtera un jour. On se bat partout, on vient de le voir, en Iraq, en Afghanistan, en Somalie, en Tchétchénie. L'Europe et l'Amérique, sous couvert de l'ONU ou non, installent des bases militaires dans des pays musulmans ou en menacent d'autres – et ne parlons pas des guerres avec Israël en 1948-1949, en 1956, en 1967, en 1973, en 1982... dont la plus récente, au Liban, frappe comme si souvent ce malheureux pays quand j'écris ces lignes (2006), de cette guerre permanente qui ne devrait pas concerner notre sujet si les musulmans ne voyaient pas dans l'État juif une création des Anglo-Saxons, un porte-glaive de l'Occident.

J'ouvre un journal pris au hasard, et je lis : « Treize talibans ont été tués hier dans la province d'Helmand (au sud de l'Afghanistan) lors d'une riposte des forces afghanes et de la coalition à une attaque des forces rebelles. La veille, un groupe important de talibans avait attaqué le quartier général du district de Nauzad, déclenchant une bataille rangée de plusieurs heures. » Deux pages plus loin : « La police déclare avoir tué hier treize indépendantistes en Tchétchénie » (*Le Figaro*, 14 juillet 2006). La veille, j'avais lu des nouvelles similaires et demain j'en lirai d'autres.

En un temps où – on aimerait le croire – par crainte de la surpopulation terrifiante, peut-être – on le redoute – par égoïsme, le monde qui a été chrétien n'a plus guère de familles nombreuses, la fantastique fécondité des foyers musulmans ne cesse d'accroître le poids des musulmans sur la terre[11]. Si les ressources pétrolières rendent fabuleusement riches certains pays d'islam, et plus lourde leur influence, des masses d'hommes, en majorité très jeunes, qui ne profitent pas de cette manne, chassés par la misère, s'installent pacifiquement dans les pays surdéveloppés[12]. Même quand ils s'y insèrent harmonieusement, même quand ils se fondent dans les populations indigènes, renoncent-ils à être eux-mêmes, deviennent-ils des Belges, des Anglais, des Allemands, des Français ?

La civilisation de l'islam fut brillante. La civilisation chrétienne le fut aussi. Bien qu'issues de la même source vétéro-testamentaire et nourries par l'hellénisme, elles sont trop différentes pour se fondre l'une dans l'autre. La première, par exemple, refuse le prêt usuraire, interdit certains aliments et les boissons alcoolisées, prône la séparation des sexes, fonde la famille sur la polygamie et la répudiation de l'épouse par l'époux ; la seconde accepte que l'argent fructifie, pense que toute nourriture est licite, que les sexes peuvent vivre ensemble, entend que le mariage soit indissoluble. Dans de telles conditions, la fusion de ceux qui héritent de ces grandes traditions ne pourrait se faire que par leur abandon, que dans une nouvelle culture, celle que promeut l'Occident en détruisant ses racines. Il n'est pas exclu que cela advienne. Ce ne l'est pas encore. Si le monde chrétien est entré largement dans l'époque post-chrétienne, le monde islamique n'est pas entré dans une époque post-islamique.

Chez eux et chez nous, quel contraste, quel spectacle donnent la foi intense des musulmans, leurs pratiques religieuses, si affichées et qui demandent une attention constante (les cinq prières journalières), souvent un effort extrême (le jeûne du ramadan) ! Quelles images offrent leur sens de la communauté, de la fraternité, de l'hospitalité, de la générosité, leur conviction que la vie terrestre vaut moins que celle de l'au-delà, et leur aptitude à sacrifier celle-ci en mourant ou en tuant parce qu'ils croient ce faisant acquérir celle-là ! Quelle n'est pas la grandeur de leurs mystiques qui séduisent tant des nôtres, qui sont les premiers agents de leur conversion !

Déjà, dans les premières années du XXe siècle, un grand chrétien, le père Charles de Foucauld, écrivait : « L'islam a produit en moi un profond bouleversement. La vue de cette foi, de ces âmes vivant dans la continuelle présence de Dieu m'a fait entrevoir quelque chose de plus grand et de plus vrai que les occupations mondaines. » Que dirait-il aujourd'hui alors que, par une évolution accrue, l'écart est encore plus grand entre la société musulmane et la nôtre, bien moins chrétienne encore qu'elle ne l'était il y a cent ans ?

La chrétienté s'est rétrécie. La majeure partie de ceux qui en sont les héritiers ne croient plus en Dieu, délaissent la religion de leurs pères. Les églises se désertifient. Les prêtres sont de moins en moins nombreux. Les fidèles communient, mais ne se confessent plus guère. Par une curieuse aberration, espérant retenir les pratiquants, mais ne réussissant qu'à les faire fuir un peu plus, les autorités ecclésiastiques ont réduit au minimum le jeûne eucharistique, allégé le carême, les jours d'abstinence, le nombre des offices, les fastes liturgiques, l'enseignement du catéchisme, mais elles demandent en revanche de longues préparations pour recevoir les sacrements du baptême et du mariage, décourageant bien des aspirants. La pratique religieuse se résume souvent à la seule assistance à la messe dominicale.

Ceux d'entre nous qui ne sont plus chrétiens ou qui ne le sont que de nom ont perdu, avec leur foi, la plupart des repères de leurs anciens. Par ailleurs, ils n'ont plus le même attachement à la patrie, et l'Europe sert souvent d'alibi à leur indifférence pour leur pays. Ils se flattent de construire un monde meilleur. Ils veulent jouir et consommer, en faisant d'ailleurs courir de grands risques à l'écologie. Ils refusent la souffrance non seulement pour soulager celle des autres – ce qu'ils font encore, heureusement, et mieux sans doute que jamais –, mais également pour supprimer la leur, en oubliant qu'elle est rédemptrice, qu'elle est aussi une grande école (« Nul ne se connaît tant qu'il n'a pas souffert », disait Musset). Ils secourent les démunis – non, souvent, sans une grande générosité –, mais exploitent les faibles ; ils laissent s'élargir le fossé entre riches et pauvres. Ils ont le souci de protéger l'enfance, mais mettent en crèche les tout-petits en leur retirant ce qui est le plus merveilleux, la présence et la tendresse maternelles, et inventent la mono-parentalité. Ils libèrent la femme, non sans continuer à voir en elle un objet sexuel ; mais, au lieu de l'exalter – en reconnaissant, comme le fait Jean-Paul II, que si « l'homme est un être divin, la femme l'est plus encore », ou, plus simplement, en entendant cet « enthousiasme pur dans une voix suave qui ne vient que de toi », comme l'écrivait Vigny dans l'un de ses plus beaux vers –, ils ont voulu gommer la différenciation sexuelle (dans le comportement, l'habillement, les activités), si évidente et si exaltante. Ils partent en guerre contre des moulins à vent (des bagatelles dans le cortège des drames contemporains), le « tabagisme », la consommation du vin – de ce vin qui fait partie de notre culture et auquel la France au moins doit peut-être une partie de son génie (et nous pourrions croire que les musulmans subventionnent les campagnes anti-alcooliques, puisqu'ils ont si souvent répété que le fruit de nos vignobles était un obstacle essentiel à notre islamisation...) –, mais ils légifèrent pour rendre licite dans les mœurs ce qui était considéré comme destructeur de l'ordre social. Ils construisent un monde nouveau avant d'en avoir planté les racines, un monde qui n'a plus rien de chrétien, séduisant peut-être, dangereux certainement.

Il se peut, redisons-le, que cet univers encore inconnu séduise les musulmans, qu'ils fassent à leur tour ce que nous avons fait, qu'ils perdent leur foi, qu'ils renoncent à leurs traditions et, pour prendre une image parlante, que leurs femmes préfèrent la fréquentation des cafés et l'exposition de leur corps sur des plages au voile et à la séparation des sexes.

Si cela arrivait, ils auraient en quelque sorte perdu la guerre, mais ce ne serait pas la chrétienté qui l'aurait gagnée ; ce serait la modernité, dont elle est responsable. Rien, dans le contexte actuel, ne peut faire croire que les fidèles du Coran acceptent le message de l'Évangile. Pour que cela advienne un jour, il faudrait que les chrétiens se présentent non comme les héritiers d'un passé moribond, mais comme les membres d'un corps vivant, dynamique, tourné vers l'avenir, qu'ils retrouvent leur foi, leur espérance, leur charité et aussi leur morale, leurs pratiques religieuses, qu'ils exigent beaucoup d'eux-mêmes, car l'homme, quoi qu'on puisse en dire, a besoin de quelque chose qui l'oblige à se dépasser ; il faut qu'ils s'affirment avec force comme porteurs d'un message transcendant, d'un amour pour Dieu qui passe par celui de Ses créatures.

Il se peut que l'islam l'emporte sur la chrétienté à moyen terme, qu'il glane dans l'immense champ des masses sans foi ni loi, et que les conversions, encore rares, se multiplient ; il se peut, même sans cela, que, par l'immigration et la fécondité, ses fidèles fassent un jour de lui la religion la plus pratiquée en Occident et qu'il submerge la chrétienté, qu'il gagne en définitive la longue guerre. Si les courbes ascendantes de la déchristianisation, de l'immigration, de la fécondité des musulmans, des conversions à l'islam demeurent ce qu'elles sont actuellement – et tout donne à croire qu'elles s'élèveront encore –, dans peu de décennies, il y aura en Europe plus de fidèles dans les mosquées que dans les temples et les églises.

Ce ne serait pas refuser le dialogue avec l'islam, manquer de considération pour lui, que d'avoir conscience de ce qu'il a d'incompatible avec notre héritage, du danger qu'il fait peser sur ce que nous sommes encore. Ce ne le serait pas que de le voir tel qu'il est, avec ses vertus et ses défauts, que de nous interdire d'imaginer deux islams – l'un ouvert, pacifique, tolérant, éclairé, moderne, l'autre fermé, guerrier, fanatique, obscurantiste, archaïque –, alors qu'il n'y en a qu'un aux multiples visages.

Tout au long de l'Histoire, l'immense expansion musulmane s'est effectuée par la guerre sainte, les massacres, l'intolérance, la volonté de conquérir, de diriger, de s'imposer, par la colonisation, au même titre que par la tolérance, le rayonnement de sa foi et de sa mystique, l'attraction qu'exercent les qualités humaines de ses plus humbles pratiquants. Et tout cela a œuvré simultanément sur des chemins différents, mais conduisant au même but.

Les musulmans, quant à eux, espèrent – ils le croient – qu'ils feront régner la *chariat* sur les vieilles terres occidentales du Christ, sur ces terres que les chrétiens ont défendues, d'où ils les ont parfois chassés ; les musulmans espèrent et croient qu'ils les conquerront comme ils ont conquis les vieilles terres orientales qui furent tout à Jésus, et où ils ont gagné la guerre. Il y a quarante-six ans, un journaliste algérien qui m'interviewait sur l'un de mes premiers livres me disait : « Nous prenons notre revanche de la bataille de Poitiers. En l'an 2000, la France sera musulmane. » Il péchait par optimisme. Ce n'est pas encore le cas, mais peut-on penser aveuglément que ce ne le sera pas demain ?

NOTES

AVANT-PROPOS

1. A.-M. Delcambre écrit : « Mahomet, avec ses nombreux mariages et ses expéditions militaires, se heurte dans l'inconscient collectif non musulman à Jésus chaste et non violent » (*L'Islam des interdits,* p. 17-18).

2. Voir *infra,* chapitre premier. Il y a eu plusieurs recensions des traditions remontant au Prophète, les *hadith,* au IXe siècle. Elles sont dues surtout à des Iraniens orientaux, dont le plus célèbre est al-Bukhari. Voir al-Bukhari, *L'Authentique Tradition musulmane.*

3. Sur Jésus-Christ et sur la Sainte Vierge, voir Coran, II, 42 et 45-55, 151-152 et 171 ; IX, 79 ; XXI, 91 ; LVII, 47.

4. Opinion émise pour la première fois, sauf erreur, par saint Jean Damascène au VIIIe siècle.

5. Une « traduction » du *Pater* qui remonterait à un *hadith* du VIIe siècle, souvent reproduite, donne : « Notre Seigneur qui êtes au Ciel, que Votre commandement [règne] au ciel comme sur la terre. Pardonnez-nous nos péchés. Toi, le Seigneur des bons, fais descendre une de tes miséricordes... » La proposition « comme nous pardonnons à ceux qui nous ont offensés » est omise. Voir L. Massignon, *Opera minora,* I, p. 93.

6. « Qui ont trois dieux » : ainsi l'islam comprend-il le dogme de la Trinité ! La crise iconoclaste déclenchée à Byzance par la proclamation de Léon III en 730, interrompue une première fois en 737, repartie et finalement achevée en 849, et qui coïncide avec l'émergence de l'islam, ne lui doit-elle rien ?

7. Sur les juifs oublieux de leur pacte avec Dieu et falsificateurs, voir Coran, II, 70 et 78 ; V, 17 ; LVIII, 5. Sur les jugements plus généreux portés sur eux, voir Coran, II, 40-41 ; XLII, 5 ; XLV, 15 ; XIX, 263.

8. En Iran, on ne peut pas entrer dans les sanctuaires chiites de Qum et de Mechhed, mais on peut le faire dans les mosquées. À Mazar-i Charif en Afghanistan, au temps de la monarchie, j'avais accès au sanctuaire une année et non la suivante. En Turquie, en Syrie, en Jordanie, en Iraq, en Égypte, en Asie centrale, au Pakistan et en Inde, l'accès est partout autorisé (mais il m'est arrivé une ou deux fois de me faire expulser au moment de la prière). Au Maghreb, où les mosquées sont interdites aux infidèles, une information que je n'ai pas pu confirmer affirme que cette mesure découle d'une décision de la France, soucieuse de protéger leur intimité. En tant que « spécialiste », j'ai néanmoins pu entrer dans plusieurs d'entre elles.

CHAPITRE PREMIER
Avant la guerre

1. L'araméen est une langue sémitique proche de l'hébreu qui connut une fantastique expansion à l'époque des Achéménides quand elle devint langue de la chancellerie de l'Égypte à l'Inde (le grand édit d'Asoka vers 269-232, trouvé en Afghanistan en 1958, est écrit en grec et en araméen). Il dut sans doute en partie son succès à ses caractères graphiques plus simples que les cunéiformes. Langue que parlait le Christ, il n'a pas totalement disparu aujourd'hui et quelques petites communautés chrétiennes le parlent encore.

2. Le mazdakisme provoqua en Iran une grande agitation qui entraîna l'exécution de son fondateur, Mazdak, et de ses principaux collaborateurs vers 531. Il n'en disparut pas pour autant aussitôt. Très révolutionnaire, il prônait l'abolition de la propriété privée et la mise en commun de tout, y compris des femmes et des enfants.

3. Le plus beau poème illustrant le roman de Khosrau et de Chirin est celui que le poète persan Nizami (vers 1149-1205) inséra dans son *Khamsa* (« Cinq Poèmes »). Les miniaturistes iraniens, mais aussi ottomans – voir un manuscrit de la BN de 1561 – créèrent avec lui des chefs-d'œuvre.

4. Le marcionisme est une doctrine qui tire son nom de Marcion (vers 85-110). Elle oppose le Dieu de justice de l'Ancien Testament au Dieu d'amour de l'Évangile. Luther a vu en Marcion le « premier protestant ».

5. La guerre entre Iraniens et Grecs faisait déjà rage au temps des Parthes arsacides, qu'elle opposa aux Séleucides (grand raid séleucide en Iran, 212-205). Elle fut continuelle entre eux et les Romains : la campagne d'Antoine (38-34), la prise de Ctésiphon par Trajan (116-

117), la victoire d'Artaban en 218 et la défaite de Valérien en 260 en sont des points culminants.

6. À Damas, la Grande Mosquée des Omeyyades a trois nefs, mais dans la plupart des mosquées dites arabes le nombre des nefs est de beaucoup supérieur : dix-sept à Kairouan, dix-neuf à Cordoue. L'interdiction de représenter des hommes et des animaux dans les sanctuaires, quoique quasi générale, ne fut pas toujours scrupuleusement respectée et l'on connaît quelques mosquées ornées de figures, surtout à l'époque seldjoukide. En revanche, dès l'époque omeyyade, puis à l'époque abbasside et plus tard jusqu'à nos jours, les palais se couvrirent de peintures, de mosaïques et de sculptures figuratives. L'iconographie fut naturellement de règle dans les miniatures et sur les objets d'art (céramiques, ivoires, métaux, tissus).

7. Le paradis musulman est décrit par le Coran comme un merveilleux jardin où « coulent des ruisseaux » (IX, 73 ; XIV, 23), paré « de vergers, de vignes, et de houris aux seins ronds et fermes » (LXXVIII, 31).

8. Le mot *chaïkh* signifie « vieillard », mais est porté par les chefs de tribu et les maîtres de congrégation religieuse. On en a vu de très jeunes.

9. Débarrassée de ses idoles, mais conservant la Pierre Noire, la Ka'aba demeure le grand sanctuaire de l'islam, le centre du monde. Tout musulman a le devoir absolu de s'y rendre, sauf incapacité majeure, au moins une fois dans sa vie : c'est, avec la profession de foi, la prière, le jeûne et l'aumône, l'une de ses cinq obligations rituelles. C'est dans la direction de la Ka'aba que le fidèle se tourne pour prier (*qibla*).

10. Le mot *imam* signifie « guide », mais a deux acceptions : il désigne d'une part le guide de la prière (qui se place devant les fidèles, près du *mihrab* dans une mosquée) ; d'autre part, chez les chiites, le guide de la communauté.

11. Les *hadith*, si nombreux qu'ils soient, ne disent eux-mêmes pas tout, ne résolvent pas tous les problèmes qui peuvent se poser à l'homme ou à la société. Quand la réponse à une question ne se trouve ni en eux ni dans le Coran, le musulman a recours à l'analogie (*qiyas*) et, en dernier lieu, à la décision unanime des docteurs de la loi (*idjma*). Le *fiqh*, « droit », a pour objet l'interprétation de la *chariat*.

12. Les ismaéliens ou septimaniens (*sabiyya*) constituent l'une des branches du chiisme. Voir *infra*, chapitre II, note 4.

13. Les émigrés de La Mecque sont les *muhadjirun*, « ceux qui ont fait l'Hégire ». Les Médinois et les autres Arabes ralliés au Prophète sont les *ansar*, « auxiliaires ». Malgré la volonté de créer une communauté de gens égaux en droit, il y a là un germe d'inégalité.

14. Jérusalem reste la troisième ville sainte de l'islam. Le fait a une importance capitale. Il explique en partie l'acharnement des croisades et l'animosité contemporaine des musulmans contre Israël.

CHAPITRE II
L'invasion arabe

1. Le *Miradj*, ou Ascension de Mahomet au Ciel, se produisit à La Mecque en 619 dans un état entre le sommeil et la veille. Le Prophète, chevauchant une monture à tête de femme, visita les sept cieux, où il rencontra les prophètes antérieurs à lui avant d'arriver en présence du trône de Dieu. Il revint par Jérusalem (ou, selon d'autres versions, il en partit). Les musulmans le célèbrent par de grandes fêtes le 27 du mois de radjab.

2. Les meurtres sont multiples dans les premiers temps de l'islam. Le calife Omar est assassiné en 644 par un esclave persan ; le calife Othman, par un Arabe en 656 ; Ali, par les Kharedjites en 661. Les deux fils de ce dernier, Hasan et Husain, périront aussi de mort violente.

3. Avant la construction de mosquées, les Arabes priaient dans des enclos en plein air (*musalla*) ou dans divers édifices religieux existants. À Damas, ils partagèrent la cathédrale avec les chrétiens. Il est probable que, dans le monde iranien, ils utilisèrent les salles hypostyles de type achéménide, bien connues par les ruines de Persépolis (ville qui, d'ailleurs, exerça sur eux une sorte de fascination). Les mosquées hypostyles sur plan carré doivent dériver de ce prototype.

4. Les chiites ne resteront pas unis. Ils forment deux branches principales : celle qui se réfère à sept imams, les ismaéliens ou septimaniens (*sabiyya*), séparés dès 762 ; celle qui se réfère à douze imams, les duodécimains (*ithna achariya*) ou imamites (qui dominent aujourd'hui en Iran et sont les plus modérés). Les uns comme les autres croient qu'après avoir disparu, l'imam, pour les uns le septième, pour les autres le douzième, continue à vivre dans l'occultation. Les ismaéliens eux-mêmes se sont divisés en proto-ismaéliens et néo-ismaéliens. Il y a par ailleurs d'autres écoles dites chiites qui, bien souvent, sont très aberrantes et dont les plus extrêmes sont à la limite de l'appartenance à l'islam.

5. Les Mardaïtes étaient des montagnards des chaînes de l'Amamus, situées entre la Syrie et l'Anatolie. Ils fournissaient traditionnellement des mercenaires à Byzance, sans pour autant leur être asservis. Les califes en viendront à bout vers 690. Les montagnes servirent un peu partout dans le monde musulman de refuges pour les réfractaires.

6. Les coptes sont ceux des Égyptiens qui s'arabisèrent, mais demeurèrent chrétiens. Ils constituent encore aujourd'hui le plus gros effectif des chrétiens vivant en pays musulman.

7. La Grande Mosquée de Kairouan édifiée en 836-909 porte le nom de Sidi Oqba, mais elle n'a pas été construite par lui, même si le conquérant avait déjà jeté les fondements d'un sanctuaire à son emplacement.

8. L'islam, qui n'est pas raciste (bien que certains musulmans l'aient été : voir, par exemple, les réactions du grand voyageur Ibn Battuta devant les Noirs), proclame l'unité de tous les croyants au sein de la communauté (*Umma*). Celle-ci transcende les races et les nations. Mais, en fait, nous le voyons avec les Berbères, l'égalité ne règne pas toujours, loin de là, et, aux premiers siècles de l'Hégire au moins, les nouveaux convertis ne pouvaient s'insérer dans la collectivité qu'en devenant « clients » (*mawali*) de tribus arabes.

9. Il arrive assez fréquemment que les musulmans soient appelés par les non-musulmans. Il se peut que cela soit vrai, mais ces appels servent souvent à justifier leurs interventions et les font apparaître comme des libérateurs : il n'est pas difficile d'acheter quelque complice qui crie au secours. Les Russes useront fort bien de ce système.

10. Cela pourrait accréditer l'idée que le Maghreb a été dévasté par les guerres au temps de la conquête arabe, notamment par celle menée contre la Kahina. Cette dévastation, bien réelle – et dont la désertification de régions jadis forestières porte témoignage –, est plus souvent attribuée à l'irruption de tribus stationnées en Égypte, que leur indiscipline y rendait indésirables et qui déferlèrent sur le Maghreb en 1050-1052, entraînées par les Banu Hilal.

11. Les *ribat*, habités à l'origine par des moines-soldats, les *murabitun* (marabouts), étaient des places fortes d'où pouvaient partir des raids, mais surtout des postes défensifs. Il en demeure deux très beaux en Tunisie, ceux de Monastir (796) et de Sousse (vers 844).

CHAPITRE III
Dernières offensives arabes et début de la contre-offensive

1. Les Bouyides font partie de ces familles iraniennes qui fondèrent des principautés quasiment indépendantes des Abbassides en Iran : Tahirides (820-873), Saffarides (860-902), Samanides (vers 875-999) auxquels la Sogdiane (Uzbekistan) doit tant, mais celle-ci a joué un rôle particulièrement important parce que, chiite, elle a dominé le califat

sunnite de Bagdad. Ses ancêtres s'étaient réfugiés sur les rives de la Caspienne au Guilan (Gilan).

2. Les Turcs avaient déjà fondé de puissants empires avant de se convertir à l'islam, ceux que René Grousset appela si bien « empires des steppes ». Le premier à porter leur nom, « turc », est nommé par la transcription chinoise T'ou-kiue (552-744) ; il s'était répandu jusque dans les steppes de l'Ukraine et avait entretenu des relations avec l'Iran et Byzance. Il fut remplacé par celui des Ouïghours (vers 744-840), puis par celui des Kirghiz (840-924). Avant même la fondation de l'Empire t'ou-kiue, les Turcs avaient très probablement participé à celui des Hiong-nou, à celui des Huns, puis à celui des proto-Mongols Jouan-jouan ou Avars (les « vrais », ceux que nous nommons ainsi ayant usurpé leur nom).

3. On pense souvent que la doctrine philosophico-religieuse du mu'-tazilisme, fondée au VIIIe siècle, qui refuse la prédestination et ne croit pas le Coran éternel, mais créé, fut la cause de l'émigration de la capitale abbasside de Bagdad à Samarra. Quoi qu'il en soit, Samarra, fondée en 833 et abandonnée aux sables en 892, abritait nombre de mercenaires turcs. C'est un Turc de Samarra, Ibn Tulun, qui gouverna l'Égypte et construisit, sur le modèle mésopotamien, la mosquée qui porte son nom et le minaret de la Malwiya, lointain héritier des ziggourats mésopotamiennes.

4. Les Turcs Khazars sont arrivés autour de la Caspienne vers les IIe-IIIe siècles de notre ère, mais n'entrent vraiment dans l'Histoire qu'avec cet engagement aux côtés d'Héraclius au VIIe siècle. Voir *infra*, chapitre VI, note 2. Les Petchénègues, cités ci-dessous et que nous retrouverons, semblent être arrivés au nord de la mer Noire dans les dernières décennies du IXe siècle. Ils furent au faîte de leur puissance après la destruction des Khazars en 1016.

5. Les textes prémonitoires relatifs à la prise de Constantinople sont nombreux. Ils ont été étudiés par Louis Massignon, *Opera minora*, I, p. 142 *sq.*

6. Les pauliciens, secte dualiste qui se réfère à saint Paul, mais très influencée par le manichéisme, furent vivaces du VIIe au Xe siècle.

7. La dynastie aghlabide, issue de gouverneurs du Maghreb de 765 à 767, régna en Tunisie de 800 à 909, et fit atteindre à ce pays son âge d'or.

8. Cette histoire rappelle étrangement celle du débarquement en Espagne. Voir *supra*, chapitre II, note 9.

9. Je conserve le mot *Reconquista*, entré dans l'usage, bien que je me sois fait reprendre il y a quelques années en Andalousie alors que je l'employais lors d'une conférence : on me fit remarquer que je devrais

dire *conquista*, l'Espagne n'ayant été que très peu de temps chrétienne avec les Wisigoths et longtemps musulmane.

10. Il ne se réfère naturellement pas au christianisme, mais à l'antique religion des Germains ou à une autre antérieure à l'arrivée de ces derniers.

CHAPITRE IV
Recul des Arabes

1. Diyarbakir possède une magnifique mosquée de date incertaine, à laquelle travaillèrent probablement les Seldjoukides, mais qui doit être antérieure à eux. Elle reproduit le plan à trois nefs de la Grande Mosquée des Omeyyades de Damas. Sur son porche et dans sa cour, elle présente des reliefs animaliers, dont la magistrale composition d'un lion terrassant le taureau, et relève donc de ces mosquées à décor figuratif que nous avons évoquées plus haut (chapitre premier, note 6).

2. La conversion de tribus ou de peuples à la suite de leurs chefs n'est pas chose rare. Tout le monde connaît celle des Francs avec Clovis. On peut en citer maintes autres, ainsi celle du Normand Harold en 826 qui vient se faire baptiser avec sa suite par Louis le Pieux, ou celle des Bulgares pré-slaves : voir *infra*, chapitre VI, note 3.

3. Le calife fatimide al-Hakim fit proclamer qu'il était une incarnation divine, ce qui était d'une singulière audace en islam. Sa divinité fut reconnue par Darazi, fondateur de la religion des Druzes. Bien que de mère chrétienne, il fut l'un des plus farouches persécuteurs des chrétiens que l'Histoire ait connus.

4. Les Hongrois ou Magyars, peuple de la famille finno-ougrienne, arrivent au IXe siècle en Europe, poussés par les Petchénègues. Ils multiplient leurs raids jusqu'à leur défaite à Lechfeld. En 995, leur roi Géza (979-997) se convertit au christianisme.

5. Les Fatimides sont des chiites, mais leur nom est intéressant en ce qu'il se réfère à la fille du Prophète, Fatimah, et non à son mari Ali. Ce fait nous oblige à réfléchir sur la place des femmes en islam, et notamment dans le chiisme.

CHAPITRE V
Espagnols et Normands

1. Rappelons que les Normands (Vikings) sont en Angleterre vers 795 et dans la vallée de la Seine en 841.

2. C'est la maison d'Anjou, puis, après les Vêpres siciliennes en 1282, celle d'Aragon qui porteront le coup de grâce à l'islam sicilien et à sa culture.

CHAPITRE VI
Arrivée des Turcs

1. Mon expression « monothéisme à dieux multiples » peut surprendre, mais je ne crois guère au polythéisme (et, à Delhi, une haute personnalité de la religion hindouiste a partagé largement mon point de vue au cours d'une conversation que nous avons eue). Les « dieux » du paganisme ne sont que des manifestations diverses de la puissance de l'Un. En ce qui concerne les Turcs et les Mongols, dont la religion est la même, le grand Dieu est le Ciel (*Tengri*), et il ne manque pas de documents qui prouvent son unicité. Je me permets de renvoyer à mon ouvrage, *La Religion des Turcs et des Mongols*. Le chamanisme – « une technique archaïque de l'extase », comme l'a bien défini Mircea Éliade – n'est pas une religion, mais se greffe sur la religion. C'est essentiellement un phénomène sibérien qui a été importé dans les steppes d'Asie centrale avec l'arrivée des Turcs aux alentours de l'ère chrétienne. On tend de nos jours à parler de chamanisme un peu partout dans le monde, alors qu'on pourrait tout au plus évoquer des faits chamanistiques.

2. La classe dirigeante des Khazars avait adopté le judaïsme, ce qui a longtemps fait considérer ce peuple comme juif (voir D.M. Dunlop, *The History of the Jewish Khazars*). L'islam et le christianisme avaient pénétré chez eux et se disputaient l'audience des masses. Saint Cyrille (827-869) fut un missionnaire actif auprès d'eux ; on lui attribue même la conversion d'un khan.

3. Les Bulgares, slavisés dans les Balkans, sont à l'origine des turcophones dont le nom signifie les « mélangés ». Ils apparaissent dans l'Histoire en 480. Dans la seconde moitié du VIIe siècle, ils se divisent en deux branches : l'une va dans les Balkans, où elle se slavise et se christianise quand son khan Boris Ier se convertit en 864-865 ; l'autre remonte le cours de la Volga jusqu'à son confluent avec la Kama, où elle passe à l'islam à une date inconnue du Xe siècle.

4. Les traditions pré-islamiques sont encore vivaces chez les Yörük, qui achèvent actuellement de se sédentariser, mais qui étaient encore nomades quand j'ai travaillé chez eux il y a une quarantaine d'années. Elles le sont plus encore chez les Alevis, qui constituent un pourcentage non négligeable de la population turque (entre 20 et 40 % suivant les estimations des uns et des autres). On trouvera sur eux tout ce que j'ai

pu rassembler dans mon livre *Les Traditions des nomades de la Turquie méridionale*, et dans mes divers articles.

5. On y parle avec respect de ce qui fut l'animal totem des Turcs, le loup (« Le visage du loup est une bénédiction »), du culte de l'arbre et de l'eau, du combat rituel et initiatique d'un jeune homme contre le taureau, et l'on y trouve au moins une allusion au grand cycle sibérien du Lac des Cygnes que les Russes rendront célèbre plus tard.

6. Le titre de sultan (pluriel *salatinu*) n'est pas nouveau, mais il ne semble pas avoir été donné à un chef d'État avant les Seldjoukides. Bien que nous désignions le souverain ottoman comme sultan, son titre officiel est padichah (« empereur »), et lui-même se présente avec une succession d'épithètes ronflantes. Sans reprendre celles-ci, au reste variables, disons que les Turcs résumèrent les titres de leurs souverains en de brèves formules : pour donner un exemple, ils présentèrent Soliman le Magnifique comme « Sultan Kanuni Sulayman, Padichah, Ghazi », ce que je traduirais par « Son Altesse Soliman le Législateur, empereur et victorieux ».

7. Les chiites ismaéliens étaient entrés dans une semi-clandestinité et, pour faire triompher leur cause, ils se livrèrent à des séries d'attentats. On prétend qu'ils réunissaient des jeunes gens dans des sortes de paradis terrestres où ils les enivraient de haschich, puis les envoyaient commettre des meurtres en y perdant la vie. On aurait nommé ces kamikazes Hachichins, « fumeurs de haschich », d'où nous aurions tiré notre mot « assassin ». Leurs repaires dans les montagnes (en Iran, le principal est Alamut) étaient imprenables et il fallut les Mongols pour en venir à bout au XIIIe siècle.

8. Voir *infra*, le paragraphe « Préparation et départ de la croisade ».

9. Le XIIIe siècle est incontestablement le grand siècle français, non seulement celui de Saint Louis et de la croisade, mais aussi celui où notre beau langage règne plus ou moins partout, celui où l'on érige les cathédrales.

10. Tous ces nombres, ici et ailleurs, doivent être considérés avec circonspection. J'ai remarqué, comme mon lecteur sans doute, que 150 000 était un de ceux qui revenaient le plus souvent.

CHAPITRE VII
La Reconquista

1. L'Afrique du Nord, comme bien d'autres régions musulmanes, conserve maintes traditions pré-islamiques. C'est surtout à elles que

s'attache l'étude déjà ancienne, mais excellente, d'Édouard Westermarck, *Survivances païennes dans la civilisation mahométane.*

2. Les musulmans croient à la venue à la fin des temps d'un personnage qui établira la justice, ce qu'on pourrait appeler en termes chrétiens le « Royaume de Dieu ». C'est le mahdi. Beaucoup pensent que ce sera Jésus et l'expriment par une phrase catégorique : *La mahdi ila Isa,* « Pas de mahdi si ce n'est Jésus ». Un minaret de la Grande Mosquée de Damas s'appelle « minaret de Jésus » et l'on pense, au moins localement, que c'est là qu'aura lieu son retour. Naturellement, les chiites attendent le retour de l'imam caché. D'autres croient que le mahdi doit au moins être de la descendance de Mahomet. Au cours des temps, il n'a pas manqué de personnages pour se proclamer mahdi. Le plus célèbre est celui qui souleva le Soudan en 1881-1898.

CHAPITRE VIII
La croisade

1. Les maronites, chrétiens ralliés à Rome, qui vécurent longtemps réfugiés dans les monts du Liban et forment encore aujourd'hui une importante minorité, se rattachent à saint Maron (mort vers 470).

2. Je conserve cette division traditionnelle des croisades, bien qu'elle soit assez artificielle.

3. Les Seldjoukides, sauf quand les croisés traversent l'Anatolie, ne prennent pas part à la croisade et n'interviennent pas en Syrie. On peut s'étonner que, lors de la prise de Constantinople par les Latins et de la terrible anarchie qu'elle entraîna, ils n'aient pas profité des circonstances pour intervenir.

4. Il ne reste rien, à Damiette et dans l'ensemble des villes du littoral égyptien, des monuments construits par les musulmans qui soit antérieur au fort de Qaitbay à Alexandrie (fin du XVe siècle).

5. Saint François (vers 1182-1226) apparaît ici comme le prédécesseur de Raymond Lulle (1223-1315). L'ordre franciscain a été fondé en 1209-1210.

6. Le calife abbasside fut exécuté, mais un membre de sa famille alla se réfugier en Égypte, où ses descendants continuèrent à être des califes fantoches jusqu'à la conquête ottomane au XVIe siècle. Après ce jour, la famille d'Osman prétendra à ce titre et le prendra effectivement.

7. Les Alains formèrent notamment la garde impériale des Mongols de Chine à Pékin. Ils y étaient 30 000 au temps de Khubilaï et jouèrent un rôle important dans la communauté chrétienne d'Extrême-Orient.

8. Très tôt, le roi Héthum avait fait le voyage de Mongolie pour rencontrer le Grand Khan (1254). Les Arméniens combattirent plus tard aux côtés des Mongols, participèrent à la prise de Bagdad et s'en réjouirent : « Il y avait 515 ans [en réalité 496] que cette ville avait été fondée [...] et, pareille à une sangsue, elle avait englouti le monde entier [...]. Elle fut punie pour tout le mal qu'elle avait fait », dit l'historien arménien Kiragos.

9. Les contemporains étaient parfaitement conscients de la parenté des Turcs et des Mongols. « C'est un fait remarquable que les Tatars aient été détruits par des hommes de leur propre race », note un historien damascène.

10. Ce nom d'animal porté par un Mamelouk montre que les traditions totémiques ou para-totémiques des Turcs n'étaient pas oubliées en Égypte au XIIIe siècle. Bay Bars orna ses monuments de ses armes parlantes, un fauve, sans doute l'once.

CHAPITRE IX
Chrétientés lointaines

1. Méroé, capitale du royaume de Kouch (VIe siècle av. J.-C.), a laissé des vestiges de sa brillante civilisation, dite méroïtique. Celle-ci disparut vers 350 de notre ère (palais, temples, nécropoles aux pyramides en briques, sculptures, céramiques, bijoux).

2. La légende du Prêtre Jean est l'une des plus importantes du Moyen Âge. Elle naquit sans doute de l'irruption des Kara Khitaï bouddhistes, pratiquant donc une religion que l'on ignorait, aux confins orientaux du monde musulman, et du recul qu'elle fit subir à l'islam. Quand les Mongols surgirent à leur tour et qu'on sut qu'il y avait parmi eux des chrétiens, elle se trouva revivifiée. Une meilleure appréciation de la situation dans l'Empire mongol fixa définitivement le Prêtre Jean dans un royaume effectivement chrétien, celui de l'Éthiopie (où on l'avait sans doute déjà localisé auparavant).

3. L'islam interdit en principe l'art funéraire : le mort doit être enterré « au désert » sous une dalle anépigraphiée. Cela n'empêcha pas son fantastique développement et sa splendeur. Quelques-uns de ses plus beaux monuments (et des plus beaux du monde, comme le Tadj Mahal d'Agra) sont des mausolées. On pense parfois que le premier tombeau, celui de Samarra, a été inspiré par la mère chrétienne du calife, mais il y a bien plus de raisons de croire que l'introduction de l'art funéraire est due aux Turcs, mercenaires, puis conquérants.

4. Ces juifs d'Éthiopie sont les fameux Falachas qui n'étaient plus que quelques dizaines de milliers vers 1950 et qui ont, depuis, émigré vers Israël. Parlant amharique, mais priant en guèze, ils ont promu une culture originale, particulièrement remarquable au XVIe siècle quand ils s'allièrent aux musulmans contre les chrétiens, mais ils déclinèrent rapidement dès la fin de ce siècle.

5. Sur les rapports entre Mahomet et l'Éthiopie, voir M. Hamidullah, *Le Prophète de l'islam*, p. 187-205.

CHAPITRE X
L'hégémonie des Turcs

1. Rappelons que les Mongols ont envahi l'Asie Mineure, vaincu et soumis les Seldjoukides de Rum après la bataille de Köse Dagh le 25 juin 1243.

2. Les janissaires étaient recrutés par la méthode du *devchirme*, la « cueillette » d'enfants dans les familles chrétiennes de l'Empire, ce qui a souvent paru une mesure odieuse. Mais il ne faut pas oublier que les janissaires accédaient parfois aux plus hautes fonctions et que presque tous faisaient des carrières honorables. Le génial architecte Sinan était un janissaire, d'origine grecque ou arménienne (tout le monde le revendique). Certains documents laissent envisager que maintes familles chrétiennes de condition modeste étaient heureuses de la levée de leurs enfants qui échappaient ainsi à la misère, voire qu'elles la sollicitaient.

3. On n'en finirait pas de donner des citations appuyant cette idée récurrente qu'il ne doit y avoir qu'un seul souverain sur la terre comme il n'y a qu'un Dieu dans le Ciel. Ibrahim, le grand vizir de Soliman le Magnifique lui-même, bien que non turc, prononcera la phrase : « Il ne peut exister qu'un seul empereur sur la terre, car il n'y a qu'un seul Dieu dans le Ciel. » Le grand voyageur franciscain chez les Mongols, Jean de Plan Carpin, a usé, en parlant de la monarchie universelle chez les Tartares, de l'expression *omnium hominum imperator*.

4. Tamerlan était certainement convaincu d'être un bon musulman, d'agir au nom de Dieu. Il avait un maître spirituel et on lui voit souvent des élans religieux spontanés. Mais Jean Aubin a bien souligné la continuelle émergence en lui de substrats païens, qui le rendait inconséquent : il interdisait le vin et se livrait à d'épouvantables beuveries ; il disait faire le *djihad*, mais son œuvre essentielle a consisté à détruire toutes les puissances musulmanes de l'époque, celles des Indiens, de la Horde d'Or ou de l'Empire ottoman.

5. Les Tatars formaient une confédération tribale de Mongolie particulièrement barbare et ils avaient lutté contre Gengis Khan. Quand ils lui furent soumis, celui-ci les utilisa comme avant-garde et leur irruption soulevait la terreur. On en vint partout à utiliser leur nom pour désigner, à leur grande ire, les Mongols eux-mêmes. Le mot fut déformé en « Tartare » par confusion avec le fleuve infernal de l'Antiquité ou par jeu de mots. Il restera employé pour désigner tous les Turcs non ottomans, voire quelques autres peuples des steppes.

6. Ibn Rusteh et Gardizi disent que les habitants de la Volga se capturent, se vendent les uns les autres aux étrangers. Al-Umari écrit : « En période de sécheresse et de famine, les Turcs du Kiptchak vendent leurs fils. Dans les années d'abondance, ils cèdent leurs filles. » Les hordes nogaï, après leur défaite, furent très mal traitées : « Leurs femmes et leurs enfants en nombre considérable furent emmenés en captivité dans les pays étrangers », raconte un auteur anonyme.

7. La Grande Peste fut si terrible qu'Ibn Khaldun a pu écrire : « La face du monde habitée changea. » Dans la chrétienté, les religieux qui se dévouaient aux malades furent particulièrement touchés. À Montpellier par exemple, dans un couvent dominicain de 140 moines, 8 seulement survécurent. Leur affaiblissement eut des conséquences sur les missions en Orient, jusqu'alors si actives et qui dès lors périclitèrent.

CHAPITRE XI
De la prise de Constantinople à celle de Grenade

1. En 1478, une bombarde expérimentale française explosa en voulant lancer un projectile de 250 kilos. Maximilien d'Autriche dit au début du XVIe siècle qu'il « faut parler avec respect des canons du Grand Turc ».

2. Istanbul était habitée par quelque 700 000 personnes sous Soliman, dont 40 % de chrétiens et 10 % de juifs. La ville entretint ses murailles, se para de nombreuses mosquées, dont plusieurs très belles, et du grand palais de Top Kapi.

3. Le yoghourt, qui tient aujourd'hui une telle place dans l'alimentation en Europe, n'y est arrivé que tard, en grande partie par les émigrés du Caucase lors de la révolution soviétique. La forme *yaourt*, longtemps employée, vient du grec. Le mot turc est formé sur le verbe *yoghurtmak*, « épaissir ». Ce breuvage n'est pas le seul emprunt que nous avons fait aux Turcs : nous leur devons le kiosque à musique ou à journaux (turc *köchk*), la tulipe (turc *tülbend*), le gilet (turc *yelek*), etc.

4. Rappelons une anecdote bien connue : quand Boabdil quitta Grenade en larmes, sa mère lui dit : « Pleure en femme un royaume que tu n'as pas su défendre en homme. »

CHAPITRE XII
L'aube de la domination européenne

1. La grande culture de Venise ne résista pas à la faillite de son empire et de son économie. La peinture qui contribua à sa gloire le prouve. Il y a bien encore, au XVIIe siècle, Canaletto, Tiepolo et, chant du cygne, au XVIIIe siècle, Guardi (1712-1793), mais où sont les Titien, les Tintoret, les Véronèse ?

2. Sous Chah Abbas le Grand (1588-1620), la dynastie séfévide d'Iran est à son zénith, mais, comme l'écrit Chardin : « Quand il cessa de vivre, la Perse cessa de prospérer. » L'architecture et sa décoration sont de bons témoignages de sa décadence. Il y eut bien encore quelques belles réalisations, dont les seules vraiment remarquables sont le pont-barrage de Khwadju en 1650 et la madrasa Madar-i Chah en 1706-1714, qui enchanta Pierre Loti et d'autres. Le raid afghan de 1722, puis Nadir Chah et son épopée conquérante de 1730 à 1746 portent au pays le coup de grâce.

3. Il y avait maints chrétiens chez les Mongols et les souverains épousaient parfois des chrétiennes. Leur conversion fut un rêve qui aurait pu se concrétiser. On en parla beaucoup au concile de Lyon en 1277. Un souverain d'Iran comme Arghun fit baptiser son fils sous le nom de Nicolas, en hommage au pape, mais il deviendra prince musulman sous le nom d'Oldjaitu. Un autre souverain, Sartaq, se fit baptiser en 1250 ou 1251 et envoya un messager à Anagni pour annoncer la nouvelle à la papauté. On pourrait citer d'autres exemples.

4. Sinan reprendra ses recherches, créera des types architecturaux très variés et construira son chef-d'œuvre, l'un des plus beaux sanctuaires du monde, la mosquée Selimiye d'Édirne (1569-1571), à l'âge de quatre-vingts ans.

5. Citons, parmi les hommes d'origine chrétienne et européenne qui servirent l'Empire, outre l'architecte Sinan, l'amiral grec Barbaros, les grands vizirs Sokollu Mehmet Pacha, bosniaque, Rustem Pacha, hongrois, Ibrahim, grec, les Köprülü et Mehmed Ali d'Égypte, albanais. Aucun ministre de Soliman le Magnifique ne fut turc.

6. Les capitulations eurent notamment pour effet de donner à la France la protection des chrétiens d'Orient, rôle qu'elle conservera malgré quelques moments d'oubli passagers.

7. Les Vénitiens et les Anglais avaient leurs propres privilèges. Plus tard, les capitulations furent accordées à l'Autriche, puis à la Russie, et finalement l'Empire ottoman ne fut absolument plus le maître chez lui.

8. Je rappelle que cette survie des chrétiens en Espagne est un cas particulier dans le monde musulman puisque, partout sous la domination des Arabes, ils furent arabisés et, en majeure partie, islamisés.

9. En 1958, les berbérophones étaient 2 millions en Algérie (soit un tiers de la population), 5 millions au Maroc (soit plus de la moitié de la population), mais il n'en reste qu'un nombre infime en Tunisie. Aucune statistique plus récente n'est fiable.

CHAPITRE XIII
L'équilibre des forces en Europe

1. La guerre entre les Iraniens chiites et les Ottomans sunnites fut presque continuelle après la campagne menée par Selim Ier et elle dévasta les régions à la limite des deux empires, surtout l'Est anatolien qui ne s'en est jamais remis. Les principales guerres se déroulèrent en 1533-1534, 1545-1549, 1553-1554, 1603-1604, 1624-1639, 1723-1726, 1732-1736.

2. Les Druzes sont issus de Darazi qui, au XIe siècle, reconnut la divinité du calife al-Hakim, et ils vivent dans les montagnes syriennes qui portent leur nom, le Djebel Druze. Leur origine ethnique est controversée et a donné lieu aux hypothèses les plus invraisemblables (ils seraient les descendants de croisés, etc.). Leur doctrine, qui relève peu de l'islam, semble imprégnée de philosophie grecque et indienne, mais leurs textes demeurent secrets.

3. Le terme « Barbaresques » s'emploie essentiellement pour les Nord-Africains. Les Européens utilisent souvent les mots Maures, Sarrasins et Barbaresques dans le même sens, mais le dernier reste attaché au Maghreb, tandis que les autres sont d'un usage plus large.

4. Louis XIV reçut une ambassade ottomane en 1670, peu avant que Molière n'écrive *Le Bourgeois gentilhomme*, ambassade qui impressionna fortement l'opinion publique. Molière fait montre d'une étonnante connaissance du monde turc, en particulier de sa langue dont il cite des mots (à côté du jargon levantin). Il est particulièrement perspicace quand il dit qu'elle exprime beaucoup de choses en peu de mots, le turc étant une langue agglutinante où maints termes indépendants dans les langues indo-européennes sont suffixés.

5. Le rôle que joue le Russe Gourguine montre que, sans faire la guerre, les chrétiens tirent souvent les ficelles des marionnettes que sont

en passe de devenir les musulmans, et qu'ils peuvent provoquer de grands événements dont ils semblent absents. Voir mon *Histoire de l'Iran et des Iraniens.*

6. La république des Bachkirs, dont le territoire est formé en 1920, couvrait 145 000 kilomètres carrés et était habitée en 1939 par 3 145 000 personnes, dont un tiers seulement de Bachkirs, mais maints d'entre eux vivent à Kazan et dans diverses provinces de Russie.

7. Entre 1650 et 1900, quoi qu'il ait pu se passer, les Tatars de Crimée sont pratiquement éliminés. Ils auraient encore été 1,2 million en 1783, et seulement 100 000 en 1862. Accusés de collaboration avec les Allemands, ils furent dispersés après la Seconde Guerre mondiale à travers les territoires de l'URSS. Ils ont depuis été réhabilités, mais en 1992 ils n'auraient été à nouveau que 100 000.

CHAPITRE XIV
Guerres en Asie

1. Les Oïrates (les « Fédérés »), que les Turcs nommèrent Kalmouks, nom qui leur restera, n'avaient pas participé à l'épopée gengiskhanide. Ils fondèrent vers 1434 l'éphémère Empire dzoungare (*djagun-gar*, « hommes de la main gauche ») qui lutta beaucoup, notamment contre la Chine, et ne tarda pas à disparaître. Les Kalmouks se convertirent au bouddhisme en 1620. Le mot « kazak » a donné en russe « cosaque ». L'origine des Cosaques est controversée. À l'origine, ils étaient constitués d'irréguliers nomades, parmi lesquels figuraient maints Tartares. Ils seront organisés, et uniquement slaves aux XVIe-XVIIe siècles dans les régions du Don et du Dniepr.

2. Il se peut tout de même que les Russes persécutant les musulmans de Kazan se soient servis d'eux pour s'introduire chez les Kazaks sous prétexte d'islamisation.

3. Nous avons vu un khan des Nogaï (horde turque du nord de la Caspienne, sur l'Oural), en 1551, disposer de forces identiques. Mais la situation au XVIIe siècle n'est plus celle du XVIe et, même si les chefs de puissantes tribus peuvent lever beaucoup d'hommes, ils ne possèdent plus d'armes égales à celles des Russes.

4. Babur descend par son père de Tamerlan à la cinquième génération et par sa mère de Gengis Khan. Il est un neveu du grand prince timouride Husain-i Baiqara (sultan Husain Mirza). Le nom de Grand Moghol (« moghol » est l'écriture correcte du nom dont nous avons fait « mongol ») est une référence au grand empire gengiskhanide que tout un chacun rêvait de reconstituer.

5. Akbar rencontra un religieux portugais, Antonio Cabral, qui ne sut pas répondre de façon satisfaisante à sa curiosité, et il manda à Goa qu'on lui envoyât des prêtres capables de mieux le renseigner. Une première mission, menée par Aquaviva (1580-1583), arriva à sa cour, puis une deuxième en 1595 avec Jérôme Xavier et Benoît de Goes (ce dernier partit pour la Chine en 1605). Jérôme Xavier accompagna l'empereur dans sa campagne au Deccan et demeura à la cour jusqu'en 1615 sous le règne de Djahangir. Voir A. Camps, *Jérôme Xavier and the Muslims of the Mogul Empire.*

6. En 1707, quand Aurengzeb meurt, l'empire des Grands Moghols s'est considérablement étendu dans le Deccan et a atteint ses plus vastes dimensions, mais ses terres sont à l'abandon, ses ressources financières épuisées, et tous les grands vassaux commencent à devenir indépendants.

CHAPITRE XV
Les insurrections nationales

1. Préparée, comme tant de choses, par le génie de Goethe (qui écrivit notamment en 1773 son *Chant de Mahomet*), la mode orientaliste s'exprime dans le *Divan* de Goethe (*Westöstlicher Divan*, 1819, très influencé par le poète persan Hafiz), dans l'œuvre de Shelley (*La Révolte de l'islam*, 1816-1818), dans les poèmes de Byron écrits entre 1813 et 1815 (tels *Le Giaour* ou *Le Siège de Corinthe*), dans *Les Orientales* de Hugo (1820), dans *L'Itinéraire de Paris à Jérusalem* de Chateaubriand (1811), comme dans les peintures de Gros (*Bataille d'Aboukir*, 1806), d'Ingres et de Delacroix, ainsi que dans la musique (*L'Italienne à Alger* de Rossini, 1819). Il importe de signaler que, bien avant cette mode, l'Orient avait inspiré maintes fois les artistes et écrivains européens (voir, par exemple, *Othello* de Shakespeare, *Les Lettres persanes* de Montesquieu, les peintures de Rembrandt, *L'Enlèvement au sérail* de Mozart, et cent autres grandes œuvres).

CHAPITRE XVI
Les conquêtes coloniales

1. Bonaparte fonde en 1798 l'Institut d'Égypte avec Monge, Berthollet et Saint-Hilaire. En 1799, la célèbre pierre de Rosette est découverte. En 1803 paraît la magistrale *Description de l'Égypte.*

2. Bonaparte sut apprécier les qualités militaires des Mamelouks. Menou en recruta qui, revenus en France, constituèrent le régiment mamelouk de la Garde impériale : celui-ci se couvrira de gloire à Austerlitz et presque tous ses membres seront exterminés à Marseille lors de la Terreur blanche.

3. « Dey » (déformation de *dahi*, « oncle ») est un titre employé par les chefs des janissaires (à ne pas confondre avec « bey », en turc ancien *beg*, qui signifie à l'origine « seigneur » et, par dévaluation, n'a plus aujourd'hui que le sens de « monsieur »).

4. Le bled est en arabe classique *bilad*, le « pays ». C'est l'un des nombreux mots ramenés d'Afrique par les soldats français, comme barda, cleb (clébard) et toubib.

5. J'emploie à dessein le mot « nègre », qui n'a aucune raison d'être frappé d'ostracisme, car il n'est nullement péjoratif. Je rappellerai que Léopold Sedar Senghor a promu le terme « négritude » pour exalter la civilisation africaine, et qu'il emploie le mot dans son livre *Anthologie de la nouvelle poésie nègre et malgache de langue française* (1948).

6. Enver Pacha, mort en 1922 à quarante-quatre ans dans les rangs des Basmatchis, en poursuivant son rêve d'un grand Touran réunissant tous les Turcs, fut l'un des chefs du Comité Union et Progrès de la « révolution » turque de 1908-1909, puis ministre de la Guerre et commandant en chef adjoint de l'armée ottomane en 1914.

7. Les ordres religieux ou congrégations sont nombreux dans le monde musulman depuis le Moyen Âge ; ils ont joué et jouent encore un rôle considérable. Les premières règles établies pour des moines vivant en communauté sont dues à Abu Saïd au début du XIe siècle. Les Naqshbandiya ont été fondés par Naqshband (1317-1369).

8. On ne sait pas bien si les Hazara mongolophones sont des résidus de l'invasion de Gengis Khan ou s'ils sont arrivés en Afghanistan à une époque plus récente. Ils vivent essentiellement dans les montagnes. Ils auraient été un peu plus d'un million en 1950. Les Kafir, « Infidèles », constituaient un peuple doué d'une forte personnalité et d'un sens artistique aigu qui s'exprime dans le travail du bois : portes, fenêtres, coffres, meubles, et magistrales idoles de grande taille. Leur origine est discutée et je me suis demandé s'ils ne pouvaient pas être issus d'un peuple turc qui fit assez de bruit et disparut mystérieusement, celui des Qalatch (Khalatch).

9. Herat est l'une des grandes villes de l'Iran historique et a été l'un de ses plus grands centres culturels. Sa population parle le persan, une langue assez différente des dialectes iraniens utilisés en Afghanistan.

10. Le babisme est une religion syncrétiste fondée en 1844 en Iran par Sayyid Ali Mehmet, dit le Bab (« la Porte »). Elle connut un immense succès, mais fut très vite persécutée, et son fondateur fusillé avec ses

principaux collaborateurs en 1850. Son successeur alla en exil dans l'Empire ottoman. En 1863, Baha Ullah (mort en 1892) proclama le béhaïsme, qui était une sorte de remodelage du babisme. À sa mort en 1892, son fils prit sa succession et voyagea à travers le monde pour divulguer sa doctrine. Certains de ses propos ont été recueillis par Laura Clifford Barney dans un petit livre passionnant, *Les Leçons de Saint-Jean-d'Acre*, traduit du persan en 1907.

CHAPITRE XVII
La guerre de 1914-1918 et ses suites

1. Il semble qu'en 1914 on se soit fait bien des illusions sur le rôle du califat. Quand Atatürk l'abolira – sans aucune autorité pour le faire, celui-ci dépassant les frontières de la Turquie –, il n'y aura guère de protestations en dehors de celles des Indiens et nul ne songera à recevoir le calife déchu ni à relever l'institution. Depuis 1922, l'islam ne dispose plus d'une autorité spirituelle concentrée dans les mains d'une seule personne.

2. Les Kurdes, qui n'ont jamais formé un État, appartiennent au monde iranien et vivent aujourd'hui dans trois États différents : en Iran, en Turquie et en Iraq. Quelques-uns, peu nombreux, habitent dans le Caucase et en Syrie. On les estime à 12 ou 15 millions en Turquie, 4 ou 5 millions en Iraq, et autant en Iran.

3. On traduit en général Atatürk par « Père des Turcs », mais le sens exact est « Turc Père », sans doute dans le sens « Turc comme étaient nos aïeux ».

4. Il paraît inconcevable que l'Europe et l'Amérique ne parviennent pas à infléchir l'Arabie saoudite et qu'une situation si peu égalitaire subsiste.

5. Ainsi, l'Uzbekistan compte un nombre de Tadjiks (Iraniens) estimé parfois, contre toute évidence, à 5 % de sa population totale, alors qu'il est bien plus élevé – au moins 20 % ? Au Tadjikistan, il y aurait 25 % d'Uzbeks.

6. Alors que les Uzbeks représentaient 2,9 % de la population de l'URSS, ils ne constituaient que 1,5 % des membres du Parti communiste. La mortalité chez les Uzbeks est de 3,4 % en 1990, alors qu'elle est de 2,2 % pour l'ensemble de l'URSS. Les mêmes différences sont remarquables pour la scolarisation, l'espérance de vie, etc.

CHAPITRE XVIII

L'époque contemporaine

1. Le chah d'Iran, monté sur le trône en 1925, fondateur de la dynastie pehlevie et émule malheureux d'Atatürk, est obligé de démissionner en faveur de son fils Mohammed Riza le 15 septembre 1941. Exilé en Afrique du Sud, il y mourra en 1944.

2. Notamment l'attentat contre de Gaulle au Petit-Clamart le 22 août 1962, la fusillade du métro Charonne à Paris le 8 février de la même année, etc.

3. Il importe de ne pas oublier le tourisme qui lance des millions d'Européens et d'Américains dans les pays musulmans, qui envahit les stations balnéaires de Tunisie ou de Turquie, qui pousse à acquérir des résidences dans les villes du Maroc, etc.

4. Il faut souligner la très grande différence du comportement actuel des deux mondes chrétien et musulman. On tue des chrétiens et on détruit des églises en terre d'islam, sans que cela provoque beaucoup de réactions. La moindre agression contre un ressortissant d'un pays musulman, la plus légère profanation de mosquées en Europe soulèvent l'indignation et font traiter leurs auteurs de racistes.

5. Les Russes se « tatarisent ». Pour ne pas trop vivre repliés sur eux-mêmes, ils fréquentent volontiers les cafés musulmans, alors que les indigènes font peu de démarches vers les Européens. Il suffit, pour s'en rendre compte, d'aller à l'Opéra de Tachkent où les spectateurs, comme les acteurs et les musiciens, sont à 99 % des Européens.

6. Sans parler non plus des Européens et des Américains convertis, dont certains sont issus de l'élite (tels le philosophe Roger Garaudy ou le chorégraphe Maurice Béjart) ou sont des stars (comme Cassius Clay, devenu Mohammed Ali, ou le cosmonaute Neil Armstrong). La minorité musulmane aux États-Unis s'élèverait à 6 millions, en grande majorité des Noirs américains, les *Black Muslims*, dont le patriotisme paraît parfois incertain.

7. Ici, comme plus bas, je ne donne que quelques exemples extraits d'une longue liste de faits.

8. La disparition du christianisme est particulièrement remarquable dans une province comme celle de Mardin en Turquie : elle peut découler de la mésentente qui règne entre les diverses Églises, du grand isolement d'une communauté très sollicitée par l'Occident, et encore de l'insécurité due à l'insurrection kurde. Pourtant, en décembre 2006, la consécration d'un évêque syriaque dans cette province peut être un magnifique signe de résurrection dans le Sud-Est anatolien. On y parle de retours d'exil, de conversions. La cérémonie a au moins donné le

spectacle d'une réelle fraternité entre les Églises et d'un concours de fidèles venus des pays voisins et du bout du monde.

9. La question du statut de la femme en pays musulman ne saurait être abordée ici, mais je tiens à exprimer ma profonde conviction que l'on ne la comprendra vraiment que si l'on tient compte d'un fait essentiel : les musulmans, avant de parler d'infériorité ou de supériorité, tiennent à souligner au maximum la différenciation sexuelle (ce pour quoi, entre autres choses, les hommes laissent pousser leur barbe) en se fondant sur le fait que tout sur la terre est en opposition, et donc en complémentarité – le jour et la nuit, le chaud et le froid, le bruit et le silence, le mort et le vivant, le mâle et la femelle...

10. En septembre 2006, il y aurait 19 000 soldats de l'OTAN en Afghanistan, ce qui est infime pour quadriller un grand territoire difficile d'accès.

CE QUI N'EST PAS UNE CONCLUSION

1. Trois pays musulmans, l'Égypte, la Turquie et l'Iran, ont dépassé les 61 millions d'habitants, alors que vers 1950 ils en avaient respectivement 19, 21 et de 15 à 18 millions. Presque partout, l'indice de fécondité varie entre 3 et 5, alors qu'il est de 1,75 en France et de 1,35 en Allemagne.

2. Le nombre des immigrés musulmans en Europe occidentale est considéré comme supérieur à 10 millions. Il en arrive d'autres chaque jour, et chaque jour naissent d'eux quelques enfants.

ANNEXES

CHRONOLOGIE

La guerre entre l'islam et la chrétienté peut se diviser en périodes d'inégales durées, faites de poussées offensives, de reculs, de relative stabilité ou de calmes apparents, qui en général ne commencent ni ne finissent à une date précise – bien qu'elles le fassent parfois – et qui voient des événements entrant en contradiction avec ce que veut l'époque. Le tableau que j'en donne ici permettra, je l'espère, d'avoir une meilleure vision d'ensemble. Pour la clarté de l'exposé, nos chapitres ne répondent pas à cette classification.

1. De 570 à 632. Naissance de l'islam en Arabie

Révélation du Coran à Mahomet. Unification des peuples arabes de la péninsule Arabique par la prédication et la guerre.

2. De 632 à 732. Invasion arabe

Les Arabes conquièrent la Palestine, la Syrie, l'Iraq, l'Égypte, toute l'Afrique du Nord, l'Espagne. Ils atteignent le Caucase (Géorgie et Arménie) et lancent plusieurs assauts contre Constantinople. Ils pénètrent en France, où ils sont arrêtés à Poitiers (732). En même temps, ils occupent tout le monde iranien jusqu'à l'Indus et le Syr-Darya. Ils commencent l'islamisation et l'arabisation des pays conquis.

3. De 732 à 902. Relative stabilité

Les Arabes occupent la Crète (825-828) et la Sicile (827-902), mais sont expulsés de France, où ils reviendront à partir de 889. Ils lancent des attaques contre l'Italie continentale. Les Byzantins parviennent non seulement à contenir leur poussée, mais encore à recouvrer l'essentiel de l'Asie Mineure. Les chrétiens réfugiés dans le nord de l'Espagne constituent des États solides, d'où partira la reconquête.

4. De 902 à 1030. Recul des Arabes

Malgré la grande offensive d'al-Mansur, les chrétiens espagnols élargissent leurs territoires, parvenant à dominer le quart de la péninsule Ibérique. La disparition du califat de Cordoue (1031) donne naissance à de petits royaumes impuissants. Les Arabes sont définitivement expulsés de France en 975. Les dernières attaques contre l'Italie continentale cessent (1016). Les Byzantins repoussent leurs frontières vers l'est et lancent plusieurs assauts en Syrie.

5. De 1030 à 1095. Intervention des Turcs et des Normands

Sortis des steppes de l'Asie centrale, les Turcs seldjoukides se rendent maîtres de l'Iran et de toutes les provinces arabes d'Asie. Ils arrachent la quasi-totalité de l'Asie Mineure à Byzance (1071). Cette avancée de l'islam en Orient est compensée par son recul en Occident. Les Normands conquièrent la Sicile (1061-1091). Les chrétiens espagnols poussent la Reconquista et prennent l'ancienne capitale des Wisigoths, Tolède (1095).

6. De 1096 à 1291. Le temps des croisades

Pendant que les Occidentaux font la croisade, s'installent au Proche-Orient, du Caire à Constantinople, fondent plusieurs États éphémères, dont le royaume de Jérusalem, et que les Turcs consolident leurs positions en Anatolie, les Mongols submergent le monde, asservissent les Russes (khanat de la Horde d'Or). En Occident, les petites principautés musulmanes font par deux fois appel aux Africains, Almoravides (1096) et Almohades (1147), ce qui n'empêche pas les chrétiens espagnols de remporter la grande victoire de Las Navas de Tolosa (1212), et de s'emparer de Cordoue (1236). Les Arabes ne conservent en Espagne que le royaume des Nasrides de Grenade. Les Francs sont finalement chassés du Proche-Orient en 1291.

7. De 1291 à 1402. Naissance des Ottomans

La petite principauté turque des Ottomans, fondée en 1299, commence sa vaste carrière en s'installant fortement en Anatolie, puis en passant dans les Balkans. Elle y remporte de grands succès et semble sur le point de faire tomber Constantinople quand elle est vaincue par Tamerlan en 1402. Les Mongols des steppes (Horde d'Or) se turquisent et s'islamisent, ce qui place les Russes sous domination musulmane. Ils commencent à se rebiffer.

8. De 1402 à 1492. Victoires et défaites des musulmans

L'Empire ottoman se redresse vite et repart à l'assaut. Il fait tomber Constantinople (1453), s'assure les côtes de la mer Noire et progresse en Europe. En Afrique orientale, l'islam vient à bout de la Nubie et essaie en vain de s'emparer de l'Éthiopie. En Espagne, la Reconquista s'achève par la prise de Grenade (1492). La Horde d'Or se disloque et donne naissance aux khanats de Crimée, d'Astrakhan et de Kazan.

9. De 1492 à 1606. L'expansion européenne

Les Ottomans poursuivent leurs campagnes en Europe jusqu'à la paix de Szitvatorok, qui marque le point culminant de leur expansion. L'Éthiopie est victime des campagnes de Gragne (1523-1543), qui la laissent épuisée et entamée par les conversions à l'islam. Les Ibériques tentent de s'implanter en Afrique du Nord, mais sont vite arrêtés par les Ottomans. Par ailleurs, les Portugais, qui se sont ouvert la route de l'Extrême-Orient par le cap de Bonne-Espérance (1498), puis les Hollandais, les Espagnols, les Anglais et les Français commencent à contrôler le golfe Arabo-Persique et l'accès à la mer Rouge, et à s'installer en Inde et en Asie du Sud-Est. Les Espagnols arrivent aux Philippines et empêchent leur islamisation. Les Russes se libèrent du joug des Tartares, prennent Kazan et Astrakhan (1552-55), et avancent au Caucase. En Méditerranée, la course est plus active que jamais.

10. De 1606 à 1695. Décadence musulmane

L'entreprise coloniale se poursuit, non sans que les puissances européennes s'affrontent en Inde et en Indonésie, que Russes et Anglais s'empêchent les uns les autres de dominer en Iran et en Afghanistan. Les Ottomans conquièrent la Crète, contrôlent le Maghreb, mais leurs assauts en Europe échouent – vain siège de Vienne en 1683 – et ils trouvent de nouveaux ennemis avec les Russes. Le traité de Karlowitz marque leur premier recul. Les Maures sont expulsés d'Espagne.

11. De 1700 à 1790. Les Européens mènent le jeu

En Russie, le siècle commence avec des révoltes musulmanes qui ne l'empêchent pas d'annexer la Crimée (1771). La faiblesse de l'Empire ottoman croît, conduit celui-ci à ses premiers désastres et en fait « l'homme malade de l'Europe ». Les Anglais achèvent de se rendre maîtres des Indes (Plassey, 1718). Le siècle se termine par l'expédition de Bonaparte en Égypte.

12. De 1790 à 1919. Le colonialisme

Partout, les peuples se soulèvent dans l'Empire ottoman, notamment les Serbes et les Grecs (1815-1830). La France fait la conquête de l'Algérie (1830-1847) et établit son protectorat sur la Tunisie et le Maroc. L'Angleterre occupe l'Égypte (1882) et domine le Soudan (condominium anglo-égyptien). Elle achève la conquête des Indes en occupant Baloutchistan, Sind, Pendjab, Cachemire, mais elle lance deux vaines expéditions contre l'Afghanistan (1835 et 1878). Les Hollandais s'implantent en Indonésie. L'Italie s'empare de l'Érythrée (1838), de la Somalie (1839) et de la Libye (1911). Les Russes mènent trente ans de guerre au Caucase contre Chamyl (1828-1859), conquièrent les khanats d'Asie centrale (1873-1881) et tentent d'enlever à l'Iran ses provinces septentrionales. L'Empire ottoman achève de perdre le peu de ce qu'il possédait encore en Europe.

13. De 1914 à 1945. Naissance des États musulmans modernes

Engagés aux côtés des Empires centraux, les Ottomans s'effondrent ; leur empire disparaît, mais donne naissance à la république turque, unifiée ethniquement par le massacre des Arméniens (1915) et le départ des Grecs (1923). Le monde arabe proche-oriental est divisé en plusieurs États, la plupart placés sous mandats ou protectorats, tandis que se fonde un foyer juif à Jérusalem. L'Empire russe devient un Empire soviétique, où les musulmans constituent des États fédérés.

14. De 1945 à 1962. La décolonisation

Les puissances européennes abandonnent leurs mandats, protectorats et colonies. Il en découle maintes crises, dont celles dues à la partition des Indes, à la formation de l'Union indonésienne, à la nationalisation du canal de Suez (1956), et la guerre d'Algérie (1954-1962).

15. De 1962 à 2001. Le réveil des musulmans

En 1970, les Européens commencent à quitter les républiques soviétiques d'Asie centrale et du Caucase. L'éclatement de l'URSS donne naissance à six républiques musulmanes – Azerbaïdjan, Kazakistan, Kirghizistan, Tadjikistan, Türkmenistan, Uzbekistan – et à la guerre de Tchétchénie. Les Russes occupent l'Afghanistan de 1979 à 1989. Leur retraite provoque une guerre civile qui se conclut par l'occupation du pays par les forces internationales en 2001. La désintégration de la Yougoslavie entraîne une guerre civile (1991-1994) et l'intervention de l'OTAN. L'invasion du Koweït par l'Iraq a pour conséquence l'intervention des États-Unis et de leurs alliés dans la guerre du Golfe.

16. De 2001 à 2006. L'aube du siècle

La destruction du World Trade Center à New York conduit les États-Unis et leurs alliés à occuper l'Afghanistan et l'Iraq (2001). Les attentats commis par les musulmans se multiplient.

Je relève ici les événements importants, et quelques autres mineurs, survenus dans les périodes dites de paix. Être exhaustif, ou du moins citer tout ce qui mériterait de l'être, exigerait une liste que j'évalue, avec modestie, à environ 750 dates, soit 50 par siècle. Ainsi, de 1375 à 1399, nous aurions : 1375, prise de Nich – 1378, bataille de La Voja – 1380, bataille de Koulikovo – 1382, sac de Moscou – 1383, prise de Serres – 1385, prise de Sofia – 1386, prise de Larissa – 1387, prise de Salonique – 1388, bataille de Plochnik – 1389, bataille de Kosovo – 1392, siège de Vienne – 1394, victoire des Nasrides sur les chevaliers d'Alcantara et siège de Constantinople – 1396, bataille de Nicopolis – 1397, prise d'Athènes – 1399, bataille de la Vorskla.

J'indique en italique les événements qui n'ont pas de rapports directs avec la guerre islamo-chrétienne.

622	*Hégire. Début officiel de l'ère musulmane.*
632	*Mort de Mahomet.*
634	Les Byzantins sont vaincus à Adjnadaïn. Les Arabes conquièrent la Palestine.
636	Les Byzantins sont vaincus sur le Yarmuk. Conquête de la Syrie par les Arabes.
636-655	*Les Arabes conquièrent tout l'Iran.*
637	Les Arabes prennent Antioche et Alep.

638	Les Arabes prennent Jérusalem.
639	Entrée des Arabes en Égypte.
642	Prise d'Alexandrie. Premières attaques arabes sur l'Arménie. (Prise de Dwin.)
647	Entrée des Arabes en Ifriqiya. Bataille de Sufettulah (Sbeitla).
652	Première attaque musulmane en Sicile. Les Arabes arrivent à Assouan.
655	Bataille des Mâts : défaite de la flotte byzantine.
673-678	Raids arabes en Anatolie. Siège de Constantinople.
681-683	Les Berbères résistent aux Arabes. Mort de Sidi Uqba.
692-693	Les Arabes en Arménie. Raids en Asie Mineure. Défaite des Grecs à Sebastopolis.
693-694	Occupation du Maghreb par les Arabes.
698	Chute de Carthage.
v. 702	Exécution de la Kahina (Maghreb).
705	*Califat des Omeyyades de Damas.*
711	Passage en Espagne de Tariq. Bataille de Guadalate (rio Barbate).
715	Les Arabes franchissent les Pyrénées.
717-718	Siège de Constantinople.
v. 718	Bataille de Cavendonga, près d'Oviedo.
719	Les Arabes prennent Narbonne et commencent l'occupation de la Septimanie.
720	Les Nubiens attaquent en Égypte.
721	Eudes d'Aquitaine vainc les Arabes près de Toulouse.
725-726	Campagnes arabes en Gaule méridionale, Dauphiné, vallée du Rhône, Bourgogne, pillage d'Autun et de Luxeuil (Vosges).
732	Charles Martel arrête les Arabes à Poitiers.
734-735	Les Provençaux se rallient aux musulmans. Prise d'Arles et d'Avignon par les Arabes.
737	Bataille de La Berre. Charles Martel, avec l'aide des Lombards, libère toute la Provence.

740	Défaite arabe à Akroinon (Phrygie).
750	*Califat abbasside de Bagdad.*
756	*Fondation de l'émirat de Cordoue.*
v. 759	Narbonne est reprise par les chrétiens.
778	Raid byzantin en Syrie. Campagne de Charlemagne en Espagne. Roncevaux.
782	Les Arabes attaquent Constantinople.
785-811	Charlemagne organise la marche franque d'Espagne, qui assure la domination directe ou indirecte des Francs jusqu'à l'Èbre.
791	Sac d'Oviedo. Les Francs à Gérone.
791-795	Offensive byzantine contre les Arabes.
793	Attaques arabes en Gaule. Bataille de Villadaigne et reflux des musulmans.
796-811	Campagnes de Charlemagne en Espagne.
805-809	Attaques arabes en Sardaigne, Corse, Chypre et Rhodes.
810-811	Les Francs prennent Tortose. Soulèvement des coptes.
825-826	Les Arabes conquièrent la Crète.
827	Raid des corsaires arabes en Bretagne. Campagne de l'émir de Cordoue en Catalogne.
827-902	Conquête de la Sicile par les Arabes.
831	Prise de Rhodes. Prise de Palerme. Pillage de Marseille.
838	Les Arabes d'al-Mamun prennent Ancyre. Défaite byzantine à Anzan, en Phrygie.
838-840	Les Arabes en Calabre.
842	Les Arabes à Marseille et à Pampelune. Les Arabes prennent Messine.
843	Échec d'une expédition byzantine contre la Crète.
846	Raid arabe sur Rome.
847-871	Émirat arabe de Bari.
849	Les Arabes occupent Raguse. Attaques maritimes arabes sur Ostie.

851-852	Lutte pour la possession de Barcelone.
854	Révolte de la Nubie.
861	Offensive d'Ordono Ier en Espagne.
863	Victoire du général Patronos contre l'émir de Mélitène.
864	Campagne musulmane en Haute-Égypte et Nubie.
866-910	Offensive d'Alphonse III des Asturies.
870	Les Arabes prennent Malte.
871-883	Guerre des Asturies.
878	Campagnes byzantines en Cappadoce et Cilicie.
881	Bataille de Caltavuturo (Sicile).
889	Débarquement arabe dans le golfe de Saint-Tropez.
901-902	Attaques des Arabes en Calabre.
912-913	Campagne de Montaleone : les Maures enlèvent quelque 70 places fortes.
915	Bataille du Garagliano.
917	Bataille indécise de San Esteban de Gormaz.
920	Abd al-Rahman III défait les chrétiens à Valde Junquera.
922-944	Offensives byzantino-arméniennes en Asie Mineure.
924	La flotte arabe du renégat Léon de Tripoli détruite par Byzance.
929	*Fondation du califat de Cordoue.*
933	Ramire II bat les musulmans à Burgo de Osma.
935	Sac de Gênes par les Fatimides.
939	Ramire II des Asturies vainc Abd al-Rahman à la bataille de Simancas.
942-948	Offensive byzantine (Taurus, Édesse, Diyarbakir).
944-947	Campagnes victorieuses de Saïf al-Daula.
958-960	Offensives arabes en Espagne.
960-961	Les Byzantins reprennent la Crète. Expulsion des musulmans.
962	Les Byzantins occupent Alep huit jours durant. Échec byzantin à Messine.

965	Les musulmans évacuent Grenoble et le Grésivaudan.
969	Byzance reprend Chypre et Antioche.
970	Les musulmans évacuent la Savoie.
973	Bataille de Tourtour. Expulsion des Arabes de Provence.
v. 973-976	Destruction de Fraxinetum.
975	Al-Hakim vainc les Castillans à Gormaz.
974-975	Byzance conquiert une partie de la Palestine et de la Syrie.
978-1002	Campagnes d'Almanzor.
982	Victoire des musulmans en Calabre (Capo Colonne) sur Othon II.
995-999	Campagnes byzantines en Syrie.
997	Destruction de Saint-Jacques-de-Compostelle.
1000	Victoire d'Almanzor sur la Castille à Pena Cervera.
1002	Sac de Pise par les Arabes.
1009-1010	Le calife al-Hakim fait détruire le Saint-Sépulcre.
1015-1016	Brève occupation de la Sardaigne par les Maures.
1019	Attaques arabes sur Narbonne, Maguelone et les îles de Lérins.
1031	*Fin du califat de Cordoue.* Byzance occupe Édesse jusqu'en 1144.
1038-1046	Campagne de Ferdinand Ier de Castille.
1040	Premiers raids des Turcs seldjoukides en Asie Mineure.
1061-1091	Conquête de la Sicile par les Normands. Bataille de Castrogiovani.
1063-1065	Grande expédition dans la vallée de l'Èbre, dite « croisade d'Espagne ».
1064	Ferdinand Ier de Castille libère le Portugal entre Douro et Mandegu. Prise d'Ani par les Turcs.
1068	Victoire normande à Misilmeri en Sicile.
1071	Défaite des Byzantins à Mentzi Kert.
1077	Les Seldjoukides à Nicée.

1085	Les chrétiens prennent Tolède.
1086	Arrivée des Almoravides. Leur victoire à Zallaqa (Sagrejos).
1091	Roger de Sicile prend Malte.
1094	Le Cid à Valence (jusqu'en 1099).
1095	Le concile de Clermont décide la croisade.
1096	Départ des croisés. Prise de Huesca par Pierre Ier d'Aragon.
1097	Défaite des croisés à Dorylée.
1098	Prise d'Antioche et d'Édesse par les croisés.
1099	Conquête de Jérusalem. Victoire franque à Ascalon.
1104	Les Francs prennent Giblet et Acre.
1108	Victoire des Almoravides à Uclès (Valés) sur la Castille.
1116	Installation des croisés à Ayla sur le golfe d'Aqaba.
1118	Gélase II prêche la « grande croisade d'Espagne ». Alphonse Ier d'Aragon reprend Saragosse.
1120	Alphonse Ier bat les Almoravides à Cutanda.
1124	En prenant Tyr, les croisés achèvent leur installation sur la côte syrienne.
1125	Campagne d'Alphonse Ier à travers toute l'Espagne.
1134 *sq.*	Roger II de Sicile tente de conquérir la Tunisie. Zengi s'empare de l'outre-Jourdain. Défaite d'Alphonse Ier à Fraga.
1135-1160	Les Normands tentent la conquête du Maghreb.
1139	Alphonse Ier Henriques vainc les Maures à Ourique.
1144-1146	Les Arabes s'emparent du comté d'Édesse.
1145	Arrivée des Almohades.
1146	Bataille d'Albacète (Chingila). Raid portugais.
1148	Siège de Damas par les croisés (deuxième croisade). Louis VII à Acre.
1152	Les Portugais prennent Beja.
1154	Nur al-Din enlève les possessions d'Antioche.

1163	Bataille de la Boquée.
1164-1167	Offensive franque en Égypte.
1174	Campagne arabe contre la Nubie.
1176	Myrioképhalon. Défaite des Byzantins devant les Seldjoukides.
1177	Victoire de Baudouin IV sur Saladin à Montgisard.
1182	Opération de Renaud de Châtillon contre Médine et La Mecque.
1184	Alphonse Ier de Portugal arrête les Almohades à Santarem.
1187	Bataille de Hattin (Tibériade). Saladin reprend Acre, Jaffa, Beyrouth, Ascalon et Jérusalem.
1189-1191	Luttes pour Silves.
1189-1191	Troisième croisade. Siège et prise d'Acre par les croisés. Frédéric Barberousse entre à Konya.
1191-1192	Richard Cœur de Lion vainc Saladin à Arsuf et commence la reconquête des villes côtières.
1195	Victoire almohade à Alarcos sur la Castille.
1202	Départ de la quatrième croisade.
1204	*Prise de Constantinople par les Latins.* Attaque franque sur Damiette.
1207	Antalya enlevée aux Vénitiens par les Seldjoukides.
1212	Las Navas de Tolosa.
1214	Les Turcs enlèvent Sinope aux Grecs.
1218-1221	Attaques de Jean de Brienne en Égypte.
1220	Les Turcs enlèvent Alanya aux Arméniens.
1222	*Les Mongols vainquent les Russes à La Kalka.*
1229	Débarquement espagnol aux Baléares. Frédéric recouvre Jérusalem.
1230	Au Maroc, Ferdinand III le Saint aide le sultan à prendre Marrakech.
1233	Victoire des chrétiens au rio Guadalete.
1236	Grégoire IX prêche la croisade en Espagne. Prise de Cordoue.

1238	Prise de Valence par les Aragonais.
1244	Les musulmans reprennent Jérusalem.
1248	Prise de Séville par Ferdinand III.
1250	Bataille de Mansourah. Saint Louis vaincu et captif.
1260	*Les Mongols sont vaincus par les Mamelouks à Ain Djalut*. Premières conquêtes de Baybars.
1261	*Fin de l'Empire latin de Constantinople.*
1262	Prise de Cadix par Alphonse X le Sage.
1266-1271	Victoires répétées du Mamelouk Baybars.
1270	Saint Louis devant Tunis. Mort du roi.
1271	Les Nubiens attaquent Assouan.
1275	Débarquement marinide à Tarifa.
1275-1315	Asservissement et islamisation de la Nubie.
1285-1289	Victoires du Mamelouk Qalaoun.
1291	Prise d'Acre. Fin de la croisade.
1299	*Date de naissance officielle de l'Empire ottoman.*
1303	Victoire d'Osman à Baphaeus, près de Nicomédie.
1309	Les « croisés » prennent Rhodes. Ferdinand IV de Castille prend Gibraltar.
1318-1344	Campagnes des Éthiopiens contre leurs voisins musulmans.
1319	Les Nasrides battent les Castillans à La Vega.
v. 1320	La conversion de la Horde d'Or à l'islam rend les Russes vassaux des musulmans.
1326	Les Ottomans prennent Brousse.
1329	Les Ottomans vainqueurs à Pelekanon.
1331	Prise de Nicée par les Ottomans.
1332-1345	Attaques sur mer et en Europe de l'émirat d'Aydin.
1339	Massacre des chrétiens à Almalik (Asie centrale).
1340	La Castille vainc les Marinides au rio Salado.
1344	Prise de Smyrne par les croisés. Alphonse XI de Castille prend Algésiras.
1348	*Grande Peste.*

1354	Prise de Gallipoli par les Turcs.
1363	Victoire ottomane sur la Maritza.
1371	Les Russes indépendants de la Horde d'Or.
1371-1375	Invasion de la Serbie par les Ottomans.
1378	Victoire de Dimitri Donskoï sur les Tartares à La Voja.
1380	Victoire russe sur les Tatars de Mamaï à Koulikovo.
1382	Sac de Moscou par Tuktamich.
1385	Les Ottomans prennent Sofia.
1389	Défaite des Serbes à Kosovo.
1394-1402	Siège de Constantinople par les Turcs. Occupation de la Bulgarie.
1396	Défaite des « croisés » à Nicopolis.
1399	La Horde d'Or vainc les Lituaniens à la Vorskla.
1402	*Bataille d'Ankara.* Sac de Smyrne par Tamerlan.
1408	La Horde d'Or incendie Nijni-Novgorod et Gorodetz, mais se retire devant les Moscovites.
1414	Grande victoire du souverain éthiopien sur le musulman Saad al-Din.
1416-1419	Guerre entre les Ottomans et Venise.
1422	Vain siège de Constantinople.
1426	Défaite de Sigismond de Hongrie, suivie de deux années de guerre.
1430	Prise de Salonique. Paix avec Venise.
1430-1446	Guerre des Ottomans avec l'Albanie et la Hongrie.
1431	Grande victoire de Jean II de Castille à la Higueruela.
1444	La croisade dirigée par les Hongrois est écrasée à Varna.
1445	Kazan bat à Souzdal le grand-duc de Russie. Défaite du sultan de l'Adal devant les Éthiopiens.
1448	Jean Hunyadi défait à Kosovo.
1453	Prise de Constantinople.
1454	Prise de Sébastopol. Première grande campagne ottomane en Serbie.

1455-1514	Installation des Portugais dans les ports marocains.
1461	Fin de l'empire grec de Trébizonde.
1462	Les Ottomans conquièrent la Bosnie.
1463-1479	Guerre turco-vénitienne.
1474	*La Crimée sous vassalité ottomane.*
1477	Attaques ottomanes en Italie septentrionale.
1480	Moscou repousse la Horde d'Or. Les Ottomans débarquent en Calabre.
1483	Grenade vainc la Castille à al-Charqiya.
1484	Les Ottomans enlèvent Kilia et Akkerman.
1487	Prise de Malaga.
1492	Prise de Grenade.
1497	*Vasco de Gama double le cap de Bonne-Espérance.*
1499-1503	Guerre turco-vénitienne.
1500-1501	Deux soulèvements des morisques en Andalousie.
1501	*Fondation de la dynastie séfévide (chiite) en Iran.*
1507	Albuquerque à Mascate.
1508	Les Espagnols prennent Mers el-Kebir et Oran (jusqu'en 1708, puis de 1732 à 1792). Albuquerque à Socotora. Les Portugais occupent Safi et Mazagan (jusqu'en 1769).
1513	Albuquerque dans le golfe Persique.
1515	Les Portugais à Ormuz.
1521	Les Turcs prennent Belgrade. Le khan de Crimée vainc les Russes.
1522	Les Turcs prennent Rhodes.
1526	Mohacz : défaite hongroise et mort de Louis II.
1529	Guerre des Ottomans contre la Hongrie. Siège de Vienne.
1529-1543	Offensive de Gragne contre l'Éthiopie. Bataille de Chambera Kourie.
1535-1569	Charles Quint occupe Tunis : les Hafsides reconnaissent sa suzeraineté.

1541-1547 et 1551-1552	Guerre des Ottomans en Hongrie. Prise de Bude.
1549	Les Éthiopiens détruisent le royaume de Harrar.
1552	Prise de Kazan par Ivan IV.
1552-1555	Révolte des Bachkirs contre les Russes.
1555	Prise d'Astrakhan par Ivan le Terrible.
1565	Siège de Malte.
1566	Guerre entre Turcs et Autrichiens. Bataille de Szeged. Mort de Soliman.
1567-1568	Insurrection des Maures de Grenade.
1570-1571	Les Ottomans prennent Chypre.
1571	Lépante. Les Tatars de Crimée incendient Moscou.
1573-1574	Don Juan d'Autriche occupe Tunis un an.
1576	Soulèvement des musulmans aux Philippines.
1578	Bataille d'Alcazar Quivir (al-Kasr al-Kebir). Mort de Sébastien de Portugal.
1586-1593	Révolte des Tatars de la Volga.
1592-1606	Guerre entre Ottomans et Autrichiens. Traité de Sitvatorok.
1595	L'Angleterre entre en relation avec l'Iran.
1608	Les Anglais s'installent à Surat (Indes).
1609	Décret d'expulsion des musulmans d'Espagne.
1615	La Grande-Bretagne reçoit autorisation des Grands Moghols de s'installer aux Indes. Les Hollandais à Batavia.
1620-1621	Guerre entre Polonais et Ottomans.
1622	La Grande-Bretagne enlève Ormuz aux Portugais, le rend à l'Iran et s'installe à Bander Abbas.
1627	Corsaires musulmans en Islande.
1628-1629	Les Indonésiens lancent de vives attaques contre les Hollandais.
1631	Corsaires musulmans en Irlande du Sud.

1631-1632	Les Grands Moghols détruisent le comptoir portugais à Hugli.
1636-1637	Guerre entre Ottomans et Polonais.
1646-1669	Conquête de la Crète par les Ottomans.
1650-1656	Lutte de Venise et des Ottomans pour la domination sur mer.
1661	Les Marocains reprennent Mahdia.
1662-1664	Guerre turco-autrichienne.
1663	Les Hollandais à Sumatra.
1664	Impériaux et Français vainquent les Ottomans à Saint-Gothard.
1664-1666	Opérations françaises contre le Maghreb.
1672-1676	Guerre entre Empire ottoman et Pologne.
1676-1681	Guerre russo-ottomane.
1681-1685	Campagnes navales françaises contre le Maghreb.
1683	Second siège de Vienne par les Ottomans.
1686	Sainte Ligue. Les Autrichiens prennent Bude.
1687-1689 et 1695-1696	Campagnes des Russes en Crimée.
1697	Les Autrichiens vainqueurs à Zenta.
1699	Paix de Karlowitz. Premier recul des Turcs.
1705-1711	Révolte des Bachkirs et Tatars de Kazan contre la Russie.
1711-1712	Guerre russo-turque.
1714-1718	Guerre entre Ottomans, Venise, puis Autriche (1715). Passarowitz.
1722-1724	Campagne de Pierre le Grand contre la Perse. Annexion de Bakou.
1730-1742	Protectorat russe sur les steppes des Kazaks.
1736-1739	Guerre des Ottomans contre la Russie et l'Autriche (1737).
1737-1739	Guerre russo-iranienne.

1742-1775	Guerre populaire de Pougatchev : révolte des Tatars contre les Russes.
1750	Soulèvement de Banten contre les Hollandais.
1757	Les Anglais, après Plassey, s'étendent en Inde.
1758	La paix de Giyanti assure la domination hollandaise en Indonésie.
1764	Bataille décisive de Buxar (Bihar) contre les Grands Moghols.
1768-1774	Guerre turco-russe. Traité de Kütchük-Kaïnardji.
1770	Défaite navale des Ottomans à Tchetchme.
1779-1783	Interventions russes en Crimée et annexion du pays.
1787-1792	Guerre des Ottomans contre Autrichiens et Russes.
1797	Russes en Géorgie et à Chirvan (annexés en 1801).
1798-1801	Campagne de Bonaparte en Égypte.
1803	Les Anglais occupent Delhi. Révoltes en Serbie.
1804-1813	Guerre russo-iranienne.
1815-1820	Insurrection de la Serbie.
1821-1830	Guerre d'indépendance de la Grèce.
1825-1829	Guerre russo-turque.
1827	Navarin.
1830	Prise d'Alger par les Français.
1834-1859	Lutte de Chamyl. Soumission du Caucase.
1835-1843	Lutte d'Abd el-Kader contre les Français. Conquête de l'Algérie.
1839	Les Anglais à Aden et à Kalat.
1839-1842	Campagnes anglaises en Afghanistan.
1843	Les Anglais annexent le Sind.
1846	Annexion du Cachemire à l'empire des Indes.
1847-1852	Guerre en Kabylie.
1848	La Grande-Bretagne annexe le Pendjab.
1852-1853	Attaques russes en Asie centrale.
1854	Annexion du Baloutchistan à l'empire des Indes.

1854-1893	Soumission de Hadj Omar, Ahmadu et Samory au Sénégal.
1858	Déposition des Grands Moghols.
1860-1861	Intervention française au Liban.
1862-1865	Révolte du Soudan.
1864-1876	Les Russes conquièrent les khanats d'Uzbekistan.
1875-1876	Insurrection des Balkans.
1877-1878	Guerre turco-russe.
1878	Expédition anglaise en Afghanistan. Les Ottomans cèdent Chypre aux Anglais.
1881	Protectorat français en Tunisie.
1882	Les Anglais installent leur domination en Égypte.
1885	Les Italiens occupent Massawa, les Français Djibouti.
1887-1891	Installation des Anglais en mer Rouge (Somaliland, Qatar, Bahreïn, Oman).
1889	Soulèvement de la Crète.
1894	Début du massacre des Arméniens.
1898	Conquête du Soudan, qui devient condominium anglo-égyptien. Les Ottomans évacuent la Crète.
1907	Russes et Britanniques délimitent leurs zones d'influence en Iran. Les Français commencent la conquête du Maroc.
1911-1912	Les Italiens en Tripolitaine. Guerre italo-ottomane.
1912	Maroc sous protectorat français. Rif sous protectorat espagnol. Les Italiens enlèvent Rhodes. Guerre balkanique contre les Ottomans.
1914	Le protectorat anglais sur l'Égypte devient officiel. Le calife ottoman appelle au *djihad*.
1915	Insurrection en Libye. Massacre des Arméniens.
1918	Mandat britannique sur l'Iraq. Écrasement des nationalistes tatars.
1919	Troisième guerre anglo-afghane. Les Alliés entrent à Constantinople (Istanbul).

1920	Mandats français et anglais sur les terres arabes de l'Asie occidentale.
1921-1922	Guerre d'indépendance turque.
1921-1926	Insurrection d'Abd el-Krim.
1922-1948	Mandat britannique sur la Palestine.
1923	Échanges de populations entre Grecs et Turcs.
1924	*Abolition du califat.*
1925	Insurrection des Druzes.
1931	En occupant Kufra, les Italiens achèvent la conquête de la Libye.
1936	Évacuation de l'Égypte par les Anglais (à l'exception de la zone du canal de Suez).
1941	L'Iran est occupé par les Alliés. Indépendance de la Syrie et du Liban. L'Angleterre conquiert l'Érythrée.
1945	Première insurrection en Algérie.
1946-1949	Soulèvement de l'Indonésie, qui acquiert son indépendance.
1948	*Fondation de l'État d'Israël.*
1954-1967	Guerre d'Algérie.
1956	Indépendance de la Tunisie et du Maroc. Nationalisation du canal de Suez. Attaque sur l'Égypte.
1970	Début de la décolonisation russe en Asie centrale et au Caucase.
1979-1989	Les Russes envahissent et occupent l'Afghanistan.
1991	Embargo sur l'Iraq. Guerre du Golfe. Les républiques musulmanes de l'URSS deviennent indépendantes.
2001	Destruction du World Trade Center à New York. Occupation internationale en Afghanistan.
2003	Occupation de l'Iraq.
2004-2005	Attentats terroristes à Madrid et à Londres.
2006	Les islamistes somaliens proclament le *djihad* contre l'Éthiopie.

BIBLIOGRAPHIE

Il n'est pas possible d'établir une bibliographie sur un tel sujet. Tous les ouvrages d'histoire traitent au moins en passant de la guerre, et nombre d'entre eux qui ne s'en soucient pas apportent parfois aussi des témoignages importants. Rien que sur la croisade, il existe des centaines de livres ou d'articles. Je me contenterai donc de relever les principales sources utilisées, de mentionner les œuvres des auteurs que je cite, celles dont je me suis particulièrement servi, celles qui traitent des relations entre l'islam et la chrétienté, et me permettrai de renvoyer à mes propres publications qui, bien que très éloignées de mes actuels propos, peuvent apporter des compléments d'information que je n'ai pas cru devoir répéter ici et qui donnent une bibliographie assez vaste.

Le lecteur n'étant pas nécessairement informé sur l'islam en général, sur son fondateur, le prophète Mahomet, et sur les traductions en français de son livre saint, le Coran, je citerai en outre et quelques versions du Coran en langue française et quelques ouvrages généraux (parmi des centaines d'autres).

Coran

Pour le Coran, je me suis appuyé sur le texte arabe et la version française de M. Hamidullah, savant musulman indien, qui fait autorité chez les musulmans de France. Les traductions sont nombreuses. Citons : Savary (1783, sans cesse réimprimé, Paris, Garnier) ; É. Montet (Paris, 1929) ; R. Blachère (3 vol., Paris, 1946-1951) ; M. Hamidullah (Paris, Club français du Livre, 1959) ; H. Boubakeur (Paris, Fayard, 1985) ; Kazimirski (Paris, Garnier, 1987) ; D. Masson (Paris, Gallimard, « Pléiade », 1990).

Voir R. Arnaldez, *Le Coran, guide de lecture*, Paris, Desclée et Cie, 1983.

R. Blachère, *Le Coran*, Paris, PUF, éd. de 1991.

L'islam et son prophète

Andrae (T.), *Mahomet, sa vie, sa doctrine* (trad. de l'allemand), Paris, Adrien-Maisonneuve, 1941.
Arkoun (M.), *L'Islam, morale et politique*, Paris, UNESCO, 1986.
Chabri (J.), *L'Islam de Mahomet*, Paris, Noésis, 1997.
Delcambre (A.-M.), *Mahomet, la Parole d'Allah*, Paris, Gallimard, 1987.
–, *L'Islam*, Paris, La Découverte, 1990.
Gaudefroy-Demombynes (M.), *Mahomet*, Paris, Albin Michel, 1969.
Hamidullah (M.), *Le Prophète de l'islam*, 2 vol., Paris, Vrin, 1959.
Rodinson (M.), *Mahomet*, Paris, Seuil, 1961.
Stetie (S.), *Mahomet*, Paris, Pygmalion, 2000.
Watt (W.M.), *Mahomet à La Mecque*, Paris, Payot, 1958.
–, *Mahomet à Médine*, Paris, Payot, 1959.

Textes religieux fondateurs

Bible (Chroniques), Évangiles, Actes des Apôtres, Apocalypse, Coran.

Sources et auteurs classiques

Archivum fratrum praedicatorum, Rome, 1931 *sq.*

Recueil des historiens des croisades, Historiens arméniens, 2 vol. ; Historiens musulmans, 3 vol. ; Historiens occidentaux, 5 vol. ; Paris, 1844-1906.

Augustin (saint), *Sur le libre arbitre.*

–, *La Cité de Dieu.*

Babur, *Mémoires*, trad. Pavet de Courteille, *Le Livre de Babur*, Paris, 1871 ; trad. J.-L. Bacqué-Grammont, *Le Livre de Babur*, 2 vol., Paris, 1980.

Bar Hebraeus, *The Chronography of Gregory Abu'l Faradj*, trad. W. Budge, Londres, 1932.

Boukhari (al-), *L'Authentique Tradition musulmane*, Adrien et Jean Maisonneuve, Paris, 1977 ; 4 vol., Paris, Fasquelle, 1969.

Chanson de Roland.

Constantin Porphyrogénète, Rambaud, *L'Empire grec au xe siècle : Constantin Porphyrogénète*, Paris, 1870.

Dante, *La Divine Comédie.*

Dede Qorqut (Le livre de), trad. Rossi, *Il Kitab-i Dede Qorqut*, Rome, 1952.

Ibn Hauqal, *The Oriental Geography*, trad. Ouseley, Londres, 1800.

Ibn Khaldun, *Prolégomènes historiques*, trad. De Slane, Paris, 1897.

Ibn Rusteh, *Les Atours précieux*, trad. Wiet, Le Caire, 1955.

Idrisi (al-), *Géographie*, 2 vol., Paris, 1836-1840.

Joinville, *Histoire de Saint Louis.*

Kachgari (Mahmud al-), Brockelmann (C.), *Mitteltürkischer Wortschaft nach Mahmud al-Kasgaris Divan Lugat at-Türk*, Budapest-Leipzig, 1928.

Lulle (Raymond), *Opera*, Francfort-sur-le-Main, 1962.

Machiavel, *La Mandragore.*

Maqdisi (al-), *Le Livre de la création et de l'histoire*, trad. Huart, Paris, 1899-1919, 6 vol.

Maqrizi (al-), *Histoire des sultans mamelouks du Caire*, trad. Quatremère, 2 vol., Paris, 1837-1845.
Matthieu de Paris, *Grandes Chroniques*, 9 vol., Paris, 1840-1841.
Michel le Syrien, *Chronique*, trad. Langlois, Venise, 1868 ; trad. Chabot, Paris, 1899-1904, 4 vol.
Plan Carpin (Jean du), *Histoire des Mongols*, trad. dom J. Becquet et L. Hambis, Paris, 1965.
Polo (Marco), *La Description du monde*, trad. L. Hambis, Paris, 1955.
Rachid al-Din, Boyle (J.A.), *The Successors of Gengis Khan*, Columbia Univ. Press, 1971.
Jahn (K.), *Die Geschichte der Oguzen des Rasid al-Din*, Vienne, 1969.
Villehardouin, *La Conquête de Constantinople*.

Je cite aussi l'Arioste, Boccace, Boileau, Corneille, Goethe, Hugo, Musset, le Tasse, Vigny.

Bibliographie générale

Abd al-Kader, *voir* Chodkiewicz.
Abdu'l-Baha, *voir* Clifford Barney.
Adler (A.), *Rendez-vous avec l'islam*, Paris, Grasset, 2005.
Arnaldez (R.), « La guerre sainte selon Ibn Hazm de Cordoue », *Études Lévi-Provençal*, Paris, 1962.
Balta (P.), *L'Islam dans le monde*, Paris, La Découverte, 1986.
Barthold (V.V.), *Histoire des Turcs d'Asie centrale*, Paris, 1945.
–, *Turkestan down to the Mongol Invasion*, 3e éd., Londres, 1968.
Bat Ye'or, *Les Chrétientés d'Orient entre Jihad et dhimmitude, VIIe-XXe siècle*, Paris, Le Cerf, 1991.
Beldiceanu (N.), *Le Monde ottoman dans les Balkans, 1502-1566*, Londres, 1976.

Bonet-Maury (G.), *L'Islamisme et le Christianisme en Afrique*, Paris, Hachette, 1906.
Bono (S.), *I Corsari barbareschi*, Turin, 1954.
Borrmans (M.), *Dialogue islamo-chrétien à temps et contre-temps*, Paris, Saint-Paul, 2002.
Braude (B.) et Lewis (B.), *Christians and Jews in the Ottoman Empire*, New York, Holmes and Meier, 1982.
Brissaud (A.), *Islam et chrétienté. Treize siècles de cohabitation*, Paris, R. Laffont, 1991.
Brockelmann (K.), *Histoire des peuples et des États islamiques*, Paris, 1949.
Cahen (C.), *Pre-Ottoman Turkey*, Londres, 1968.
Cambridge History of Islam, 2 vol., Cambridge, 1970.
Camps (A.), *Jerome Xavier and the Muslims of the Mogul Empire*, Nouvelle Revue de sciences missionnaires, Schönecke Bekenreid, Suisse, 1957.
Caspar (R.), *Pour un regard chrétien sur l'islam*, Paris, Le Cerf, 1990.
Chaunu (P.), *L'Expansion européenne du* XIIIe *au* XVe *siècle*, Paris, « Nouvelle Clio », PUF, 1969.
Chodkiewicz (M.), Émir Abd el-Kader, *Écrits spirituels*, Paris, Seuil, 1982.
Choukourov (C. et R.), *Peuples d'Asie centrale*, Paris, Syros, 1994.
Clifford Barney (L.), Abdu'l-Baha, *Les Leçons de Saint-Jean-d'Acre*, recueillies par Laura Clifford Barney (trad. H. Dreyfus), Paris, PUF, 1970.
Clot (A.), *Mehmed II, le conquérant de Byzance*, Paris, Perrin, 1990.
–, *Les Grands Moghols. Splendeur et chute*, Paris, Plon, 1993.
Corm (G.), *L'Europe et l'Orient*, Paris, La Découverte, 1989.
Coulet du Gard (R.), *La Course et la piraterie en Méditerranée*, Paris, France-Empire, 1980.
Courbage (Y.) et Fargues (P.), *Chrétiens et juifs dans l'islam arabe et turc*, Paris, Fayard, 1992.

Daniel (N.), *Islam and the West. The Making of an Image*, Édimbourg, 1960.

Daniel-Rops (H.), *Histoire de l'Église du Christ*, II, Paris, Fayard, 1952.

Dehérain (H.), *voir* Hanotaux.

Delcambre (A.-M.), *L'Islam des interdits*, Paris, Desclée de Brouwer, 2003.

Descola (J.), *Histoire d'Espagne*, Paris, Fayard, 1979.

Diehl (Ch.) et Marçais (G.), *Histoire du Moyen Âge*, t. III, *Le Monde oriental de 395 à 1081*, Paris, PUF, 1944.

Djaït (H.), *L'Europe et l'islam*, Paris, Seuil, 1978.

Doresse (J.), *L'Empire du Prêtre Jean. L'Éthiopie médiévale*, vol. 2, Paris, Plon, 1957.

–, *Histoire de l'Éthiopie*, Paris, PUF, 1970.

Dumont (P.), *in* Mantran, *Histoire de l'Empire ottoman.*

Dunlop (D.M.), *The History of the Jewish Khazars*, Princeton, New Jersey, 1954.

Eliade (M.), *Le Chamanisme et les techniques archaïques de l'extase*, Paris, Payot, 1951.

Ellul (J.), *Islam et judéo-christianisme*, Paris, PUF, 2004.

Encyclopédie de l'islam, 1re éd., Leyde, 1913-1943 ; 2e éd., Leyde, 1960 *sq.*

Étienne (B.), *La France et l'islam*, Paris, Hachette, 1989.

Fattal (A.), *Le Statut légal des non-musulmans en pays d'islam*, Beyrouth, 1958.

Feki (M.) *et al.*, *À l'ombre de l'islam, minorités et majorités*, Filipson, 2005.

Frieling (R.), *Christentum und Islam*, Verlag Urachhaus, 1977.

Fritsch (E.), *Islam und Christentum im Mittelalter*, Breslau, 1930.

Gabrieli (F.) (dir.), *Histoire et Civilisation de l'islam en Europe*, Paris, Bordas, 1983.

Goumiliov (L.), *Recherche d'un royaume imaginaire* (en russe), Moscou, 1970, cité *in* Choukourov.

Grekov (B.) et Iakoukovski (A.), *La Horde d'Or*, Paris, Payot, 1939.

Grousset (R.), *L'Empire des steppes*, Paris, Payot, 6e éd., 1960.
–, *Histoire des croisades et du royaume franc de Jérusalem*, 3 vol., Paris, Plon, 1984.
Grunebaum (G.E. von), *Le Dogme et la Loi de l'islam* (trad. de l'allemand, 1910), Paris, Payot, 1920.
–, *L'Islam médiéval. Histoire et civilisation* (trad. de l'anglais), Paris, Payot, 1962.
Hambis (L.), *La Haute Asie*, Paris, PUF, 1953.
Haneberg (B.), *Das muslimische Kriegsrecht*, Munich, 1871.
Hanotaux (G.) *et al.*, *Histoire de la nation égyptienne*, Paris, Plon, 1931.
Haoker (M.B.), *Islam in South-East Asia*, Londres, Brill, 1988.
Hasluck (F.W.), *Christianity and Islam under the Sultans*, Oxford, 1929.
Jargy (S.), *Islam et Chrétienté*, Genève, Labor et Fides, 1981.
Jean-Paul II, *Mon Livre de méditations*, Paris, Éd. du Rocher, 2001.
Joseph (J.), *Muslim Christian Relations*, New York, 1983.
Julien (C.-A.), *Histoire de l'Afrique du Nord*, Paris, 1956 (nouv. éd.).
Kedourie (E.), « L'islam d'aujourd'hui », *in* Lewis, *Le Monde de l'islam*.
Khadduri (M.), *War and Peace in the Law of Islam*, Baltimore, 1955.
Lamouche (colonel), *Histoire de la Turquie*, 2e éd. revue et complétée par J.-P. Roux, Paris, Payot, 1953.
Lelong (M.), *L'Islam et l'Occident*, Paris, Albin Michel, 1982.
Lévi-Provençal (E.), *La Civilisation arabe en Espagne*, Le Caire, IFAO, 1938.
Lewis (B.) (dir.), *Le Monde de l'islam*, Paris-Bruxelles, Elsevir-Sequoia, 1976.
–, *Comment l'islam a découvert l'Europe ?*, Paris, La Découverte, 1984.
–, *Les Assassins. Terrorisme et politique dans l'islam médiéval*, Paris, Complexe, 1954.

–, *Islam et laïcité. La naissance de la Turquie moderne*, Paris, Fayard, 1988.

Mantran (R.) (dir.), *Histoire de l'Empire ottoman*, Paris, Fayard, 1989.

–, *Histoire de la Turquie*, Paris, PUF, 1961.

–, *L'Expansion musulmane*, Paris, PUF, 1969.

Martin (H.), *Histoire de France*.

Massignon (L.), *Opera minora*, 3 vol., Liban, Dar al-Maarif, 1963.

Michelet (J.), *Histoire de France*.

Miquel (A.), *La Géographie humaine du monde musulman jusqu'au milieu du XIe siècle*, Paris-La Haye, 2 vol., 1967-1975.

–, *L'Islam et sa civilisation*, Paris, A. Colin, 1977.

–, *Ousama. Un prince syrien face aux Croisés*, Paris, Fayard, 1986.

Monneret de Villard (U.), *La Pitture musulmane al soffito della Capella Palatina in Palermo*, Rome, 1950.

–, *Storia della Nubia cristiana*, Rome, 1938.

Morabia (A.), *Le Jihad dans l'islam médiéval*, Paris, Albin Michel, 1993.

Moussali (R.P. A.), *La Croix et le Croissant*, Paris, Éd. de Paris, 1997.

–, *Judaïsme, christianisme et islam*, Paris, Éd. de Paris, 2000.

Norman (D.), *L'Islam et l'Occident*, Paris, Le Cerf, 1993.

Paquis et Dochez, *Histoire d'Espagne et du Portugal*, 2 vol., Paris, 1844.

Pernoud (R.), *Les Hommes de la Croisade*, Paris, Fayard/Tallandier, 1982.

Prédication et propagande au Moyen Âge. Islam, Byzance, Occident, Paris, PUF, 1983.

Rabbath (E.), *Les Chrétiens dans l'islam des premiers temps*, 2 vol., Université libanaise, Beyrouth, 1980-1981.

Rachid Rida, *La Révélation musulmane*, 1933.

Rance (D.), *Chrétiens du Moyen-Orient témoins de la Croix*, Bib. Aide à l'Église en détresse, 1991.

Randal (J.), *La Guerre de mille ans*, Paris, Grasset, 1983.

Ricard (P.), *Pour comprendre l'art musulman dans l'Afrique du Nord et en Espagne*, Paris, Hachette, 1924.
Richard (J.), *Saint Louis*, Paris, Fayard, 1983.
–, *La Papauté et les missions d'Orient au Moyen Âge (XIIIe-XIVe siècle)*, École française de Rome, 1977.
–, *L'Esprit de la Croisade*, Paris, Le Cerf, 1969.
–, *Le Royaume latin de Jérusalem*, Paris, Le Cerf, 1653.
Rondot (G.-P.), *Les Chrétiens d'Orient*, Paris, Peyronnet, 1955.
Roy (O.), *L'Islam mondialisé*, Paris, Seuil, 2002.
Runciman (Sir S.), *A History of the Crusades*, Cambridge, 1951-1959.
Sivan (E.), *L'Islam et la Croisade*, Paris, Lib. d'Amérique et d'Orient, Adrien Maisonneuve, 1968.
Sourdel (J. et D.), *La Civilisation de l'islam classique*, Paris, Arthaud, 1968.
– (D.), *Histoire des Arabes*, Paris, PUF, 1976.
– (J. et D.), *Dictionnaire historique de l'islam*, Paris, PUF, 1996 (éd. de 2004).
Spuler (B.), *Die Goldene Horde. Die Mongolen im Russland, 1223-1502*, Leipzig, 1943 ; nouv. éd. Wiesbaden, 1968.
Toynbee (A.), *La Grande Aventure de l'humanité*, Paris, Payot, 1994.
Valognes (J.-P.), *Vie et mort des chrétiens d'Orient*, Paris, Fayard, 1994.
Vasiliev (A.A.), *Byzance et les Arabes*, 2 vol., Bruxelles, 1950-1968.
Wensinck (A.I.), *The Oriental Doctrine of the Martyrs*, Amsterdam, 1921.
Westermarck (E.), *Survivances païennes dans la civilisation musulmane* (trad. de l'anglais), Paris, Payot, 1935.

Ouvrages de l'auteur cités

Les Traditions des nomades de la Turquie méridionale, Paris, Lib. d'Amérique et d'Orient, Maisonneuve, 1970.
La Religion des Turcs et des Mongols, Paris, Payot, 1984.
L'Asie centrale. Histoire et civilisation, Paris, Fayard, 1997.
Histoire des Turcs, Paris, Fayard, nouv. éd., 2000.
Histoire de l'Iran et des Iraniens, Paris, Fayard, 2006.
Les Ordres d'Allah, Paris, Desclée de Brouwer, 2006.

INDEX DES NOMS DE PERSONNES

Abréviations : brit. = britannique ; byz. = byzantin ; C = calife ; Chr. = chroniqueur ; cont. = contemporain ; E. = empereur ; fr. = français ; G = général ; Hi. = historien ; Ho. = homme ; M. = maréchal ; 0. = orientaliste ; P. = prince ; R. = roi ou reine ; S = souverain.

Les dates correspondent à l'exercice des fonctions indiquées.

M

T

INDEX DES NOMS DE BATAILLES

Table des matières

« Pour l'éditeur, le principe est d'utiliser des papiers composés de fibres naturelles, renouvelables, recyclables et fabriquées à partir de bois issus de forêts qui adoptent un système d'aménagement durable.

En outre, l'éditeur attend de ses fournisseurs de papier qu'ils s'inscrivent dans une démarche de certification environnementale reconnue. »

Photocomposition Nord Compo
Villeneuve d'Ascq

Impression réalisée sur CAMERON par
BRODARD ET TAUPIN
La Flèche
en mars 2007

Édition exclusivement réservée aux adhérents du Club
Le Grand Livre du Mois
15, rue des Sablons
75116 Paris
réalisée avec l'aimable autorisation des Éditions Fayard

Imprimé en France
Dépôt légal : avril 2007
N° d'impression : 40349